Edition KWV

Die „Edition KWV" beinhaltet hochwertige Werke aus dem Bereich der Wirtschaftswissenschaften. Alle Werke in der Reihe erschienen ursprünglich im Kölner Wissenschaftsverlag, dessen Programm Springer Gabler 2018 übernommen hat.

Weitere Bände in der Reihe http://www.springer.com/series/16033

Dirk Salmon

New Public Management in der deutschen Arbeitsverwaltung

Zwischen Anreiz und Motivationsverdrängung

Dirk Salmon
Bonn, Deutschland

Bis 2018 erschien der Titel im Kölner Wissenschaftsverlag, Köln
Dissertation, Helmut Schmidt Universität, 2015

Edition KWV
ISBN 978-3-658-23107-1   ISBN 978-3-658-23108-8   (eBook)
https://doi.org/10.1007/978-3-658-23108-8

Die Deutsche Nationalbibliothek verzeichnet diese Publikation in der Deutschen Nationalbibliografie; detaillierte bibliografische Daten sind im Internet über http://dnb.d-nb.de abrufbar.

Springer Gabler
© Springer Fachmedien Wiesbaden GmbH, ein Teil von Springer Nature 2016, Nachdruck 2018
Ursprünglich erschienen bei Kölner Wissenschaftsverlag, Köln, 2016
Das Werk einschließlich aller seiner Teile ist urheberrechtlich geschützt. Jede Verwertung, die nicht ausdrücklich vom Urheberrechtsgesetz zugelassen ist, bedarf der vorherigen Zustimmung des Verlags. Das gilt insbesondere für Vervielfältigungen, Bearbeitungen, Übersetzungen, Mikroverfilmungen und die Einspeicherung und Verarbeitung in elektronischen Systemen.
Die Wiedergabe von Gebrauchsnamen, Handelsnamen, Warenbezeichnungen usw. in diesem Werk berechtigt auch ohne besondere Kennzeichnung nicht zu der Annahme, dass solche Namen im Sinne der Warenzeichen- und Markenschutz-Gesetzgebung als frei zu betrachten wären und daher von jedermann benutzt werden dürften.
Der Verlag, die Autoren und die Herausgeber gehen davon aus, dass die Angaben und Informationen in diesem Werk zum Zeitpunkt der Veröffentlichung vollständig und korrekt sind. Weder der Verlag noch die Autoren oder die Herausgeber übernehmen, ausdrücklich oder implizit, Gewähr für den Inhalt des Werkes, etwaige Fehler oder Äußerungen. Der Verlag bleibt im Hinblick auf geografische Zuordnungen und Gebietsbezeichnungen in veröffentlichten Karten und Institutionsadressen neutral.

Springer Gabler ist ein Imprint der eingetragenen Gesellschaft Springer Fachmedien Wiesbaden GmbH und ist ein Teil von Springer Nature
Die Anschrift der Gesellschaft ist: Abraham-Lincoln-Str. 46, 65189 Wiesbaden, Germany

Geleitwort

Die „leise" Revolution öffentlichen Dienstes – das new public management (NPM) – ist in Deutschland auf verschiedenen Ebenen in Gang gebracht worden. Prototypisch für die aus der Verwaltung selbst entwickelte Reform ist das Neue Steuerungsmodell auf kommunaler Ebene, welches in der Forschung kritisch begleitet wurde. Weitgehend unbeachtet von der sozialwissenschaftlichen Forschung blieb dagegen der Wandel innerhalb der Arbeitsverwaltung, vermutlich weil die Folgen für die „Kunden" im Mittelpunkt der öffentlichen und politischen Aufmerksamkeit standen. Dennoch haben die Hartz-Reformen der Regierung Schröder, die 2004 mit dem Sozialgesetzbuch umgesetzt worden sind, auch für die „Dienstleister" eine rigorose Umstellung der Organisation mit sich gebracht, die als prototypisch für das NPM gelten kann. Die Arbeitsverwaltung oder, genauer, Jobcenter in Form gemeinsamer Einrichtungen (gE) zum Gegenstand zu machen füllt nicht nur eine interessante, sondern bei rund 55.000 Beschäftigten auch relevante Forschungslücke.

Die angesprochene Abstinenz ist insbesondere für die betriebswirtschaftliche (Personal-)Forschung zu verzeichnen. Denn nicht nur die Betriebswirtschaft im Allgemeinen, sondern die Personalforschung im Besonderen hat sich in den vergangenen Dekaden im Forschungsfeld der öffentlichen Organisationen rar gemacht. Dies ist ein beklagenswerter Mangel, denn die Adaption von Instrumenten privatwirtschaftlich organisierter Korporationen steht im Zentrum des NPM, das entsprechend einer kritischen Betrachtung aus der in der Reformströmung viel zitierten, aber wenig rezipierten Disziplin der Betriebswirtschaftslehre bedürfte. Personalwirtschaftlich sind insbesondere die durch das NPM gestellten Anforderungen an die Mitarbeiter von Interesse, von denen einerseits Engagement und Commitment erwartet wird, denen aber andererseits durch materielle Leistungsanreize und Controlling Misstrauen entgegen gebracht wird. Ob nicht daher die besondere Motivation, die mit einem Eintritt in den öffentlichen Dienst einhergeht, vernachlässigt oder möglicherweise sogar verdrängt wird, ist die zentrale Fragestellung der vorliegenden Arbeit, welche der Autor theoretisch und empirisch in standardisierter Forschung zu beantworten sucht.

Den Ausgangspunkt der Argumentation bildet das personaltheoretische Kernproblem der asymmetrischen Informationsverteilung, dem in der zeitgenössischen Argumentationslinie des public choice folgend im NPM mit Anreizen einerseits und Controlling andererseits begegnet wird. Der Autor erinnert dagegen daran, dass die klassische Organisationstheorie mit Chester Barnard einen anderen Weg skizziert hatte, um mit der notorischen Unvollständigkeit des Arbeitsvertrages umzugehen. Die Anreiz-Beitrags-Theorie, die hier als Basistheorie gewählt wird, entwickelt das Arbeitsverhältnis als Sozialtauschbeziehung und sucht die Unvollständigkeit des Arbeitsvertrages durch sozialpsychologische Variablen zu überbrücken. Der Autor diskutiert hier insbesondere das Commitment der Beschäftigten einerseits und den Fit zwischen personellen Erwartungen sowie organisatorischen Gegebenheiten andererseits. Im Kontext des öffentlichen Dienstes leitet diese Überlegung über zur public service motivation (PSM), also einer spezifischen Selektion und Orientierung der Beschäftigten.

Damit wird ein Konstrukt in den Mittelpunkt gerückt, welches nicht nur für weitere Forschung im Feld von Interesse sein sollte, sondern auch in hohem Maße praktische Relevanz besitzt. Insbesondere im Mutterland des NPM Großbritannien, aber auch in der nordamerikanischen Forschung wird dieser Variable große Aufmerksamkeit gewidmet. Die spezifische Motivation zum öffentlichen Dienst wird auch als Korrektiv mancher Probleme des NPM diskutiert. Die vorliegende Arbeit ist daher nicht nur für Sozialwissenschaftler, sondern auch für (Personal-)Praktiker des öffentlichen Dienstes von Interesse. Dass die Thematik bei den Beschäftigten der Jobcenter auf große Resonanz gestoßen ist, belegt der hohe Rücklauf – rund 4500 Fragebögen innerhalb von fünf Werktagen –, welche die empirische Basis dieser Arbeit sind.

Hamburg, im Februar 2016   Wenzel Matiaske

Vorwort

Die vorliegende Arbeit entstand während meiner Zeit als externer Doktorand am Lehrstuhl für Personal und Arbeit der Helmut-Schmidt-Universität in Hamburg und wurde von der Fakultät für Wirtschafts- und Organisationswissenschaften im Juni 2015 als Dissertation angenommen.

Meinem Doktorvater, Herrn Prof. Wenzel Matiaske, gebührt mein vorderster Dank. Seine inspirierende Art bereicherte diese Arbeit und mich persönlich auf so vielfältige Weise. Eine bessere akademische Betreuung und einen besseren Doktorvater hätte ich mir nicht wünschen können. Herrn Prof. Gerd Grözinger danke ich für die Übernahme des Zweitgutachtens. Als weitere Mitglieder der Prüfungskommission danke ich Frau Prof. Christina Schaefer und Herrn Prof. Stephan Duschek. Frau Prof. Susanne Royer danke ich für die Möglichkeit, an ihren Doktorandenseminaren in Flensburg teilnehmen zu dürfen.

Eine ganz besondere Begleitung während der gesamten Zeit war mir Dr. Michael Olejniczak. Auf seine ehrlichen – niemals konfliktscheuen – Anregungen habe ich immer höchsten Wert gelegt. Es war für mich ein Glück, dass sich unsere Wege so zufällig im hohen Norden trafen. Ich freue mich auf eine Fortführung des von uns beiden so geschätzten „akademischen Tourismus". Insbesondere während der Anfangszeit war mir Ass. Prof. Simon Fietze eine große Hilfe. Damals noch als wissenschaftlicher Mitarbeiter am Lehrstuhl für Personal und Arbeit angestellt, war ihm keine meiner Anfragen zu trivial. Dies gilt für das gesamte Team am Lehrstuhl. Als „Externer" habe ich mich während meiner Präsenzphasen in Hamburg niemals gefühlt und aus der Ferne stand man mir immer mit Rat und Tat zur Seite.

Den Mitarbeiterinnen und Mitarbeitern der Jobcenter danke ich für die Teilnahme an der Befragung und wünsche ihnen die Wertschätzung ihrer Arbeit, die sie verdienen.

Aus meinem privaten Umfeld danke ich zunächst allen, die sich das Manuskript vorab zu Gemüte geführt haben und mich mit ihren wertvollen Hinweisen weitergebracht haben, stellvertretend meiner Schwester Eve Schlösser. Meinen Eltern, Angelika und Winfried Salmon, danke ich für ihren grenzenlosen Rückhalt in allen Lebenslagen. Ihre Freude an meiner akademischen Arbeit war mir stets eine zusätzliche Motivation.

Zuletzt – und damit irgendwie auch zuvorderst – danke ich meiner Frau Stephanie, die sämtlichen Aufs und Abs eines solchen Projekts direkt ausgesetzt war und die immer den richtigen pädagogischen Ansatz für meine Stimmungen fand. Ihr widme ich diese Arbeit.

Bonn, im Dezember 2015   Dirk Salmon

Inhaltsverzeichnis

ABBILDUNGSVERZEICHNIS XIII

TABELLENVERZEICHNIS XV

ABKÜRZUNGSVERZEICHNIS XVII

1   EINLEITUNG 1

2   DER KULTURWANDEL DES ÖFFENTLICHEN DIENSTES 7
    2.1   DER STAAT ALS ARBEITGEBER 8
    2.2   BÜROKRATIE UND DAS KLASSISCHE BILD DES STAATSDIENERS 10
    2.3   NEW PUBLIC MANAGEMENT 14
        2.3.1   *Verwaltungsreformen in Deutschland* *18*
        2.3.2   *Das Neue Steuerungsmodell als „deutscher Weg" des NPM* ... *19*
        2.3.3   *Zum Stand des NSM in Deutschland* *24*
        2.3.4   *Instrumente der Modernisierung* *26*
        2.3.4.1 Steuerung durch Ziele *27*
        2.3.4.2 Controlling *32*
        2.3.5   *Die Beschäftigten im Zentrum der Reform* *34*
    2.4   DIE NEUE STEUERUNG INNERHALB DER DEUTSCHEN ARBEITSVERWALTUNG .. 36
        2.4.1   *Die Arbeitsmarktreform im Zuge der Hartz-Gesetze* *38*
        2.4.2   *Kooperations- und Optionsmodell: der institutionelle Dualismus* ... *40*
        2.4.3   *Die Veränderung der Arbeitswelt für die Beschäftigten* *42*
        2.4.3.1 Neue Dienstleistungsrhetorik *43*
        2.4.3.2 Neue Steuerungslogik *45*
    2.5   ZUSAMMENFASSUNG 47

3   THEORETISCHER BEZUGSRAHMEN 49
    3.1   DIE UNSICHERHEITEN VON ARBEITSBEZIEHUNGEN 49
        3.1.1   *Ungleiche Informationsverteilung und begrenzte Rationalität* ... *50*
        3.1.2   *Vorteile der Unvollständigkeit von Arbeitsverträgen* *53*
        3.1.3   *Anwendung im öffentlichen Dienst* *55*
    3.2   ARBEIT ALS SOZIALTAUSCH 56
        3.2.1   *Anreiz-Beitrags-Theorie* *57*
        3.2.2   *Commitment* *61*
        3.2.3   *Person-Organization Fit* *64*
        3.2.4   *Der Wandel der Erwartungen im öffentlichen Dienst* *67*
    3.3   DIE MOTIVATION ZUM BEITRITT IN DEN ÖFFENTLICHEN DIENST 70
        3.3.1   *Intrinsische versus extrinsische Motivation* *71*
        3.3.1.1 Die Hypothese der Motivationsverdrängung *74*
        3.3.1.2 Praktische Relevanz und Kritik *77*
        3.3.2   *Public Service Motivation (PSM)* *79*
        3.3.2.1 Die Theorie der Selbstselektion der Beschäftigten ... *81*
        3.3.2.2 Warum öffentliche Institutionen Mitarbeiter mit hoher PSM benötigen *84*
        3.3.2.3 PSM als intrinsische Motivation *88*
        3.3.2.4 Operationalisierung *89*
        3.3.2.5 Forschungsstand zur PSM *93*
        3.3.2.6 PSM und Arbeitszufriedenheit *96*
        3.3.2.7 PSM und extrinsische Anreizsysteme *98*
    3.4   ZUSAMMENFASSUNG 101

	3.4.1 Intendierte und nicht intendierte Effekte	103
	3.4.2 Hypothesen	106
4	**EMPIRISCHE ANALYSE**	**111**
	4.1 METHODISCHE VORGEHENSWEISE	111
	4.1.1 Ablauf der Erhebung	112
	4.1.2 Der Online-Fragebogen	113
	4.2 UNTERSUCHUNGSGEGENSTAND: DIE SGB II JOBCENTER (GE)	114
	4.2.1 Organisationsstruktur	114
	4.2.2 Die Kunden	115
	4.2.3 Die Mitarbeiter	117
	4.2.3.1 Vermittlung	118
	4.2.3.2 Fallmanagement	119
	4.2.3.3 Leistungssachbearbeitung	121
	4.2.3.4 Führungskräfte und Sonstige	121
	4.2.4 Zielsetzung der Institution	122
	4.2.5 Arbeitsbedingungen	124
	4.2.6 Öffentliche Reputation der Organisation	126
	4.3 OPERATIONALISIERUNGEN	129
	4.3.1 Public Service Motivation	129
	4.3.2 Person-Organization Fit	131
	4.3.3 Arbeitszufriedenheit	131
	4.3.4 Arbeitsbedingungen und Arbeitsbelastung	132
	4.3.4.1 Vorbereitung: Variablenauswahl und Korrelationsmatrix	133
	4.3.4.2 Auswahl des Faktorextraktionsverfahrens	137
	4.3.4.3 Zahl der Faktoren	137
	4.3.4.4 Interpretation und Bestimmung der Faktorenwerte	138
5	**ERGEBNISSE**	**141**
	5.1 DATENQUALITÄT DER ONLINE-LÖSUNG	141
	5.1.1 Vorbereitende Maßnahmen	142
	5.1.2 Überprüfung der Datenqualität	142
	5.2 TEILNEHMERVERHALTEN UND RÜCKLAUF	146
	5.3 DESKRIPTIVE ERGEBNISSE UND RELIABILITÄTEN	148
	5.3.1 Demographische und arbeitsplatzbezogene Parameter	149
	5.3.2 Public Service Motivation	150
	5.3.2.1 Darstellung der Ergebnisse im Vergleich zu anderen Studien	151
	5.3.2.2 Itemanalyse	154
	5.3.2.3 Deskriptive Ergebnisse nach Itemanalyse	158
	5.3.2.4 Konfirmatorische Faktorenanalyse	160
	5.3.2.5 Zwischenfazit	163
	5.3.3 Person-Organisation Fit	164
	5.3.3.1 Darstellung der Ergebnisse	164
	5.3.3.2 Itemanalyse	166
	5.3.4 Arbeitsbedingungen	166
	5.3.4.1 Ergebnisse situative Arbeitsbelastung	166
	5.3.4.2 Ergebnisse Job Commitment	167
	5.3.4.3 Ergebnisse NPM-Belastung	168
	5.3.4.4 Itemanalyse	170
	5.3.5 Arbeitszufriedenheit	172
	5.4 HYPOTHESENÜBERPRÜFUNG	173
	5.4.1 Vorüberlegungen	174

	5.4.1.1 Einbeziehung weiter miterklärender Variablen	174
	5.4.1.2 Ergebnis	179
	5.4.2 Hypothesen 1-3	181
	5.4.3 Hypothese 4	186
	5.4.4 Hypothese 5	188
	5.4.5 Hypothese 6	189
	5.4.6 Hypothese 7	190
5.5	STRUKTURGLEICHUNGSMODELL	191
	5.5.1 Allgemeine Grundsätze der Strukturgleichungsmodellierung	192
	5.5.2 Methodisches Vorgehen	193
	5.5.3 Prüfung der Gesamtgüte	194
	5.5.3.1 Allgemeine Grundsätze zu Fit-Indizes	194
	5.5.3.2 Fit-Indizes und sukzessive Verbesserung des Modells	197
	5.5.4 Ergebnisse der Modellschätzung	199
	5.5.4.1 Plausibilität und Parameterbeurteilung	200
	5.5.4.2 Inhaltliche Interpretation	202
	5.5.5 Zusammenfassung	207
6	**SCHLUSSBETRACHTUNG**	**210**
LITERATURVERZEICHNIS		**217**
ANLAGE 1		**XXI**

Abbildungsverzeichnis

Abbildung 1: Dimensionen des New Public Management 16
Abbildung 2: Elemente eines zielorientierten Leistungsbewertungssystems .. 31
Abbildung 3: Elemente intrinsischer Motivation 73
Abbildung 4: Elemente extrinsischer Motivation 74
Abbildung 5: Motivation Beschäftigter in öffentlichen Organisationen 99
Abbildung 6: Akteure der Hartz-Reformen 105
Abbildung 7: Hypothesensystem 110
Abbildung 8: Ablauf der Erhebung 113
Abbildung 9: Screenshot www.sgbII.info 124
Abbildung 10: Zusammenstellung Presseartikel 127
Abbildung 11: Faktor Job Commitment 140
Abbildung 12: Verwendete PSM-Skala 162
Abbildung 13: Person-Organization Fit nach Tätigkeit 165
Abbildung 14: Ergebnisse NPM-Belastung 168
Abbildung 15: Ergebnisse Zielvorgaben 169
Abbildung 16: Ergebnisse Controlling und Statistik 169
Abbildung 17: Ergebnisse Arbeitszufriedenheit Jobcenter/SOEP (2) 173
Abbildung 18: Mediatorbeziehung PSM und AZ 185
Abbildung 19: Ausgangsmodell 198
Abbildung 20: Ergebnis SGM 203
Abbildung 21: Effekt PSM – POF – AZ 205
Abbildung 22: Effekt NPM – situative Arbeitsbelastung – AZ 206
Abbildung 23: Effekt NPM – situative Belastung – POF 206

Tabellenverzeichnis

Tabelle 1: Bürokratiemodell versus NSM 22
Tabelle 2: Das SMART- Prinzip 29
Tabelle 3: Messmethoden des Person-Organization-Fit 66
Tabelle 4: Inhalt des Fragebogens 114
Tabelle 5: Zielsystem nach § 48a SGB II 123
Tabelle 6: Messskala Public Service Motivation 130
Tabelle 7: Messskala Person-Organization Fit 131
Tabelle 8: Messskala Arbeitszufriedenheit 132
Tabelle 9: Items zu Arbeitsbedingungen 134
Tabelle 10: Korrelationstabelle Arbeitsbedingungen 136
Tabelle 11: Erklärte Gesamtvarianz 138
Tabelle 12: Rotierte Komponentenmatrix 139
Tabelle 13: t-Test PSM 144
Tabelle 14: t-Test POF 145
Tabelle 15: t-Test Arbeitszufriedenheit 145
Tabelle 16: Verteilung der Antworten über Zeit nach Alter 146
Tabelle 17: Verteilung der Antworten über Zeit nach Geschlecht 146
Tabelle 18: Verteilung der Antworten über Zeit nach Tätigkeitsbereich 147
Tabelle 19: Verteilung der Teilnehmer nach Bundesland des Jobcenters 148
Tabelle 20: Alter der Befragten 149
Tabelle 21: Arbeitsbereich der Befragten 149
Tabelle 22: Ergebnisse PSM der durchgeführten Online-Befragung 151
Tabelle 23: Ergebnisse PSM nach Hammerschmid et al. (2009) 152
Tabelle 24: Ergebnisse PSM nach Vogel (2011) 152
Tabelle 25: Itemanalyse Politische Motivation 155
Tabelle 26: Itemanalyse Gemeinwohlinteresse 156
Tabelle 27: Itemanalyse Soziales Mitgefühl 157
Tabelle 28: Itemanalyse Altruismus 157
Tabelle 29: Ergebnisse PSM nach Itemanalyse 159

Tabelle 30: Ergebnisse PSM ohne Politische Motivation 159
Tabelle 31: Vergleich der PSM-Studien 160
Tabelle 32: Fit-Indizes PSM 162
Tabelle 33: Ergebnisse zum Person-Organization Fit 165
Tabelle 34: Itemanalyse POF 166
Tabelle 35: Ergebnisse situative Arbeitsbelastung 167
Tabelle 36: Ergebnisse Job Commitment 167
Tabelle 37: Ergebnisse NPM-Belastung 170
Tabelle 38: Itemanalyse situative Arbeitsbelastung 171
Tabelle 39: Itemanalyse Job Commitment 171
Tabelle 40: Itemanalyse NPM-Belastung 171
Tabelle 41: Ergebnisse Arbeitszufriedenheit Jobcenter/SOEP...................... 172
Tabelle 42: Einfluss miterklärender Variablen 179
Tabelle 43 : Regressionsanalyse 1 182
Tabelle 44: Regressionsanalyse 2 183
Tabelle 45: Regressionsanalyse 3 184
Tabelle 46: Regressionsanalyse 4 185
Tabelle 47: Korrelation zu Hypothese 4 187
Tabelle 48: Regressionsanalyse 5 188
Tabelle 49: Regressionsanalyse 6 189
Tabelle 50: Regressionsanalyse 7 190
Tabelle 51: Fit-Indizes Ausgangsmodell 198
Tabelle 52: Fit-Indizes nach Modifikation 199
Tabelle 53: Regression Weights 201

Abkürzungsverzeichnis

A		
ABBA	Arbeitsbelastungen und Bedrohungen in Arbeitsgemeinschaften nach Hartz IV	
AGFI	Adjusted Goodness-of-Fit Index	
AFG	Arbeitsförderungsgesetz	
ARGE	Arbeitsgemeinschaft	
ASA	Attraction-Selection-Attrition	
AT	Altruismus	
AZ	Arbeitszufriedenheit	
B		
BA	Bundesagentur für Arbeit	
BAT	Bundesangestelltentarif	
bFM	beschäftigungsorientiertes Fallmanagement	
BGB	Bürgerliches Gesetzbuch	
BMAS	Bundesministerium für Arbeit und Soziales	
BMI	Bundesministerium des Innern	
bzw.	beziehungsweise	
C		
CET	Cognitive Evaluation Theory	
CFI	Comparative Fit Index	
CM	Case Management	
C. R.	Critical Ration	
D		
DGUV	Deutsche Gesetzliche Unfallversicherung	
d. f.	Freiheitsgrade (degrees of freedom)	
DLV	Deutscher Leichtathletik Verband	
DOSB	Deutscher Olympischer Sportbund	
E		
eLb	Erwerbsfähige Leistungsberechtigte	
ERI	Effort-Reward-Imbalance Index	
F		
f.	folgende (Seite)	
ff.	fortfolgende (Seiten)	
G		
gE	Gemeinsame Einrichtungen	
GE	Gemeinwohlinteresse	
GFI	Goodness-of-Fit Index	
GG	Grundgesetz	

GrSiWEntG	Gesetz zur Weiterentwicklung der Organisation der Grundsicherung für Arbeitssuchende
I	
i. d. R.	in der Regel
J	
JC	Job Commitment
K	
KGSt	Kommunale Gemeinschaftsstelle für Verwaltungsmanagement
KLR	Kosten- und Leistungsrechnung
KFA	Konfirmatorische Faktorenanalyse
M	
MbO	Management by Objectives
ML	Maximum Likelihood
MSA	Measure of Sampling Adequacy
N	
nEf	nicht erwerbsfähige Leistungsberechtigte
NFI	Normed Fit Index
NPM	New Public Management
NSM	Neues Steuerungsmodell
O	
OCB	Organizational Citizenship Behavior
OLS	Ordinary Least Squares
o. O.	Ohne Ortsangabe
o. S.	Ohne Seitenangabe
P	
PersVG	Personalvertretungsgesetz
PEF	Person-Environment Fit
PLS	Partial-Least-Squares
PM	Politische Motivation
POF	Person-Organization Fit
PSA	Personal-Service-Agenturen
PSM	Public Service Motivation
R	
RMR	Root Mean Square Residual
RMSEA	Root-Mean-Square-Error of Approximation
S	
SB	Situative Arbeitsbelastung
SDT	Self Determination Theory
SGB	Sozialgesetzbuch
SGM	Strukturgleichungsmodell

SM	Soziales Mitgefühl
SMC	Squared Multiple Correlations
SOEP	Sozio-oekonomische Panel
SRMR	Standardized Root Mean Square Residual
SRR	Social Responsibility Rating
T	
TVöD	Tarifvertrag für den öffentlichen Dienst
V	
Ver.di	Vereinte Dienstleistungsgewerkschaft
Vgl.	Vergleiche
Z	
z.B.	zum Beispiel
zkT	zugelassene kommunale Träger

*„'Public Service' is a concept, an attitude, a sense of duty
– yes, even a sense of public morality."*[1]

(Elmer B. Staats)

1 Einleitung

Controlling, Zielsteuerung, Benchmarking, Kosten- und Leistungsrechnung, Kontraktmanagement, Anreizsysteme – die Bandbreite an betriebswirtschaftlichen Steuerungs- und Managementmethoden ist groß und aus privatwirtschaftlichen Unternehmen nicht weg zu denken. In öffentlichen Institutionen hingegen herrschte lange Zeit das Grundprinzip des bürokratischen Verwaltungshandelns. Fast schon automatisch wird der Begriff „Bürokratie" dabei von der öffentlichen Meinung mit negativen Assoziationen persifliert (z. B. „organisierte Unverantwortlichkeiten"[2]).

Seit mittlerweile über zwei Dekaden vollzieht sich innerhalb des öffentlichen Dienstes in Deutschland allerdings ein Kulturwandel. Inspiriert von den bereits in den späten 1970er Jahren begonnenen internationalen Reformbewegungen des New Public Management (NPM), erhalten mittlerweile auch in Deutschland betriebswirtschaftlich abgeleitete Steuerungsinstrumente Einzug in öffentliche Amtsstuben. Mit dem Ziel der Effektivitäts- und Effizienzsteigerung soll dabei nicht zuletzt den Steuerzahlern[3] ein sparsamerer Umgang mit öffentlichen Ressourcen signalisiert werden.

In Deutschland wurden die – aus dem angelsächsischen Sprachraum initiierten – Reformbemühungen erst verhältnismäßig spät aufgegriffen, bedurften jedoch – im Gegensatz zu vielen internationalen Wegbereitern – keiner staatlichen Doktrin, sondern wurden durch die Verwaltung selbst initiiert. Der richtungsweisende Bericht aus dem Jahr 1993 stammt von der Kommunalen Gemeinschaftsstelle für Verwaltungsmanagement (KGSt) und etablierte das Neue Steuerungsmodell (NSM) als deutsche Adaption des NPM.[4] Das Idealbild des NSM verspricht durch eine verbesserte Governance sowie den Einsatz von Instrumenten der Informationsgewinnung und Steuerung eine Erhöhung der Eigenverantwortung und des Engagements der Mitarbeiter. Darüber hinaus sollen Wettbewerbselemente und Kundenorientierung gestärkt sowie bürokratische Strukturen abgelöst werden.

---

[1] E. B. Staats, 1988, S. 601.
[2] G. Banner, 1991, S. 6.
[3] Aus Gründen der besseren Lesbarkeit wird im Folgenden auf die gleichzeitige Verwendung männlicher und weiblicher Sprachformen verzichtet. Sämtliche Personenbezeichnungen gelten für beide Geschlechter.
[4] Vgl. KGSt, 1993.

Seit Beginn der Reformbewegungen stehen deren Wirkungen unter fortwährender wissenschaftlicher Beobachtung.[5] Bisherige Evaluationen fokussieren allerdings primär auf die Ergebnisdimension und lassen die Wirkungen auf die Beschäftigten weitgehend außer Acht.[6] Aus personalwirtschaftlicher Sicht sind aber insbesondere die Effekte einer an NPM/NSM ausgerichteten Governance auf die Mitarbeiter von Interesse. Diese stehen folglich im Zentrum der vorliegenden Arbeit.

Ein Aspekt ist die Frage, ob sich privatwirtschaftliche und öffentliche Beschäftigte voneinander unterscheiden. Unbestreitbar liegt dem öffentlichen Dienst ein anderer organisationaler Zweck zugrunde als privatwirtschaftlichen Institutionen. Während in privaten Unternehmen das erwerbswirtschaftliche Prinzip „Gewinnmaximierung" im Vordergrund steht, sind öffentliche Organisationen primär einer hinreichenden Befriedigung kollektiver Bedürfnisse verpflichtet.[7] Ausgehend hiervon kann vermutet werden, dass sich auch die Mitarbeiter von öffentlichen Institutionen im Hinblick auf zugrundeliegende Arbeitsmotive von jenen der Privatwirtschaft abgrenzen. In einem anglo-amerikanisch geprägten Forschungsstrang werden öffentlich Beschäftigten hohe Werte in Bezug auf eine sogenannte Public Service Motivation (PSM) zugeschrieben. PSM, im ursprünglichen Verständnis von Perry und Wise (1990) bzw. Perry (1996), setzt sich aus den Dimensionen *politische Motivation, Gemeinwohlinteresse, soziales Mitgefühl und Altruismus* zusammen und unterscheidet sich damit – so die These – von der Arbeitsmotivation privatwirtschaftlich Beschäftigter. Das Konzept der PSM ist in Deutschland bislang noch wenig erforscht, verdient jedoch insbesondere vor dem Hintergrund anhaltender Reformbemühungen des öffentlichen Dienstes eine intensivere Auseinandersetzung. Es entfaltet sich die Frage, ob die NPM-basierte Überstülpung privatwirtschaftlich erprobter Managementinstrumente auf die – eventuell „anders motivierten" – Beschäftigten „anreizend" wirkt oder ob es zu nicht intendierten Effekten kommt.

Um sich dieser Frage zu nähern, sind zunächst die Motive, die ein Individuum zum Beitritt in und zu Beiträgen an eine öffentliche bzw. privatwirtschaftliche Organisation bewegen, von Interesse. Im Fokus der Aufarbeitung steht dabei insbesondere der soziale Charakter von Arbeitsverhältnissen und nicht der monetäre. Als Basistheorie, um die Entscheidung eines Individuums zum Eintritt in und zu Beiträgen an eine Organisation zu erklären, wird auf die Anreiz-Beitrags-Theorie nach Barnard (1938) zurückgegriffen. Grundannahme der Theorie ist, dass Organisationen nur überleben können, wenn sie es durch eine angemessene Anreizgestaltung schaffen, Organisationsmitglieder zu Beiträgen zu bewegen. Der individualtheoretischen Weiterentwicklung von March und Simon (1958) folgend, vergleichen die Organisationsteilnehmer fortwährend die durch die Organisation angebotenen (materiellen

---

[5] Vgl. u. a. J. Bogumil, 1999, 2008; J. Bogumil und W. Jann, 2009; J. Bogumil et al., 2006, 2007; G. Gruening (Grüning), 2000, 2001; W. Jann et al., 2006; J. Kegelmann, 2007; S. Kuhlmann, 2009; S. Kuhlmann et al., 2008; C. Pollitt et al., 2007; C. Hood, 1991; C. Reichard, 1996, 2003, 2010.
[6] Exemplarisch: J. Bogumil et al., 2006; S. Kuhlmann et al., 2008.
[7] Vgl. W. Domschke und A. Scholl, 2005, S. 4.

EINLEITUNG

und nicht materiellen) Anreize mit den selbst geleisteten Beiträgen und reagieren auf eine unbefriedigende Anreiz-Beitrags-Bilanz mit Arbeitsunzufriedenheit oder Fluktuationsgedanken.
Fraglich ist, inwieweit betriebswirtschaftlich fokussierte Managementmethoden für die Beschäftigten öffentlicher Organisationen positive Anreize darstellen können.
Aufgrund unterschiedlicher Ebenen und Aufgaben des mit 4,6 Mio. Beschäftigten[8] weiterhin größten Arbeitgebers Deutschlands ist eine Betrachtung des öffentlichen Dienstes in seiner Gänze nicht möglich. Die vorliegende Arbeit konzentriert ihr Vorhaben daher mit den Jobcentern nach dem Sozialgesetzbuch – Zweites Buch II (SGB II) auf die lokale Ebene der deutschen Arbeitsverwaltung. Mit den Reformpaketen der Kommission „Moderne Dienstleistungen am Arbeitsmarkt" wurde im Jahr 2002 eine umfangreiche Reform der deutschen Arbeitsverwaltung initiiert. Die Vorschläge der sogenannten Hartz-Kommission bedeuteten sowohl für die Empfänger von sozialen Leistungen als auch für die Mitarbeiter der Arbeitsverwaltung tiefgreifende Änderungen. Die Übertragung sozialer Reziprozitätsnormen auf die Arbeitslosen („Fördern und Fordern") und die Zusammenlegung von Arbeitslosenhilfe und Sozialhilfe zu einer einheitlichen Grundsicherung (vulgo: Hartz IV) sind populäre Themen in den Medien, der Gesellschaft und in der politischen Diskussion. Die Auswirkung der Reformmaßnahmen auf die Mitarbeiter der deutschen Arbeitsverwaltung war lange Zeit kein Thema, welches von einer breiten Öffentlichkeit diskutiert wurde, obschon die Veränderungen im Arbeitsalltag fundamental sind. Zentrale Elemente der Neuausrichtung sind die Reformfelder:

- Umorganisation des zentralen Führungs- und Steuerungsapparates
- Einführung eines alle Ebenen durchdringenden Steuerungssystems[9]

In der Praxis schließt das zuständige Bundesministerium für Arbeit und Soziales (BMAS) mit den Bundesländern und der Bundesagentur für Arbeit (BA), welche den Status einer Körperschaft des Öffentlichen Rechts mit Selbstverwaltung innehat, Vereinbarungen zur Erreichung der Ziele der Grundsicherung für Arbeitssuchende (Zielvereinbarungen). In einem nächsten Schritt vereinbaren die BA und die Länder wiederum Ziele mit den jeweiligen, lokal angesiedelten, Jobcentern. Insgesamt unterliegen der BA rund 300 Jobcenter. Als gemeinsame Einrichtungen (gE) der BA und eines kommunalen Trägers sind die Jobcenter für die Grundsicherung für Arbeitssuchende nach dem SGB II (Hartz IV) zuständig. Mit insgesamt rund 55.700 Mitarbeitern[10] sind die Jobcenter ein relevanter Fall und erscheinen für die geplante Untersuchung gut geeignet.

---

[8] Vgl. Statistisches Bundesamt, 2014, S. 25.
[9] Vgl. V. Hielscher und P. Ochs, 2012, S. 251.
[10] Vgl. Deutscher Bundestag, 2013a, S. 2; S. Astheimer und C. Budras (2012) gehen von ungefähr 60.000 Beschäftigten aus.

Nach mehreren Jahren der Konzentration auf die Empfänger sozialer Dienstleistungen, ist in den letzten Jahren ein Zuwachs an Presseartikeln zu beobachten, die sich kritisch mit den Arbeitsbedingungen für die Beschäftigten in den neu geschaffenen Jobcentern (gE) auseinandersetzen. Kernpunkt der Kritik ist zumeist das Steuerungs- und Kontrollsystem. Größere Aufmerksamkeit erreichte im Jahr 2013 ein Artikel des Magazins „Der Spiegel", welcher den Jobcentern – und damit im Speziellen ihren Mitarbeitern – vorwirft, ihr Handeln einzig auf das Erreichen der Zielvorgaben auszurichten. Dem Artikel, welchem ein Bericht des Bundesrechnungshofs zugrunde liegt, folgend, werden hierdurch vor allem die Arbeitslosen vernachlässigt, die eine intensive Betreuung besonders nötig haben. Anstatt sich tiefgründig mit den Menschen zu beschäftigen, bei denen eine Eingliederung (Vermittlung) in Arbeit langwierig und schwierig erscheint, würden insbesondere die Arbeitslosen betreut, bei denen eine Vermittlung – und damit die Zielerreichung – mit wenig Einsatz realisiert werden kann.[11] Im zugrundeliegenden Bericht des Bundesrechnungshofs wird die Situation wie folgt zusammengefasst:

„Die Bundesagentur für Arbeit (Bundesagentur) führt über Ziele. Sie nutzt hierfür ein umfassendes Controlling und Steuerungssystem. Der Bundesrechnungshof hat untersucht, wie die Bundesagentur ihre Zielerreichung steuert und welche Auswirkungen die Steuerung auf das Handeln der Agenturen für Arbeit (Agenturen) hat. [...] Nach unseren Feststellungen führt das Zielsystem der Bundesagentur zu Fehlsteuerungen. Die Fehlsteuerungen traten bei allen von uns geprüften Agenturen auf. Bisweilen kam es auch zu Manipulationen bei der Zielerreichung."[12]

„Die Agenturen konzentrieren ihre Vermittlungsbemühungen auf marktnahe Kunden mit kurzer Arbeitslosigkeitsdauer und guten Integrationschancen. Ferner setzen sie Schwerpunkte bei einfach zu besetzenden Stellen, um eine möglichst hohe Zahl erfolgreich besetzter Stellen zu erreichen. Der Bundesrechnungshof hat der Bundesagentur empfohlen, ihre Zielsteuerung zu verändern."[13]

Die zitierten Passagen aus dem Bericht des Bundesrechnungshofs verdeutlichen zweierlei. Zum einen wird die generelle Existenz von betriebswirtschaftlich inspirierten Managementmethoden (Controlling und Steuerungssystem) im Wirkbereich der Arbeitsverwaltung belegt. Auf der anderen Seite nennt der Bundesrechnungshof erste Hinweise für eine mögliche Fehlsteuerung der organisationalen Anreizgestaltung und entfaltet damit einen relevanten Forschungsbedarf: Führt die neue Governance zu nicht intendierten Effekten?
Die vorliegende Arbeit geht der skizzierten Thematik in sechs Kapiteln auf den Grund.

---

[11] Vgl. J. Dahlkamp et al., 2013.
[12] Bundesrechnungshof, 2014, S. 4.
[13] Bundesrechnungshof, 2014, S. 3.

EINLEITUNG

Im Anschluss an die Einleitung werden im *zweiten Kapitel* zunächst die Grundlagen der Reformbemühungen des öffentlichen Dienstes entfaltet. Ausgehend von einer einleitenden Beleuchtung der Hauptcharakteristika des Staates als Arbeitgeber, dient eine folgende Auseinandersetzung mit dem Bürokratiemodell nach Max Weber als Ausgangspunkt der weiteren Ausführungen. Webers neutrale Würdigung des bürokratischen Handelns als „rationalste(,) Form der Herrschaftsausübung"[14] war über Jahrzehnte hinweg prägendes Element des deutschen Verwaltungshandelns und beeinflusst bis heute die Wahrnehmung und die Realität öffentlicher Organisationen.

Im weiteren Verlauf des Kapitels werden die Reformbemühungen des öffentlichen Dienstes aufgezeigt. Ausgehend von den internationalen Bewegungen des NPM wird zunächst die Historie von Verwaltungsreformen in Deutschland skizziert. Im Folgenden steht das durch die KGSt (1993) initiierte NSM im Vordergrund. Ziel des Kapitels ist es, die wesentlichen Reformelemente *Steuerung durch Ziele* und *Controlling* vorzustellen sowie einen Überblick über den aktuellen Implementierungsstand in Deutschland und die tragende Rolle der Beschäftigten innerhalb des Reformprozesses zu schaffen. Die zugrundeliegenden Prämissen der neuen Steuerungslogik werden – wenn möglich – vor der Kontrastfolie des Weberschen Bürokratiebegriffs erörtert. Das Kapitel schließt mit der Einführung in die Reformmaßnahmen der deutschen Arbeitsverwaltung und untersucht, ob sich diese in Tradition des NPM/NSM interpretieren lassen und welche Änderungen sich für die Beschäftigten ergeben.

Das *dritte Kapitel* verlässt den deskriptiven Teil der Arbeit und zeichnet einen theoretischen Bezugsrahmen, welcher letztlich in einer Hypothesengenerierung mündet. Zunächst wird die prägende Bedeutung von wechselseitigen Unsicherheiten innerhalb des Arbeitsverhältnisses dargelegt. Beide Arbeitsvertragsparteien können nicht sämtliche Eventualitäten antizipieren und müssen folglich im Laufe ihrer vertraglichen Beziehung mit einer Enttäuschung ihrer Erwartungen rechnen. Die Fokussierung auf das Arbeitsverhältnis als soziale Beziehung steht auch im Zentrum der weiteren Ausführungen. Wie bereits erwähnt, dienen die Anreiz-Beitrags-Theorie nach Barnard (1938) und ihre Weiterentwicklung nach March und Simon (1958) als Fundament des theoretischen Bezugsrahmens. Die Ausführungen zeigen, dass Anreize im Sinne der Theorie nicht ausschließlich materieller Natur sein müssen. Interessant ist in diesem Zusammenhang der Gedanke, dass der organisationale Zweck und die organisational vermittelten Werte Anreize im Sinne der Anreiz-Beitrags-Theorie darstellen können. So wird unter anderem eine Verträglichkeit von Werten und Zielen des Individuums und der Organisation als Motiv für eine längere Bindung an eine Organisation identifiziert. Im weiteren Verlauf des Kapitels steht die Motivation zum Beitritt in den öffentlichen Dienst im Fokus. Ausgehend von grundlegenden Ausführungen zur Abgrenzung und möglicher Unverträglichkeit von

---

[14] M. Weber, 2010, S. 164.

intrinsischer und extrinsischer Motivation, wird das Konzept der PSM ausführlich betrachtet. Auf Basis des internationalen Forschungsstandes werden mögliche Zusammenhänge zu den bereits diskutierten Variablen (z. B. Arbeitszufriedenheit) abgeleitet. Da das Konzept der PSM in Deutschland noch relativ wenig erforscht wurde, sind der Forschungsstand sowie die gängigen Operationalisierungen ebenfalls Teil des Kapitels. Der theoretische Bezugsrahmen wird mit der Ableitung von sieben Hypothesen geschlossen.

Das *vierte Kapitel* legt die Grundlagen für die durchgeführte empirische Analyse. Die zum Abschluss des dritten Kapitels generierten Hypothesen werden anhand einer bundesweiten Mitarbeiterbefragung innerhalb der SGB II Jobcenter überprüft. Die mittels eines Online-Fragebogens durchgeführte Erhebung erreichte in der Zeit vom 08.04. bis zum 15.04.2013 insgesamt 4.514 verwertbare Datensätze. Zunächst wird die methodische Vorgehensweise, inklusive der Inhalte des Online-Fragebogens, präsentiert. Des Weiteren wird die Organisation der SGB II Jobcenter ausführlich vorgestellt. Neben den grundlegenden Strukturen werden die Kunden, die Mitarbeiter und die Zielsetzung der Institution erörtert. Die Zusammenfassung bereits evaluierter Arbeitsbedingungen sowie eine Skizzierung der öffentlichen Berichterstattung runden die Vorstellung des Untersuchungsobjektes ab. Die Vorstellung der verwendeten Operationalisierungen schließt das Kapitel ab.

Zielsetzung des *fünften Kapitels* ist die Darstellung der Ergebnisse inklusive der Hypothesenüberprüfung. In einem ersten Schritt werden die Daten auf mögliche Verzerrungseffekte untersucht, um im weiteren Verlauf das Teilnehmerverhalten und den Rücklauf zu beurteilen. Die folgende Darstellung der deskriptiven Ergebnisse dient einerseits einer ersten inhaltlichen Interpretation und bietet andererseits die Möglichkeit, durch Itemanalysen eine Optimierung der jeweiligen Messskalen zu erreichen. Die anschließende Hypothesenüberprüfung geschieht mittels multivariater Regressionsanalysen.

Um das Hypothesensystem in seiner Gesamtheit abbilden zu können, wird im weiteren Verlauf des Kapitels eine Strukturgleichungsanalyse durchgeführt. Hierdurch können alle Hypothesen gesamtheitlich in einem Modell abgebildet werden. Das Kapitel schließt mit einer inhaltlich fokussierten Interpretation der Ergebnisse sowie einer generellen Zusammenfassung der analysierten Ergebnisse.

Die Arbeit endet im *sechsten Kapitel* mit einer Schlussbetrachtung. Neben einer grundsätzlichen Zusammenfassung der Arbeit stehen im Wesentlichen drei Dimensionen der Erkenntnisgewinnung im Vordergrund. *Methodische Erkenntnisse* konzentrieren sich insbesondere auf die Messung des Konstrukts der PSM. Aufgrund bislang recht rarer deutschsprachiger PSM-Forschung zielt die vorliegende Arbeit auf einen brauchbaren Ansatz zur Verortung des angloamerikanischen Konzepts in den deutschen Sprachraum. *Theoretische Erkenntnisse* sollen insbesondere aus der im fünften Kapitel durchgeführten Hypothesenprüfung folgen. Die Arbeit schließt letztlich mit den für die Jobcenter relevantesten *praktischen Erkenntnissen*.

2 Der Kulturwandel des öffentlichen Dienstes

Seit über zwei Dekaden vollzieht sich innerhalb des öffentlichen Dienstes in Deutschland eine Entwicklung, die in der Literatur mit Begriffen wie „leiser Revolution"[15], „Buschfeuer"[16], „Paradigmenwechsel"[17] oder eben „Kulturwandel"[18] bezeichnet wird. Inspiriert von den internationalen Bewegungen des New Public Management (NPM), erhalten auch in Deutschland betriebswirtschaftlich abgeleitete Managementmethoden Einzug in öffentliche Amtsstuben. Die Reformmaßnahmen gehen dabei weit über die bloße Implementierung verschiedener privatwirtschaftlich erprobter Werkzeuge hinaus. Während in der Außendimension Kundenorientierung und Wettbewerbselemente gestärkt werden sollen, zielt die Binnendimension auf die Auflösung bürokratischer Strukturen.[19] Pointiert ausgedrückt: Die öffentliche Verwaltung soll effizienter, outputorientierter und kundenorientierter werden. Obwohl die Neuausrichtung tiefgreifende Veränderungen der bisherigen Arbeitsbeziehungen zwischen öffentlichen Arbeitgebern und Beschäftigten bedeutet, zielt die bisherige wissenschaftliche Auseinandersetzung vorrangig auf die Ergebnisdimension und lässt die Wirkung auf die Beschäftigten weitgehend außer Acht.[20]

Das vorliegende Kapitel nähert sich der Thematik daher aus personalwirtschaftlicher Perspektive und beleuchtet zunächst die Rolle des Staates als Arbeitgeber, um im weiteren Verlauf das klassische Bild des Staatsdieners aus dem Bürokratiemodell nach Max Weber abzuleiten. Im Folgenden werden die Reformmaßnahmen des NPM und deren deutsche Adaption – das sogenannte „Neue Steuerungsmodell" (NSM) – vorgestellt, um vor dem Hintergrund der Reforminstrumente die Folgen für die Beschäftigten abzuleiten. Im letzten Teil des Kapitels widmet sich die Arbeit erstmals dem spezifischen Untersuchungsobjekt der später folgenden empirischen Untersuchung: Die deutsche Arbeitsverwaltung. Die dort durchgeführten Reformmaßnahmen stehen in Tradition zum NSM und richten die Organisation und ihre Beschäftigten anhand einer völlig neuen Steuerungslogik aus. Ob die weitreichenden Konsequenzen für die Beschäftigten, die mit einem neuen Rollenbild des Staatsdieners einhergehen, tatsächlich zu einem – wie durch die Überschrift des Kapitels suggeriert – "Kulturwandel" führen, wird im Laufe des Kapitels näher beleuchtet.

---

[15] W. Matiaske und D. Holtmann, 2007, S. 3.
[16] C. Reichard, zitiert nach: W. Jann et al., 2006, S. 9.
[17] Exemplarisch: R. Schneider, 2006.
[18] K. Litschen, 2007.
[19] Vgl. J. Bogumil et al., 2006, S. 152.
[20] Exemplarisch: S. Kuhlmann et al., 2008.

2.1 Der Staat als Arbeitgeber

Diese Arbeit beschäftigt sich mit den Arbeitsbedingungen von Beschäftigten des öffentlichen Dienstes in Deutschland. Um sich diesem Themenfeld zu nähern, müssen zunächst – in Anlehnung an Holtmann (2008) sowie Jörges-Süß (2007) – einige Begrifflichkeiten konkretisiert werden.

Die Definition der öffentlichen Organisation kann sich an den unterschiedlicher Ebenen und Aufgaben des öffentlichen Dienstes orientieren.[21] Für den personalwirtschaftlichen Kontext dieser Arbeit ist es sinnvoll, die Begriffsbestimmungen anhand der Akteure abzuleiten, die im Folgenden als öffentliche Arbeitgeber bzw. öffentliche Arbeitnehmer (Beschäftigte) gelten sollen.

Der *Begriff des öffentlichen Arbeitgebers* lässt sich relativ klar definieren als: jeder „rechtsfähige Träger öffentlicher Gewalt [...], der Arbeitnehmer beschäftigt"[22].

Als Ausgangspunkt eines öffentlichen Dienstes, welcher sich mit dieser Arbeitgeberdefinition sowie dessen heutiger Ausprägung grundsätzlich vergleichen lässt, können Entwicklungen im Verwaltungsstaat der Neuzeit herangezogen werden. Die sogenannten öffentlichen Diener wurden durch den Landesherrn zur Erledigung der Verwaltungsgeschäfte eingesetzt und in Folge ihrer Tätigkeit zunehmend als Beamte tituliert. Die einheitliche und umfassende Gewalt der Landesherren wandelte sich im Zuge einer „gedanklichen Verselbstständigung dieser Herrschaftsgewalt zum ‚Staat'"[23]. Die zunehmende Relevanz der Organisation „Staat" führte zu steigenden Privilegien, wie einem Recht auf regelmäßige Dienstbezüge, Schutz vor Entlassung sowie Versorgung für sich und Angehörige und bildet damit die Grundpfeiler des noch heute bestehenden modernen Beamtentums.[24]

Die spezielle Institution des Beamtentums deutet bereits eine gewisse Abgrenzung zwischen staatlichen und privatwirtschaftlichen Arbeitgebern an. Müller-Jentsch (1997) akzentuiert folgende drei Wesensmerkmale, die den Staat in seiner Rolle als Arbeitgeber maßgeblich charakterisieren:

- Als Arbeitgeber ist der Staat – im Gegensatz zu Arbeitgebern der Privatwirtschaft – relativ unabhängig von Markt und Konjunktur, da er souverän über die Höhe seiner Einnahmen (durch Zugriff auf das Steuersystem) verfügen kann.

---

[21] Die verschiedenen Ebenen lassen sich in Bund, Länder, Gebietskörperschaften, Kommunen und quasi staatliche Ebenen gliedern. Die Aufgaben beinhalten hoheitliche Kernaufgaben staatlicher Verwaltung, die Leistungsverwaltung wohlfahrtsstaatlicher Programme sowie die wirtschaftliche Erbringung von Produkten oder Leistungen (vgl. hierzu: D. Holtmann, 2008, S. 7).
[22] F. A. Stein, 2003, S. 41.
[23] Studienkommission für die Reform des öffentlichen Dienstrechts, 1973, S. 17.
[24] Vgl. Studienkommission für die Reform des öffentlichen Dienstrechts, 1973, S. 16-17.

- Seine Personal- und Besoldungsentscheidungen müssen immer im Hinblick auf ihre präjudizierenden Effekte für die Arbeitsverhältnisse der übrigen Wirtschaft getroffen werden.
- Mit der Beschäftigung der Beamten ist der Staat der einzige Arbeitgeber, der eine Gruppe von Mitarbeitern beschäftigt, die kein Kollektivverhandlungs- und Streikrecht besitzt.[25]

Der letzte Punkt weist auf die Sonderstellung des Beamtentums hin[26] und liefert damit gleichzeitig eine Überleitung zur Abgrenzung *öffentlicher Arbeitnehmer*. Hierbei sollte das maßgeblich prägende Strukturprinzip des Dualismus von privatrechtlichem Status der Arbeitnehmer und öffentlich-rechtlichem Dienstverhältnis der Beamten bedacht werden.[27] Im Folgenden wird daher der Begriff der „*Beschäftigten*" als Oberbegriff für die Unterkategorien Beamte und Arbeitnehmer verwendet.[28] Die Sonderstellung der Beamten ist primär in deren öffentlich-rechtlichem Dienst- und Treueverhältnis begründet, wohingegen die Arbeitnehmer in der öffentlichen Verwaltung einem privatrechtlichen Arbeitsvertrag unterliegen.[29]

Im Jahr 2013 beschäftigte der öffentliche Dienst als größter Arbeitgeber Deutschlands ca. 1,7 Millionen Beamte, 2,8 Millionen Arbeitnehmer und 170.000 Soldaten.[30]

Durch diese herausragende Rolle hat der Staat einen immensen Einfluss auf die Lohn- und Arbeitsmarktentwicklung.[31] Als unmittelbarer Arbeitgeber bestimmen der Staat und die Gebietskörperschaften (Bund, Länder und Gemeinden) für ca.

---

[25] Vgl. W. Müller-Jentsch, 1997, S. 314-315.
[26] Beamte haben wie bereits erwähnt kein Kollektivverhandlungs- und Streikrecht, können sich jedoch gemäß der eingeschränkten Koalitionsfreiheit des Artikel 9 Abs. 3 GG in Gewerkschaften und Interessenverbänden zusammenschließen. Das Tarifmodell für Angestellte sowie das Gesetzmodell für Beamte bilden damit die zwei Formen der Interessenvertretung des öffentlichen Dienstes (Vgl. B. Keller, 2008, S. 77). Keller (2008, S. 77) konstatiert: „Die formale Trennungslinie der Regulierungsmodelle verläuft faktisch nicht so sehr zwischen Privatwirtschaft und öffentlichem Dienst, sondern eher innerhalb des öffentlichen Sektors (sog. Zweigleisigkeit des Dienstrechts)." Der Dualismus von Arbeitnehmer- und Beamtentum mit unterschiedlichen Rechten und Pflichten birgt insbesondere dann Konfliktpotential, wenn identische Tätigkeiten innerhalb einer Organisation von beiden Statusgruppen ausgeübt werden (hier exemplarisch: H. Sonnberger, 2013). Wie in der Privatwirtschaft, so herrscht auch im öffentlichen Sektor eine Trennung zwischen der Interessenvertretung auf der Ebene des Betriebs (der Dienststelle) und außerhalb. Die Mitbestimmung auf Ebene der Dienststellen wird durch die Personalräte wahrgenommen und ist durch das Personalvertretungsgesetz (PersVG) geregelt. Das PersVG ähnelt als nachempfundene Rechtsgrundlage dem in der Privatwirtschaft geltenden Betriebsverfassungsgesetz (Vgl. B. Keller, 2008, S. 77).
[27] Vgl. B. Keller, 2008, S. 77.
[28] Mitglieder des öffentlichen Dienstes im weiteren Sinne sind zum einen die Beschäftigten der öffentlichen Verwaltung und zum anderen die Amts- und Mandatsträger. Die Gruppe der Beschäftigten der öffentlichen Verwaltung besteht wie erwähnt aus Beamten und öffentlichen Arbeitnehmern (ehemals: Angestellte und Arbeiter). Ausschließlich diese Gruppen wird in der vorliegenden Arbeit betrachtet, da Amts- und Mandatsträger in keinem öffentlich-rechtlichen Dienst- und Treueverhältnis stehen, sondern ein öffentlich-rechtliches Amtsverhältnis innehaben (vgl. K. Jörges-Süß, 2007, S. 33).
[29] Für eine umfangreichere Erörterung siehe: K. Jörges-Süß, 2007, S. 33-38. Eine tiefere Auseinandersetzung mit den beiden Statusgruppen soll an dieser Stelle nicht vollzogen werden, da sie im Zuge der Darstellung des Bürokratiemodells im folgenden Abschnitt vertiefend aufgegriffen wird.
[30] Vgl. Statistisches Bundesamt, 2014, S. 25.
[31] Vgl. W. Müller-Jentsch, 1997, S. 315.

15% aller Beschäftigten die Arbeitsbedingungen.[32] Alleine dieser Umstand legitimiert die personalwissenschaftliche Auseinandersetzung mit dem Arbeitgeber Staat und seinen Beschäftigten.

2.2 Bürokratie und das klassische Bild des Staatsdieners

Wie bereits erläutert, weist der Staat gegenüber der Privatwirtschaft eine gewisse Sonderstellung in seiner Rolle als Arbeitgeber auf. Neben den im vorherigen Abschnitt genannten Aspekten wird mit staatlicher Verwaltungsarbeit oftmals der Begriff der „Bürokratie" verbunden, welcher an dieser Stelle Ausgangspunkt der Nachzeichnung des klassischen Bildes eines Staatsdieners sein soll. Die ursprünglich als Verunglimpfung konstruierte Vokabel, welche die Herrschaft des „Büros" deklarierte, in der Regieren und Verwalten zum Selbstzweck wurde, fand erst durch das Bürokratiemodell nach Max Weber zu Beginn des 20. Jahrhunderts ihre objektive und neutrale Würdigung.[33] An dieser Stelle sei akzentuiert, dass das Bürokratiemodell nach Weber nicht als „allgemeingültige empirische Beschreibung vorhandener Organisationsformen oder als normative und präskriptive Vorschrift, als Modell wie öffentliche und formale Organisationen gestaltet werden sollten"[34] zu interpretieren ist. Webers Vorgehen gleicht vielmehr einer typologischen Zusammenfassung zu einem Idealtypus von, in der Realität auftretenden, Merkmalen.[35]

Um sich den Gedanken Webers zu nähern, wird zunächst die im dritten Kapitel seines Werkes „Wirtschaft und Gesellschaft"[36] verortete Abhandlung über verschiedene Formen der Herrschaft aufgegriffen. Auch wenn die Notwendigkeit von Herrschaft vom klassischen Liberalismus, als auch vom klassischen Marxismus verneint und von der heutigen Sozialwissenschaft hinterfragt wird,[37] so gilt Herrschaft nach mehrheitlicher Meinung auch heute noch als „elementare Kategorie der Staatslehre"[38].

Herrschaft, in den Worten Webers, wird definiert als „die Chance, für einen Befehl bestimmten Inhalts bei angebbaren Personen Gehorsam zu finden."[39] Nach dieser Definition setzt jedes echte Herrschaftsverhältnis ein Minimum an Gehorchenwollen/Interesse am Gehorchen voraus und grenzt sich somit von einem Machtverhältnis ab, in welchem – nach der Auffassung Webers – der eigene Wille auch gegen Widerstreben durchgesetzt werden kann.[40]

---

[32] Vgl. B. Keller, 2008, S. 74.
[33] Vgl. J. Bogumil und W. Jann, 2009, S. 136.
[34] J. Bogumil und W. Jann, 2009, S. 138.
[35] Vgl. J. Bogumil und W. Jann, 2009, S. 138.
[36] Das posthum veröffentlichte Werk stammt ursprünglich aus dem frühen 20. Jahrhundert. Für die vorliegende Arbeit wurde eine neuere Ausgabe aus dem Jahr 2010 verwendet.
[37] Vgl. A. Walter, 2011, S. 29-30.
[38] A. Walter, 2011, S. 30.
[39] M. Weber, 2010, S. 38.
[40] Vgl. M. Weber, 2010, S. 38.

Der Typus des Gehorchens, der Charakter der Ausübung der Herrschaft sowie deren Wirkung sind nach Max Weber grundverschieden und hängen im Wesentlichen von der Art der beanspruchten Legitimität der Herrschaft ab.[41] In diesem Zusammenhang unterscheidet Weber traditionelle, charismatische und legale Herrschaft. Die *traditionelle Herrschaft* ist vergangenheitsbezogen, indem sie auf „von jeher bestehender"[42] Ordnung aufbaut. Die Herrschenden sind nicht an rationale Verordnungen gebunden, sondern orientieren ihr Handeln an Werten der Vergangenheit.[43] Ähnlich verhält es sich mit der *charismatischen Herrschaft*, welche ebenfalls stark personenbezogen ist. Der Führungsperson werden aufgrund ihres Charismas, welches Weber als eine „als außeralltäglich [...] geltende Qualität einer Persönlichkeit"[44] bezeichnet, außergewöhnliche – bis zu gottgleiche – Fähigkeiten attestiert und begründen damit die Führerlegitimität. Der dritte Typ der Herrschaft nach Weber ist die *legale Herrschaft*, welche formales Recht und rationale Ordnung, unter den kennzeichnenden Elementen der Sachlichkeit, Unpersönlichkeit und Berechenbarkeit, als Grundlage hat.[45] Äußerst prägnant – und daher auch häufig zitiert – ist Webers Würdigung der Bürokratie als reinste Ausprägung der legalen Herrschaft:

> „Die rein bureaukratische, also: die bureaukratisch-monokratische aktenmäßige Verwaltung ist nach allen Erfahrungen die an Präzision, Stetigkeit, Disziplin, Strafheit und Verläßlichkeit, also: Berechenbarkeit für den Herrn wie für die Interessenten, Intensität und Extensität der Leistung, formal universeller Anwendbarkeit auf alle Aufgaben, rein technisch zum Höchstmaß der Leistung vervollkommenbare, in all diesen Bedeutungen: formal rationalste, Form der Herrschaftsausübung."[46]

Weber kontrastiert durch diese Worte die bürokratische Organisation mit den zuvor dargestellten Herrschaftstypen. Im Gegensatz zu der traditionellen und der charismatischen Herrschaft ist die Bürokratie nicht der Gefahr der unkontrollierbaren Willkür einzelner Personen ausgesetzt, sondern ist durch Fachlichkeit, Unpersönlichkeit und Berechenbarkeit charakterisiert.[47]
Darüber hinaus sind als Merkmale des Bürokratiebegriffs nach Weber weiterhin Arbeitsteilung, Amtshierarchie, Aufgabenerfüllung nach Regeln und Aufgabenerfüllung mit Bezug auf Schriftstücke (Akten) zu nennen.[48] Diese von Sachlichkeit und Aktenmäßigkeit geprägte Aufgabenerfüllung führt dazu, dass das Handeln des Staatsdieners – Maschinen gleich – berechenbar und ohne jeglichen Eigensinn vollzogen wird.

---

[41] Vgl. M. Weber, 2010, S. 38, S. 157.
[42] M. Weber, 2010, S. 167.
[43] Vgl. N. Thom und A. Ritz, 2008, S. 4.
[44] M. Weber, 2010, S. 179.
[45] Vgl. N. Thom und A. Ritz, 2008, S. 4.
[46] M. Weber, 2010, S. 164.
[47] Vgl. J. Bogumil und W. Jann, 2009, S. 137.
[48] Ausführlicher: A. Kieser, 2006, S. 73-74.

Diese als Stärken auserkorene Sachlichkeit und Berechenbarkeit sind jedoch ebenso große Schwächen der Bürokratie und manifestieren deren ambivalenten Charakter. Die durch Max Weber artikulierten „stahlharten Gehäuse" können einerseits ein Schutzgebilde gegen irrational handelnde Vorgesetzte darstellen und andererseits individuelle Handlungsfreiheit einengen.[49] Sowohl die Mitglieder der Bürokratie, als auch die Bürger werden durch die stahlharten Gehäuse reglementiert und können sich an ihnen „stoßen".[50] Gleichwohl ist für Weber – wie bereits dargestellt – die Bürokratie die reinste Ausprägung der legalen Herrschaft.

Für Weber liegt in diesem Idealtypus eines modernen Staates die tatsächliche Herrschaft bei den Beamten („Beamtenherrschaft"), denn sie sind diejenigen, die die Verwaltung im Alltagsleben anzuwenden wissen und dies auch tun.[51] Staatsdiener nehmen nach dieser Sichtweise gegenüber den Bürgern („Beherrschten") eine gehobene soziale Stellung ein, da ihre Ernennung durch eine übergeordnete Instanz zum einen ein Treueverhältnis nach oben und zum anderen Unabhängigkeit nach unten schafft. Die Amtstreuepflicht des Beamten, welche mit einer lebenslangen Anstellung einhergeht und das Amt als „Beruf" charakterisiert, soll eine rein objektive, von persönlichen Bedürfnissen unabhängige Amtsausübung gewährleisten.[52]

Das in der Bundesrepublik Deutschland vorherrschende Alimentationsprinzip steht in der Weberschen Tradition und schafft eine klare Differenzierung zur privatwirtschaftlichen Vergütung, welche Lohn und Gehalt als Gegenwert zur geleisteten Arbeit definiert. Genau dies soll bei Dienstbezügen nicht der Fall sein. Sie stellen keinen unmittelbaren Bezug zur Leistung dar, sondern sollen die Staatsdiener mit einem ihrer Stellung angemessen Betrag versorgen, um ihnen den Existenzkampf abzunehmen.[53]

Auch das Tarifrecht des öffentlichen Dienstes orientierte sich über Jahrzehnte hinweg an Grundzügen dieser beamtenrechtlichen Besoldung. Das Alimentationsprinzip wurde durch den Bundesangestelltentarif (BAT) über 40 Jahre in Teilen auch auf die Arbeitnehmer übertragen.[54] Kernelemente waren die Grundvergütung, die Steigerung über Dienstalters-/Lebensaltersstufen und der sogenannte Ortszuschlag. Ein leistungsbezogener Aufstieg war im BAT nicht vorgesehen, da die qualifizierteren Tätigkeiten ohnehin den Beamten vorbehalten waren. Um im öffentlichen Dienst als Beamter Karriere zu machen, waren mindestens eine abgeschlossene spezielle Verwaltungsausbildung oder gar ein abgeschlossenes Studium (insbesondere der Rechtswissenschaften) Voraussetzung. Die hohen Barrieren zum Einstieg in den (verbeamteten) öffentlichen Dienst waren folglich elementarer Teil der sozialen Wahrnehmung des Beamtentums. Die Exklusivität des aus hoher Qualifikation ent-

---

[49] Vgl. G. Sewell und J. R. Barker, 2006, S. 937.
[50] Vgl. A. Kieser, 2006, S. 77.
[51] Vgl. M. Weber, 2010, S. 1047.
[52] Vgl. N. Thom und A. Ritz, 2008, S. 4.
[53] Vgl. W. Benz, 1969, S. 60.
[54] Vgl. H. Schiefer, 2008, S. 2.

stehenden Status des Beamten ist mittlerweile obsolet. Der öffentliche Dienst setzt heute auch verstärkt auf Menschen, die dem Staat ihre hohen Qualifikationen erst im Laufe des Arbeitslebens – zum Teil auch nur auf Zeit – zur Verfügung stellen möchten. Für solche Beschäftigungsformen beinhaltete der BAT keine attraktiven Rahmenbedingungen.[55] Ob der seit 2007 eingeführte Tarifvertrag für den öffentlichen Dienst (TVöD), dessen intendierter Leistungsbezug oftmals in den Vordergrund gestellt wird,[56] diese neuen personalwirtschaftlichen Rahmenbedingungen angemessen berücksichtigt, sei an dieser Stelle nicht weiter erörtert. Festzuhalten bleibt allerdings, dass das Jahrzehnte währende Paradigma der Alimentation und Seniorität mittlerweile überholt erscheint und der öffentliche Sektor betriebswirtschaftlichen Perspektiven gegenüber geöffnet wird. Hierbei wird die Stellung des Staates als zentrales Steuerungszentrum mit Machtmonopol zunehmend in Frage gestellt.[57]

Spätestens nach den Ausführungen der Kommunalen Gemeinschaftsstelle für Verwaltungsmanagement (KGSt 1993) zum sogenannten „Neuen Steuerungsmodell" geht der Weg klar in Richtung Kostenbewusstsein und Marktnähe des öffentlichen Sektors.[58] Diese Entwicklung erscheint auch aus der Perspektive Max Webers konsequent, so attestierte dieser dem Staat eine Gleichartigkeit mit privaten Betrieben in Bezug auf die Eigentumsrechte der erforderlichen Werkzeuge, Vorräte und Geldmittel. Der privatwirtschaftliche Arbeitgeber ist Eigentümer der Produktionsmittel, was nicht zuletzt seine übergeordnete Machtstellung zur Folge hat.[59] Nicht anders verhält es sich mit dem staatlichen Verwaltungsapparat. Die Eigentumsrechte der erforderlichen Ressourcen liegen in der Gewalt des Dienstherrn und nicht in der des Beschäftigten: „Diese entscheidende ökonomische Grundlage […] ist dem modernen macht- und kulturpolitischen und militärischen Staatsbetrieb und der kapitalistischen Privatwirtschaft als entscheidende Grundlage gemeinsam."[60]

Sowohl in einem privatwirtschaftlichen Betrieb, als auch in der öffentlichen Verwaltung gilt es, die zur Verfügung gestellten Ressourcen effizient einzusetzen. Der staatlichen Verwaltung, welche im Wesentlichen aus Steuergeldern finanziert wird, obliegt allerdings eine besondere Verantwortung zum wirtschaftlichen Ressourceneinsatz.[61] Ein optimierter Mitteleinsatz ist ein Ziel der Reformbewegungen rund um das New Public Management (NPM) und soll unter anderem durch Stärkung von Eigenverantwortung und Handlungsspielraum der Mitarbeiter erreicht werden. Im deutschen Reformkonzept der KGSt (1993) nimmt der als Leitbild auserkorene „engagierte Mitarbeiter" eine zentrale Rolle innerhalb der Reformmaßnahmen ein.

---

[55] Vgl. R. Schneider, 2006, S. 190.
[56] Exemplarisch: R. Schneider, 2006; H. Schiefer, 2008.
[57] Vgl. J. Kegelmann, 2007, S. 19.
[58] Die Inhalte des Neuen Steuerungsmodells werden in den folgenden Abschnitten beleuchtet und in den internationalen Kontext eingebettet.
[59] Vgl. W. Müller-Jentsch, 1997, S. 161.
[60] M. Weber, 2010, S. 1048.
[61] Vgl. K. Tondorf, 1997, S. 12-13.

Diese Zielrichtung steht allerdings im Widerspruch zum Idealtypus des nach Regeln und Aktenlage handelnden bürokratischen Akteurs im Sinne Max Webers und könnte folglich zu einem Rollenkonflikt der Beschäftigten führen. Die jüngsten Reformbemühungen werden in den folgenden Abschnitten im Hinblick auf diese Kontrastfolie näher beleuchtet.

2.3 New Public Management

Unter dem Begriff New Public Management (NPM) wird ein ganzes Bündel an Reformmaßnahmen subsummiert, welches die staatliche Verwaltung, unter Berücksichtigung wachsender Budgetprobleme und gestiegener Ansprüche der Bürger, effektiver und effizienter zu gestalten versucht.[62] Die europäische NPM-Bewegung begann in den späten 1970 Jahren unter dem Eindruck der damaligen Finanzkrisen. Wegbereiter auf europäischer Ebene war Großbritannien,[63] dessen damalige Premierministerin Margaret Thatcher den Staat und seine Bürokratie als mitverantwortlichen Teil der Krisen identifizierte und einen strikten Reformkurs vorgab.[64] In der Tradition klassischer Bürokratiekritiker[65] wurde die öffentliche Verwaltung als zunehmend unflexibel wahrgenommen. Diese Sichtweise führte zu einem sinkenden Vertrauen in die bürokratischen Strukturen und setzte sich im späteren Verlauf auch in weiteren Ländern durch. Das bis dahin geltende staatliche Paradigma, welches als Reaktion auf steigende Leistungsanforderungen eine Vergrößerung des Verwaltungsapparates vorsah, wurde somit verstärkt in Frage gestellt.

Die sich wie ein „Buschfeuer"[66] ausbreitenden Reformbewegungen des NPM kehrten von der Praxis des expansiven Wohlfahrtsstaates ab und verbanden – neoliberalen Gedanken folgend – institutionenökonomische Ansätze wie den Principal-Agent-, den Property-Rights- und den Transaktionskostenansatz mit betriebswirtschaftlichen Managementmethoden.[67] Eine theoretische Wurzel hat das NPM damit durchgängig – also jenseits des Musters vom Zwangscharakter – in der Public-Choice-Theorie, welche vom Misstrauen des Prinzipals gegenüber dem Agenten geprägt ist.[68] Ziel dieser Neuausrichtung war eine effizientere, ergebnis- und kundenorientiertere öffentliche Verwaltung, die in der Gesamtbilanz – pointiert formuliert – höhere Qualität mit weniger finanziellen Ressourcen erzielen sollte.[69]

---

[62] Vgl. C. Pollitt et al., 2007 sowie C. Hood, 1991.
[63] Als weitere Pioniere und Wegbereiter der internationalen Reformbewegungen gelten insbesondere Neuseeland und die USA. Darüber hinaus unter anderem: Australien, Kanada, Dänemark, Finnland, Irland, Niederlande und Schweden (Vgl. OECD, 2010, S. 9).
[64] Vgl. G. Gruening (Grüning), 2001, S. 2; G. Gruening (Grüning), 2000, S. 12-13.
[65] Exemplarisch: A. Downs, 1967.
[66] C. Reichard, zitiert nach: W. Jann et al., 2006, S. 9.
[67] Vgl. A. Picot und B. Wolff, 1994.
[68] Vgl. G. Gruening (Grüning), 2001; J. Bogumil und W. Jann, 2009, S. 352.
[69] Vgl. C. Pollitt et al., 2007, S. 1.

Wie bereits angedeutet, handelt es sich beim NPM um keine einheitliche Reform, sondern um länderspezifische Lösungen, die durch „die jeweils vorherrschenden Reformdefizite, Pfadabhängigkeiten, aber auch ideologischen Prägungen der politischen Führung bestimmt wurden."[70] Die Intensität und inhaltliche Ausrichtung des NPM divergieren zwischen den Staaten zum Teil erheblich.[71]
Thom und Ritz (2008) identifizieren hinsichtlich der Entwicklungsvarianten der NPM-Reformen drei Gruppen:

- Die erste Gruppe beinhaltet die angelsächsischen Staaten Australien, Neuseeland, USA und Großbritannien und zeichnet sich durch einen radikalen Reformprozess aus. Dieser sollte durch die Einführung marktähnlicher, leistungsorientierter Prozesse zu einer Steigerung der Effizienz und Effektivität der Aufgabenerfüllung führen.
- Die zweite Gruppe, bestehend aus den nordeuropäischen Staaten Norwegen, Finnland, Schweden und den Niederlanden, zeichnete sich durch eine überwiegend konsensbasierte Vorgehensweise aus, in der die Initiative teils aus der Verwaltung selbst kam (hier entstand auch das bekannte „Tilburger Modell" der niederländischen Stadt Tilburg, welches gerne als Benchmark herangezogen wird). Fokus dieser zweiten Gruppe lag auf der Binnenmodernisierung mittels Personal- und Organisationsentwicklungen sowie der Implementierung von Managementsystemen.
- Die dritte Gruppe besteht aus Deutschland, Österreich und der Schweiz und ist insbesondere durch eine zunächst abwartende Haltung gekennzeichnet. Thom und Ritz (2008) identifizieren hier insbesondere das Denkmuster des Weberschen Bürokratiemodells als Ursache dieser reservierten Haltung.[72] In der zunächst vereinzelten Einführung verschiedener Reformmaßnahmen lag der Fokus in dieser Gruppe jedoch, ähnlich wie in der zweiten Gruppe, auf einer Binnenmodernisierung.[73]

Trotz der dargestellten Unterschiede in Ausrichtung und Intensität lassen sich die vielschichtigen und zwischen den Ländern variierenden Reformmaßnahmen grundsätzlich in eine *Außendimension (Makrodimension)* und eine *Binnendimension* kategorisieren. Abbildung 1 gibt einen zusammenfassenden Überblick über die zwei Dimensionen des NPM, wobei der Fokus im weiteren Verlauf insbesondere auf jenen Instrumenten liegen soll, welche in der deutschen Adaption des NPM[74] von Relevanz sind.

---

[70] C. Reichard, 2010, S. 164.
[71] Vgl. S. Dan und C. Pollitt, 2014; N. Thom und A. Ritz., 2008, S. 13-15; C. Pollitt, 2007.
[72] Des Weiteren setzen die rechtlichen Hürden des Beamtentums dem Reformtempo enge Grenzen.
[73] Vgl. N. Thom und A. Ritz., 2008, S. 13-15.
[74] Siehe hierzu genauer: Abschnitt 2.3.2. ff.

Abbildung 1: Dimensionen des New Public Management[75]

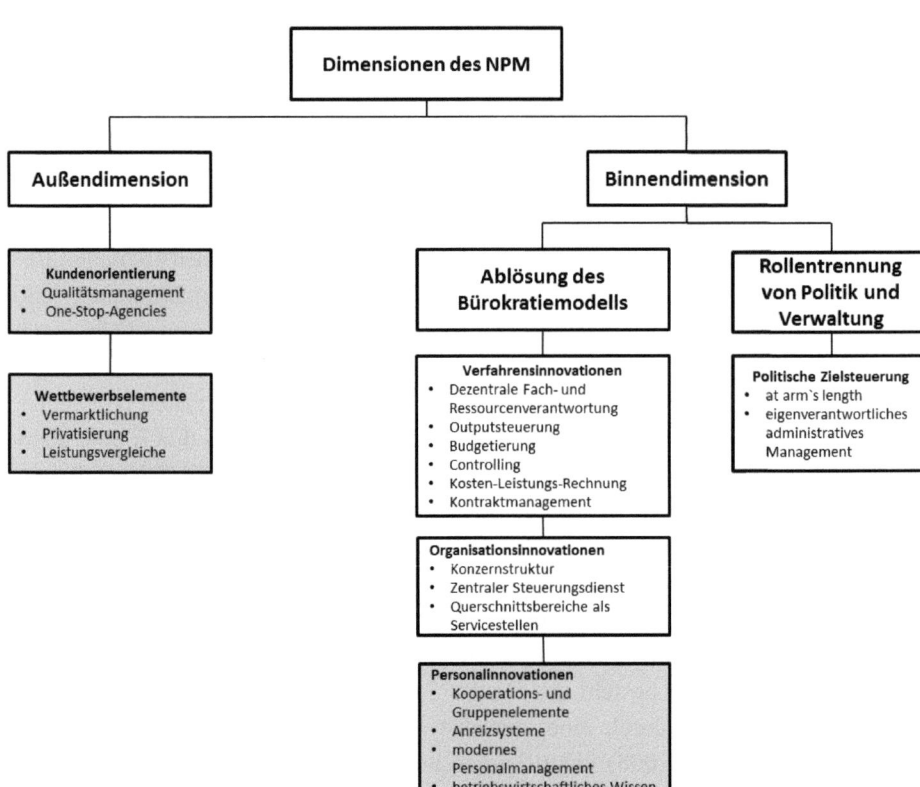

Zum einen sollen in der ordnungspolitischen Außendimension (Makrodimension) Wettbewerbselemente sowie der Stellenwert des Bürgers als „Kunde" gestärkt werden. Durch die Leistungsvergleiche verschiedener Verwaltungen sollen marktähnliche Verhältnisse („Quasi-Märkte") geschaffen werden, die eine Konkurrenzsituation – mit dem Ziel der Leistungssteigerung – erzeugen. „One-Stop-Agencies" dienen als zentrale Anlaufstelle für die Bürger, sollen Wartezeiten minimieren und durch Instrumente wie Beschwerde- und Qualitätsmanagement den Dienstleistungsgedanken transportieren.[76]

---

[75] Inhalt der Grafik hauptsächlich übernommen aus: Bogumil et al., 2006, S. 152. Ergänzungen aus: S. Kuhlmann, 2009, S. 45 sowie Kuhlmann et al. 2008, S. 852 (eigene Darstellung in Anlehnung an Kuhlmann, 2009, S. 45).

[76] In diesem Kontext wird mitunter kritisch angemerkt, dass die strikte Kundenorientierung den Bürger zum bloßen Dienstleistungsempfänger – unter Ausblendung des hoheitlichen Handelns aufgrund rechts- oder sozialstaatlicher Erwägungen – reduziert (vgl. E. Hinz, 2012, S. 157; W. H. Lorig, 2009 sowie J. Bogumil, 1999).

Zum anderen stehen bei der – durch das Leitbild eines „managerial state" inspirierten – Modernisierung der Binnenstrukturen betriebswirtschaftliche Verfahrens-, Organisations- und Personalinnovationen sowie die klare Funktions- und Rollentrennung von Politik und Verwaltung im Zentrum (Binnendimension).[77] Diese „binnenstrukturelle Mikrodimension des NPM"[78] steht im Vordergrund der vorliegenden Arbeit und umfasst zum einen den Umbau des Bürokratiemodells mit Hilfe von betriebswirtschaftlichen Instrumenten und Verfahren und zum anderen die geforderte Rollentrennung zwischen Politik und Verwaltung. Der Verwaltung soll mehr Handlungsspielraum gegeben werden, da sich die Politik auf eine Steuerung „at arm's length" mittels der Formulierung strategischer Ziele beschränkt. Controlling, Kosten-Leistungsrechnung (KLR) und Kontraktmanagement zielen darüber hinaus auf eine neue Steuerungslogik ab, die nicht zuletzt einen effizienten und transparenten Umgang mit öffentlichen Geldern signalisieren und realisieren soll. Ein modernes Personalmanagement soll mit Elementen wie Mitarbeitergesprächen und einer attraktiven Anreizgestaltung (z. B. leistungsorientierte Bezahlung) die Motivation der Beschäftigten sowie deren Leistungsbereitschaft erhöhen. Obwohl diese Auflistung der Inhalte des NPM nur allzu unvollständig ist – eine allumfassende Darstellung ist zum einen nicht Ziel dieser Arbeit und zum anderen auch kaum möglich – so zeigt sich schon an dieser Stelle, dass die Grundgedanken des NPM – entgegen der Ansicht von Kritikern wie Drechsler (2008) – weitaus mehr sind, als das „Verständnis, dass alles menschliche Verhalten durch Profitmaximierung motiviert ist."[79]

Neben den dargestellten NPM-spezifischen Reformschritten existieren zusätzliche „klassisch-sektorale Reformen"[80], welche keine direkten Auswirkungen der Reformbewegungen des NPM sind, sich häufig jedoch in deren „Windschatten" entwickeln und ihnen daher fälschlicherweise zugeordnet werden. Kuhlmann (2009) nennt hier exemplarisch „Maßnahmen der Verfahrensoptimierung, Neuorganisation von Schnittstellen, des Neuzuschnitts von Verantwortungsbereichen, Einführung von IT und Aufgabenkritik, aber auch aus den 1970er Jahren bekannte Bürgeramtsmodelle."[81] Da die Unterscheidung zwischen traditionellen und NPM-spezifischen Reformschritten in der Verwaltungspraxis oft schwerlich zu treffen ist und Teile von früheren sektoralen Modernisierungsschritten vom NPM „aufgesogen"[82] wurden, soll diese Differenzierung nicht im Zentrum der weiteren Analyse stehen. Des Weiteren soll das vorliegende Kapitel nur eine grobe Skizzierung der internationalen NPM-Reformbemühungen widerspiegeln. Seit Beginn der ersten Reformschritte stehen die Modernisierungsbemühungen öffentlicher Verwaltungen

---

[77] Vgl. S. Kuhlmann, 2009, S. 43-44.
[78] S. Kuhlmann, 2009, S. 44.
[79] W. Drechsler, 2008, S. 17.
[80] S. Kuhlmann, 2009, S. 199.
[81] S. Kuhlmann, 2009, S. 199.
[82] Jaedicke et al., 2000, S. 57.

unter vielfältiger (wissenschaftlicher) Beobachtung.[83] Die Beiträge sind dabei ähnlich vielschichtig wie die Implementationssituation selbst. Die zum Teil grundlegenden Analysen sollen jedoch nicht vertieft werden.[84] Es ist vielmehr Ziel des weiteren Vorgehens dieser Arbeit, die konkreten Auswirkungen auf die Beschäftigten, welche sich durch einzelne Instrumente der Reform sowie des generellen Kulturwandels ergeben, näher zu beleuchten. Daher soll auf Grundlage der bundesdeutschen Verwaltungsreformhistorie zügig zu einzelnen Instrumenten der Reform vorgedrungen werden.

2.3.1 Verwaltungsreformen in Deutschland

Während Deutschland im Zuge des NPM als „*late starter* der Staatsmodernisierung im internationalen Vergleich"[85] bezeichnet werden kann, erfreuen sich Verwaltungsreformen[86] in Deutschland generell großer Popularität.[87] Holtmann (2008) identifiziert grundsätzlich zwei Typen von (deutschen) Verwaltungsreformen. Zum einen Reformschübe, welche ihren Ursprung in verwaltungsexternen Gegebenheiten finden (z. B. Bewältigung der Kriegsfolgen, Neugestaltung der Bundesländer nach der Wiedervereinigung). Zum anderen Reformmaßnahmen, welche aus verwaltungsinternen Gründen entstehen. Letztere sind zwar in der Geschichte der Bundesrepublik Deutschland ab 1945 in der Minderheit, sind aber insbesondere der Ursprung jüngerer Reformvorhaben.[88]

Die bundesdeutschen Reformbemühungen können in vier Phasen kategorisiert werden.[89] Die erste Phase kann in die Jahre 1949-1957 verortet werden und hatte mit

---

[83] Schedler (2006, S. 96) nimmt eine Kategorisierung der wissenschaftlichen Auseinandersetzung in deskriptiv-analytische und normative Beiträge vor. Eine strikte Trennung beider Richtungen sei je doch kaum möglich, da eine Vermischung in der NPM-Debatte die Regel sei. Dennoch könne als Hauptvertreter der deskriptiv-analytischen Vertiefung – also der Auseinandersetzung mit der Entstehung, Verbreitung und Wirkungsentfaltung von Verwaltungsreformen – beispielsweise Frieder Naschold und Christopher Pollitt genannt werden. Die normativen Beiträge, also der Versuch, die Verwaltung durch Lösungsvorschläge zu verbessern und zu modernisieren, werde unter anderem durch das Schrifttum Christoph Reichards maßgeblich geprägt und beinhalte auch Best-Practice-Ansätze. Wie Schedler (2006) des Weiteren akzentuiert, werde eine Kategorisierung in diese zwei Ausprägungen den Werken der Autoren nicht vollständig gerecht, sondern diene lediglich einer simplifizierten Orientierung.

[84] In neuen Publikationen wird vermehrt auf den alternativen konzeptionellen Bezugsrahmen „Public Governance" zurückgegriffen. Public Governance versucht die bewährten Inhalte des NPM beizubehalten und Defizite zu überwinden. Gemeinsame Lösungen mit Gesellschaft und Wirtschaft gewinnen hierbei zunehmend an Relevanz (Vgl. U. Papenfuß und C. Schaefer, 2012, S. 33 f.).

[85] W. H. Lorig, 2009, S. 225. Zu den internationalen Vorgängern siehe unter anderem: C. Reichard, 1996; F. Naschold und J. Bogumil, 2000 sowie Abschnitt 2.3 dieser Arbeit.

[86] „Verwaltungsreformen sind geplante Veränderungen von organisatorischen, rechtlichen, personellen und fiskalischen Strukturen der Verwaltung" (J. Bogumil und W. Jann, 2009, S. 219).

[87] Eine „Tradition der Verwaltungsreform" kann für den deutschen Fall ab der Neukonstruktion der ministeriellen Verwaltungsorganisation in Preußen nach 1806 identifiziert werden (Vgl. D. Holtmann, 2008, S. 8-9).

[88] Vgl. D. Holtmann, 2008, S. 8-10.

[89] Für eine umfassendere Zusammenfassung der Verwaltungsreformen in Deutschland siehe zum Beispiel: Vgl. J. Bogumil und W. Jann, 2009, S. 220-223 sowie D. Holtmann, 2008, S. 8-11.

der Bewältigung der Kriegsfolgen sowie dem Aufbau der ministeriellen Bundesverwaltung eindeutig einen verwaltungsexternen Hintergrund.

Die nächste Phase der Verwaltungsreform in der Bundesrepublik Deutschland war die der „Aktiven Politik" bzw. des „Aktiven Staates" inklusive der kommunalen Gebietsreform Ende der 1960er und Anfang der 1970er Jahre.[90] Grundgedanke war ein intervenierender und vorausschauender – planender – Staat, mit dem Ziel, die Folgen des (verwaltungsexternen) Marktversagens zu korrigieren. Im Zuge einer leichten Öffnung des Aktiven Staates gegenüber Managementinstrumenten wurde erstmals Management by Objectives (MbO) ausführlich diskutiert, jedoch kaum eingeführt. Die Dominanz der makroökonomischen, gegenüber der betriebswirtschaftlichen Perspektive wird hierfür als ausschlaggebender Faktor identifiziert.[91]

Die dritte Phase seit Mitte der 1970er bis in die 1980er Jahre wurde durch die (verwaltungsinternen) Bestrebungen nach Entbürokratisierung, Entstaatlichung und Bürgernähe geprägt. Hintergrund war eine sich ausbreitende neo- liberale Staatskritik, welche nun nicht mehr das Versagen des Marktes, sondern das Staats- und Bürokratieversagen als Übel identifizierte. Bürokratie wurde zum Synonym für eine staatliche Regulierung, eine Gesetzesflut, eine Verselbstständig öffentlicher Verwaltungen und eine Abhängigkeit der Bürger und privaten Organisationen von staatlicher Verwaltung.[92]

Im weiteren Verlauf verband sich die Phase der Entbürokratisierung, insbesondere mit Starthilfe des durch die KGSt (1993) initiierten Neuen Steuerungsmodells (NSM), mit der internationalen Bewegung des NPM und konstituiert damit die vierte Phase der Verwaltungsbemühungen in der Bundesrepublik Deutschland. „Modernes Management" war fortan Symbolbegriff der Bewegung und die – wie Jann (2006) bewertet – Betriebswirtschaftslehre „Leitdisziplin" auf Ebene des Reformdiskurses.[93] Auch wenn der Druck der Haushaltskonsolidierung durch die Wiedervereinigung einen verwaltungsexternen Grund darstellt, kann dem NSM dennoch verwaltungsinterner Ursprung attestiert werden, da die Reformbemühung durch die Verwaltung selbst – in Gestalt der KGSt initiiert und kommuniziert wurde. Die Kerninhalte und insbesondere die (betriebswirtschaftlich inspirierten) Instrumente der Modernisierung werden im weiteren Verlauf beleuchtet.

2.3.2 Das Neue Steuerungsmodell als „deutscher Weg" des NPM

Die internationale NPM-Debatte begann in einigen angelsächsischen Staaten bereits in den späten 1970er Jahren und wurde in der Bundesrepublik Deutschland zunächst sehr passiv aufgenommen. Es bestand lange Zeit keine unmittelbare Not-

---

[90] Vgl. J. Bogumil und W. Jann, 2009, S. 220-223.
[91] Vgl. W. Jann, 2006, S. 41-42.
[92] Vgl. J. Bogumil und W. Jann, 2009, S. 223-224.
[93] Vgl. W. Jann, 2006, S. 42-43.

wendigkeit, sich den Reformbewegungen anzuschließen. Erst der Druck der Haushaltskonsolidierung im Zuge der Wiedervereinigung der frühen 1990er Jahre generierte Handlungsbedarf, welcher mittels einer „Diffusionskampagne" der Kommunalen Gemeinschaftsstelle für Verwaltungsmanagement (KGSt)[94] artikuliert wurde.[95] Mit dem Konzept des Neuen Steuerungsmodells (NSM) lieferte die KGSt die konzeptionellen Leitlinien zur Verwaltungsmodernisierung.[96]

Diese Vorgehensweise unterscheidet Deutschland von den Pionieren der NPM-Bewegung.[97] Die Intention der Verwaltungsmodernisierung fand ihren Ursprung nicht in einer staatlichen Doktrin, sondern wurde durch die (kommunale) Verwaltung selbst initiiert. Art und Umfang der Beteiligung fand auf freiwilliger Basis, ohne Druck seitens des Staates oder der Länder statt.[98] Die kommunale Ebene kann somit als Vorreiter der Verwaltungsmodernisierung in Deutschland im Zuge des NPM betrachtet werden. Der in diesem Zusammenhang maßgebende Bericht der KGSt aus dem Jahr 1993 folgt in seiner Argumentation der Logik der klassischen Bürokratiekritiker, wie zum Beispiel Downs (1967).[99] Die einflussreiche Position der KGSt führte zu einer verhältnismäßig breiten Akzeptanz der kommunalen Verwaltungsmodernisierung. Zudem wurde das NSM – im Gegensatz zur internationalen NPM Bewegung – als eine Alternative zu Privatisierung und neo-liberalem Minimalstaat gesehen. Im NSM dominierte zunächst die „Perspektive der Binnenmodernisierung – also die Ökonomisierung intraorganisatorischer Handlungsprinzipien"[100] und nicht die Intention zu Privatisierung und Outsourcing.[101]

Diskussionen über neue Formen des Rechnungswesens und Optimierungen des Controllings standen dabei im Fokus der Reformmaßnahmen der Kommunen. Darüber hinaus waren die Anfänge der kommunalen Reformbemühungen von der Strategie der Ausgliederung kommunaler Verwaltungseinheiten und von Kontraktmanagement dominiert. Grimmer und Kneissler (1996) konstatieren für die Anfangszeit eine „vielfältige Unkenntnis", aus der die „Tugend des Experimentierens" entwickelt wurde.[102] In dieser Phase diente die niederländische Stadt Tilburg als Benchmark und bot mit ihren betriebswirtschaftlich ausgerichteten Strukturen dem NSM Orientierung.[103]

Reichard (1996) resümierte nach einigen wenigen Jahren der Diskussion und Erprobung insgesamt fünf wesentliche aufeinander aufbauende Bausteine des NSM:

---

[94] Ehemals: Kommunale Gemeinschaftsstelle für Verwaltungsvereinfachung.
[95] Vgl. J. Bogumil et al, 2006, S. 152.
Anderer Ansicht: C. Reichard (2010, S. 164), welcher das „Unbehagen der Stadtmanager [...] hinsichtlich der Steuerbarkeit ihrer Stadtverwaltung" als Auslöser des NSM identifiziert.
[96] Vgl. KGSt, 1993.
[97] Vgl. Abschnitt 2.3.
[98] Vgl. C. Reichard, 2003, S. 350.
[99] Vgl. J. Kegelmann, 2007, S. 17.
[100] L. Holtkamp und J. Bogumil, 2007, S. 234.
[101] Vgl. S. Kuhlmann, 2009, S. 227.
[102] K. Grimmer und T. Kneissler, 1996, S. 92.
[103] Vgl. C. Reichard, 2010, S. 164.

- strategisches Management auf Ebene von Politik und Verwaltungsführung
- ein wirksames ergebnisbezogenes Steuerungssystem mit passenden Steuerungsinstrumenten
- schlanke, dezentrale und flexible Organisationsstrukturen
- eine generelle Ausrichtung in Richtung Markt- und Wettbewerbsstärkung sowie Qualitätsbewusstsein und Bürger-/Kundenorientierung, die insgesamt zu einem Neuzuschnitt des Leistungsprogramms führen soll
- ein leistungsbezogenes und motivierendes Personalmanagement[104]

Das NSM folgt damit im Allgemeinen dem Gedanken, dass die Führungsebene Finanz- und Leistungsziele vorgibt, welche die Ebene der Dienststellen innerhalb eines gewissen Handlungsrahmens eigenverantwortlich zu erreichen hat. Große Fachbereiche ersetzen als Träger der dezentralen Fach- und Ressourcenverantwortung kleinteilige Ämterstrukturen und sollen die Dezentralisierung der Verantwortungsübernahme innerhalb der Fachbereiche durch eine persönliche Ergebnisverantwortung bis auf die einzelnen Beschäftigten übertragen.[105]
Tabelle 1 stellt das Webersche Bürokratiemodell (Abschnitt 2.2) den angestrebten Inhalten des NSM gegenüber und zeichnet eine Kontrastfolie beider Ausrichtungen. Die im traditionell-bürokratischen Modell durchgeführte Regelsteuerung einer auf individueller Ebene entsprechenden Befehlssteuerung durch den Vorgesetzten,[106] wird im NSM durch eine Produktsteuerung, welche eine outputorientierte Perspektive einnimmt, ersetzt. In diesem Kontext wird ein Produkt – in leichter Abgrenzung zur allgemeinen Betriebswirtschaftslehre[107] – als „ein nach bestimmten Kriterien abgegrenztes Bündel von Leistungen"[108] definiert. So ist beispielsweise die Personalentwicklung – als Bündel verschiedener Leistungen – ein *Produkt* des Personalmanagements, welches seinerseits *Produktgruppe* des *Produktbereichs* Innere Verwaltung wäre.[109]

---

[104] Mit leichten – lediglich redaktionellen – Änderungen übernommen aus: C. Reichard, 1996, S. 241- 242.
[105] Vgl. A. Walter, 2011, S. 214 in Verbindung mit KGSt, 1991, S. 15 ff.; KGSt, 1993, S. 17-18.
[106] Vgl. J. Kegelmann, 2007. S. 78.
[107] In der Betriebswirtschaftslehre – oder spezieller in der Produktionswirtschaft – ist ein Produkt das Erzeugnis (Ausbringungsgut, Output) des Produktionsprozesses (Vgl. H. O. Günther und H. Tempelmeier, 2005, S. 6 sowie C. Schneeweiß, 2001, S. 2).
[108] A. Gourmelon et al., 2011, S. 10.
[109] Vgl. A. Gourmelon et al., 2011, S. 10.

Tabelle 1: Bürokratiemodell versus NSM[110]

Traditionell-bürokratisch (Max Webers Bürokratiemodell)	Ergebnisorientiert, dezentral (Neues Steuerungsmodell)
Steuerung über Input (Regeln und Ressourcen)	Steuerung durch Ziele und Ergebnisse (Produktsteuerung)
Detaileingriffe	Steuerung auf Distanz, dezentrale Kontextsteuerung
Zentralismus, Hierarchien	Kontraktmanagement teilautonomer Ergebniseinheiten
Trennung von Fach- und Ressourcenverantwortung („organisierte Unverantwortlichkeit")	Zusammenführung von Fach-, Ressourcen- und Ergebnisverantwortung
Arbeitsteilung und Spezialisierung, Taylorismus	Re-Integration fragmentierter Aufgabenwahrnehmung
Orientierung an Erfordernissen des Verwaltungsablaufs, Produzentendominanz	Kundenorientierung
Arbeitsplatzbezogene Ordnung	Qualitätsorientierung
Abschottung von Markt und Wettbewerb	Markt- und Wettbewerbsorientierung
Präferenz für Eigenherstellung	Konzentration auf Kernkompetenzen, Aufgabenauslagerungen, (Quasi-)Märkte
Kameralistik	Doppik, Kosten- und Leistungsrechnung
Personalverwaltung statt strategischem Personalmanagement	Human Resources Management, Leistungsanreize, Leadership, Personalentwicklungskonzepte

Mit der Abkehr von der Regelsteuerung vollzieht der öffentliche Dienst einen Schritt, den viele privatwirtschaftliche Organisationen bereits in der Vergangenheit gegangen sind. Kieser (2012) leitet insgesamt vier historisch gewachsene Stufen der Kontrolle innerhalb von Organisationen ab:

- Kontrolle durch Hierarchie,
- Kontrolle durch Regeln (Bürokratie),
- Kontrolle durch Unternehmenskultur sowie
- Selbstkontrolle.

Zu Zeiten der Industrialisierung und lange Zeit danach fand innerhalb der Unternehmen fast ausschließlich eine Überwachung der Beschäftigten durch die Vorgesetzten statt *(Kontrolle durch Hierarchie)*. Ständige Detaileingriffe und eigenmächtige Sanktions- oder Belohnungsmaßnahmen durch die Vorgesetzten waren die Regel.

---

[110] Entnommen aus: W. H. Lorig, 2009, S. 229.

In der Zeit nach dem Zweiten Weltkrieg galt daher zunächst die Entwicklung zur *Kontrolle durch Regeln (Bürokratie)* im Zuge des Harzburger Modells als Errungenschaft der Beschäftigten und „Befreiung vom Despotismus der Hierarchien"[111].
In der Realität ließ sich jedoch keine Minderung des Einflusses der Vorgesetzten durch die Regelsteuerung feststellen. Es existierten schlicht zu viele Einzelfälle, die durch die aufgestellten Regeln nicht abgedeckt wurden und folglich den Eingriff/die Entscheidung eines Vorgesetzten erforderten.
In jüngerer Zeit setzen Unternehmen vermehrt auf eine Kontrolle durch Unternehmenskultur oder – idealbildlich – auf eine Selbstkontrolle der Beschäftigten. Die intrinsische Identifikation mit den Zielen und Werten eines Unternehmens soll zu einer höheren Leistungsbereitschaft der Mitarbeiter beitragen und ständige Detaileingriffe der Vorgesetzten verzichtbar machen *(Kontrolle durch Unternehmenskultur)*.
Im Idealfall kontrollieren sich die Mitarbeiter innerhalb autonomer und selbstverantwortlicher Gruppen selbst *(Selbstkontrolle)*.[112]
Mit der intendierten Produktsteuerung löst sich der öffentliche Dienst nun also von der Kontrolle durch Regeln und Bürokratie und versucht, den Beschäftigten mehr Eigenverantwortung und Handlungsspielraum zu geben. An dieser Stelle wäre es zwar verfrüht von einer Kontrolle durch Unternehmenskultur oder gar von einer Selbstkontrolle zu sprechen, die Entwicklungsrichtung zeigt jedoch deutlich eine Annäherung des Kontroll- und Steuerungsverständnisses an privatwirtschaftliche Unternehmen.
Es darf an dieser Stelle nicht unerwähnt bleiben, dass Tabelle 1 einer gewissen Überzeichnung unterliegt. Ausgehend von eher negativ besetzten (Extrem-) Ausprägungen der traditionell-bürokratischen Steuerung wird ein idealer Gegenentwurf des NSM gezeichnet, welcher in seiner Konsequenz allerdings nicht der Realität entsprechen muss/kann.[113]
Insofern sind die hier genannten Inhalte der Neuen Steuerung – in ähnlicher Weise wie das Bürokratiemodell nach Max Weber – als Idealtypus zu interpretieren. In der bislang noch recht raren empirischen Forschungslage kristallisiert sich eher eine „Heterogenität von Wertorientierungen"[114] heraus, welche sich zwischen den zwei Polen des traditionellen Staatsdieners und des marktlichen Dienstleisters bewegt.[115]

---

[111] A. Kieser, 2012, S. 231.
[112] Vgl. A. Kieser, 2012, S. 231-233.
[113] Siehe auch: D. Holtmann, 2008, S. 13-14.
[114] K. Gottschall et al., 2015, Zusammenfassung.
[115] Vgl. K. Gottschall et al., 2015, S. 24.

2.3.3 Zum Stand des NSM in Deutschland

Wie bereits dargestellt, konzeptualisieren sich die NPM-orientierten Modernisierungsmaßnahmen in Deutschland unter dem Leitbild des Neuen Steuerungsmodells (NSM).[116] Im Folgenden soll anhand bereits existierender wissenschaftlicher Auseinandersetzungen und Evaluationen ein kurzer Überblick über den Stand der – überwiegend kommunalen – Anwendung des NSM in Deutschland gegeben werden.

Neben der Intensität der Reformumsetzung wird vereinzelt angezweifelt, ob das NSM überhaupt einen Bruch mit der klassischen Steuerung darstellt oder ob es sich nicht vielmehr um eine Fortschreibung oder Weiterentwicklung handelt.[117] Es ist an dieser Stelle nicht der Anspruch, das NSM in Gänze zu beleuchten und zu evaluieren. Daher werden in den nächsten Abschnitten zentrale Befunde zum Implementierungsstand des NSM in Deutschland dargestellt, um im Folgenden für den Untersuchungsgegenstand wesentliche Instrumente der Modernisierung näher zu beleuchten.

Im Gegensatz zu privatwirtschaftlichen Unternehmen wird der öffentliche Dienst nicht primär von Marktmechanismen oder Kundenentscheidungen gesteuert, sondern hängt von einer Vielzahl unterschiedlicher Interessengruppen ab. Im Zuge dieser Heterogenität lässt sich nur schwerlich ein gemeinsames Verständnis von betriebswirtschaftlichen Größen wie „Qualität", „Kunden" oder „Produktivität" entwickeln. Zudem erschwert die jahrzehntewährende bürokratische Prägung öffentlicher Institutionen die Modernisierung hin zu einer output- und kundenorientierten Institution. Die Organisationskultur beruht auf Konstanz, und machtvolle Interessengruppen (z. B. Gewerkschaften) fungieren mitunter als Barrieren einer Modernisierung.[118] Es kann als hinlänglich erwiesen angesehen werden, dass ein Organisationswandel im öffentlichen Dienst schwieriger zu realisieren ist als in einer privatwirtschaftlichen Unternehmung.[119] Erste Evaluationen im internationalen Kontext deuten darüber hinaus auf eine Neigung staatlicher Verwaltungen zu einer arglosen Adaption betriebswirtschaftlicher Instrumente hin, ohne sich der existierenden Schwächen der jeweiligen Werkzeuge bewusst zu sein.[120] Diese im internationalen Umfeld beobachteten Entwicklungen spiegeln sich auch in den Erfahrungen mit dem deutschen NSM wider.

Seit Beginn der Debatte Mitte der 1990er Jahre standen die Reformprozesse in Deutschland unter kritischer Beobachtung. Reichard (1996) konstatierte nach 3-4

---

[116] Vgl. KGSt, 1993.
[117] So bestreitet beispielsweise Kegelmann (2007), dass durch das NSM überhaupt ein Paradigmenwechseln stattgefunden habe. Seiner Argumentation folgend, lässt sich lediglich auf dem ersten und zweiten Blick ein erheblicher Unterschied zwischen klassischer politisch-administrativer Steuerung und Neuer Steuerung vermuten. Auf einer grundlegenden Ebene löse „sich die Differenz in Identität auf" (J. Kegelmann, 2007, S. 20). Beim NSM handle es sich folglich nur um eine Fortschreibung klassischer Steuerungsvorstellungen.
[118] Vgl. C. Korunka et al. 2003, S. 53.
[119] Vgl. hierzu u.a. die Meta-Analyse von P. J. Robertson und S. J. Seneviratne, 1995.
[120] Vgl. OECD, 2005, S. 181 sowie OECD, 2009, S. 33.

Jahren NSM-Erprobung eine Experimentierphase auf Seiten der Kommunen, ein bescheidenes Ausmaß von Modernisierungsaktivitäten der Länder und nahezu keine Aktivitäten auf der Bundesebene.[121] Diese Einschätzung wurde in einer Studie der Wüstenrot Stiftung auch einige Jahre später noch (2000) grundsätzlich gestützt, auch wenn das Maß an Reformbewegung, welches die – in der Studie lediglich betrachtete kommunale – Verwaltung in den vergangenen Jahren ereilt hat, als „beachtlich" gewürdigt wurde.[122] Im Hinblick auf ein intendiertes Ziel der Reformmaßnahmen – die Haushaltskonsolidierung – resümiert Holtkamp (2009) ein Scheitern des NSM, da die Dezentralisierung eher zur Erhöhung öffentlicher Ausgaben führe und die outputorientierte Steuerung überwiegend „Datenfriedhöfe" produziere. Da das Effizienzversprechen nicht eingehalten werde, zeige sich demnach ein Trend zur Re-Hierarchisierung.[123] Möltgen und Pippke (2009) ziehen auf Grundlage von theoretischer und empirischer Analyse ein weniger negatives Fazit, sondern konstatieren gar einen Beitrag des NSM zur Demokratisierung der öffentlichen Verwaltung. Neben den Bürgern, welche durch die wachsende Kundenorientierung profitieren, sehen die Autoren zudem einen Zuwachs an Entscheidungs- und Handlungsspielräumen der Mitarbeiter.[124]

Im Folgenden werden auf die zentralen Befunde des Forschungsprojekts „10 Jahre Neues Steuerungsmodell", welches in den Jahren 2004 bis 2006 entstand und von den Durchführenden als bisher umfassendste Evaluationsstudie tituliert wird, zurückgegriffen. Die Ergebnisse des Projekts sind von den Initiatoren bereits sehr umfänglich dargestellt, daher soll an dieser Stelle lediglich auf wesentliche Ergebnisse zurückgegriffen werden.[125] In einem Fazit der Umsetzungsmaßnahmen zeichnet das Projektteam ein ambivalentes Bild:

- Auf der einen Seite werden Verwaltungsmodernisierungen als „flächendeckendes Thema in deutschen Kommunalverwaltungen"[126] konstatiert. In der Befragung gaben 82% der Kommunen an, seit den 1990ern Verwaltungsmodernisierungen durchgeführt zu haben, die sich an den Leitlinien des NSM orientiert haben.

---

[121] Vgl. C. Reichard, 1996, S. 242.
[122] Vgl. W. Jaedicke et al., 2000, S. 254.
[123] Vgl. Holtkamp, 2009, S. 72-73.
[124] Vgl. K. Möltgen und W. Pippke, 2009, S. 222.
[125] Das von der Hans-Böckler-Stiftung und von der Kommunalen Gemeinschaftsstelle für Verwaltungsmanagement (KGSt) unterstützte Projekt (Laufzeit 2004-2006) ist als Kooperation zwischen den Universitäten Konstanz, Bochum, Potsdam, Marburg und Berlin realisiert worden. Neben einer Vollerhebung unter Bürgermeistern/Landräten und Personalratsvorsitzenden sämtlicher KGSt-Mitgliedskommunen wurde eine schriftliche Erhebung der Leitung der Unteren Bauaufsicht (Vertretung der klassischen Ordnungsverwaltung) und der Leitung des Jugendamtes (Vertretung der Leistungsverwaltung) durchgeführt. Insgesamt kann von einer für die entsprechende Grundgesamtheit repräsentativen Erhebung gesprochen werden. Für tiefere Ergebnisdarstellungen und Analysen siehe: J. Bogumil, 2008; J. Bogumil et al. 2007 und J. Bogumil et al., 2006; S. Kuhlmann, 2009.
[126] J. Bogumil et al., 2006, S. 157.

- Auf der anderen Seite identifiziert das Projektteam eine NSM- „Implementationslücke", da lediglich 2,5% der Kommunen acht wesentliche Kernelemente des NSM flächendeckend eingeführt haben.[127]
- Großstadtverwaltungen zeigen sich modernisierungsaktiver als kleinere Verwaltungen und für ostdeutsche Kommunen identifiziert das Projektteam weiterhin einen Modernisierungsrückstand.[128]
- Darüber hinaus konstatiert das Forschungsteam im Bereich der Mitarbeiterzufriedenheit eine gewisse Reformmüdigkeit bei den Beschäftigten, obwohl in mehr als der Hälfte der modernisierten Kommunalverwaltungen (53,4%) eine regelmäßige Beteiligung der Mitarbeiter am Modernisierungsprozess stattfand.[129]

Insgesamt tendieren die herangezogenen Evaluationen zu einer Negativbilanz sowie einem gewissen Strukturkonservatismus der Beschäftigten. Einzig die Kundenorientierung mit wachsender Servicequalität und schnellere Bearbeitungszeiten stellen eine positive Ausnahme dar.[130]

Abschließend kann kein eindeutiges Urteil über Erfolg oder Misserfolg des NSM in Deutschland gefällt werden. Die Anwendungsintensität der neuen Steuerung divergiert zum einen zwischen den Staats- und Gebietskörperschaften und ist zum anderen von unterschiedlichen Umweltfaktoren der jeweiligen Institutionen abhängig. Es bietet sich demnach an, das NSM nicht als gesamtheitliches Reformkonzept des öffentlichen Dienstes zu interpretieren, sondern lediglich ausgewählte Elemente der Modernisierung in konkreten öffentlichen Institutionen zu analysieren. Die vorliegende Arbeit versucht eben dies und widmet sich insbesondere den Elementen Zielsteuerung und Controlling, welche im folgenden Abschnitt näher beleuchtet werden. Im weiteren Verlauf (ab Abschnitt 2.4) wird der Fokus dann auf eine spezielle Institution des öffentlichen Dienstes – die deutsche Arbeitsverwaltung – und deren NPM/NSM- orientierte Neuausrichtung gelegt.

2.3.4 Instrumente der Modernisierung

Die vorherigen Abschnitte dieser Arbeit stellten den intendierten Wandel des öffentlichen Dienstes in Deutschland vom klassisch bürokratischen Modell zum Idealbild einer ergebnisorientierten Verwaltung im Zuge der internationalen Strömungen des NPM dar. Der „deutsche Weg", im Sinne des durch die KGSt formulierten

---

[127] Vgl. S. Kuhlmann, 2009, S. 227, 228. Als wesentliche Kernelemente identifizieren die Autoren Strategische Steuerungsunterstützung, interne Servicestellen, dezentrale Fach- und Ressourcenverantwortung, Budgetierung, Produktdefinitionen und -beschreibungen, politisches Kontraktmanagement, internes Kontraktmanagement.
[128] Vgl. J. Bogumil, 2008, S. 347-348.
[129] J. Bogumil et al., 2006, S. 177.
[130] Vgl. W. H. Lorig, 2009, S. 230.

NSM, wurde in seiner heterogenen Anwendungsintensität beleuchtet. Im Folgenden wird sich den zwei konkreten Reforminstrumenten Zielsteuerung und Controlling gewidmet. Wie in den folgenden Abschnitten gezeigt wird, interagieren beide Verfahren miteinander. Das Controlling als Leistungskontrollsystem wertet die im Zielsystem artikulierten Soll-Ergebnisse aus und ist gleichzeitig für die Zielnachhaltung und Berichterstattung verantwortlich. Der seit 2007 gültige Tarifvertrag für den öffentlichen Dienst (TVöD) schreibt in § 18 der Zielvereinbarung – als ein Element des Zielsystems (siehe unten) – eine Funktion als Bemessungsgrundlage für eine leistungsorientierte Bezahlung zu.[131] Diese Möglichkeit wird allerdings nicht in sämtlichen öffentlichen Verwaltungen wahrgenommen. Oftmals existiert keine direkte Verbindung von den Elementen Controlling und Zielsystem zum Entgeltsystem. Dennoch sollten die Wirkungen beider Instrumente auf die Beschäftigten auch ohne direkten Einfluss auf das Entgelt nicht unterschätzt werden.[132] Ausgehend von der betriebswirtschaftlichen Verortung beider Instrumente werden im weiteren Verlauf einige Spezifika, welche eine Implementierung in öffentliche Verwaltungen mit sich bringt, beleuchtet.

2.3.4.1 Steuerung durch Ziele

Die Steuerung durch Ziele ist keine Erfindung des öffentlichen Dienstes, sondern erfreut sich in Form des „Management by Objectives" (MbO) in der Privatwirtschaft großer Popularität. Auch wenn sich die Anwendung dort schon über mehr als fünf Dekaden erstreckt, so gilt sie in der betriebswirtschaftlichen Managementliteratur immer noch als „strategische Herausforderung"[133].
Zielsteuerung (bzw. Kontraktmanagement) ist Teil der Binnenmodernisierung des NPM und rückt die neu artikulierte Output-Orientierung, in der die steten Eingriffe in das Tagesgeschäft (Detaileingriffe) durch eine Steuerung auf Distanz ersetzt werden, in das Zentrum der Betrachtung.[134] In dieser Prozedur wird durch die Vereinbarung von Zielen bzw. durch den Abschluss eines Kontraktes verbindlich geregelt, wer welche Ziele zu verantworten hat.[135] Der Steuerung durch Ziele wird seitens des staatlichen Arbeitgebers eine ganze Reihe positiver Effekte zugeschrieben. So nennt z. B. das Bundesministerium des Innern (BMI) folgende Funktionen:

---

[131] Als Alternative zur Zielvereinbarung nennt der § 18 Abs. 5 TVöD eine systematische Leistungsbewertung.
[132] Vgl. M. Olejniczak, 2011, S. 4.
[133] G. Kunz, 2003, S. 13.
[134] Vgl. W. H. Lorig, 2009, S. 229.
[135] Tondorf (2007, S. 43) konstatiert eine nicht einheitliche Auffassung des Begriffs der Zielvereinbarung. Während einige Dienststellen Verhandlungsspielraum beider Parteien (Zielgeber und Zielnehmer) in Bezug auf Zielarten und Zielmaße als Voraussetzung ansehen, definieren andere die Zielvereinbarung als „schriftliche Vereinbarung von Zielen", in der sich das Mitspracherecht lediglich auf die Art und Weise der Umsetzung beschränkt.

- Steuerungsfunktion
- Erleichterung der Koordination
- Führungsfunktion
- Ermöglichung von Soll-Ist-Vergleichen
- Motivationsfunktion
- Soziale Funktion
- Personalentwicklungsfunktion[136]

Auch die Landesregierung Nordrhein-Westfalens attestiert der Zielvereinbarung, ein „wesentliches Führungs- und Steuerungsinstrument"[137] zu sein und selbst die Bundeswehr richtet ihren gesamten Geschäftsbereich auf ein einheitliches, strategisches Zielsystem aus.[138] Auch wenn sich das durch Peter Drucker (1954) formulierte Führungskonzept des MbO grundsätzlich in der Managementpraxis bewährt hat, so existieren dennoch einige Kritikpunkte, die in der (staatlichen) Diskussion um die Einführung von Zielsystemen im Hintergrund bleiben. Im Kontext einer wandelnden Umwelt erscheinen MbO-Konzepte häufig zu starr und unflexibel. Des Weiteren kann die individuelle Belohnung eines Mitarbeiters bei Zielerreichung (und direkte oder indirekte Abstrafung eines anderen Mitarbeiters) zu negativen Folgen bei der Teambildung, dem sozialen Verhalten oder der Leistungsbereitschaft von Mitarbeitern führen.[139] Insbesondere bei überwiegend qualitativen Aufgaben wirkt eine bloße Orientierung an quantitativen Kennzahlen oft kontraproduktiv. Im Gegensatz zu Unternehmen der Privatwirtschaft wird er öffentliche Dienst primär von qualitativen Aufgaben, wie beispielsweise Bildung, Sicherheit oder Gemeinwohl geprägt. Eine Operationalisierung in messbare Kennzahlen stellt sich ungleich schwerer dar.

Es existieren verschiedene Werkzeugen, welche bei der Auswahl und Operationalisierung und Formulierung von Zielen assistieren. Eines dieser Werkzeuge ist das sogenannte SMART- Prinzip, welches auch von der KGSt propagiert wird,[140] und dessen Kriterien „als Standard-Kriterien für gute Zielerreichungen"[141] gelten. Der Begriff SMART ist als Akronym zu verstehen und sagt aus, dass Ziele möglichst spezifisch, messbar, anspruchsvoll, realistisch und terminiert formuliert sein sollen. Tabelle 2 stellt die Eigenschaften, die ein Ziel besitzen muss, um den erwünschten Effekt zu erzeugen, zusammenfassend dar.

---

[136] Vgl. Bundesministerium des Innern, 2001, S. 7-8.
[137] Die Landesregierung Nordrhein-Westfalen, 2004, S. 6.
[138] Vgl. Bundesministerium der Verteidigung, 2012 sowie C. Kaatz, 2012, S. 123.
[139] Vgl. E. Russell-Walling, 2011, S. 131.
[140] Vgl. M. Pook, 2007, S. 2.
[141] K. Litschen et. al, 2006, S. 86.

Tabelle 2: Das SMART- Prinzip[142]

Spezifisch	Das Ziel muss eindeutig formuliert und verständlich sein.
Messbar	Es muss möglich sein, eindeutig zu bestimmen, ob das Ziel erreicht ist. Es muss messbar oder bewertbar sein.
Anspruchsvoll	Das Ziel an sich sollte eine Herausforderung sein, die jeden Einzelnen in seinen Fähigkeiten fordert.
Realistisch	Der Mitarbeiter sollte trotz Herausforderung in der Lage sein, das Ziel aus eigener Kraft zu erreichen.
Terminiert	Die Zielerreichung sollte zeitlich festgehalten sein.

Theoretische Hintergründe zu Erfolgsaussichten der Steuerung durch Ziele, welche letztlich auch in den SMART-Kriterien berücksichtigt werden, sind in der Zielsetzungstheorie von Locke und Latham (1990, 2002, 2006) manifestiert. Locke und Latham prägen das Bild des „Arbeitnehmers als Hochleistungssportler", indem ihre Theorie lediglich auf möglichst hohe Leistung des selbigen abzielt.[143] Die Zielsetzungstheorie setzt quantifizierbare Ziele mit Wettbewerb gleich und postuliert, dass beide „für das menschliche Verhalten von richtungsweisender Natur sind."[144] Um die Leistung der Mitarbeiter zu maximieren, müssen Ziele – so die Theorie von Locke und Latham – vor allem klar (specific) und anspruchsvoll (difficult) sein. Diese Schlussfolgerung ziehen beide Autoren aus ca. 400 Labor- und Feldexperimenten in über 25 Jahren:

> „These studies showed that specific, high (hard) goals lead to a higher level of task performance than do easy goals or vague, abstract goals such as the exhortation to ‚do one's best.'"[145]

Bezogen auf den Schwierigkeitsgrad attestiert die Zielsetzungstheorie schwierigen Zielen eine höhere Motivationswirkung als einfachen Zielen. Als schwierige Ziele werden mitunter solche definiert, deren Zielerreichungswahrscheinlichkeit weniger als 15% beträgt. 85% der Versuche, das Ziel zu erreichen, werden also scheitern, damit dieses Ziel gemäß der Zielsetzungstheorie maximal motivierend sein kann.[146] Diese Definition eines schwierigen Ziels ist durchaus diskutabel, wird im folgenden Verlauf jedoch nicht weiter erörtert, da sich Ziele gemäß der Reformbewegung des öffentlichen Dienstes in Deutschland selten in der geforderten quantifizierten Art formulieren lassen. Allerdings sei an dieser Stelle auf die Ausführungen von Martin

---

[142] Quelle: E. Eyer und T. Haussmann, 2006, S. 49-51 (Eigene Darstellung).
[143] Vgl. A. Martin, 2007, S. 13-16.
[144] D. Scheffer und J. Kuhl, 2006, S. 23.
[145] E. A. Locke und G. P. Latham, 2006, S. 265.
[146] Vgl. D. Scheffer und J. Kuhl, 2006, S. 23.

(2007) verwiesen, welcher die Frage aufwirft, ob nicht andere Moderatorvariablen stärkeren Einfluss auf die Leistungserbringung haben, als die durch Locke und Latham definierten Zieleigenschaften. Zu nennen sind hier z. B. Zielcommitment, Selbstwirksamkeit, persönliche Ambitionen und die jeweilige Anreizsituation.[147]
Die Aufgaben im öffentlichen Dienst sind umfangreich und lassen sich nicht vollständig durch konkrete (Ziel-) Kriterien abbilden. Gängige Praxis betrieblicher Vereinbarungen ist bislang die Regelung sogenannter „Kategorien von Leistungskriterien", welche dann von den Zielvereinbarungsparteien konkretisiert werden. Tondorf (2007) präsentiert eine praxisorientierte Zusammenstellung, die den Prozess von abstrakten Hauptkriterien zu sinnvollen und konkreten Unterkriterien exemplarisch darstellt. Als Beispiel für übergeordnete Leistungskriterien aus der Landeshauptstadt Hannover aus dem Jahre 2005 werden

- Leistungsqualität/-quantität,
- Kooperation/Koordination,
- vielseitiger Arbeitseinsatz,
- Kundenorientierung und
- kostenbewusstes Arbeiten formuliert.

Aus diesen Hauptkriterien müssen nun für die einzelnen Aufgabenbereiche oder Einzelaufgaben von Teams oder Beschäftigten konkrete Unterkriterien konzipiert werden. Mögliche Leistungsziele für den Bereich Postdienststelle könnten

- Weiterleitung der Post in einer definierten Zeit,
- Bewältigung einer Postmenge x in einer definierten Zeit,
- durchschnittliche Bearbeitungsdauer von x oder
- Zeiten der Erreichbarkeit am Telefon von ... bis ... sein.[148]

Wie aus dem Praxisbeispiel ersichtlich, existieren auch im öffentlichen Dienst durchaus Aufgabenbereiche, in denen konkrete (quantifizierbare) Zielgrößen formuliert werden können. Allerdings sind die Aufgaben im öffentlichen Dienst vielfältig, und die möglichen Ziele sind oftmals qualitativer Natur. Aufgabenbereiche und spezielle Umstände, die einer konkreten Zielformulierung im Wege stehen, werden in der späteren empirischen Analyse aufgegriffen und daher an dieser Stelle nicht weiter ausgeführt.
Ein unabdingbares Element des Instruments der Zielvereinbarung ist das Zielvereinbarungsgespräch. Litschen et. al (2006) formulieren die Relevanz des Zielver-

---

[147] Vgl. A. Martin, 2007, S 15.
[148] Die dargestellten Beispiele sind Auszüge aus: K. Tondorf, 2007, S. 31. Die Autorin formuliert das dargestellte Beispiel differenzierter und umfangreicher. Diese Arbeit bedient sich lediglich einem Aufgabenbereich, um exemplarisch darzustellen, wie der Prozess vom abstrakten Hauptkriterium zu konkreten Unterkriterien vollzogen werden kann.

einbarungsgespräches wie folgt: „Erfahrungsgemäß sind die Akzeptanz der Zielvereinbarung, die Motivation und damit die Zielerreichung ganz wesentlich von der Art und Weise abhängig, auf die im Zielvereinbarungsgespräch Ziele entwickelt und vereinbart werden."[149] Tondorf (2007) geht noch einen Schritt weiter und empfiehlt für ein zielorientiertes Leistungsbewertungssystem ein dreigliedriges System, bestehend aus Zielvereinbarungsgespräch, Zwischenfeedback und Zielerreichungsgespräch (Abbildung 2).

Abbildung 2: Elemente eines zielorientierten Leistungsbewertungssystems[150]

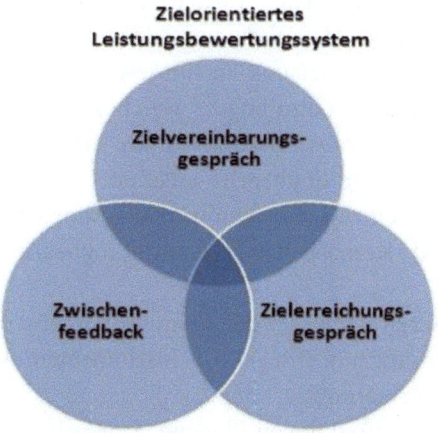

Dieser Idealtypus des zielorientierten Leistungsbewertungssystems erweist sich für Führungskräfte als äußerst zeitintensiv. Aus pragmatischer Perspektive erscheint es sinnvoll, eines dieser drei Gespräche mit dem alljährlichen Mitarbeitergespräch zusammenzulegen. Aufgrund der unterschiedlichen Funktionen der Gespräche kommt hierfür jedoch einzig das Zwischenfeedback in Frage. Durch die Zusammenlegung von Zwischenfeedback und Mitarbeitergespräch könnten mitunter Synergieeffekte erzielt werden. Sollte die Nichterreichung eines Ziels absehbar sein, könnten durch die Elemente eines vertraulichen Dialogs Hemmnisse aufgedeckt werden, die für diesen Zustand verantwortlich sind.[151]

Dieses Teilkapitel resümierend, lässt sich feststellen, dass die Steuerung durch Ziele eine Vielzahl von Vorteilen haben kann, sofern das System der zielorientierten Leistungsbewertung mit der gebotenen Akribie betrieben wird. Hierzu gehören klar definierte Ziele, die im Kern den Voraussetzungen des SMART- Prinzips genügen und die im Idealfall gemeinsam mit den Mitarbeitern formuliert werden. Des Weiteren gebührt der ausführlichen Artikulation in den drei Gesprächsformen Zielverein-

---

[149] K. Litschen et. al, 2006, S. 101-102.
[150] Quelle: K. Tondorf, 2007, S. 42 (Eigene Darstellung).
[151] Vgl. K. Tondorf, 2007, S. 43.

barungsgespräch, Zwischenfeedback und Zielerreichungsgespräch höchste Beachtung.

2.3.4.2 Controlling

Wie bereits dargestellt, weicht im NSM die Inputorientierung, welche zentraler Bestandteil der klassisch- bürokratischen Ausrichtung war, einer Outputorientierung. Um diesen Output zu bewerten, muss eine laufende Überprüfung des Zielerreichungsgrades gewährleistet sein. Hierzu bedarf es eines Leistungskontrollsystems, welches Daten über Soll-Werte, Ist-Werte und den geplanten und tatsächlichen Ressourceneinsatz sammelt, auswertet und an die jeweilige Führung berichtet. Diese Aufgabe liegt im NSM beim Controlling,[152] welches sich folglich im öffentlichen Dienst – wie auch in der Privatwirtschaft – in die ergebnisorientierten Verfahren einordnen lässt.[153] Den Controllingbegriff innerhalb der öffentlichen Verwaltung lediglich auf diese Aufgaben zu reduzieren wäre allerdings zu kurz gefasst. So definiert Tauberger (2008) als Kernaspekte des Controllingbegriffs:

- Controlling als Servicestelle für den Führungsverantwortlichen
- Entwicklung, Einsatz und Pflege von Instrumenten zur Planung, Kontrolle und Informationsversorgung
- Koordination der Teilfunktionen Planung, Kontrolle und Informationsversorgung[154]

Während Controlling in privatwirtschaftlichen Unternehmen seit mehreren Jahrzehnten fest verankert ist, müssen die organisationalen Strukturen in öffentlichen Institutionen oftmals erst noch geschaffen oder umgebaut werden. Für einen sinnvollen Einsatz von Controllingabteilungen ist es notwendig, organisatorisch abgrenzbare Einheiten (Verantwortungszentren) zu schaffen, denen Kosten und Leistungen eindeutig zuzuordnen sind. Für Naschold und Bogumil (2000) ergeben sich durch diese institutionalisierten Einheiten folgende Vorteile:

- Abbau von Komplexität,
- Schaffung von Transparenz,

---

[152] Vgl. J. Kegelmann, 2007, S. 91.
[153] Vgl. F. Naschold und J. Bogumil, 2000, S. 87: Neben dem Controlling, welches die Autoren als „Sammel- und Modebegriff für eine Vielzahl von auf Führungs- und Sachfunktion bezogener Verfahren" definieren, sind als weitere ergebnisorientierte Verfahren die Kosten- und Leistungsrechnung, outputorientiertes Rechnungswesen sowie die Wirkungsanalyse zu nennen (Vgl. ebd.).
[154] Vgl. A. Tauberger, 2008, S. 3: Unter „Controlling in der öffentlichen Verwaltung" subsummiert der Autor ein ganzes Bündel an Instrumenten (Prozesskostenrechnung, ABS-Analyse, Nutzwertanalyse, Wertanalyse, Gemeinkosten-Wertanalyse, Balanced Scorecard und Benchmarking), auf die an dieser Stelle nicht weiter eingegangen wird.

- Zurechenbarkeit von Kosten und Leistungen,
- Möglichkeit globaler Budgetierung,
- Herstellung einer Einheit von Entscheidung und Verantwortung,
- Möglichkeit der Institutionalisierung von wettbewerbsadäquaten Mechanismen.[155]

So einleuchtend die attestierten Vorteile von Verantwortungszentren auf den ersten Blick erscheinen, so kritisch wird ihre Realisierung mitunter beurteilt. Mit dem Aufbau mächtiger Controllingabteilungen geht oftmals der Argwohn einher, dass hierdurch Komplexität eher auf- als abgebaut und ein transparenter Umgang mit den Leistungskontrollsystemen oftmals verfehlt wird.[156] Darüber hinaus lässt sich diskutieren, ob durch die Implementierung von Quasi-Märkten, marktwirtschaftliches Verhalten erzeugt wird oder ob der künstlich hervorgerufene Wettbewerbscharakter gar negative Auswirkungen auf die Mitarbeitermotivation hervorruft.[157]

An dieser Stelle soll kein Urteil über intendierte oder nicht intendierte Effekte von Controlling in öffentlichen Institutionen gefällt werden. Aufgrund der unzähligen Realisierungsmöglichkeiten von Controlling-Konzepten ist dies auch gar nicht möglich. Neben den unterschiedlichen Branchen des öffentlichen Dienstes birgt alleine schon die Gliederung des Controllings in strategisches und operatives Controlling mannigfaltige Möglichkeiten der Anwendung und entzieht sich folglich einer simplen – eindeutigen – Beurteilung.[158] Die in diesem Abschnitt durchgeführte Auseinandersetzung mit den zwei Kernelementen der Binnenmodernisierung des NSM spiegelt einen – institutionsabhängigen – heterogenen Anwendungsstand wider. Gleichwohl wird eine starke Interaktion beider Elemente deutlich:

- Auf der einen Seite ist ein erfolgreiches Kontraktmanagement auf die Koordinations- und Informationsfunktion des Controllings angewiesen.
- Auf der anderen Seite kann Controlling nur dann sinnvolle Steuerungswirkung erzielen, wenn die definierten Zielkategorien (Kennzahlen) an strategisch relevanten und von den Beschäftigten beeinflussbaren Bezugsgrößen ausgerichtet sind.

---

[155] Vgl. F. Naschold und J. Bogumil, 2000, S. 87-88 sowie J. Bogumil und W. Jann, 2009, S. 240.
[156] In einer Studie über die Arbeitsmarktreform stellen Kißler et al. (2008) fest, dass der Verwaltungsanteil, welcher sich aus den Forderungen des Controllings ergibt, einen enormen Aufwand für die Mitarbeiter der Arbeitsverwaltung darstellen (Vgl. L. Kißler et al., 2008, S. 97).
In Bezug auf eine mangelnde Transparenz erreichten im Jahr 2012 zum Beispiel die geheimen Zielvorgaben des Deutschen Olympischen Sportbundes (DOSB) an den Deutschen Leichtathletik Verband (DLV) große Popularität. Die Zielvorgaben und deren Erreichung beeinflussten die Höhe der öffentlichen Förderung des BMI und wurden zunächst der Öffentlichkeit verschwiegen (Vgl. D. Drepper und N. Schenck, 2012).
[157] Vgl. W. Drechsler, 2008, S. 19.
[158] Zur möglichen Untergliederung des Controllings im öffentlichen Dienst und strategische und operative Ausrichtungen siehe zum Beispiel: H. Jung, 2011, S. 422-425.

2.3.5 Die Beschäftigten im Zentrum der Reform

Im Vergleich zu den internationalen Pionieren der NPM-Reformen richten sich die deutschen Reformbewegungen des öffentlichen Dienstes überwiegend auf eine Binnenmodernisierung und stellen damit die Beschäftigten vor weitreichende Veränderungen in ihrer Arbeitswelt.[159] Im Jahr 1998 standen noch mehr als 50% der Beschäftigten der Verwaltungsmodernisierung aufgrund des NSM skeptisch bis ablehnend gegenüber. Als Ursache wurde damals insbesondere die Angst vor einem Stellenabbau im Zuge von Kostensenkungen genannt.[160] Generell deutet die – bislang recht dünne – wissenschaftliche Auseinandersetzung aus personalwirtschaftlicher Sicht einen Strukturkonservatismus der Beschäftigten an.[161] Dennoch zeichnet die KGSt das Bild eines Mitarbeiters, der durch Motivation und Engagement zentrale Voraussetzung für das Gelingen der Reform ist.[162] Die binnenorientierten Modernisierungsmaßnahmen des NSM rücken die Mitarbeiter der öffentlichen Verwaltung in einen besonderen Fokus. Herrschte in der Vergangenheit noch das stereotype Bild des lustlosen und unmotivierten öffentlich Beschäftigten, so gewinnen im Zuge des NSM Werte wie Leistungsbereitschaft, Engagement und Motivation an Bedeutung. Durch gezielte Anreizmechanismen – welche beispielsweise im 2007 eingeführten TVöD integriert sind – soll das freiwillige Arbeitsengagement der Mitarbeiter gefördert werden. Der Argumentation der KGSt folgend, sind Menschen umso motivierter, zufriedener und sehen mehr Sinn in der Arbeit, je eigenverantwortlicher sie arbeiten und je mehr sie mitgestalten können. Im Idealfall führt dies zu einer höheren Qualität der Arbeit, also zu einer Leistungssteigerung.[163] So logisch dieses anvisierte Ziel auch erscheint, so unpräzise ist es. Genauso wie sich die „Qualität der Arbeit" auf vielfältige Weise definieren lassen kann, so umfasst der Begriff „Leistung" „ein weites Spektrum an Verhaltensweisen. Entsprechend selektiv ist der Blick auf das, was als Leistung gelten kann."[164] Die bereits erwähnten stereotypen Bilder des unengagierten und unmotivierten Mitarbeiters öffentlicher Verwaltung grenzen die Zielrichtung allerdings ein und können durch ein Standardbeispiel von Müller und Bierhoff (1994) noch konkretisiert werden. In diesem Beispiel wartet ein Kunde in einer Postannahmestelle darauf, dass sich ein Postangestellter – nach mehrminütigem Gespräch mit einem Kollegen – dazu entschließt, ein Paket des wartenden Kunden entgegenzunehmen. Letztlich geschieht die Paketannahme mit einer unfreundlichen Haltung des Angestellten gegenüber dem Kunden.[165]

---

[159] Für Jooß-Mayer (2010) stehen die Beschäftigten öffentlicher Verwaltung damit – genauso wie Mitarbeiter der Privatwirtschaft – den Anforderungen der „Entgrenzung und Subjektivierung von Arbeit" gegenüber (S. Jooß-Mayer, 2010, S. 170).
[160] Vgl. W. Jaedicke et al., 2000, S. 258.
[161] Vgl. J. Bogumil et al., 2006, S. 177.
[162] Vgl. KGSt, 1996, S. 7.
[163] Vgl. KGSt, 2006, S. 11.
[164] A. Martin, 2007, S. 21.
[165] Vgl. G. F. Müller und H. W. Bierhoff, 1994, S. 368.

An diesem Beispiel lässt sich die Schwierigkeit verdeutlichen, die (öffentliche) Organisationen haben, um ihre Mitarbeiter zu freiwilligem Arbeitsengagement zu bewegen. Obwohl der Angestellte im Beispiel der Postannahmestelle seine Tätigkeit schleppend und unfreundlich ausgeübt hat, so hat er jedoch seine arbeitsvertraglich fixierten Pflichten (Annahme des Pakets) letztlich erfüllt. Mit dem Leitbild des „engagierten Mitarbeiters"[166] im NSM hat dieses Leistungsbild jedoch nicht viel gemein. Stattdessen sollte es im Sinne des NSM sein, Extraleistungen, die über die vertraglich geschuldete Hauptleistungspflicht hinausgehen, zu fördern. Dieses freiwillige Arbeitsengagement wird in der Literatur unter dem Begriff „Extra-Rollenverhalten" zusammengefasst und gilt als Grundvoraussetzung für das Überleben von Organisationen.[167] Die Grenze zwischen Rollenverhalten (Dienst nach Vorschrift) und Extra-Rollenverhalten ist in der Praxis allerdings nicht eindeutig zu ziehen. Neben dem bereits erwähnten Aspekt der Freundlichkeit, können als Extra-Rollenverhalten des Weiteren genannt werden: Kooperationsbereitschaft bei Alltagsgeschäften, ein schonender Ressourceneinsatz, Bereitschaft zu Überstunden, Erarbeitung von Verbesserungsvorschlägen sowie die Verbreitung eines positiven Organisationsbildes in der Öffentlichkeit.[168] Die dargelegte Auswahl an Verhaltensmustern von Organisationsmitgliedern haben die Gemeinsamkeit, dass sie über das hinausgehen, was ein Arbeitsvertrag festlegen kann (und soll), sind allerdings Voraussetzung, um den Fortbestand und das Funktionieren der Organisation sicherzustellen.[169]

Es existieren verschiedene Konzeptualisierungen zum Extra-Rollenverhalten, das populärste – und für den Kontext des NSM am passendsten – dürfte jedoch das Organizational Citizenship Behavior (OCB) sein. Einer Konzeptentwicklung folgend, subsummiert das OCB Tugenden wie Hilfsbereitschaft, Eigeninitiative, Gewissenhaftigkeit, Unkompliziertheit und Rücksichtnahme.[170] Aufgrund der Parallelen zum durch die KGSt kommunizierten Leitbild des „engagierten Mitarbeiters im Zentrum der Reform" dient das OCB in wissenschaftlicher Auseinandersetzung mitunter als theoretische Basis für die personalwirtschaftlichen Intentionen des NSM.[171] Allerdings wird diskutiert, ob die veränderten Arbeitsbedingungen der Verwaltungsreform diese intendierten positiven Effekte auf das Motivations- und Leistungsverhalten der Mitarbeiter tatsächlich realisieren können oder ob sich gar eine konterkarierende Wirkung einstellt.[172] Die bisher genannten Verhaltensmuster sind weitestge-

---

[166] Vgl. D. Holtmann, 2008.
[167] Der Gedanke, dass Organisationen auf die Bereitschaft ihrer Mitglieder zu freiwilligem organisationsdienlichem Verhalten angewiesen sind, geht bereits auf Barnard (1938, S. 83) zurück und wird durch Katz (1964) sowie Katz und Kahn (1978) als Extra-Rollenverhalten konkretisiert (Vgl. hierzu D. Holtmann, 2008, S. 32 sowie W. Matiaske und I. Weller, 2003, S. 101).
[168] Für eine detailliertere Auflistung siehe zum Beispiel: W. Matiaske und I. Weller, 2003, S. 104.
[169] Vgl. D. Katz, 1964, S. 133.
[170] Zur tiefergehenden historischen sowie theoretischen Verortung des OCB siehe: W. Matiaske und I. Weller, 2003.
[171] Vgl. D. Holtmann, 2008.
[172] Vgl. D. Holtmann, 2008; M. Olejniczak, 2010;

hend organisationsunabhängig, sie werden sowohl von Mitarbeitern des privaten, als auch des öffentlichen Sektors erwünscht. Darüber hinaus existiert ein eigener Forschungszweig, welcher sich mit den speziellen Anforderungen an die Beschäftigten des öffentlichen Dienstes auseinandersetzt. Die These ist, dass der Staat aufgrund seiner ureigenen Aufgabe auf Mitarbeiter angewiesen ist, die ausgeprägte Werte in den Bereichen Gemeinwohlinteresse, Soziales Mitgefühl sowie Altruismus/Uneigennützigkeit haben. Beobachtungen zeigen, dass Menschen mit diesen Werten eine Tätigkeit in öffentlichen Organisationen bevorzugen. Dieses, als Public Service Motivation[173] subsummierte, Motivationsmuster wird in Abschnitt 3.3.2 ausführlich beleuchtet. An dieser Stelle sei es lediglich als Ergänzung/Konkretisierung zu den bereits genannten Mustern des Extra-Rollenverhaltens aufgeführt. In Analogie zu einer möglichen konterkarierenden Wirkung auf das OCB, könnten die durch das NSM veränderten Rahmenbedingungen auch einen Einfluss auf die Public Service Motivation der Beschäftigten haben. Diese mögliche Wirkung wird ein zentraler Bestandteil des weiteren (theoretischen sowie empirischen) Vorgehens sein.

Darüber hinaus wird deutlich, dass die neue Steuerungslogik aus personal- und organisationswissenschaftlicher Perspektive einen Bruch mit dem Leitbild des bürokratisch und berechenbar handelnden Akteurs des Weberschen Bürokratiemodells darstellt. Zeichnete sich der Staatdiener im Verständnis Max Webers durch akkurates und aktenmäßiges Handeln aus, so wird nun freiwilliges Arbeitsengagement als Zielrichtung postuliert. Die in der Vergangenheit aufgebaute – und durch Weber für notwendig erachtete – klare Trennung zwischen alimentiertem Staatsdiener und privatwirtschaftlichem Mitarbeiter wird zunehmend aufgehoben. Die durch betriebswirtschaftlich inspirierte Managementmethoden beeinflusste Arbeitssituation des öffentlichen Dienstes nähert sich an jene der Privatwirtschaft an und weicht ein Alleinstellungsmerkmal öffentlicher Beschäftigter auf.

2.4 Die neue Steuerung innerhalb der deutschen Arbeitsverwaltung

Nachdem in Abschnitt 2.3 der Wandel des öffentlichen Dienstes in Deutschland generell dargestellt wurde, beschäftigt sich der vorliegende Teil nun mit der konkreten Umsetzung von Elementen des NPM/NSM in der deutschen Arbeitsverwaltung. Während das Konzept des NSM durch die KGSt im Jahr 1993 vorgestellt wurde und Reformdiskussionen auf diversen Ebenen des staatlichen (Verwaltungs-) Systems auslöste, können die Reformbemühungen innerhalb der deutschen Arbeitsverwaltung zu dieser Zeit als verhalten bezeichnet werden. Ungeachtet wachsender Herausforderungen, welche insbesondere zu Beginn der 1990er Jahre durch die

---

[173] Als Basis der noch heute populären Forschung zur Public Service Motivation gilt insbesondere die Arbeit von Perry und Wise (1990).

deutschen Wiedervereinigung begründet waren, wurde seitens der Arbeitsverwaltung von einer umfassenden Reform abgesehen. Stattdessen stand die Expansion traditioneller aktiver arbeitsmarktpolitischer Instrumente[174] (insbesondere sogenannter Arbeitsbeschaffungsmaßnahmen) im Vordergrund.[175] Trotz einiger Kürzungen des Arbeitslosengeldes kann bis zur Reform/Ablösung des Arbeitsförderungsgesetzes (AFG) im Jahr 1998 von keinem grundlegenden Wandel gesprochen werden. Mohr (2012) resümiert: „Die 1990er Jahre stehen damit für eine schleichende Residualisierung und schrittweise Konditionierung der Leistungen sowie für die beginnende angebotsorientierte Reformulierung der Arbeitsmarktpolitik."[176]

Das im Jahr 1969 in Kraft getretene AFG wurde 1998 durch das Sozialgesetzbuch III (SGB III) abgelöst. Im Zentrum des neugeschaffenen SGB III stand schon zu diesem Zeitpunkt neben der „besonderen Verantwortung" der Arbeitgeber die „Eigenverantwortlichkeit" der Arbeitnehmer für ihre eigene berufliche Entwicklung.[177]

Die Rot-Grüne Regierung unter Bundeskanzler Schröder initiierte im Folgenden das „Job-AQTIV-Gesetz" im Jahr 2001, welches als direkter Vorgänger der sogenannten „Hartz-Reformen" interpretiert werden kann.[178] Intention des Gesetzes war es, den Servicestandard der damaligen Bundesanstalt für Arbeit zu verbessern, Maßnahmen zur Früherkennung drohender Langzeitarbeitslosigkeit zu implementieren sowie eine Eingliederungsvereinbarung zwischen Arbeitsverwaltung und Leistungsbeziehenden – im Sinne des Prinzips „Fördern und Fordern" – zu institutionalisieren. Nachdem im Jahr 2002 Manipulationen von Vermittlungszahlen seitens der Bundesanstalt für Arbeit bekannt wurden, stieg der öffentliche Druck auf die Regierung Schröder, welche mit der Einberufung einer Kommission (Hartz-Kommission) zur weitreichenden Reform der Arbeitspolitik reagierte. Das Job-AQTIV-Gesetz kam folglich nahezu zu keiner praktischen Anwendung, da es von den Vorkommnissen des Vermittlungsskandals – und den daraus resultierenden Hartz-Reformen – überholt wurde.[179]

Seit Inkrafttreten der Hartz-Reformen, welche als „Pfadwechsel"[180] in der deutschen Arbeitsmarktpolitik bewertet werden, wurde die deutsche Arbeitsverwaltung umfassenden Veränderungen unterzogen und gleicht seither einer „Großbaustelle"[181]. Der durch die Hartz-Kommission angestoßene Reformprozess, welcher sich in Tradition des NPM/NSM interpretieren lässt, wird im folgenden Abschnitt dargestellt.

---

[174] Zur Anwendung und Wirkung aktiver Arbeitsmarktpolitik in Deutschland siehe exemplarisch: S. Bernhard et al., 2009.
[175] Vgl. I. Dingeldey, 2007, S. 829.
[176] K. Mohr, 2012, S. 61.
[177] Vgl. S. Sell, 1998, S. 532.
[178] Vgl. I. Dingeldey, 2007, S. 829.
[179] Vgl. K. Mohr, 2012, S. 62.
[180] M. Knuth, 2012, S. 77 sowie T. Klenk, 2012, S. 285.
[181] L. Kißler et al., 2008.

2.4.1 Die Arbeitsmarktreform im Zuge der Hartz-Gesetze

Der Auftrag zur Erstellung eines Plans zur Reform des Arbeitsmarktes wurde von der Bundesregierung im Jahr 2002 vergeben.[182] Auslöser dieses Bestrebens war der Vermittlungs- und Statistikskandal der damaligen Bundesanstalt für Arbeit. Unter dem Terminus „Moderne Dienstleistungen am Arbeitsmarkt" erarbeitete die sogenannte Hartz- Kommission (benannt nach ihrem Vorsitzenden Dr. Peter Hartz) ein Konzept, welches eine völlige Umstrukturierung der Bundesanstalt für Arbeit zur Folge hatte.[183] Die eigentliche Aufgabe (die Reform der Bundesanstalt für Arbeit) wurde im Verlauf des Prozesses von der Kommission eigenmächtig ausgeweitet.[184] Die im Abschlussbericht formulierten Vorschläge der Kommission[185] wurden im Einzelnen durch die vier Gesetze für moderne Dienstleistungen am Arbeitsmarkt (Hartz I – IV) umgesetzt. Als erster Schritt trat Hartz I[186] mit Wirkung ab dem 01. Januar 2003 in Kraft. Das „Erste Gesetz zur modernen Dienstleistung am Arbeitsmarkt" diente primär der Beschleunigung der Arbeitsvermittlung durch Personal-Service-Agenturen (PSA). Das „Zweite Gesetz zur modernen Dienstleistung am Arbeitsmarkt"[187] trat im gleichen Jahr in Kraft und enthielt Regelungen für sozialversicherungsfreie Minijobs und die Unterstützung der Existenzgründung durch dreijährige Zuschüsse („Ich AG").[188] In einem nächsten Schritt folgte dann am 01. Januar 2004 durch das „Dritte Gesetz für moderne Dienstleistungen am Arbeitsmarkt"[189] die Reorganisation der Bundesanstalt für Arbeit zur Bundesagentur für Arbeit (BA), einem modernen Dienstleistungsunternehmen, welches nach den Grundsätzen des NPM/NSM strukturiert wurde. Im Zentrum des neuen Weisungsverhältnisses zwischen Bundesregierung und BA stehen seither ein „Agency-Modell" und eine Steuerung über Zielvereinbarungen. Diese Ausrichtung deckt sich mit der in Abschnitt 2.3 beschriebenen Rollentrennung zwischen Politik und Verwaltung („at arm´s lenghts"). Des Weiteren wurde durch die Öffnung der Arbeitsvermittlung für private Anbieter versucht, eine Konkurrenzsituation zu schaffen, welche eine Leistungssteigerung der Bundesagentur bewirken sollte.[190] In einem letzten Schritt fand schließlich ab dem 01. Januar 2005 mit Hartz IV[191] die Zusammenlegung von Arbeitslosenhilfe und Sozialhilfe statt.[192] Hiermit verbunden ist die Reziprozität der Leistungen in der Beziehung zu den Kunden („Fördern und For-

---

[182] Vgl. Kommission „Moderne Dienstleistungen am Arbeitsmarkt", 2002, S. 5.
[183] Vgl. A. M. Weimar, 2004, S. 12.
[184] Vgl. C. Rudolph und R. Niekant, 2007, S. 7.
[185] Vgl. Kommission „Moderne Dienstleistungen am Arbeitsmarkt", 2002.
[186] Bundesgesetzblatt, 2002, S. 4607-4620.
[187] Bundesgesetzblatt, 2002a, S. 4621-4636.
[188] Vgl. D. Drechsler, 2005, S. 34-35.
[189] Bundesgesetzblatt, 2003, S. 2848-2918.
[190] Vgl. K. Mohr, 2012, S. 62.
[191] Vgl. Bundesministerium für Arbeit und Soziales, 2013.
[192] Vgl. D. Drechsler, 2005, S. 34, 35. Die unmittelbaren Folgen der Zusammenlegung von Arbeitslosenhilfe und Sozialhilfe für die Anspruchsberechtigten wurden im Rahmen einer Begleitforschung im Auftrag des BMAS untersucht (K. Bruckmeier und D. Schnitzlein, 2007).

dern") und das Eindringen in deren Persönlichkeitssphären. Mit Hartz IV wurden somit die Grundgedanken des NPM/NSM auf die sozialen Sicherungssysteme übertragen. Damit einhergehend bestand das Ziel, eine einheitliche Anlaufstelle für alle Arbeitssuchenden und Leistungsbeziehenden zu schaffen.[193] Hierzu sollten die neu geschaffenen Jobcenter als zentrale Institutionen – im Sinne einer „one-stop-agency"[194] – dienen. Mit dem novellierten Arbeitsförderungsrecht in § 9 Abs. 1a SGB III hatte der Gesetzgeber erstmals die Institution Jobcenter[195] eingeführt. Wörtlich hieß es:

> „Von den Agenturen für Arbeit werden Job-Center als einheitliche Anlaufstelle für alle eingerichtet, die einen Arbeitsplatz oder Ausbildungsplatz suchen. Im Job-Center werden diese Personen informiert, der Beratungs- und Betreuungsbedarf geklärt und der erste Integrationsschritt verbindlich vereinbart."[196]

In der Praxis hat sich das Jobcenter als gemeinsame Einrichtung für sämtliche Arbeitssuchenden nicht durchgesetzt, die Empfänger von Arbeitslosengeld I weiterhin durch die BA selbst betreut werden. Für die Anspruchsberechtigten auf Leistungen nach dem SGB II (Grundsicherung/Arbeitslosengeld II/vulgo: Hartz IV) legte jedoch das Gesetz zur Weiterentwicklung der Organisation der Grundsicherung für Arbeitsuchende (GrSiWEntG) die Jobcenter als gemeinsame Einrichtung fest.[197] Mittlerweile (Stand 2014) ist die Bezeichnung in § 6d SGB II verankert.

Ziel der Gesamtreform war die schnellere und effizientere Eingliederung von Arbeitssuchenden in Arbeit. Hierzu wurde als Mittel eine flexible Dienstleistungseinrichtung mit einem verantwortlichen Management und strikter Erfolgskontrolle ausgegeben. Im Zentrum der Reform standen stets die Grundsätze:

- Dienstleistung im Wettbewerb,
- Konzentration auf Kernaufgaben mit der Arbeitsvermittlung im Zentrum,
- modernes, kundenorientiertes Unternehmensmanagement mit hoher Leistungsfähigkeit.[198]

---

[193] Vgl. M. Knuth, 2012, S. 71.
[194] Vgl. Abschnitt 2.3.
[195] Zunächst wurde die Schreibweise „Job-Center" verwendet. Die Bezeichnung „Jobcenter" wurde erst durch das Gesetz zur Weiterentwicklung der Organisation der Grundsicherung für Arbeitsuchende (GrSiWEntG) eingeführt. Diese Arbeit verwendet – mit Ausnahme von direkten Zitaten – die Bezeichnung „Jobcenter".
[196] Sozialgesetzbuch (SGB) Drittes Buch (III) – Arbeitsförderung. Der § 9, Abs. 1a, der die Einrichtung der Jobcenter regelte, wurde im Jahr 2006 wieder gestrichen. Der Deutsche Bundestag begründet die Streichung wie folgt: „Die Verpflichtung der Agenturen für Arbeit, Job-Center als einheitliche Anlaufstellen für alle einzurichten, hat sich in der Praxis nicht bewährt. Aufgrund der Um- und Neustrukturierung der Agenturen für Arbeit und aufgrund der heterogenen Struktur der Arbeitsgemeinschaften und zugelassenen kommunalen Träger hat sich die Festlegung auf ein einheitliches Organisationsmodell als nicht umsetzbar erwiesen" (Deutscher Bundestag, 2006, S. 31).
[197] Vgl. A. Lohmann, 2010, S. 2.
[198] Vgl. F. Egle, 2005, S. 63.

Diese formulierten Grundsätze stehen im Einklang mit der Zielsetzung des NPM/NSM und dienen im Verbund einem „betriebswirtschaftlichen Verständnis der Unternehmung Arbeitslosenversicherung: Es gilt, die Dauer des „Schadensfalles" Arbeitslosigkeit möglichst zu minimieren."[199] Hierzu gelten die formulierten Servicestandards als ein Instrument, wobei sich die BA primär über messbare Wirkungen am Arbeitsmarkt definiert und anhand dieser auch von Politik und Öffentlichkeit gemessen wird.[200] In den Termini des NSM sprechend, könnten die drei Grundsätze der Arbeitsmarktreform auch allgemeiner mit

- Wettbewerbsorientierung,
- Outputorientierung,
- Kundenorientierung und
- Modernisierung

übersetzt werden. Auch diese Vorgehensweise steht in der Tradition des NSM, indem die Outputorientierung eindeutig in das Zentrum gerückt wird. Die Auswirkungen, die das – aus den Grundsätzen der Reform abgeleitete – Dienstleistungsversprechen auf die Beschäftigten der Arbeitsverwaltung hat, werden in Abschnitt 2.4.3 erörtert.

2.4.2 Kooperations- und Optionsmodell: der institutionelle Dualismus

Der vorangegangene Abschnitt beschrieb den Reformprozess der deutschen Arbeitsverwaltung, welcher letztlich in den vier Gesetzen für moderne Dienstleistungen am Arbeitsmarkt mündete und verschiedene Organisationsmodelle hervorbrachte. Diese werden im weiteren Verlauf vorgestellt.
Die deutsche Arbeitsmarktreform wurde durch eine nachhaltige Strukturentscheidung geprägt. Die Diskussion beinhaltete die Kontroverse zur Veränderung des dualen Systems von kommunaler und staatlicher Arbeitsmarktpolitik. Die zentrale Frage war: Zentralisieren oder Kommunalisieren? Die Befürworter der Kommunalisierung verwiesen auf zahlreiche Programme, durch die arbeitsfähige Sozialhilfeempfänger erfolgreich eingegliedert wurden. Des Weiteren wurde den Kommunen bescheinigt, über ein ausgeprägtes lokales Netzwerk zu verfügen, welches auch den neuen Eingliederungsleistungen zugutekommen würde. Für die Gegner der Kommunalisierung besaßen jedoch die zentralisierten Agenturen ein breiteres Know-How, um die Arbeitslosen in den ersten Arbeitsmarkt zu vermitteln.[201]

---

[199] V. Hielscher und P. Ochs, 2012, S. 251.
[200] Vgl. V. Hielscher und P. Ochs, 2012, S. 251.
[201] Vgl. L. Kißler et al., 2008, S. 17-18.

Da die Diskussion über Vor- und Nachteile beider Systeme nicht abschließend beendet wurde, ließ das SGB II für die organisatorische Ausgestaltung zunächst drei Varianten zu:

- Arbeitsgemeinschaften (ARGEn) als Zusammenarbeit zwischen Kommune und ortsansässiger Agentur für Arbeit,
- Kommune als Optionsmodell (Experimentierklausel) und
- getrennte Aufgabenwahrnehmung zwischen Kommunen und BA.[202]

Die dritte Variante fand in der Praxis nur geringe Anwendung. Nur in 19 Kommunen kam es nicht zu einer Zusammenarbeit. Folglich fand dort eine getrennte Aufgabenwahrnehmung zwischen Arbeitsagentur und Kommune statt. Seit 2005 wurden somit zunächst nahezu alle Langzeitarbeitslosen in zwei unterschiedlichen Institutionen betreut, gefördert und verwaltet. Es existierten 350 ARGEn, als Kooperationsmodelle zwischen Arbeitsagentur und Kommune sowie 69 Kommunen als Optionsmodell in eigenverantwortlicher Trägerschaft.[203] Die ARGE war folglich das präferierte Modell. Die Optionskommunen standen bei der Umsetzung des SGB II vor zahlreichen Herausforderungen, die jedoch auch Chancen hervorbrachten. So mussten sie auf der einen Seite Ende 2004 neue Organisationseinheiten aufbauen, ohne die Organisationsfähigkeit der BA als Unterstützung zu haben. Jedoch bot sich den Optionskommunen auf der anderen Seite ein höheres Maß an Autonomie bei der Umsetzung des SGB II. Fachliche Vorgaben der BA mussten nicht unmittelbar umgesetzt werden, sondern konnten den regionalen Gegebenheiten angepasst werden. Als Ergebnis hat sich eine Vielzahl von Organisationsvarianten innerhalb des Modells der Optionskommune gebildet. Ob diese Vielfalt generell als Vor- oder Nachteil zu werten ist, ist nicht Inhalt dieser Arbeit. Deutlich wird jedoch, dass beide Modelle (ARGE und Optionskommune) in einer Konkurrenzsituation zueinander standen und versuchten, sich durch qualitative und quantitative Leistungen gegen das jeweils andere Trägermodell durchzusetzen.[204] Die Unterschiede innerhalb der Optionskommunen wurden im Rahmen eines Benchmarkings analysiert. Benchmarking bedeutet „Lernen von den Besten" und hat als betriebswirtschaftliche Methode einen systematischen Leistungsvergleich zum Ziel und bewertet die Erfolgsfaktoren für eine langfristige Optimierung der Leistungsfähigkeit von Institutionen. Der Benchmarking-Prozess innerhalb der Optionskommunen wurde insbesondere von der Bertelsmann Stiftung durchgeführt.[205] Dem ersten Jahresbericht von 2006 folgten allerdings leider keine „Fortsetzungen" mehr. Dies ist bedauerlich, da eine Intensivierung des Vergleichs die kritischen Erfolgsfaktoren der Optionskommunen besser hervorgebracht hätte. Dies wäre ein wichtiger Schritt zur Optimierung der

---

[202] Vgl. H. Genz und W. Werner, 2005, S. 190.
[203] Vgl. L. Kißler et al., 2008, S. 18.
[204] Vgl. Bertelsmann Stiftung, 2007, S. 7-12.
[205] Vgl. Bertelsmann Stiftung, 2007.

gesamten Reformmaßnahmen gewesen und hätte einen detaillierten Vergleich mit den ARGEn möglich gemacht. Indes erfolgte ebenso eine Evaluation der unterschiedlichen Formen der Trägerschaft durch die Bundesregierung selbst. Der Erfahrungsbericht wurde im Dezember 2008[206] vorgelegt und durch das Bundesministerium für Arbeit und Soziales (BMAS) wie folgt zusammengefasst:

> „Bezieher von Arbeitslosengeld II, die von ARGEn betreut werden, schaffen eher den Absprung aus dem Leistungsbezug beziehungsweise nehmen eher eine bedarfsdeckende Beschäftigung auf. Dagegen haben zugelassene kommunale Träger ihre Stärken bei der Steigerung der Beschäftigungsfähigkeit der Arbeitsuchenden."[207]

Die Ergebnisse der Evaluation wurden als Entscheidungshilfe genutzt, nachdem das Bundesverfassungsgericht durch ein Urteil von Dezember 2007 entschieden hat, dass die Organisation der ARGEn nicht mit dem Grundsatz eigenverantwortlicher Aufgabenwahrnehmung[208] vereinbar und damit verfassungswidrig ist. Dem Gesetzgeber wurde bis zum 31. Dezember 2010 Zeit gegeben, einen verfassungsmäßigen Zustand herzustellen. Da sich grundsätzlich sowohl die ARGEn als auch die Optionskommunen bewährt hatten, hielt der Gesetzgeber an einer Fortführung beider Modelle fest und initiierte folglich eine Grundgesetzänderung, welche beide Formen der Trägerschaft verfassungsmäßig legitimiert.[209]

Seither führen beide Organisationsformen die einheitlichen Bezeichnung „Jobcenter" (§ 6 d SGB II). Die dritte Variante der getrennten Aufgabenwahrnehmung existiert seit dem 01. Januar 2012 nicht mehr.

2.4.3 Die Veränderung der Arbeitswelt für die Beschäftigten

Die Reform der Arbeitsverwaltung stand explizit unter dem Anspruch, die bisherige bürokratische Organisation in eine moderne Dienstleistung zu wandeln. Gerade vor dem Hintergrund des Weberschen Bürokratiemodells (Abschnitt 2.2) birgt diese Neuausrichtung für die Beschäftigten fundamentale Veränderungen. Die Bundesanstalt für Arbeit verstand sich grundsätzlich als rechtsanwendende Behörde, während in der BA nun das Verständnis „Dienstleister" zu sein, Priorität hat.[210]
Die Handlungsrationalität der klassischen bürokratischen Arbeitsämter stand bis zu Beginn der 1990er Jahre vorwiegend unter zwei Axiomen:

---

[206] Vgl. Deutscher Bundestag, 2008.
[207] Zitiert nach: A. Lohmann, 2010.
[208] Unvereinbarkeit der Selbstverwaltungsgarantie des Art 28 Abs. 2 S. 1 und 2 Grundgesetz (GG) in Verbindung mit Art 83 GG (vgl. A. Lohmann, 2010).
[209] Vgl. A. Lohmann, 2010; Deutscher Bundestag, 2010.
[210] Vgl. V. Hielscher und P. Ochs, 2012, S. 250.

- Rechtmäßigkeit des Handelns
- Optimale Bewirtschaftung der zugewiesenen Budgetmittel

Unter Rechtmäßigkeit des Handelns wurden vor allem die Sicherung von Pflichtleistungen sowie die zeitgerechte Umsetzung von Änderungsgesetzen und von Sonderprogrammen verstanden. Die Umsetzung des damaligen Arbeitsförderungsgesetzes (AFG) durch die Arbeitsämter beschränkte sich also nicht nur auf Gesetzestexte im engeren Sinne. Hinzu kamen Runderlässe und Weisungen aus den Fachabteilungen der Bundeshauptstelle sowie der zuständigen Landesarbeitsämter. Es entwickelte sich eine „Weisungsflut"[211], die im Laufe der Jahre sogar anstieg.

Die zweite Prämisse der optimalen Bewirtschaftung stand ganz im Zeichen der maximalen Ausschöpfung der Budgetmittel zum Abschluss des Haushaltsjahres. Hinzu kamen Mittelverfügbarkeit über das gesamte sowie keine übermäßigen Vorbindungen für das kommende Haushaltsjahr. Eine arbeitsmarktpolitische Erfolgskontrolle blieb aus und wurde erst durch die Implementierung von Eingliederungstitel und -bilanz durch die SGB III-Reform durchgeführt.[212] Der Wandel vom Arbeitsamt zum Kundenzentrum stellt seit Beginn der 1990er den Dienstleistungsanspruch in den öffentlichen Fokus.

Diese Neuausrichtung stand bereits im Zeichen des NSM, welches von der KGSt 1993 vorgestellt wurde. Zu dieser Zeit entwickelte die deutsche Arbeitsverwaltung – in Form des Organisationskonzepts „Arbeitsamt 2000" – diesen Anspruch das erste Mal. Inwiefern die derzeitige Arbeitsmarktreform als Fortführung – oder als Bruch – mit dem Konzept des „Arbeitsamt 2000" zu verstehen ist, wird kontrovers diskutiert.[213] Für diese Arbeit ist jedoch nicht die Rolle des Konzepts „Arbeitsamt 2000" entscheidend, sondern vielmehr die veränderte Arbeitswelt der Beschäftigten im Zuge der Reform „Moderne Dienstleistungen am Arbeitsmarkt".

2.4.3.1 Neue Dienstleistungsrhetorik

Die Mitarbeiter der BA befinden sich in der Situation, einen neuen Dienstleistungsanspruch umzusetzen. Hielscher und Ochs (2012) charakterisieren als wesentliche Elemente personaler Dienstleistungen der BA das „uno-actu-Prinzip" sowie die koproduktive Erbringung der Dienstleistung. Die von der BA angebotene Dienstleis-

---

[211] Schütz, 2012, S. 234.
[212] Vgl. Schütz, 2012, S. 234.
[213] „Nach der Übernahme des Reformauftrages im Jahr 2002 hatte die BA trotz anders lautender Empfehlungen der Hartz-Kommission dieses frühere Reformkonzept gestoppt und stattdessen auf einen strategisch herbeigeführten Kontinuitätenbruch gesetzt" (V. Hielscher und P. Ochs, 2012, S. 251).
„Gleichzeitig kann der Beweis erbracht werden, dass die vorangegangenen Reformschritte in verschiedener Hinsicht den Boden für das ‚Kundenzentrum der Zukunft' bereitet haben, welches aktuell das Gesicht der Arbeitslosenversicherung und Arbeitsvermittlung in der Bundesrepublik Deutschland verändert" (N. Thom und A. Ritz, 2008, S. 296).

tung ist nicht speicherbar und kann nicht auf Vorrat gehalten werden. Es müssen vielmehr Strukturen existieren, in denen die Dienstleistungen bei Bedarf erbracht werden können (uno-actu). Des Weiteren wird eine Interaktion zwischen Erbringer und Empfänger der Leistung erforderlich. Eine personelle Dienstleistung als einseitige Aktion der Organisation läuft Gefahr, den Ansprüchen und Bedürfnissen des Adressaten nicht gerecht zu werden. Eine aktive Mitwirkung des Arbeitsuchenden ist demnach notwendig (koproduktive Erbringung der Dienstleistung).[214]

Mit dem Dienstleistungsanspruch geht auch eine neue Rhetorik einher. Hierzu gehört es, den Arbeitsuchenden nicht mehr als solchen zu titulieren. In der neuen Wortwahl – welche ebenso in der Tradition der im NPM/NSM artikulierten Kundenorientierung steht – verwandelt sich der Arbeitslose in einen „Kunden". Hintergrund ist unter anderem die Intention, eine verstärkte Bürgernähe zum Ausdruck zu bringen.[215] Während Max Weber dem deutschen Staatsdiener noch zugestand, die wahre Herrschaft im Staat Inne zu haben,[216] impliziert der Versuch, die Empfänger von sozialen Dienstleistungen mit der Kundensemantik zu belegen, einen Rollenwechsel. Stand der Bürger als Adressat der Leistungserstellung der Verwaltung früher als Untertan oder bestenfalls als Klient gegenüber,[217] so drückt die neue Rhetorik ein gespiegeltes Machtverhältnis aus. Gemäß der Redewendung „König Kunde" könnte folglich ein Rollenwechsel stattgefunden haben, in dem der Bürger die Beziehung zwischen sich und Verwaltung dominiert. Hierzu müssten die Adressaten sozialer Dienstleistungen aber auch wirklich Kunden sein und nicht nur diesen Titel tragen. Hielscher und Ochs (2012) stehen diesbezüglich dem Kundenbegriff äußerst kritisch gegenüber. Die Autoren stellen zunächst dar, dass sich die Kunden der BA nicht an einem Markt bewegen, an dem sie über eine „exit"-Option verfügen. Es existiert also keine Anbieteralternative. Ferner muss der Kunde ein gewisses, von der BA definiertes, Profil besitzen, um überhaupt bedient zu werden. Letztlich macht aber vor allem das Zwangsverhältnis, welches sich durch rechtliche Grundlagen zwischen der Arbeitsverwaltung und dem Arbeitslosen konstituiert, das Kundenkonzept brüchig. Das Sozialgesetzbuch definiert konkrete Mitwirkungspflichten der Arbeitsuchenden. Bleibt die aktive Mitarbeit im Rahmen der Überschrift „Fördern und Fordern" aus, so stehen den Mitarbeitern der sozialen Dienstleistungen Sanktionsmöglichkeiten zur Verfügung. Für Göckler (2010) legen einige Gespräche innerhalb des Dienstleistungsprozesses den primären Fokus auf die Abarbeitung des Sanktionskontextes und „spiegeln ein rein hoheitliches Verständnis der Grundsicherungsaufgabe wider, das sicherlich für eine moderne Dienstleistungsbehörde als nicht mehr zeitgemäß zu betrachten ist."[218]

---

[214] Vgl. V. Hielscher und P. Ochs, 2012, S. 252-253.
[215] Vgl. V. Hielscher und P. Ochs, 2012, S. 252-253.
[216] Vgl. Abschnitt 2.2.
[217] Zur Rollenzuschreibung zwischen Bürger und Verwaltung siehe: J. Bogumil, 1999, S. 52.
[218] Vgl. R. Göckler, 2010, S. 98.

Anstelle einer Kundenbeziehung kann das wirkliche Verhältnis als „*personale Dienstleistung in verrechtlichtem Rahmen mit Zwangscharakter* (kurz: Beratung unter Zwang)"[219] formuliert werden. Der Dienstleistungsprozess hat somit zu keiner grundlegenden Umkehr des Rollenverständnisses in diesem Kontext geführt. Weder ist der Arbeitssuchende als Kunde König, noch müssen die Arbeitsverwaltungen befürchten, dass Kunden bei Unzufriedenheit die Dienstleistung bei einer konkurrierenden Organisation in Anspruch nehmen. Empirische Auseinandersetzung mit dieser Thematik zeigt, dass insbesondere die Arbeitssuchenden selbst die neue Dienstleistungsrhetorik („Kunde" „Jobcenter" oder „Vermittlung") als euphemistisch wahrnehmen und mit emotionalen Widerständen reagieren.[220] Auch wenn der Kundenbegriff in der Arbeitsverwaltung missverständlich interpretiert werden kann, so erscheint die Titulierung als „zynische Newspeak der Hartz- Ideologie"[221] als unvollständig: Der Kundenbegriff birgt ein ethisches Postulat: „Orientiere dich als Professioneller am Wohl des Betreuten."[222] Aus dieser Interpretation erfolgt zwar kein fundamentaler Bruch mit der Tradition der Arbeitsverwaltung in Deutschland, gleichwohl wird der Dienstleistungsgedanke eindeutig in den Vordergrund gerückt.

2.4.3.2 Neue Steuerungslogik

Der eigentliche Bruch mit der Vergangenheit der Bundesanstalt findet sich in dem Bereich Controlling und im generellen Organisationsmodell, welches auf externen Zielvorgaben und Forderungen der Statistik beruht. Die neue Steuerungslogik unterscheidet die ökonomische Bewirtschaftung von Beitragsgeldern und die wirkungsorientierte Erfüllung politischer Aufgaben in zwei getrennten Rechnungskreisen. Im Rechnungskreis „Versicherung" werden Einnahmen der Beitragszahler für Vermittlungsaktivitäten für alle Arbeits- und Ausbildungssuchenden verwendet. Zudem stellt dieser Rechnungskreis zeitlich begrenzten Arbeitslosenversicherungsschutz sicher. Im Kreis „Aufgabe" werden zusätzliche Aufgaben abgedeckt, die vom Rechnungskreis „Versicherung" nicht gedeckt werden können. Hierzu gehört z. B. die Unterstützung von Nicht-Versicherten oder die Förderung von Zielgruppen. Des Weiteren werden seit dem Haushaltsjahr 2004 Inputs und Outputs miteinander verbunden. Budgets werden demnach mit Wirkungszielen verknüpft. Die erwarteten Eingliederungsquoten der Instrumente gewannen zunehmend an Relevanz und wurden als Richtgröße in der Zielvereinbarung aufgenommen. Die Rationalisierung der Zielplanung hat unter anderem die Konzentration verfügbarer Ressourcen von Fördermaßnahmen auf Fälle mit hoher Wirkungserwartung zur Folge. Die technische Verarbeitung von Controllingdaten hat in diesem Prozess immense

---

[219] Vgl. V. Hielscher und P. Ochs, 2012, S. 253.
[220] Vgl. M. Olejniczak, 2010, S. 254.
[221] Engler, 2005, zitiert nach: R. Göckler, 2009, S. 15.
[222] Klug, 2003, zitiert nach: R. Göckler, 2009, S. 15.

Fortschritte gemacht und schafft die Basis für eine wirkungsvolle Steuerung.[223] Allerdings können Controllingsysteme auch eine Reihe von Fehlerquellen bergen. Die Fokussierung auf bestimmte Zielgrößen kann zu einer Vernachlässigung bestimmter anderer Aufgabenschwerpunkte führen, da diese nicht im Controlling erfasst werden. Dennoch können auch diese Aufgaben für den Organisationserfolg wichtig sein. Frey und Osterloh (2002) beschreiben diese Gefahr als Multi-Tasking. Es wird intrinsische Motivation benötigt, um auch Aufgaben wahrzunehmen, die nicht eindeutig quantifizierbar sind.[224] Auch wenn Controlling für größere Organisationen als Führungsinstrumentarium unverzichtbar ist, so lassen sich im BA-Controlling Übersteuerungs- und Verselbstständigungstendenzen erkennen. Die Übersteuerung „charakterisiert sich durch die Einbeziehung zu vieler Ziel- und Steuerungsdimensionen in immer kleinteiligeren Analyseeinheiten."[225] Für Schütz (2012) entwickelt sich in der BA ein „Tunnelblick", bei dem allein die Kennzifferdimensionen des Controllings zählen. Es entsteht eine gewisse Eigendynamik, in der das Controlling zum Selbstzweck gerät und sich lokale Führungs- und Leistungskräfte einzig am „Zahlen bringen" orientieren.[226] Empirische Untersuchungen zeigen, dass insbesondere die Mitarbeiter, die mit bzw. nach Inkrafttreten des SGB II ihre Tätigkeit aufnahmen, die Zwänge der Statistik und des Controllings in Kontrast zu ihrem persönlichen Anspruch wahrnehmen.[227] Dahingegen attestiert Weber (2013) der BA eine „leuchtende" Vorbildfunktion für die Durchführung von Controlling im öffentlichen Dienst und bezeichnet sie als „Benchmark" in diesem Bereich. Welche dieser konträren Standpunkte nun eher der Realität entsprechen, kann an dieser Stelle nicht abschließend beurteilt werden. Es bleibt im Fortgang dieser Arbeit zu untersuchen, welche Folgen mit der neuen Steuerungslogik einhergehen.

Fraglos ist zielorientiertes Handeln deutlich effizienter und erfolgsversprechender, als ein ungeplantes Agieren oder bloßes Reagieren auf eine veränderliche Umwelt. Durch Zielvereinbarungen werden Arbeitsabläufe, Aufgaben, Zusammenarbeit verschiedener Organisationseinheiten und Beschäftigten sowie deren Motivation zur Leistung strukturiert.[228] Während sich in privatwirtschaftlichen Unternehmen die zu erreichenden Ziele überwiegend über zentrale betriebswirtschaftliche Kennzahlen operationalisieren lassen, herrschen in öffentlichen Institutionen überwiegend qualitative Zielgrößen, welche eine Operationalisierung erschweren und die positiven Effekte eines Zielsystems folglich gefährden.

---

[223] Vgl. H. Schütz, 2012, S. 237.
[224] Vgl. B. S. Frey und M. Osterloh, 2002, S. 19.
[225] H. Schütz, 2012, S. 243.
[226] Vgl. H. Schütz, 2012, S. 243.
[227] Vgl. M. Olejniczak, 2010, S. 245.
[228] Vgl. E. Eyer und T. Haussmann, 2006, S. 20-21.

„Insbesondere im Bereich sozialer Dienstleistungen, wo die Arbeit eher qualitativ als quantitativ ausgerichtet ist, wird es schwierig, Ziele in produktorientierten Kennzahlen festzulegen."[229]

Zur Unterstützung bei der Zielformulierung existieren diverse – meist sehr rudimentäre – Werkzeuge, welche den in der Praxis auftretenden Konflikt der Schwerpunktsetzung jedoch kaum zu lösen vermögen.[230] Die effizienzorientierten – quantitativen – Verfahren können oftmals der auf Langfristigkeit ausgerichteten Arbeit nicht gerecht werden.[231] Die beabsichtigten sowie unbeabsichtigten Wirkungen von Instrumenten wie Zielsystemen, Controlling und Benchmarking – auch wenn sie nicht unmittelbar mit einem Entgeltsystem verbunden sind – sollte daher nicht unterschätzt werden.[232]

2.5 Zusammenfassung

Das vorliegende Kapitel stellte zunächst die Charakteristika des staatlichen Arbeitgebers dar, um im Fortgang den Weberschen Idealtypus staatlicher Verwaltung zu betrachten. Im weiteren Verlauf wurden die vergangenen und aktuellen Reformbemühungen des öffentlichen Dienstes, welche im internationalen Kontext unter dem Begriff New Public Management (NPM) und in der deutschen Adaption unter dem Terminus Neues Steuerungsmodell (NSM) subsummiert werden, beleuchtet. Die Reformmaßnahmen finden ihre theoretische Wurzel in der Public-Choice-Theorie, sind vom Misstrauen des Prinzipals gegenüber dem Agenten gekennzeichnet und bedeuten für die Mitarbeiter eine Änderung ihrer Arbeitsbedingungen.
Vor der Kontrastfolie des Bürokratiemodells nach Max Weber und der Leitidee des „Staatsdieners" wurden insbesondere personalwirtschaftliche Wirkungen des NSM diskutiert. Die in diesem Kapitel illustrierten Veränderungen der öffentlichen Verwaltung setzen damit die Beschäftigten in das Zentrum der Reform. Die betriebswirtschaftlich inspirierten Managementmethoden, die als Teil der Binnenmodernisierung gelten, stellen die Mitarbeiter vor neue Herausforderungen und gleichen die Arbeitsbedingungen des staatlichen Arbeitgebers an die Privatwirtschaft an.[233] Aus

---

[229] M. Olejniczak, 2011, S. 5.
[230] Im speziellen Fall der Arbeitsverwaltung empfiehlt die KGSt (M. Pook, 2007, S. 2) zum einen die Nutzung eines Fragenkatalogs, welcher folgende Fragen beinhaltet:
- Was wollen wir erreichen?
- Was müssen wir anbieten/leisten?
- Wie müssen wir den Leistungserstellungsprozess organisieren?
- Welche Ressourcen sind erforderlich?

Neben diesen Fragen soll zum anderen die „checklistenartige Anwendung der SMART-Formel" (M. Pook, 2007, S. 2) bei der Zielformulierung unterstützen (zum SMART-Prinzip siehe: Abschnitt 2.3.4.1).
[231] Vgl. K. Köhling, 2012, S. 35.
[232] Vgl. M. Olejniczak, 2011, S. 4.
[233] Vgl. S. Jooß-Mayer, 2010, S. 170.

der Adaption von Instrumenten wie Zielsystemen und Controlling sollen nach dem Vorbild privatwirtschaftlicher Unternehmen eine Effizienzsteigerung der Organisation und eine Leistungssteigerung der Mitarbeiter resultieren. Die Sichtung der bisherigen (wissenschaftlichen) Evaluation macht deutlich, dass die Implementationssituation ähnlich unüberschaubar ist, wie die Bewertungen über Erfolg oder Misserfolg der Reformbemühungen selbst. Aufgrund der heterogenen Anwendungsintensität erscheint es daher sinnvoll die Wirkung der Reformmaßnahmen nicht in ihrer Gänze zu analysieren, sondern sich auf einen speziellen Teil des öffentlichen Dienstes zu konzentrieren. Diesem Gedanken folgend, wurden im weiteren Verlauf die Auswirkungen der deutschen Arbeitsmarktreformen erörtert. Insbesondere die jüngeren Reformmaßnahmen, welche unter der Überschrift „Moderne Dienstleistungen am Arbeitsmarkt" der breiten Öffentlichkeit bekannt sind, weisen inhaltlich außerordentliche Parallelen zu den Grundgedanken des NPM bzw. des NSM auf und lassen sich daher in deren Tradition interpretieren. Die im Zuge der sogenannten Hartz-Reformen implementieren neuen Steuerungslogik weist den Elementen Controlling und Management by Objectives (MbO) eine herausragende Bedeutung zu und implementiert zudem eine neue Dienstleistungsrhetorik, in der der Arbeitslose zum „Kunden" wird. Erste empirische Auseinandersetzungen deuten kontraproduktive Wirkungen der neuen Steuerungslogik an. Neben Verselbstständigungstendenzen wird insbesondere auf eine Fehlsteuerung durch die strikten Controlling- und Zielvorgaben hingewiesen.[234]

An dieser Stelle entfaltet sich die Frage, ob diese postulierten Fehlsteuerungen – sofern sie überhaupt existieren – rein systembedingte Ursachen haben oder ob erst die Kombination von privatwirtschaftlich inspirierten Managementmethoden und den öffentlich Bediensteten zu einer Unverträglichkeit führt. Auch wenn das aufgezeigte Bürokratiemodell nach Max Weber lediglich einen Idealtypus darstellt und sich die gesellschaftlichen Rahmenbedingungen seit dessen Entstehung gewandelt haben, so ist dem Beschäftigten öffentlicher Verwaltung dennoch eine gewisse Sonderstellung zum privatwirtschaftlichen Angestellten zu attestieren. Die Wahl des Arbeitgebers mag immer einige Hinweise auf Werte und Einstellungen von Personen sowie ihre Erwartungen an das Arbeitsverhältnis beinhalten. So zeichnen einen angehenden Investmentbanker vermutlich andere Werte und Ziele aus als einen Anwärter für einen sozialpädagogischen Beruf.

Ausgehend von der Idee, dass sich öffentliche und private Arbeitnehmer in Teilen dieser Eigenschaften bzw. Erwartungen unterscheiden, könnte die Implementierung eines neuen Steuerungsverständnisses zu unterschiedlichen Wirkungen bei den Beschäftigten führen. Diese bislang noch recht vagen Vermutungen sollen im nächsten Kapitel anhand eines theoretischen Bezugsrahmens vertieft werden.

---

[234] Vgl. H. Schütz, 2012, S. 243; M. Olejniczak, 2010, S. 245.

3 Theoretischer Bezugsrahmen

In diesem Kapitel wird die deskriptive Ebene verlassen, um mit Hilfe eines theoretischen Bezugsrahmens Implikationen über mögliche Motive abzuleiten, die Individuen zu einer Tätigkeit und zu Engagement in einer öffentlichen Organisation bewegen. Im Fokus der Betrachtung steht dabei insbesondere der soziale Charakter der Arbeitsbeziehung und weniger die ökonomische Tauschbeziehung. Ausgehend von dem grundsätzlich durch Unvollständigkeit geprägten Arbeitsvertrag, dient die Anreiz-Betrags-Theorie nach Barnard (1938) sowie ihre individualtheoretische Weiterentwicklung nach March und Simon (1958) als Basistheorie. Vor diesem Hintergrund wird die Frage entfaltet, welche Anreize Individuen zu einem Beitritt in und zu Beiträgen an eine öffentliche Organisation bewegen. Insbesondere Anreize, welche in der Organisation selbst liegen, stehen im Fokus des Interesses, da sie Aufschluss über die speziellen Charakteristika öffentlicher Institutionen und ihrer Beschäftigten geben. Es wird also impliziert, dass öffentlich Beschäftigte teilweise von anderen Arbeitsmotiven geprägt sind als privatwirtschaftliche Arbeitnehmer.

Dieser Gedanke ist nicht neu und wird in der Literatur unter dem Konstrukt Public Service Motivation (PSM) diskutiert. Dieser anglo-amerikanisch geprägte Forschungsstrang findet seinen Ursprung in der Arbeit von Perry und Wise (1990) und wurde im internationalen Umfeld bereits vielfach empirisch bestätigt. Da die deutschsprachige Auseinandersetzung mit dieser speziellen Form der Motivation öffentlich Bediensteter vergleichsweise rar ist, werden die theoretischen Zusammenhänge sowie die bisher vorliegenden empirischen Evidenzen ausführlich erläutert.

Ziel dieses Kapitels ist es, auf Grundlage der theoretischen und empirischen Erkenntnisse vorangegangener Forschung, Hypothesen für den vorliegenden Untersuchungsgegenstand zu generieren.

3.1 Die Unsicherheiten von Arbeitsbeziehungen

Der schuldrechtliche Arbeitsvertrag leitet sich aus dem im Bürgerlichen Gesetzbuch (BGB) definierten Dienstvertrag ab. In § 611 Abs. 1 BGB heißt es schlicht:

> „Durch den Dienstvertrag wird derjenige, welcher Dienste zusagt, zur Leistung der versprochenen Dienste, der andere Teil zur Gewährung der vereinbarten Vergütung verpflichtet."[235]

Ergänzend hierzu existiert eine Vielzahl weiterführender juristischer Regelungen in diversen anderen Gesetzen, welche Sachverhalte wie Entgeltfortzahlung im Krank-

---
[235] § 611 Abs. 1 Bürgerliches Gesetzbuch (BGB).

heitsfall, Haftung des Arbeitnehmers, Urlaubsansprüche etc. regeln.[236] Darüber hinaus schließen Vertreter von Arbeitgebern und Arbeitnehmern branchenspezifische Tarifverträge, um weiteren Einzelsituationen gerecht zu werden.
Trotz der Vielzahl juristischer Regelungen herrschen bei Vertragsschluss sowohl bei Arbeitgebern als auch bei Arbeitnehmern weiterhin Unsicherheiten über gegenwärtige sowie zukünftige Risiken der Zusammenarbeit. Eine vollständige Abdeckung sämtlicher Eventualitäten ist aus diversen Gründen nicht realisierbar und ist von beiden Parteien des Arbeitsvertragsverhältnisses auch nicht erwünscht. Die folgenden Abschnitte widmen sich den Unsicherheiten des Arbeitsverhältnisses, beleuchten deren Vorteile und die spezielle Situation eines öffentlich-rechtlichen Dienstverhältnisses.

3.1.1 Ungleiche Informationsverteilung und begrenzte Rationalität

Jeder Arbeitsvertrag lässt für beide Arbeitsvertragsparteien Handlungsspielräume offen, welche nicht explizit geregelt und im Vorfeld der Vertragsanbahnung auch nur eingeschränkt bekannt sind.[237] Zwar hat der Arbeitnehmer bei Vertragsabschluss eine grundsätzliche Vorstellung, welche Arbeiten er in Zukunft zu verrichten hat, detaillierte Arbeitsbedingungen und konkrete Leistungsanforderungen sind ihm aber normalerweise nicht bekannt. Ebenso wenig vermag er zu Beginn des Arbeitsverhältnisses prognostizieren, wie sich das Unternehmen in Zukunft entwickeln wird.
Auf der anderen Seite herrschen beim Arbeitgeber Unsicherheiten über die tatsächliche Rentabilität der „eingekauften" Arbeitskraft. Insbesondere bei der Vertragsanbahnungsphase existiert eine erhebliche Informationsasymmetrie über die Fähigkeiten, Kenntnisse und den Nutzen des zukünftigen Mitarbeiters. Es liegt in der Natur von Bewerbungen und Vorstellungsgesprächen, dass sich der Bewerber in einem möglichst positiven Licht darstellen wird. Ob sich diese subjektive – und von Opportunismus motivierte – Darstellung im späteren Arbeitsverhältnis bestätigt, ist für den Arbeitgeber ex ante nur schwer zu prognostizieren. Hier ist vor allem der Prinzipal-Agenten-Ansatz zu nennen, welcher organisatorische Probleme auf ungleich verteilte Informationen zwischen einem Auftraggeber (Prinzipal) – in diesem Fall der Arbeitgeber – und einem Auftragnehmer (Agent) – in diesem Fall der zukünftige Arbeitnehmer – zurückführt. Durch opportunistisches Verhalten des Agenten besteht für den Prinzipal die Gefahr, getäuscht oder belogen zu werden. Der Arbeitge-

---

[236] Das Arbeitsrecht ist in Deutschland nicht in einem einzigen Gesetz geregelt, sondern setzt sich aus diversen einzelnen Regelungen des individuellen und kollektiven Arbeitsrechts zusammen. Zu nennen sind beispielsweise: Entgeltfortzahlungsgesetz, Kündigungsschutzgesetz, Urlaubsgesetz, Tarifvertragsgesetz etc. (Vgl. A. Junker, 2008).
[237] Vgl. W. Müller-Jentsch, 1997, S. 31; I. Wrase, 2010, S. 78.

ber kann sich bei Vertragsabschluss nicht sicher sein, ob ihm der Arbeitnehmer negative Eigenschaften verschweigt und ihn somit zu einer Fehlauswahl verleitet.[238]
In der ökonomischen Literatur werden in diesem Kontext bisweilen die beiden Begrifflichkeiten „adverse Selektion" sowie „moralisches Risiko (moral hazard)" diskutiert.[239] Beide Zustände ergeben sich aus asymmetrischer Informationsverteilung im Sinne der Prinzipal-Agent-Theorie und lassen sich durch den Zeitpunkt ihres Auftretens unterscheiden. Die adverse Selektion lässt sich klassischerweise anhand des durch Akerlof (1970) geprägten Beispiels des Gebrauchtwagenmarktes verdeutlichen. Durch einen Informationsvorsprung des Verkäufers wird der Käufer zum Erwerb eines minderwertigen Gutes – im Beispiel Akerlofs eines minderwertigen Gebrauchtwagens – verleitet. Das bei vollständiger Information als höherwertig einzustufende Gut wird zugunsten des minderwertigen verdrängt.[240] Abseits von Akerlofs exemplarischer Darstellung des Gebrauchtwagenmarktes, lässt sich das Phänomen der adversen Selektion ebenso auf die Personalgewinnung der Unternehmung oder – im speziellen Fokus dieser Arbeit – des öffentlichen Dienstes adaptieren. Papenfuß (2013) führt aus, dass dem Prinzipal (öffentlicher Arbeitgeber) relevante Eigenschaften des Agenten (Anwärter auf eine Stelle im öffentlichen Dienst) vor Vertragsabschluss verborgen bleiben („hidden intention") und es folglich zu einer Fehlauswahl kommen kann.[241] So postulieren beispielsweise Hammerschmid et al. (2009), dass die auf extrinsischen Anreizen beruhende Managementreform des NPM zu einer „adverse selection" bei den Bewerbungen führen kann.[242]
Das Problem des moralischen Risikos (moral hazard) hingegen tritt nach Vertragsschluss auf, sobald sich der besser informierte Vertragspartner opportunistisch verhält.[243] Für Jost (2008) müssen demnach beide Vertragsparteien stets damit rechnen, dass sich die jeweils andere Partei nicht an getroffene Vereinbarungen gebunden fühlt, sondern sich stattdessen eigennützig – zum Nachteil des anderen – verhalten wird. Opportunistisches Verhalten ist demnach ein alltägliches Phänomen in den meisten Organisationen.[244]
Festzuhalten bleibt, dass die zu Beginn des Arbeitsverhältnisses existierenden, beidseitigen Ungewissheiten Informationslücken hinterlassen, welche nicht durch den Arbeitsvertrag geschlossen werden (können).[245]
Die Akteure handeln also bei der Wahl des Arbeitgebers bzw. Arbeitnehmers nicht unter vollständiger Information im Sinne des homo oeconomicus.[246] Dieses Konstrukt bestimmt bis in die Gegenwart die Standardliteratur der Mikroökonomie. Den

---

[238] Vgl. G. Schreyögg, 2003, S. 81-82.
[239] Vgl. M. H. Dunn, 1998, S. 122.
[240] Vgl. G. Akerlof, 1970.
[241] Vgl. U. Papenfuß, 2013, S. 41.
[242] Diese These wird im weiteren Verlauf nochmals aufgegriffen (Abschnitt 3.4.2). Vgl. G. Hammerschmid et al., 2009, S. 84.
[243] Vgl. M. H. Dunn, 1998, S. 122.
[244] P. J. Jost, 2008, S. 478-479.
[245] M. H. Dunn, 1998, S. 126.
[246] Vgl. N. Rost, 2008, S. 50.

Studierenden der Volks- bzw. Betriebswirtschaftslehre werden wirtschaftliche Zusammenhänge oftmals anhand rational handelnder Subjekte vermittelt.[247]
Im Hinblick auf das zukünftige Arbeitsverhältnis ist eine vollständige Durchleuchtung der Inhalte im Sinne des homo oeconomicus utopisch, sie weicht stattdessen dem Konzept der „begrenzten Rationalität."[248]
Das Arbeitsverhältnis ist darüber hinaus durch wechselseitige Erwartungen gekennzeichnet, welche nicht Bestandteil des Arbeitsvertrages sind.[249] Neben den fixierten Regelungen bezüglich der versprochenen Leistung des Arbeitnehmers und der Vereinbarung über die Gewährung der Entlohnung, spielt des Weiteren die gesamte Bandbreite von Pflichten, Rechten und Privilegien eine entscheidende Rolle.[250]
Der – aus der neoklassischen Perspektive postulierte – Äquivalententausch „Arbeitsleistung versus Belohnung" setzt ein Tauschverhältnis von einander gleichwertigen Tauschpartnern voraus, wie es auch andere Verträge beinhalten. Hier birgt der Arbeitsvertrag eine Besonderheit, da er ein Hierarchie- oder Herrschaftsverhältnis generiert. Da der Arbeitsvertrag – wie bereits dargestellt – nicht sämtliche Eventualitäten abdeckt, ist ein Direktionsrecht des Arbeitgebers (Vorgesetzten) unabdingbar. Mit Unterschrift des Arbeitsvertrages akzeptiert der zur Dienstleistung verpflichtete Mitarbeiter, Weisungen des Vorgesetzten entgegenzunehmen und seine Arbeitskraft im Sinne des Arbeitgeberwillens anzubieten. Die mitarbeiterseitige Bereitstellung der Arbeitsleistung ist allerdings nicht unendlich, sondern bewegt sich in einer individuell unterschiedlichen Toleranzzone, welche der Organisationstheoretiker Barnard (1938) als „zone of indifference" bezeichnet.[251] Der Anbieter der Arbeitskraft ist innerhalb dieser Indifferenzzone bereit, sich den Weisungen des Arbeitgebers zu unterwerfen und seine Arbeitskraft zur Verfügung zu stellen. Es besteht im Grunde ein Tauschverhältnis zwischen den Nutzungsrechten an der Arbeitskraft des Beschäftigten und dem versprochenen Entgelt.[252] In welcher Art und Weise die Arbeitskraft zur Verfügung gestellt wird, ist nicht allumfassend spezifiziert. Trotz der entstandenen Herrschaftsbeziehung innerhalb des Arbeitsverhältnisses wird der Mitarbeiter jedoch nicht genötigt, seine Arbeitskraft zu leisten. Ihm

---

[247] Der postulierte akkurate – maschinell handelnde – Akteur orientiert sich dabei unter anderem an ökonomischen Axiomen der Vollständigkeit, Reflexivität und Transitivität. Vollständigkeit bedeutet, dass alle beliebigen Güterbündel miteinander verglichen werden können. Dies setzt zum einen voraus, dass alle möglichen Güterbündel und deren Eigenschaften bekannt sind und dass zum anderen zwischen zwei beliebigen Bündeln immer eine Entscheidung getroffen werden kann. Reflexivität bedeutet, dass jedes Bündel mindestens so gut ist, wie ein identisches Bündel. Dies setzt voraus, dass der homo oeconomicus auch marginale Unterschiede zwischen Bündeln kennt. Das dritte Axiom der Transitivität postuliert, dass die Entscheidungen des rationalen Akteurs stets widerspruchsfrei sind. Glaubt der Akteur, dass X mindestens so gut ist wie Y und Y mindestens so gut wie Z, dann muss auch X mindestens so gut sein wie Z (Vgl. H. R. Varian, 2004, S. 34).
[248] Vgl. H. A. Simon, 1979.
[249] Vgl. P. J. Jost, 2008, S. 472-477.
[250] Vgl. D. Holtmann, 2008, S. 49.
[251] Die Anreiz-Beitrags-Theorie nach Barnard (1938) ist Untersuchungsgegenstand des nächsten Abschnitts und wird daher an dieser Stelle nicht weiter ausgeführt.
[252] Vgl. M. H. Dunn, 1998, S. 125.

steht es jederzeit zu, das Arbeitsverhältnis – unter Berücksichtigung der juristischen Regelungen – zu beenden.[253]

3.1.2 Vorteile der Unvollständigkeit von Arbeitsverträgen

Nach dem bisher Dargestellten bleibt zu hinterfragen, aus welchen Gründen die Arbeitsvertragsparteien einen Arbeitsvertrag, dessen Unvollständigkeit durch ein Direktionsrecht kompensiert wird, gegenüber einem vollständigen, alle Eventualitäten einschließenden Arbeitsvertrag vorziehen. Aus Perspektive der Organisation konstatiert Dunn (1998), dass durch das – in der Unvollständigkeit des Arbeitsvertrages begründete – Direktionsrecht die Organisation die Möglichkeit erhält, den Arbeitsprozess der Mitarbeiter den situativen Erfordernissen anzupassen. Wäre der Arbeitsvertrag vollständig formuliert, müssten dessen Inhalte ständig neu ausgehandelt werden. Der Mitarbeiter hätte somit bei jeder arbeitgeberseitigen Anpassung ein Vetorecht und die Transaktionskosten würden sich erhöhen. Marrs (2010) ergänzt, dass die Unternehmen „durch die Unbestimmtheit von Arbeitsverträgen von den Besonderheiten der Ware Arbeitskraft, ihrer Anpassungsfähigkeit, ihrer kreativen Intelligenz etc. profitieren und die für den Produktionsprozess notwendige flexible Einsatzbereitschaft der Arbeitskräfte sicherstellen"[254] können.

Aber auch aus Sicht der Mitarbeiter lassen sich gute Gründe gegen einen vollständigen Arbeitsvertrag identifizieren:

- Die hohen Transaktionskosten, welche mit einem vollständigen, sämtliche Eventualitäten abdeckenden, Arbeitsvertrag einhergingen, würden den Arbeitnehmer ebenso treffen wie die Organisation.[255] Jost (2008) argumentiert drastischer und bezeichnet die eingeschränkten kognitiven Fähigkeiten von Personen als unmittelbare Determinante für die Ausgestaltung von Arbeitsbeziehungen. Selbst wenn es beidseitiges Interesse wäre, einen vollständigen Vertrag zu formulieren, so wäre dies alleine aufgrund kognitiver Einschränkungen nicht möglich, sämtliche sich aus einer Arbeitssituation ergebenen Informationen im Sinne eines „wandelnden Computers" zu erfassen und passende Vertragsinhalte daraus abzuleiten.[256]

---

[253] M. H. Dunn (1998) greift die Argumentation von K. Schrüfer (1988) auf, nach dessen Ansicht mit dem Anbieten der Arbeitskraft automatisch das Anbieten (Verkaufen oder Vermieten) der Person einhergeht. Dies wiederum seien klassische Charakteristika der Sklaverei, da der Beschäftigte somit selbst zur Ware würde. Dunn (1998) weist diese Schlussfolgerung mit dem Hinweis auf das Recht des Arbeitnehmers zur Kündigung des Vertragsverhältnisses zurück. Der Arbeitnehmer tritt somit beim Verkauf seiner Arbeitskraft als selbstständige Rechtsperson auf und unterscheidet sich damit hinlänglich von einem Sklaven.
[254] K. Marrs, 2010, S. 332.
[255] Vgl. M. H. Dunn, 1998, S. 128-129.
[256] Vgl. P. J. Jost, 2008, S. 472-473.

- Auch der Arbeitnehmer könnte Vorteile aus einem unspezifischen Arbeitsvertrag beziehen. Im Sinne des Prinzipal-Agent-Ansatzes wäre es denkbar, die Arbeitsleistung zu reduzieren, ohne dafür Lohneinbußen in Kauf nehmen zu müssen.
- Hohe Transaktionskosten, welche durch eine alle Eventualitäten abdeckende Arbeitsvertragsspezifizierung entstünden, könnten durch eine zeitliche Befristung des Arbeitsverhältnisses reduziert werden. Dies würde jedoch lediglich dazu führen, dass der Arbeitnehmer nach Ende der Befristung einen Verlust seiner Arbeitsstelle zu befürchten hat oder sich bei einer weiteren Verlängerung wieder neuen Transaktionskosten auseinandergesetzt sieht.[257]

Das zuletzt aufgeführte Argument führt mit dem Wunsch nach einer langfristigen Arbeitsbeziehung eine weitere arbeitnehmerseitige Intention bei der Aushandlung von Arbeitsverträgen auf. Ein auf Langfristigkeit beruhender Arbeitsvertrag birgt jedoch auch für den Arbeitgeber Vorteile:

- Die Optimierung von Arbeitsabläufen ist oftmals mit technischen oder organisatorischen Weiterentwicklungen verbunden, welche humankapitalspezifische Investitionen beinhalten. Diese Investitionen werden meist von der Organisation getragen und erreichen ihre Rentabilität erst, wenn die Mitarbeiter das erworbene Wissen eine bestimmte Zeit in die Organisation einbringen.
- Ein weiteres Argument für die Vorteilhaftigkeit des langfristig angelehnten Arbeitsvertrages begründet sich aus den Vorzügen der Team- oder Gruppenarbeit. Soziale Interaktion und Kommunikation sind wichtige Eckpfeiler des Organisationserfolgs und entwickeln sich erst in einem auf Langfristigkeit ausgerichteten, stabilen Gefüge.
- Als letztes Argument für die Langfristigkeit von Arbeitsverhältnissen aus der Sicht der Organisation verweist Dunn (1998) auf die Möglichkeit, die Arbeitsleistung der Mitarbeiter durch spezielle Maßnahmen intensiver und effizienter zu nutzen ohne deren Lohn erhöhen zu müssen.[258]

Es lässt sich zusammenfassen, dass beide Arbeitsvertragsparteien Vorteile aus einem unvollständigen und auf Langfristigkeit zielenden Arbeitsvertrag ziehen. Gleichwohl ist zu konstatieren, dass die bestehenden Unsicherheiten zu wechselseitigen Erwartungen führen, die im Arbeitsverhältnis enttäuscht werden und letztlich einen Konflikt zwischen den Interessenlagen beider Parteien auslösen könnten. Auf der einen Seite verfolgt die Organisation (der Arbeitgeber) das Interesse, die Arbeitskraft des Individuums (des Arbeitnehmers) möglichst wirtschaftlich effektiv und rentabel zu nutzen. Auf der anderen Seite verfolgen abhängig Beschäftigte das

---

[257] Vgl. M. H. Dunn, 1998, S. 128-129.
[258] Vgl. M. H. Dunn, 1998, S. 128-129.

Ziel, ein für sie ausgewogenes Verhältnis zwischen gezeigter Leistung und erhaltenem Lohn („optimale Lohn-Leistungs-Relation") zu erreichen.[259]

3.1.3 Anwendung im öffentlichen Dienst

Die bisher dargestellten theoretischen Zusammenhänge über die Unvollständigkeit von Arbeitsverträgen lassen sich auf den Untersuchungsgegenstand dieser Arbeit – die öffentliche Verwaltung – grundsätzlich übertragen. Aufgrund des in Deutschland vorherrschenden Dualismus aus öffentlich-rechtlichem Treueverhältnis (43%) und privatrechtlicher Beschäftigung (57%)[260] verlangt der öffentliche Dienst jedoch eine differenzierte Betrachtung nach den beiden Statusgruppen (Beamte und Arbeitnehmer). Im Gegensatz zum privatwirtschaftlichen Arbeitsverhältnis wird das öffentlich-rechtliche Dienst- und Treueverhältnis des Beamtentums nicht durch einen Arbeitsvertrag, sondern durch einen mitwirkungsbedürftigen Verwaltungsakt begründet.[261] Definiert der zivile Arbeitsvertrag Lohn und Gehalt als Gegenwert zur geleisteten Arbeit, folgte das im Beamtentum übliche Alimentationsprinzip – trotz diverser Reformbemühungen in den letzten Jahrzehnten – lange Zeit anderen Grundsätzen. Die Besoldung des Staatsdieners stellt einzig die Gegenleistung des Dienstherrn dafür dar, dass sich der Beamte mit seiner vollen Persönlichkeit zur Verfügung stellt und seine Aufgaben nach bestem Wissen und Gewissen erfüllt.[262] Benz (1969) führt diese Perspektive äußerst prägnant aus: „Der zur vollen Hingabe seiner Person verpflichtete Beamte erhält über die Dienstbezüge keinen direkten Arbeitsansporn."[263] Der Beamte vergibt demnach nicht nur das Verfügungsrecht an seiner Arbeitskraft, sondern das Verfügungsrecht seiner ganzen Person an den Dienstherrn. Die daraus resultierenden Unsicherheiten bezüglich Arbeitsinhalt, -bedingungen und -intensität können daher als höher eingeschätzt werden, als die von Beschäftigten, deren Arbeitsverhältnis auf einem klassischen Arbeitsvertrag beruht. Die mit dem Berufsbeamtentum verbundenen Sicherheiten in Hinblick auf Arbeitsplatzsicherheit, Vergütung und Altersvorsorge wirken gegenüber diesen Unwägbarkeiten jedoch kompensierend.

Trotz des aufgezeigten Dualismus wird der öffentliche Dienst durch seine vorherrschenden – ihm ureigenen Aufgaben – geeint. Folglich kann auch von – zumindest größtenteils – homogenen Beweggründen zum Eintritt in den öffentlichen Dienst ausgegangen werden. Die beidseitigen Unsicherheiten des Arbeits- bzw. Treueverhältnisses können jedoch dazu führen, dass individuelle Erwartungen im Beschäftigungsverhältnis nicht erfüllt werden. In privatwirtschaftlichen Unternehmen führt

---

[259] Vgl. K. Marrs, 2010, S. 332.
[260] Vgl. S. Hils und S. Streb, 2010, S. 7.
[261] Vgl. U. Battis, 2009, S. 80 ff.
[262] Vgl. W. Döring und J. Kutzki, 2007, S. 241 sowie Abschnitt 2.1- 2.2 dieser Arbeit.
[263] W. Benz, 1969, S. 61.

dies auf Seiten unzufriedener Arbeitnehmer tendenziell zu hoher Personalfluktuation. Aufgrund der im Allgemeinen relativ stabilen Beschäftigungsbindung ist die Personalfluktuation im öffentlichen Sektor deutlich geringer als in der Privatwirtschaft.[264] Ein Arbeitgeberwechsel birgt immense Barrieren und scheitert häufig an adäquaten Alternativen. Die Beschäftigten verharren somit tendenziell eher in bestehenden Arbeitsverhältnissen, falls diese ihre Erwartungen nicht erfüllen.

3.2 Arbeit als Sozialtausch

Nachdem im vorangegangenen Abschnitt Arbeitsbeziehungen unter dem Blickwinkel der Unvollständigkeit von Arbeitsverträgen skizziert wurden, stehen im Folgenden die Motive im Vordergrund, die individuelle Entscheidungen zur Teilnahme an einer Organisation begünstigen. Der folgende Rahmen geht von der Arbeitsbeziehung als Sozialtauschbeziehung aus und findet sein Fundament in den Arbeiten Chester I. Barnards (1938), welcher als „Vordenker der zeitgenössischen Organisationstheorie"[265] ein Gleichgewicht zwischen den Anreizen, welche den Mitgliedern durch eine Organisation bereitgestellt werden und den Beiträgen der Mitglieder, die dem Erreichen des Organisationsziels dienen, als Voraussetzung für ein langfristiges Überleben einer Organisation postuliert.[266] Die Anreiz-Beitrags-Theorie liefert somit Implikationen über die Motivation zur Teilnahme an und zum Ausscheiden aus Organisationen und kategorisiert eine Organisation als hochkomplexes System, welches insbesondere durch seinen sozialen Charakter nur schwer beherrschbar ist. Die Steuerung von Organisationen stellt deren Gestalter vor weitreichende Herausforderungen, die insbesondere in der Erkenntnis begründet liegen, dass der Eingriff in soziale Systeme – welche immer locker gekoppelte Systeme sein werden – zu nicht intendierten Effekten führen kann und eine gezielte Steuerung folglich nur begrenzt möglich ist.[267]

---

[264] Eine Auswertung auf Basis des IAB-Betriebspanels von Ellguth und Kohaut (2011, S. 22 ff.) – zusammengefasst von Hans-Böckler-Stiftung (2011) – beziffert die Fluktuationsquote im öffentlichen Dienst im ersten Halbjahr 2008 auf ca. 4%, in der Privatwirtschaft auf ca. 8%. Die Anzahl an arbeitgeberseitigen Kündigungen lag im Bereich des öffentlichen Sektors unterhalb der Wahrnehmungsschwelle (in der Privatwirtschaft machen sie verhältnismäßig geringe – jedoch messbare – 0,5% der Personalabgänge aus).
[265] W. Matiaske, 2012, S. 262.
[266] Mit den weiteren Ausführungen orientiert sich die vorliegende Arbeit an der Vorgehensweise von Holtmann (2008), welche in ihrem theoretischen Bezugsrahmen zu Funktionen und Folgen von Leistungsbeurteilungen im öffentlichen Dienst auf Grundlage der Unvollständigkeit von Arbeitsverträgen, Arbeitsbeziehungen als Sozialtauschbeziehungen beleuchtet.
[267] Vgl. W. L. Bühl, 1990, S. 16.

3.2.1 Anreiz-Beitrags-Theorie

Der ursprünglichen Anreiz-Beitrags-Theorie liegt ein außergewöhnlicher Organisationsbegriff zugrunde, so definiert Barnard (1938) Organisationen als „a system of consciously coordinated activities or forces of two or more persons."[268] Diese Arbeit schließt sich den Ausführungen von Berger und Bernhard-Mehlich (2006) an und akzentuiert zwei wesentliche Besonderheiten dieser Definition:

(1) Im Zentrum des Organisationsbegriffs nach Barnard stehen Handlungen und nicht Menschen, Maschinen, Infrastruktur etc. Aus der Kategorisierung der Organisation als Handlungssystem folgt, dass Personen lediglich der Organisationsumwelt zuzuordnen sind, nicht aber als deren Bestandteile gelten. Der Bestand einer Organisation ist folglich nicht von der stetigen Teilnahme derselben Personen abhängig, sondern kann auch bei einem vollständigen Wechsel aller Teilnehmer weiter existieren. Aus dieser Konzeptualisierung ergibt sich die Differenzierung von „Organisationshandeln und persönlichen Handlungen, Organisationszwecken und persönlichen Zwecken oder von ‚organizational man' und Person."[269] Die Bereitschaft zur Teilnahme an einer Organisation geht also mit der Unterdrückung des persönlichen Teilnehmerwillens zu Gunsten des Organisationswillens einher:

> „Willingness, in the present Connection, means self-abnegation, the surrender of control of personal conduct, the depersonalization of personal action."[270]

Die Handlungen der Mitglieder werden durch den Organisationswillen bestimmt, was – im Falle voneinander abweichender Zielsetzungen zwischen Person und Organisation – zu einer Unterdrückung der Bedürfnisse des Individuums führen kann. Für Organisationen kann es somit dienlich sein, Mitglieder mit ähnlichen Einstellungen, Zielsetzungen und Werten zum Beitritt zu bewegen, um somit die Passung zwischen Organisation und Mitglied zu maximieren und die Diskrepanz zwischen persönlichen Handlungen und Organisationshandeln zu minimieren.

(2) Die zweite durch Berger und Bernhard-Mehlich (2006) akzentuierte Besonderheit des Organisationsbegriffs nach Barnard bezieht sich auf dessen Definition der beteiligten Personen. Teilnehmer nach diesem Verständnis sind sämtliche Individuen, die unmittelbar oder mittelbar koordinierte Beiträge zum Organisationsbestand leisten und hierfür Gegenleistungen erhalten. Im Hinblick auf ein Unternehmen wären dies also neben den Mitarbeitern ebenso die Anteilseigner, die Kunden, die Lie-

---

[268] C. I. Barnard, 1938, S. 73. In der verwendeten Version weist Barnard durch Punkte (Trema) über den Vokalen im Wort „coordinated" („coördinated") auf die getrennte Aussprache der aufeinander folgenden Vokale hin. Zur besseren Lesbarkeit wurde im Zitat auf das Trema verzichtet.
[269] U. Berger und I. Bernhard-Mehlich, 2006, S. 171.
[270] C. I. Barnard, 1938, S. 84.

feranten und die Kreditgeber – also die gesamte Bandbreite an Stakeholdern. Dieser recht weit ausgelegte Teilnehmerbegriff wird in der Literatur teilweise kritisch diskutiert,[271] soll an dieser Stelle jedoch nicht weiter ausgeführt werden, da sich der Fortgang dieser Arbeit lediglich mit den Teilnahme- und Beitragsentscheidungen der Mitarbeiter einer öffentlichen Organisation auseinandersetzt.

Entscheidend für die weiteren Ausführungen ist jedoch die These Barnards, dass Organisationen nur dann eine langfristige Überlebenschance haben, wenn sie es schaffen, Individuen zum Beitritt zu bewegen und Mitglieder zu organisationsdienlichen Beiträgen zu motivieren:

> „The power of cooperation, which is often spectacularly great when contrasted with that even of a large numbers of individuals unorganized, is nevertheless dependent upon the willingness of individuals to cooperate and to contribute their efforts to the cooperative system. [...] The individual is always the basic strategic factor in organization. Regardless of his history or obligations he must be induced to cooperate, or there can be no cooperation."[272]

Barnard folgert, das Überleben einer Organisation sei lediglich durch ein Gleichgewicht zwischen Anreizen und Beiträgen sichergestellt. James March und Herbert Simon (1958) adaptieren die organisationsbezogenen Ausführungen Barnards und richten die Perspektive verstärkt auf das Verhalten von Personen in Organisationen.[273] Dieser individualtheoretischen Interpretation folgend, leisten Individuen nur so lange Beiträge, wie sie die angebotenen Anreize im Gleichgewicht zu ihren Beiträgen sehen:

> „Each participant will continue his participation in an organization only so long as the inducements offered *him* are as great or greater (measured in terms of his values and in terms of the alternatives open to him) than the contributions he is asked to make."[274]

Inducements – also Anreize – in den Ausführungen von March und Simon können z. B. die Löhne für die Mitarbeiter sein.[275] Ob ein Anreiz die Beitragsentscheidung des Individuums begünstigt, hängt nicht von der absoluten Quantität des Anreizes ab, sondern richtet sich nach dem persönlichen Anspruchsniveau des Individuums. Dieser, am individuellen Nutzen ausgerichtete, Anreiz-Beitrags-Bilanz wird im Unternehmenskontext ein Zusammenhang zur empfundenen Arbeitszufriedenheit und

---

[271] Vgl. exemplarisch: U. Berger und I. Bernhard-Mehlich, 2006, S. 172.
[272] C. I. Barnard, 1938, S. 139. Im Original: „coöperation" Zur weiteren Erläuterung siehe Fußnote 268.
[273] Auch wenn die Anreiz-Beitrags-Theorie als klassische Organisationstheorie gilt, so bleibt zu erwähnen, dass sie sich eigentlich weniger mit dem Verhalten von Organisationen, sondern mehr mit dem Verhalten von Personen auseinandersetzt (Vgl. A. Martin, 2004, S. 13).
[274] J. March und H. Simon, 1958, S. 104.
[275] March und Simon nennen des Weiteren Dienstleistungen für die Kunden sowie Erträge für einen Investor als Beispiele für Anreize, die von der Organisation bereitgestellt werden. Da sich diese Arbeit jedoch – wie bereits dargestellt – lediglich auf das Arbeitgeber-Arbeitnehmer-Verhältnis konzentriert, wird diese Ausweitung des Anreizbegriffs nicht weiter ausgeführt.

zu Fluktuationsgedanken attestiert. Werden die Organisationsanreize in einem negativen Verhältnis zu den persönlichen Beiträgen empfunden, so entwickelt sich Arbeitsunzufriedenheit bzw. Fluktuationsneigung. Weller (2007) bezeichnet Zufriedenheit gar als Operationalisierung der Anreiz-Beitrags-Bilanz. Ist die individuelle Bilanz – zum Beispiel durch eine geäußerte Bewertung der Arbeitszufriedenheit – bekannt, kann das zukünftige Verhalten des Individuums (z. B. Fluktuation) prognostiziert werden. Jedoch bleibt zu berücksichtigen, dass in die individuelle Anreiz-Beitrags-Bilanz auch jene Kosten einfließen, die ein Arbeitgeberwechsel mit sich bringen würde.[276] Sollten für den Mitarbeiter Alternativen existieren, von denen er sich eine Verbesserung der individuellen Anreiz-Beitrags-Bilanz verspricht, so wird er dazu tendieren, die jetzige Organisation zu verlassen. Nun ist der öffentliche Dienst durch eine relativ fixierte Arbeitsbeziehung gekennzeichnet und die Möglichkeiten zu Veränderungen (z. B. Fluktuation) sind nur beschränkt gegeben. In Folge dessen wird der unzufriedene Beschäftigte eher dazu neigen, sein individuelles Anspruchsniveau – im Sinne einer kognitiven Dissonanz – zu senken, um letztlich an Zufriedenheit zu gewinnen.[277] Aus stresstheoretischer Perspektive führt die subjektive Umdeutung der Situationsbewertung – welche neben „Angriff" und „Flucht" eine der drei Handlungsalternativen des Individuums darstellt – allerdings nur zu einer resignativen Arbeitszufriedenheit.[278] Eine als positiv empfundene Anreiz-Beitrags-Bilanz führt wiederum zu Arbeitszufriedenheit sowie zu einer sinkenden Fluktuationsneigung.

Auch wenn die – auf dem Konstrukt des homo oeconomicus fußende – klassische Ökonomie dies vermuten lassen könnte, so müssen die Anreize laut Barnard keinesfalls ausschließlich materieller Natur sein:

„Notwithstanding the great emphasis upon material incentives in modern times and especially in current affairs, there is no doubt in my mind that, unaided by other motives, they constitute weak incentives beyond the level of the bare physiological necessities."[279]

Sowohl Barnard, als auch March und Simon verzichten – aufgrund der möglichen Variation je nach Individuum, der Organisation oder sonstiger Umweltfaktoren – auf eine umfassende Auflistung potentieller, nicht-materieller Anreize. Einige Beispiele werden jedoch von Berger und Bernhard-Mehlich (2006) genannt. Nichtmaterielle Anreize wären demnach unter anderem die Möglichkeit, Handwerksstolz

---

[276] Vgl. I. Weller, 2007, S. 34.
[277] Vgl. exemplarisch: A. Martin, 2003, S. 21 und W. Matiaske, 2012, S. 263.
[278] Vgl. A. Bruggemann, 1976. Matiaske und Mellewigt (2001) weisen zudem nach, dass die Zufriedenheitsentwicklung maßgeblich von der jeweiligen Bewältigungsstrategie abhängt. Auf Basis des Soziooekonomischen Panels (SOEP) weisen die Autoren nach, dass Personen, die trotz einer unbefriedigenden Situation an ihrem Arbeitsplatz verharren, mittelfristig unzufriedener sind als Personen, die ihren Arbeitsplatz oder Arbeitgeber wechseln.
[279] C. I. Barnard, 1938, S. 143.

zu entwickeln, Macht auszuüben oder Prestige zu gewinnen. Des Weiteren können Gründe, die in der Organisation selbst liegen, Anreize für einen Beitritt darstellen. So können der Zweck der Organisation, deren gesellschaftlich anerkannte Strukturen und Verfahren oder ihr Prestige einen wesentlichen Anreiz ausmachen und somit wichtige Gründe zur Teilnahme bedeuten.[280]

Ähnliches wird in einer jüngeren Studie von Frank (2010) postuliert. Grundannahme seiner „austauschtheoretischen Interpretation"[281] ist, dass Berufe im Hinblick auf ihre soziale Anerkennung unterschiedliche Werte repräsentieren. Bezogen auf den Beitrag zum Gemeinwohl, ist das gesellschaftliche Ansehen einer Krankenschwester im Allgemeinen wohl höher als das eines Bankers. Dieses Phänomen testet Frank anhand eines selbst entwickelten „Social Responsibility Ratings" (SRR). Aufbauend auf einer empirischen Erhebung unter seinen Studierenden, kategorisiert Frank 22 Berufe anhand des mit ihnen assoziierten Ausmaßes an sozialer Anerkennung (Social Responsibility). An der Spitze des Rankings steht der Beruf des Lehrers sowie Tätigkeiten im Gesundheits-, Umwelt- oder allgemeinen Erziehungswesen, wohingegen der Aktienhändler mit dem niedrigsten SRR auf dem letzten Platz eingestuft wird. In einem weiteren Schritt werden die Gehaltsunterschiede zwischen Berufen mit hoher sozialer Anerkennung und vergleichbaren Tätigkeiten mit einem niedrigeren SRR ermittelt und dargestellt. Es lässt sich ein starker Trend feststellen, dass Berufe mit einem niedrigen SRR tendenziell höher vergütet werden als jene mit einem hohen SRR, also einer hohen gesellschaftlichen Bedeutsamkeit. Frank (2010) zeigt durch seine Befragung, dass Menschen Gehaltseinbußen zu Gunsten sozialer Anerkennung in Kauf nehmen. Unternehmen mit einem niedrigen SRR müssen dieses Defizit an sozialer Anerkennung demnach monetär ausgleichen, um Mitarbeiter zu rekrutieren. Die Tatsache, für ein am Gemeinwohl interessiertes Unternehmen zu arbeiten, stellt also an sich schon einen (nicht materiellen) Anreiz dar, für den auf materielle Entlohnung verzichtet wird.[282] Es scheint Mitarbeitern demnach im materiellen Sinne etwas „wert" zu sein, für eine sozial angesehene Organisation zu arbeiten.[283]

Es lässt sich folglich resümieren, dass Anreize im Sinne der Anreiz-Beitrags-Theorie nicht ausschließlich materiell zu verstehen sind, sondern „die Vielfalt der Facetten des wechselseitigen sozialen Interesses der Organisationsmitglieder in das Kalkül der Gestaltung von Anreizsystemen mit einzubeziehen"[284] ist.

Existiert ein empfundenes Übergewicht von Beiträgen der Mitarbeiter im Verhältnis zu den Anreizen des Arbeitgebers, so können Arbeitsunzufriedenheit und Fluktuationsbestrebungen entstehen. Sollte es in solch einem Fall keine adäquate Beschäfti-

---

[280] Vgl. U. Berger und I. Bernhard-Mehlich, 2006, S. 173.
[281] W. Matiaske, 2012, S. 265.
[282] Vgl. R. H. Frank, 2010.
[283] Vgl. W. Matiaske, 2012, S. 265.
[284] D. Holtmann, 2008, S. 123.

gungsalternative für den Mitarbeiter geben, so wird er wahrscheinlich sein Anspruchsniveau im Sinne einer kognitiven Umdeutung senken.[285]

Aus dem bisher dargestellten Theorieteil lässt sich das Zwischenfazit ziehen, dass die klassische Anreiz-Beitrags-Theorie nach Barnard ein gutes Fundament ist, um sich den individuellen Beweggründen zum Beitritt in und zu Beiträgen an eine Organisation zu nähern. Wie dargestellt, hängt die Bewertung der individuellen Anreiz-Beitrags-Bilanz nicht ausschließlich von materiellen Anreizen ab, sondern wird auch durch nicht-materielle Werte determiniert. Mit seinem Konzept des SRR zeigt Frank (2010), dass immaterielle Werte – in diesem Fall eine hohe soziale Verantwortung – eine niedrigere Bezahlung kompensieren können. Diese Werte können sich auch aus der Organisation selbst, ihrem Zweck und ihren Strukturen ergeben und für zukünftige und aktuelle Mitarbeiter einen Anreiz zum Beitritt/Beitrag darstellen.[286] In diesem Zusammenhang ist denkbar, dass eine wert- und zielorientierte Kongruenz zwischen Organisation und Individuum eine positiv empfundene Anreiz-Beitrags-Bilanz begünstigt und zu einer hohen Bindung an die Organisation führen kann. Dieser Idee soll sich im Folgenden gewidmet werden.

3.2.2 Commitment

Die Anreiz-Beitrags-Theorie in der Tradition nach Barnard bzw. March und Simon beschreibt die Motivation zum Eintritt in und zur längerfristigen Bindung an eine Organisation anhand der individuellen Anreiz-Beitrags-Bilanz des Organisationsteilnehmers.

Eine Form der Bindung des Individuums zur Organisation/Tätigkeit wird in der Literatur unter dem Begriff Commitment subsummiert, welches auch als „psychologisches Band" zwischen Mitarbeitern und ihren Unternehmen interpretiert werden kann.[287] Dem Commitment wird allgemein nachgesagt, einen positiven Einfluss auf die Leistungsbereitschaft, niedrige Fehlzeiten, niedrige Fluktuationsraten und hohe Arbeitszufriedenheit zu haben. Diese postulierten positiven Zusammenhänge finden in Meta-Analysen nicht nur bestätigende Befunde.[288] Allerdings dürfte das Commitment der Mitarbeiter insbesondere für den öffentlichen Dienst eine wichtige Rolle einnehmen. Können privatwirtschaftliche Unternehmen durch extensiven Gebrauch von (materiellen) Anreizen zumindest kurzfristig Motivations- und Leistungssteigerung bei ihren Mitarbeitern erzielen, so steht dem öffentlichen Dienst der Gebrauch von Anreizsystemen nur sehr eingeschränkt zur Verfügung. Auch wenn nicht sämtliche positiven Effekte des Commitments in Meta-Analysen bestätigt

---

[285] Vgl. W. Matiaske, 2012, S. 263.
[286] Vgl. U. Berger und I. Bernhard-Mehlich, 2006, S. 173.
[287] Vgl. I. Weller, 2003, S. 77.
[288] I. Weller (2003) verweist zum Beispiel auf: J. E. Mathieu und D. M. Zajac, 1990 sowie J. P. Meyer et al., 2001 (Der Artikel von Meyer et al. liegt hier in der Version von 2002 vor).

wurden, so wird Commitment dennoch als stabilisierende Kraft bezeichnet, welche auch beim Ausbleiben extrinsischer Anreizsetzung sowie bei der Nichterfüllung von individuellen Erwartungen eine verhaltens- und motivationsstabilisierende Wirkung entfaltet.[289]

Eine detailliertere Betrachtung verdient in diesem Zusammenhang das Konzept des Organisationalen Commitment von Allen und Meyer (1991), welches die Bindung an die Organisation definiert als „a psychological state that (a) characterizes the employee's relationship with the organization, and (b) has implications for the decision to continue or discontinue membership in the organization".[290]

Die Konzeptualisierung von Meyer und Allen ist insofern betrachtungswert, da sie die zum Teil stark abweichenden Ansätze der Commitment-Forschung durch ein mehrdimensionales Konzept zusammenführt.[291] Organisationales Commitment wird nach diesem Konzept in folgende drei psychologische Entstehungsursachen unterteilt:

- Affektives Commitment (Affective Commitment)
- Normatives Commitment (Normative Commitment)
- Abwägendes (fortsetzungsbezogenes) Commitment (Continuance Commitment)[292]

Affektives Commitment bezieht sich auf die emotionale Bindung an die Organisation, welche sich auch als Identifikation oder Involvement beschreiben lässt. Im Zentrum steht *das Gefühl* der Bindung zur Organisation.

Das normative Commitment entsteht, wenn normative Überzeugungen ein Individuum dazu bewegen, der Organisation „treu" zu bleiben und sie aufgrund moralischer Verpflichtung nicht zu verlassen.[293] Diese moralischen Verpflichtungen werden häufig mit sozialen Reziprozitätsnormen erklärt. Commitment ist in diesem Fall die Gegenleistung des Arbeitnehmers für positiv empfundene Behandlung seitens des Arbeitgebers.[294] Dem normativen Commitment wird unter anderem ein positiver Zusammenhang mit dem sogenannten Extra-Rollenverhalten (siehe Abschnitt 2.3.5) attestiert.[295]

Abwägendes (fortsetzungsbezogenes) Commitment ist in den Kosten begründet, die ein Organisationswechsel/-ausscheiden mit sich bringen würden. Der Organisati-

---

[289] Vgl. I. Weller, 2003, S. 79 sowie R. W. Scholl, 1981, S. 593.
[290] J. P. Meyer und N. J. Allen, 1991, S. 67.
[291] Die Commitment-Forschung wird traditionell in einen verhaltensorientierten und einen einstellungsbezogenen Ansatz verortet. Siehe hierzu unter anderem: I. Weller, 2003.
[292] Vgl. J. P. Meyer und N. J. Allen, 1991, S. 67.
[293] Vgl. I. Weller, 2003, S. 83.
[294] Weller (2003, S. 83) nennt als typische Vorleistungen des Arbeitgebers überdurchschnittlich gute Arbeitsbedingungen wie gerechte Entlohnungspraktiken, angemessenes Verhalten von Vorgesetzten sowie faire Personalbeurteilungen.
[295] Vgl. I. Weller, 2003, S. 83.

onsteilnehmer entscheidet somit auf Grundlage einer rationalen Kosten-Nutzen-Analyse.[296]

Neben den drei Dimensionen des psychologischen Entstehungsprozesses (affektiv, normativ und abwägend/fortsetzungsbezogen) ist auch die Organisation selbst mehrdimensional zu verstehen. Die Bindung bezieht sich nicht nur auf die Organisation als Ganzes, sondern kann sich auch auf die Arbeitsgruppe, die Abteilung, die Vorgesetzten oder die individuelle Tätigkeit beziehen.[297]

Für den Bereich des öffentlichen Dienstes konkretisieren Rainey und Steinbauer (1999) diese Differenzierung des Bindungsobjektes anhand der Gliederung in

- Mission Motivation,
- Task Motivation und
- Public Service Motivation

und definieren diese drei Arten der Motivation als Voraussetzung – im Sinne der Anreiz-Beitrags-Theorie als Anreiz – für organisationsdienliches Verhalten des Individuums.[298] Je eher sich Personen mit der jeweiligen Mission, Aufgabe, den Zielen oder Werten der Organisation verbunden fühlen, desto eher streben sie eine Teilnahme in der Organisation an. In einem ersten Schritt werden Individuen durch die Wertigkeit der Organisationsmission (Mission Valence) zum Beitritt und zur Bindung bewogen. Je wertvoller die Organisationsmission in der Perspektive des Individuums erscheint, desto eher wird die Organisation das Individuum zum Beitritt und zur Beitragsleistung bewegen können. So stellten beispielsweise Mitglieder der NASA fest, dass viele Menschen der Nationalen Luft- und Raumfahrtbehörde aufgrund des generellen Interesses an der Organisationsmission (Entdeckung des Weltraums) beitraten, obschon sie mit ihren Qualifikationen im privaten Sektor mehr Lohn erzielen könnten.[299] Die hochwertige Organisationsmission kompensiert in diesem Fall die geringere Vergütung. In einem zweiten Schritt wird der Bezug zur Organisationsmission durch den eigenen Beitrag über die eigene Aufgabe (Task Motivation) determiniert.

Ein Individuum, welches hohes Commitment zu seiner speziellen Tätigkeit aufweist, muss nicht zwangsweise hohes Commitment zur Organisation aufweisen und umgekehrt. Beide Ebenen können unterschiedliche Auswirkungen auf das Verhalten des Organisationsmitglieds haben. In einem Unternehmen führt ein hohes Organisations- Commitment zu einer hohen Mitarbeiterbindung, während Commitment auf Ebene der Tätigkeit (Job Involvement und Ziel Commitment) eher zu einer Leistungssteigerung beiträgt.[300] Ein Ergebnis der Standardliteratur zur Zielsetzungstheo-

---

[296] Vgl. N. J. Allen und J. P. Meyer, 1996, S. 253.
[297] Vgl. A. E. Reichers, 1985.
[298] Vgl. H. G. Rainey und P. Steinbauer, 1999, S. 23-27.
[299] Vgl. H. G. Rainey und P. Steinbauer, 1999, S. 25-27.
[300] Vgl. B. E. Wright, 2007, S. 55.

rie ist unter anderem,[301] dass fehlendes Commitment zu einer anspruchsvollen Aufgabe bzw. Tätigkeit zu einem Rückgang des Engagements führen kann.[302]
Wie bereits erörtert, liefert die Zusammenstellung verschiedener empirische Untersuchungen (Meta-Analysen) über die Auswirkungen des Commitments auf diverse Outputgrößen nicht nur bestätigende Ergebnisse. Einzelne Studien, die den öffentlichen Dienst im Fokus haben, konnten jedoch starke positive Zusammenhänge zwischen dem Organisationalen Commitment in öffentlichen Institutionen sowie empfundenen Arbeitsbedingungen, intrinsischen sowie extrinsischen Anreizsystemen sowie Arbeitszufriedenheit feststellen.[303] In erfolgreichen öffentlichen Organisationen existiert zudem eine starke Verbindung zwischen Mission Motivation und Public Service Motivation.[304] Das Konstrukt der Public Service Motivation wird in Abschnitt 3.3.2 umfassend behandelt. Daher sei an dieser Stelle lediglich darauf hingewiesen, dass Rainey und Steinbauer (1999) unter Public Service Motivation eine Form der altruistischen Motivation verstehen, die das Ziel verfolgt, den Menschen und der Gemeinschaft zu helfen (bzw. zu dienen).[305] Individuen mit einer hoher Public Service Motivation werden sich demnach eher mit der Organisationsmission von öffentlichen Organisationen identifizieren können, da diese aufgrund ihrer ureigenen Aufgabe dem Gemeinwohl verpflichtet sind. In diesem Fall kann von einer hohen Passung zwischen Mitarbeiter und Organisation ausgegangen werden.

3.2.3 Person-Organization Fit

Die bisherigen Ausführungen verorteten die individuelle Entscheidung zum Eintritt in und zu Beiträgen an eine Organisation in den theoretischen Rahmen der Anreiz-Beitrags-Theorie und legten einen besonderen Fokus darauf, dass Anreize in diesem Kontext weit umfangreichere Faktoren beinhalten als materielle Leistungen. Die psychologischen Entstehungsursachen des Organisationalen Commitments nach Meyer und Allen (1996) – insbesondere das affektive sowie das normative Commitment – untermauern diese These, indem sie intrinsische Werte wie eine emotionale Bindung oder eine moralische Verpflichtung als Motive/Anreize herausstellen. Die Bindung an eine Organisation kann also verschiedene Ursachen haben und scheint eine gewisse Verträglichkeit von Werten und Zielen des Individuums und der Organisation vorauszusetzen. Bereits bei March und Simon (1958) ist der Gedanke verankert, dass der wert- und zielorientierten Passung zwischen Individuum und Arbeitsplatz eine spezielle Bedeutung zukommt:

---

[301] Locke und Latham (2002) formulieren fünf sogenannte Moderatoren (Variablen), die den Zusammenhang zwischen Zielen und Arbeitsleistung beschreiben. Neben Ziel Commitment sind dies: Importance, Self-efficacy, Feedback und Task Complexity.
[302] Vgl. E. A. Locke und G. P. Latham, 2002, S. 707 sowie B. E. Wright, 2004.
[303] Vgl. B. S. Young et al, 1998, S. 344.
[304] Vgl. H. G. Rainey und P. Steinbauer, 1999, S. 25-26.
[305] Vgl. H. G. Rainey und P. Steinbauer, 1999, S. 23.

„[...] the greater the conformity of the job characteristics to the self-characterization held by the individual [...], the higher the level of satisfaction."[306]

Theoretische und empirische Unterstützung findet diese These in den Arbeiten zum Person-Organization Fit (POF), welcher als Kongruenz zwischen Werten und Normen der Organisation und der Mitgliedern definiert wird.[307]
Der POF ist Teil der Forschungen zum Person-Environment-Fit (PEF), welcher neben der Organisation folgende weitere Ebenen des Arbeitsumfeldes einbezieht:

- Person – Beruf (Person-Vocation Fit)
- Person – Job/Tätigkeit (Person-Job Fit)
- Person – Gruppe (Person-Group Fit/Person-Workgroup Fit/Person-Team Fit)
- Person – Vorgesetzter (Person-Supervisor Fit)[308]

Fraglos können sämtliche Formen der Fit-Maße einen Einfluss auf diverse Output-Variablen im Arbeitsverhältnis haben können. Von einem Mitarbeiter, welcher eine negative Passung zu Vorgesetzten, seiner Arbeitsgruppe, seiner Tätigkeit oder zu seinem gesamten Beruf wahrnimmt, werden niedrigere Werte in Bezug auf Arbeitsmotivation, Arbeitszufriedenheit und Arbeitsleistung erwartet als von Mitarbeitern mit einer hohen wahrgenommenen Passung in diesen Bereichen. Im Vordergrund der vorliegenden wissenschaftlichen Auseinandersetzung steht der organisationale Bezug, daher wird im weiteren Verlauf das Konstrukt des POF – also die Übereinstimmung zwischen Person und Organisation – näher beleuchtet.
Übereinstimmungen können durch deckungsgleiche Charakteristika zwischen Individuum und Organisation (Supplementary Fit) oder durch sich ergänzende Eigenschaften (Complementary Fit) erreicht werden.[309] Eine höhere Übereinstimmung in einer der beiden Ausprägungen führt zu einem hoch gemessenen POF. Neben der Differenzierung in Complementary Fit und Supplementary Fit kann des Weiteren zwischen subjektivem, wahrgenommenem und objektivem Fit unterschieden werden. Tabelle 3 fasst die grundlegenden Variationen zusammen:

---

[306] J. March und H. Simon, 1958, S. 114.
[307] Vgl. J. A. Chatman, 1989, S. 339.
[308] Vgl. A. L. Kristof-Brown et al. 2005, S. 283-287.
[309] Vgl. P. M. Munchinsky und C. J. Monahan, 1987.

Tabelle 3: Messmethoden des Person-Organization-Fit[310]

	Subjektiver Fit	Wahrgenommener Fit	Objektiver Fit
Wer beantwortet die Frage?	Nur die Person selbst.	Nur die Person selbst.	Die Person selbst und jemand anderes.
Art der Befragung	Direkt ("Wie gut decken sich Ihre persönlichen Werte und Ziele mit denen der Organisation?").	Die Person wird gebeten, einige spezielle Charakteristika ihrer Person zu erläutern und danach anhand derselben Charakteristika die Organisation zu beschreiben.	Zunächst wird eine Person gebeten, sich selbst anhand diverser Charakteristika zu beschreiben. Danach wird eine andere Person gebeten, die Organisation anhand derselben Charakteristika zu beschreiben.

Diverse Arbeiten attestieren dem POF eine positive Beziehung zu Attributen der Arbeitszufriedenheit,[311] des Extra-Rollenverhaltens,[312] des normativen und affektiven Commitments[313] und eine negative Korrelation zu Fluktuationsgedanken.[314] Im Kontext der vorliegenden Arbeit besitzt insbesondere die Untersuchung von Bright (2008) Relevanz, da dessen Erkenntnisse zum POF auf einer empirischen Untersuchung im Umfeld des öffentlichen Dienstes beruhen. Die Studie zeigt auf der einen Seite einen relativ hohen Erklärungsanteil des POF an der abhängigen Variablen Arbeitszufriedenheit. Bemerkenswert ist auf der anderen Seite, dass Bright eine vermittelnde Rolle des POF in der Beziehung zwischen motivationaler Struktur des Individuums und empfundener Arbeitszufriedenheit nachweist.[315] Dieser Zusammenhang wird in den später folgenden Abschnitten nochmals aufgegriffen, nachdem der Begriff der Arbeitsmotivation konkretisiert wurde (Abschnitt 3.3). Zunächst gilt es jedoch zusammenfassend festzuhalten, dass eine ziel- und wertorientierte Passung zwischen Individuum und Organisation positive Auswirkungen auf verschiedene Output-Größen des Arbeitsverhältnisses hervorbringen kann.

---

[310] Eigene Darstellung in Anlehnung an Verquer et al. (2003).
[311] Vgl. A. L. Kristof-Brown et al. 2005; C. A. O'Reilly III et al. 1991.
[312] Vgl. C. A. O'Reilly III und J. Chatman, 1986.
[313] Vgl. M. Freude et al., 2013, S. 51-53.
[314] Vgl. A. L. Kristof-Brown et al. 2005; C. A. O'Reilly III et al. 1991; D. P. Moynihan und S. K. Pandey, 2007/2008.
[315] Vgl. L. Bright, 2008, S. 162.

3.2.4 Der Wandel der Erwartungen im öffentlichen Dienst

Bisher wurde die Unvollständigkeit von Arbeitsverträgen herausgestellt, welche auch durch formaljuristische Regelungen nicht beseitigt werden können.
Der Arbeitsvertrag kann lediglich als Beginn des Dauerschuldverhältnisses zwischen Arbeitnehmer und Arbeitgeber interpretiert werden, seine verhaltensbestimmende Wirkung ist jedoch stark limitiert.[316] Jeder akribisch ausgehandelte Arbeitsvertrag wird immer noch Handlungsspielraum für die Vertragspartner offen lassen und ist nicht in der Lage, das wechselseitige soziale Interesse der Organisationsmitglieder abzubilden.[317] Unterschiede in der biologischen Abstammung, in der bisher zugrundeliegenden Sozialisation sowie sonstiger Lebenserfahrungen spiegeln sich in der individuellen Persönlichkeit der Beschäftigten wider, determinieren deren Werte, Einstellungen und Bedürfnisse und münden letztlich im Bild des „Mitarbeiter(s) als komplexer Mensch".[318] Das Arbeitsverhalten wird somit weniger von formalen und juristischen Regeln, sondern überwiegend von den subjektiven Vorstellungen und Erwartungen des Arbeitnehmers über Angemessenheit der Arbeitsleistung und der Erwartungshaltung der Organisation gegenüber den Mitarbeitern bestimmt.[319]
Diese impliziten und informellen Regeln werden in der Literatur unter dem Konstrukt des psychologischen Vertrags subsummiert.[320] Während Wrase (2010) den psychologischen Vertrag als „psychologisches Pendant" zur formalen Arbeitsbeziehung beschreibt, tendiert Jost (2008) dazu, den expliziten (juristischen) Arbeitsvertrag als einen Teil des psychologischen Vertrages zu interpretieren.[321] Für den Fortlauf dieser Arbeit ist es unerheblich, ob der unterschriebene Arbeitsvertrag als Pendant oder als Teil des psychologischen Vertrages verstanden wird. Entscheidend ist vielmehr, dass das Arbeitsverhältnis von wechselseitigen (impliziten) psychologischen Erwartungen und Vorstellungen geprägt ist, welche nicht durch den Arbeitsvertrag abgedeckt sind, aber dennoch als „mächtige Verhaltens-Determinanten"[322] wirken.
Die Vorstellungen, welche sowohl Arbeitgeber als auch Arbeitnehmer prägen, können in drei Phasen unterteilt werden:

---

[316] Vgl. S. Bartscher-Finzer und A. Martin, 2003, S. 54.
[317] Vgl. I. Wrase, 2010, S. 78.
[318] Vgl. P. J. Jost, 2008, S. 19-63.
[319] Vgl. S. Bartscher-Finzer und A. Martin, 2003, S. 55.
[320] Das Konstrukt des psychologischen Vertrags ist Teil der Organisationspsychologie und wird an dieser Stelle in Tradition der Arbeiten von Rousseau (1995) bzw. Rousseau und McLean Parks (1993) interpretiert. Zur Diskussion, ob Organisationen als Systeme überhaupt psychologische Verträge abschließen können, schließt sich die vorliegende Arbeit der Meinung von Holtmann (2008, S. 125) an. Hiernach haben sowohl Arbeitnehmer als auch Arbeitgeber Erwartungen an das Arbeitsverhältnis und können demnach beide psychologische Verträge abschließen. Für eine tiefere Ausführung dieser Diskussion siehe ebenfalls Holtmann (2008, S. 125).
[321] Vgl. I. Wrase, 2010, S. 78; P. J. Jost, 2008, S. 549.
[322] E. H. Schein, 1980, S. 24.

- Vorvertragliche Faktoren (preemployment factors): Werte und Motive
- Organisationale Prägung (on-the-job experience): Sozialisation
- Weiterer gesellschaftlicher Einfluss (broader societal context): Normen[323]

Die dreigliedrige Darstellung macht deutlich, dass Arbeitnehmer und Arbeitgeber einer Vielzahl von Einflüssen ausgesetzt sind, die letztlich ihre Erwartungen und Bedürfnisse beeinflussen. Es wäre ein Trugschluss zu glauben, die Erwartungshaltung eines Mitarbeiters/eines Arbeitgebers wäre eine konstante und unveränderliche Größe. Sie wird stets durch ein komplexes Zusammenspiel zwischen organisationaler Prägung und weiteren gesellschaftlichen Einflüssen determiniert und ist folglich wandlungsfähig.[324]

Die in Kapitel 2 dargestellten Reformmaßnahmen des öffentlichen Dienstes könnten einen derartigen – reformbedingten – Wandel der Erwartungen darstellen. Durch die intendierte Ablösung des Bürokratiemodells und der damit einhergehenden neue Wahrnehmung des Staatsdieners, geht auch eine Neuinterpretation bestehender psychologischer Verträge einher. Holtmann (2008) veranschaulicht diesen Wandel mit der Gegenüberstellung von abgelösten relationalen und neugeschaffenen transaktionalen Verträgen.[325] Während relationale Verträge auf Tradition beruhen und vom Arbeitnehmer insbesondere Zeit und Bereitschaft abverlangen, stehen in der Neuinterpretation der transaktionalen Verträge Marktkräfte sowie Beiträge zur Wertschöpfung im Vordergrund.[326] Die eindeutige und spezifische Abgrenzung zwischen relationalen und transaktionalen Verträgen erscheint allerdings für den vorliegenden Untersuchungsgegenstand nicht treffend. Wie in Kapitel 2 dargestellt, können die Reformbemühungen des öffentlichen Dienstes in Deutschland nicht als radikaler Wandel interpretiert werden, in dem von heute auf morgen mit bestehenden Vereinbarungen gebrochen wurde und sich die Mitarbeiter mit einer völlig neuen Arbeitswirklichkeit auseinandersetzen müssen. Der Wandel fand – und findet – vielmehr „leise" und institutionell sehr heterogen statt.[327]

Dennoch haben die veränderten Rahmenbedingungen innerhalb des öffentlichen Dienstes Auswirkungen auf die wechselseitigen Erwartungen der Vertragsparteien und könnten letztlich zu einer Verletzung/einem Bruch bestehender psychologischer Verträge führen.[328] Um solch einem Vertragsbruch vorzubeugen, empfiehlt Schein (1978) – als Ergänzung des schuldrechtlichen Arbeitsvertrages – die halbjährliche oder jährliche Vereinbarung von Zielen zwischen Mitarbeiter und Organisation:

---

[323] Vgl. G. E. Dabos und D. M. Rousseau, 2004, S. 53.
[324] Vgl. P. J. Jost, 2008, S. 64-65.
[325] Allerdings muss an dieser Stelle erwähnt werden, dass sich Holtmann (2008) insbesondere auf die Einführung leistungsorientierter Bezahlung im öffentlichen Dienst fokussiert.
[326] Vgl. D. Holtmann, 2008, S. 129.
[327] Eine etwas allgemeinere Gegenüberstellung von traditionellen und neuen Kontrakten ist bei Raeder und Grote (2000, S. 8) zu finden. Deren Inhalte sind jedoch hauptsächlich aus unternehmerischer Perspektive formuliert und lassen sich daher auch nur begrenzt auf den Untersuchungsgegenstand dieser Arbeit übertragen.
[328] Vgl. D. M. Rousseau und J. McLean Parks, 1993, S. 33.

„For example, as part of a performance-appraisal discussion the employee and the boss could attempt to state explicitly what their assumptions and expectations are about each other over the next six to twelve months."[329]

An dieser Stelle sei jedoch herausgestellt, dass der implizite Vertrag – auch nach einer Formalisierung durch das Instrument der Zielvereinbarung – im Gegensatz zum Arbeitsvertrag keine rechtliche Bindung hat.[330] Außerdem wird es alleine aufgrund unverhältnismäßig hoher Transaktionskosten nicht realisierbar sein, jede neue Erwartungshaltung in einer formalisierten Zielvereinbarung festzuhalten. Eine Verletzung impliziter Verträge kann folglich nie gänzlich ausgeschlossen werden und wird umso wahrscheinlicher, je intensiver sich eine Organisation im Wandel befindet.

Ein intendiertes Ziel des NPM ist es, durch den Einsatz diverser Anreizkomponenten die Eigenverantwortung der Beschäftigten wachsen zu lassen und gleichzeitig eine Steigerung der Arbeitszufriedenheit zu erzielen. Der „engagierte Mitarbeiter im Zentrum der Reform" ist ein Leitbild, für dessen Realisation eine hohe Arbeitszufriedenheit der Beschäftigten mittelbar förderlich ist. In der Argumentation von Martin (2007) – in Anlehnung an Organs (1988) Bild des „Guten Soldaten („The Good Soldier") – stimuliert die Zufriedenheit mit der Arbeit zwar nicht unmittelbar das Leistungsverhalten, definiert jedoch den Zugang zu den Verhaltensanforderungen in einer Organisation. Zufriedene Mitarbeiter sind demnach eher bereit, sich aus freien Stücken und über das explizit geforderte Maß hinaus zu engagieren.[331]

Empirische Evidenzen zeigen, dass organisationale Eingriffe und deren unmittelbare Auswirkungen auf die individuelle Arbeitssituation von Mitarbeitern als belastend empfunden werden können. Negative Auswirkungen auf Arbeitszufriedenheit wären die logische – und so bereits empirisch nachgewiesene – Folge.[332] Ein organisatorischer Wandel kann insbesondere dann zu Arbeitsunzufriedenheit der Beschäftigten führen, wenn er als Bruch des psychologischen Vertrages empfunden wird.[333] Nun sehen sich die Beschäftigten der deutschen Arbeitsverwaltung keinem akuten organisatorischen Wandel auseinandergesetzt, denn die im Zuge der Hartz-Reformen geschaffene Organisationsform der SGB II Jobcenter wurde von Beginn an nach den Eckpfeilern des NPM konstruiert.[334] Der Bruch des psychologischen Vertrages scheint sich vielmehr daraus zu ergeben, dass die ursprünglichen Erwartungen, insbesondere jener Mitarbeiter mit dem Wunsch den arbeitssuchenden Menschen helfen zu können, nicht erfüllt wurden, da sie sich in einem steten Interessenkonflikt zwischen Forderungen des NPM (Zielvorgaben, Controlling-Kennzahlen, Benchmarking etc.) und den Bedürfnissen der Kunden befinden.

---

[329] E. H. Schein, 1978, S. 121.
[330] P. J. Jost, 2008, S. 549.
[331] Vgl. A. Martin, 2007, S. 17.
[332] Exemplarisch: A. Mikkelsen et al., 2000.
[333] Vgl. A. J. Noblet und J. J. Rodwell, 2009, S. 556-559.
[334] Vgl. Abschnitt 2.4 dieser Arbeit.

Um eine genauere Aussage über die Erwartungshaltung öffentlicher Beschäftigter ableiten zu können, soll sich im Folgenden möglichen Motiven und charakterlichen Eigenarten von Menschen gewidmet werden, die eine Tätigkeit im öffentlichen Dienst anstreben.

3.3 Die Motivation zum Beitritt in den öffentlichen Dienst

Die Vorstellung, dass öffentlich Bedienstete durch eine spezielle Form der Motivation charakterisiert sind, ist nicht neu. Im internationalen Kontext sei an dieser Stelle auf die Begriffe „Public Service Ethos" (Großbritannien), „ethique du bien commun" (Frankreich) oder „Beamtenethos" (Deutschland) verwiesen.[335] Generell liegt all diesen Leitbildern die Annahme zugrunde, dass die Staatsbediensteten eine innere Überzeugung haben, dem Staat, der Gemeinschaft oder anderen Menschen dienen zu wollen.[336]
Der britische Wohlfahrtsforscher und ehemalige Senior Policy Advisor der britischen Labor Partei Julian Le Grand (2006) attestiert den öffentlich Bediensteten eine höhere intrinsische Motivation als Vertretern der Privatwirtschaft. In Le Grands Metaphorik schöpfen die opportunistischen „Knappen" der Privatwirtschaft ihre Motivation überwiegend aus der Maximierung ihres eigenen Nutzens, während die „Ritter" des öffentlichen Dienstes ihr Verhalten an gemeinwohlorientierten – altruistischen – Beweggründen ausrichten.[337] Diverse Studien unterstützen diese These und schreiben öffentlich Beschäftigten oder Anwärtern auf eine Stelle im öffentlichen Dienst höhere Ausprägungen in Bezug auf soziale Arbeitswerte zu als privatwirtschaftlich Beschäftigten.[338] Mit dieser Beobachtung geht die Annahme einher, dass Individuen eine Passung zwischen Organisation und persönlicher Orientierung anstreben und bei ihrer Arbeitgeberwahl berücksichtigen.[339] Diese Erkenntnisse untermauern die bereits in Abschnitt 3.2.1 formulierte Folgerung, dass Anreize im Sinne der Anreiz-Beitrags-Theorie nicht ausschließlich materieller Art sind, sondern sich auch an intrinsischen Komponenten orientieren.
Die folgenden Ausführungen skizzieren zunächst in Abschnitt 3.3.1 die grundlegenden Erkenntnisse zur Differenzierung von intrinsischer und extrinsischer Motivation und orientieren sich dabei zunächst an den Arbeiten von Deci et al. (1975, 1985 etc.) sowie Frey und Osterloh (1997, 1999, 2002 etc.). Im Zentrum steht der Gedanke einer inversen Beziehung zwischen intrinsischer und extrinsischer Motiva-

---
[335] Vgl. G. Hammerschmid et al., 2009, S. 74.
[336] Vgl. H. G. Rainey und P. Steinbauer, 1999.
[337] „In our terminology, knaves can be defined as self-interested individuals who are motivated to help others only if by so doing they will serve their private interests; whereas knights are individuals who are motivated to help others for no private reward, and indeed who may undertake such activities to the detriment of their own private interests" (J. Le Grand, 2006, S. 27).
[338] Vgl. F. Hikspoors, 2011.
[339] Vgl. J. L. Perry und L. R. Wise, 1990.

tion. Auch wenn die Idee der Unverträglichkeit – durch Frey und Osterloh als Verdrängungseffekt bezeichnet – beider Motivationsarten nicht unumstritten ist, liefert sie erste theoretische Implikationen über nicht intendierte Effekte von extrinsischer Anreizgestaltung (im öffentlichen Dienst).

In diesem Zusammenhang scheinen die Arbeiten zur Public Service Motivation (PSM) anwendbar, denn diese postulieren Elemente wie Gemeinwohlinteresse, Altruismus, soziales Mitgefühl und politische Motivation – also intrinsische Orientierungen – als Motivationsmuster, welche primär bei Mitarbeitern des öffentlichen Dienstes existieren. Das Konstrukt der PSM ist vorwiegend durch den angloamerikanischen, insbesondere den nordamerikanischen, Raum geprägt. Als Ausgangspunkt verstärkter wissenschaftlicher Auseinandersetzung kann der durch Perry und Wise (1990) publizierte Artikel „The Motivational Bases of Public Service" gewertet werden. Dieser soll auch die Grundlage der weiteren Ausführungen darstellen. Das Konzept der PSM dient in der vorliegenden Arbeit als zentrales Konstrukt zur Abbildung der motivationalen Struktur öffentlich Beschäftigter. Ziel ist es, den relativ unübersichtlichen internationalen Forschungsstand aufzuarbeiten und dessen Quintessenzen für den bisher entfalteten theoretischen Rahmen fruchtbar zu machen.

3.3.1 Intrinsische versus extrinsische Motivation

In der betriebswirtschaftlichen – und insbesondere in der personalwirtschaftlichen – Literatur existieren zahlreiche Motivationstheorien, die primär zum Ziel haben, menschliches Verhalten und Leistungsbereitschaft von Beschäftigten zu erklären.[340] Dabei ist sich die Motivationspsychologie weitgehend einig, dass der isolierte Blick auf das Individuum nicht ausreicht, um die verhaltensbestimmende Motivation einer Person zu verstehen. So definieren beispielsweise Heckhausen und Heckhausen

---

[340] Zu den Klassikern der Motivationstheorien, welche sich auch in der Betriebswirtschaftslehre hoher Popularität erfreuen, sind insbesondere die Bedürfnispyramide nach Maslow (1954) sowie die Zwei-Faktoren-Theorie nach Herzberg (1974) zu nennen. Nach Maslow existieren fünf Klassen von Bedürfnissen, die gemäß dem Progressionsprinzip nacheinander befriedigt werden (müssen) (Vgl. G. Schreyögg, 2003, S. 222.). Solange ein Bedürfnis nicht befriedigt ist erzeugt es einen Handlungsanreiz. Die letzte Stufe in der Pyramide ist das Bedürfnis nach Selbstverwirklichung, welches der intrinsischen Motivation am nächsten kommt. Im Gegensatz zu den anderen Bedürfnissen (Defizitbedürfnisse), definiert Maslow die Selbstverwirklichung als Wachstumsbedürfnis, welches nie vollständig befriedigt werden kann. Einen ähnlichen Ansatz verfolgt die Zwei-Faktoren-Theorie nach Herzberg (1974), welche zwischen Hygienefaktoren (Arbeitsbedingungen) und Motivatoren differenziert. Die Befriedigung von Hygienefaktoren als Grundbedürfnisse dient lediglich der Vermeidung von Unzufriedenheit, entfaltet jedoch keine Zufriedenheit. Diese kann lediglich durch die Befriedigung von Motivationsfaktoren (z. B. die Tätigkeit selbst) erreicht werden. Matiaske und Weller (2007, S. 238-239) konstatieren, dass Herzberg zwar eine Dichotomie von Hygiene- und Motivationsfaktoren postuliere, klassische extrinsische Motivatoren (wie z. B. Geld) jedoch keiner Seite klar zugeordnet würden. Insgesamt bleibt den in der Betriebswirtschaftslehre populären Grundlagen zur Motivationstheorie gemeinsam, dass sie „einen gleichgerichteten Zusammenhang von intrinsischen und extrinsischen Motivatoren" (W. Matiaske und I. Weller, 2007, S. 238) konstruieren.

(2006) Motivation als Produkt von Person und Situation.[341] Neben individuellen Bedürfnissen und Motiven spielen immer auch situative Faktoren eine Rolle. Die Beeinflussung durch die Situation ist wiederum von der personenbedingten Wahrnehmung abhängig (z. B. wird extrinsischer Leistungsdruck von manchen Personen als Ansporn wahrgenommen, während er für andere ein Hemmnis darstellt).[342]

Da öffentlichen Bediensteten nachgesagt wird, ihr Verhalten stärker an intrinsischen Werten zu orientieren als Mitarbeiter der Privatwirtschaft,[343] erscheinen im weiteren Verlauf die Ausführungen zur Gliederung in intrinsische und extrinsische Motivation als sinnvolle Ausgangsposition. Während intrinsische Motivation dann existiert, wenn Einsatz und Engagement einzig dem Interesse der Sache selbst entspringen, erfolgt extrinsische Motivation aus externen Konsequenzen (Belohnungen/Sanktionen). Während also die extrinsische eine instrumentelle oder indirekte Bedürfnisbefriedigung ist, stellt sich die intrinsische als eine unmittelbare Bedürfnisbefriedigung dar.[344]

Werden intrinsisch motivierte Menschen von einer Aktivität „aufgesogen", entwickelt sich ein sogenanntes „Flow-Erlebnis", in welchem die Konzentration einzig dieser Aktivität gilt. So werden beispielsweise Fußballspieler während eines spannenden Spiels völlig von diesem eingenommen, sind aufgeregt, angespannt und einzig auf das Spiel fokussiert.[345] Solche „Flow-Erlebnisse" sind gemäß Frey und Osterloh (2002)[346] Teil der intrinsischen Motivation, welche in „Freude an der Arbeit" (Flow-Erlebnis), „Einhalten von Normen um ihrer selbst Willen" und „Erreichen selbstgesetzter Ziele" gegliedert wird.[347] Die Aspekte Fairness, Teamgeist und ethische Normen sind in dieser Zusammenstellung Teil des Gliederungspunktes „Einhalten von Normen um ihrer selbst Willen und bilden somit altruistische Elemente ab (Abbildung 3).[348] Diese Definition führt zu einem wesentlichen Kritikpunkt, formuliert sie nämlich eine unpräzise Definition des Motivationsbegriffs. Beziehen sich die Elemente „Freude an der Arbeit" und „Erreichen selbstgesteckter Ziele" auf das Individuum selbst, so bildet „Einhalten von Normen um ihrer selbst Willen" e-

---

[341] Vgl. J. Heckhausen und H. Heckhausen, 2006, S.3.
[342] Vgl. J. Heckhausen und H. Heckhausen, 2006, S.6.
[343] Vgl. J. L. Perry und L. R. Wise, 1990.
[344] Vgl. B. S. Frey und F. Oberholzer-Gee, 1997, S. 746.
[345] Vgl. M. Vansteenkiste et al., 2008, S. 193.
[346] B. S. Frey und M. Osterloh, 2002, S. 9 (Die als „the experience per se" definierte Konkretisierung der „Job satisfaction" werden in der deutschen Übersetzung von Frey und Osterloh (2002a) als „Flow- Erlebnis" formuliert).
[347] Deci und Ryan (1999) benennen zudem noch Attribute wie „Neugier, Exploration, Spontanität und Interesse an den unmittelbaren Gegebenheiten der Umwelt" als Inhalte intrinsischer Motivation (E. L. Deci und R. M. Ryan, 1993, S. 225).
[348] Vgl. B. S. Frey und M. Osterloh, 2002a, S. 25.

her altruistische Beweggründe ab und impliziert damit einen anderen theoretischen Rahmen.[349]

Abbildung 3: Elemente intrinsischer Motivation[350]

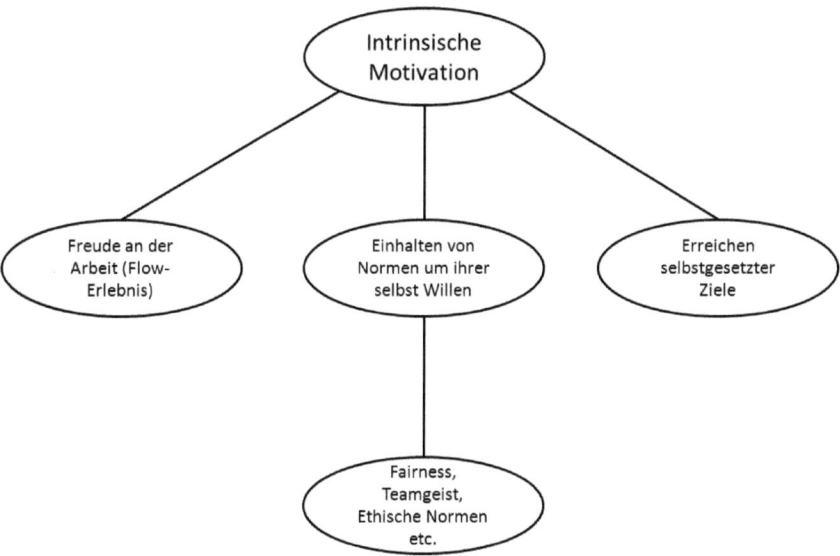

Die extrinsische Motivation wird durch Deci und Ryan[351] anhand von vier Typen der Verhaltensregulation differenziert, welche einem Kontinuum zwischen Fremdbestimmung (heteronomer Kontrolle) und Autonomie (Selbstbestimmung) zugeordnet werden (Abbildung 4). Die externale Regulation bildet die Steuerung des Individuums mit der geringsten Autonomie. Handlungen werden lediglich ausgeführt, um eine erwartete Belohnung zu erhalten oder eine Sanktion zu vermeiden. Bei der introjizierten Regulation wird eine Handlung aufgrund eines inneren Drucks ausgeübt („weil es sich so gehört"). Obwohl der perzipierte Handlungsdruck von Innen kommt, liegt er außerhalb der individuellen Selbstbestimmung. Der Typ der identifizierten Regulation bezieht sich auf ein Verhalten, welches daraus resultiert, dass der Handlung zugrunde liegende Ziele oder Werte verinnerlicht sind, nicht jedoch die Handlung selbst. Als Beispiel führen Deci und Ryan einen Schüler auf, welcher sich auf den Schulabschluss vorbereitet, mit dem verinnerlichten Ziel, ein spezielles

---

[349] Matiaske und Weller (2007, S. 248) weisen darauf hin, dass das psychologische Konzept der Motivation grundsätzlich die individuelle Handlung unabhängig vom Bezug zu anderen Individuen beschreibt. Altruismus, als spezielle Form sozialen Handelns (W. Matiaske, 1999, S. 101 ff.), bringt jedoch eine ganze Reihe neuer Randbedingungen mit sich („Ist Altruismus auf bestimmte soziale Beziehungen beschränkt?" „Unter welchen Bedingungen kann Altruismus erwartet werden?"), welche durch Frey und Osterloh nicht ausreichend erörtert werden.
[350] Quelle: B. S. Frey und M. Osterloh, 2002a, S.25 (Eigene Darstellung).
[351] Vgl. unter anderem: R. M. Ryan und E. L. Deci, et al. 2000, S. 72 sowie E. L. Deci und R.M. Ryan, 1993, S. 227-228.

Hochschulstudium zu absolvieren. Der Typ der integrierten Regulation ist die Form mit der höchsten Selbstbestimmtheit und folglich der intrinsischen Motivation am ähnlichsten. Der Unterschied liegt lediglich darin, dass integriertes Verhalten – trotz Freiwilligkeit – eine instrumentelle Funktion besitzt, während intrinsisches Verhalten autotelischer[352] Natur ist.

Abbildung 4: Elemente extrinsischer Motivation[353]

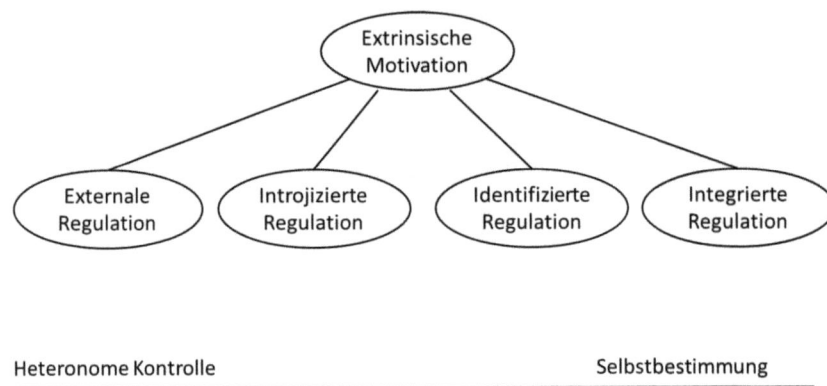

Aus dem bisher Reproduzierten kann zusammengefasst werden, dass die Kategorisierung in intrinsische und extrinsische Motivation gängige Praxis in der wissenschaftlichen Literatur ist, diese aufgrund des unpräzisen Motivationsbegriffs und der zum Teil vorschnellen Einordnung von Anreizsystemen in „intrinsisch" und „extrinsisch" jedoch umstritten bleibt.[354] Für den Fortgang dieser Arbeit genügt allerdings die Feststellung, dass menschliches Verhalten durch eine Kombination von inneren (intrinsischen) Neigungen und externen (extrinsischen) Anreizen beeinflusst wird.

3.3.1.1 Die Hypothese der Motivationsverdrängung

Der intuitiven Vermutung, dass intrinsische und extrinsische Motivation voneinander unabhängig sind und sich rein additiv ergänzen, stellt Edward L. Deci (1975) und in dessen Folge unter anderem Deci und Ryan (1985) in ihrer „Cognitive Eva-

---

[352] Auf Grundlage einer Faktorenanalyse beschreibt M. Csikszentmihalyi (1987) autotelisches Erleben durch die Nähe zu kreativem Entdecken und Explorieren, Engagement und aktive Beteiligung, Tätigkeiten, die nicht vorhersehbar sind und vom Ausübenden bestimmt werden können. Das Ergebnis einer autotelischen Tätigkeit ist ungewiss, aber der Handelnde bleibt potentiell die steuernde Instanz (Vgl. M. Csikszentmihalyi, 1987, S. 48).
[353] Vgl. R. M. Ryan und E. L. Deci, 2000, S. 72 sowie E. L. Deci und R. M. Ryan, 1993, S. 227-228 (Eigene Darstellung).
[354] Zur Kritik am Motivationsbegriff siehe z. B.: W. Matiaske und I. Weller, 2007; Zum Appell der weiteren Differenzierung von Anreizen siehe z. B.: W. Güth und H. Kliemt, 1997, S. 585.

luation Theory" (CET) die „Idee der Gegenläufigkeit"[355] gegenüber. Die CET, als Subtheorie der „Self-Determinitation-Theory" (SDT), postuliert eine Verdrängung von intrinsischer Motivation, wenn durch einen extrinsischen Anreiz Autonomie (Selbstbestimmtheit) eingeschränkt wird.[356]

Die Ergebnisse experimenteller Forschung lassen eine inverse Beziehung zwischen extrinsischer und intrinsischer Motivation vermuten. Eine Anreicherung der extrinsischen Motivation – beispielsweise durch materielle Anreizsysteme – könnte somit zu einer Verdrängung („Crowding-Out") von intrinsischer Motivation führen. Die Nutzung des Preismechanismus würde demnach nicht intendierte negative Effekte auslösen und wäre kontraproduktiv.[357] Als Grund für diese Verdrängung führt die SDT auf, dass extrinsische Anreize mitunter als Kontrolle wahrgenommen werden und sie somit die Selbstbestimmtheit/Autonomie einschränken.[358] Dieser „Fluch der Belohnung"[359] könnte beispielsweise dazu führen, dass ein zur Leistungssteigerung implementiertes Belohnungssystem das Gegenteil bewirkt.

Der Crowding-Out-Effekt wurde primär von Deci und Ryan[360] postuliert und empirisch untersucht sowie im weiteren Verlauf durch die Arbeiten von Bruno Frey und Kollegen für wirtschaftswissenschaftliche Fragestellungen anwendbar gemacht.[361] Frey und Osterloh (1997) erläutern den Verdrängungseffekt mit fünf Teileffekten, welche einander ergänzen:

- Die **verminderte Selbstbestimmung** beruht auf der Annahme, dass die Reaktion auf ein Ereignis (zum Beispiel eine Belohnung) davon abhängig ist, ob das Ereignis als internale oder als externale Kontrollüberzeugung wahrgenommen wird. Im ersten Fall steht der informierende und im zweiten Fall der kontrollierende Aspekt im Vordergrund. Überwiegt bei einer (materiellen oder symbolischen) Belohnung für eine Sache, die man ohnehin gerne tut, der informierende Aspekt, so erhöht dies das Gefühl der Kompetenz und Selbstkontrolle, was wiederum zu einer Motivationserhöhung führt. Überwiegt jedoch der kontrollierende Aspekt, so wird die subjektiv empfundene Selbstbestimmung eingeschränkt. Eine Schwächung der intrinsischen Motivation ist die Folge.

---

[355] W. Matiaske und I. Weller, 2008, S. 38.
[356] Neben der Autonomie (Selbstbestimmtheit) postuliert die SDT als weitere angeborene Bedürfnisse den Wunsch nach Kompetenz (Wirksamkeit) sowie nach sozialer Eingebundenheit (social relatedness). Das Zusammenspiel von der Befriedigung aller drei Bedürfnisse führt zu einer nachhaltigen Motivation (Vgl. D. N. Stone et al., 2009, S. 77-78). Allerdings steht intrinsisch motiviertes Verhalten in erster Linie mit einem Bedürfnis nach Kompetenz und Selbstbestimmtheit in Verbindung (Vgl. E. L. Deci und R. M. Ryan, 1993, S. 229-230).
[357] Vgl. W. Matiaske und I. Weller, 2007, S. 247.
[358] Vgl. E. L. Deci et al., 1999.
[359] D. Holtmann und D. Salmon, 2011, S. 18.
[360] Vgl. u. a.: E. L. Deci, 1975; E. L. Deci und R.. M. Ryan, 1985.
[361] Vgl. W. Matiaske und I. Weller, 2008, S. 38.

- Werden Handlungen, welche auf intrinsischer Motivation beruhen, extrinsisch belohnt, so kann dies als Verletzung der **Reziprozitätsnorm** empfunden werden. Eine populäre Illustration dieses Phänomens lieferte ein Feldversuch, der in einem Kinderhort durchgeführt wurde. Die Mitarbeiter des Kinderhortes wollten die Eltern dazu bewegen, ihre Kinder pünktlich vom Hort abzuholen. Um dies zu erreichen, wurden erhebliche materielle Sanktionen eingeführt, welche die Eltern bei einer definierten Verspätung zu zahlen hätten. Es wurde von Seiten der Mitarbeiter erwartet, dass die Eltern durch die Androhung einer Geldstrafe dazu bewegt würden, den Dienstschluss der Mitarbeiter zu respektieren und ihre Kinder pünktlich aus dem Hort abzuholen. Es zeigte sich jedoch, dass die Einführung der Sanktionen dazu führte, dass die Kinder im Durchschnitt noch später abgeholt wurden. Die intrinsische Motivation der Eltern, die Öffnungszeiten des Hortes nicht zu überstrapazieren, wurde durch die Ankündigung der Strafe verdrängt.[362] Gneezy und Rustichini (2000) formulieren eine weitere Interpretation des Ergebnisses. In ihrer Sichtweise werden die materiellen Sanktionen als legitime „Bezahlung" der Unpünktlichkeit angesehen: „I can buy this service as much as needed."[363]
- Ob ein extrinsischer Anreiz zu einer Schwächung der intrinsischen Motivation führt hängt von der individuell empfundenen **Fairness** ab. Empfindet ein Mitarbeiter eine Lohnerhöhung in Relation zu seinen Kollegen als zu niedrig, so wird die intrinsische Motivation geschwächt.[364]
- Der Effekt der **psychologischen Reaktanz** geht davon aus, dass sich eine intrinsisch motivierte Person durch das Angebot eines extrinsischen Anreizes unter Druck gesetzt und in ihrem freiwilligen Engagement eingeschränkt fühlt.
- Der **Spillover-Effekt** beschreibt das Phänomen, dass durch die extrinsische Anreizung einer speziellen intrinsischen Handlung andere intrinsische Handlungen negativ beeinflusst werden. So ist beispielsweise das Phänomen zu beobachten, dass Kinder, die für eine bestimmte Tätigkeit im Haushalt von ihren Eltern finanziell motiviert werden, nach geraumer Zeit keinerlei Arbeiten im Haushalt mehr ohne finanziellen Anreiz erledigen.[365]

Der Verdrängungseffekt trifft nach Frey und Osterloh (1997) neben der Unternehmung ebenso anonyme Märkte. Durch die Möglichkeit des „Managements der Motivationen" befindet sich die Unternehmung jedoch bei der Vermeidung des Verdrängungseffektes gegenüber anonymen Märkten im Vorteil.[366] Unternehmerische

---

[362] Vgl. B. S. Frey und M. Osterloh, 2002a, S. 28.
[363] U. Gneezy und A. Rustichini, 2000, S. 14.
[364] Ähnliche Ansätze finden sich in der Gleichheitstheorie von Adams (1965).
[365] Vgl. B. S. Frey und M. Osterloh, 1997, S. 311-312.
[366] Vgl. B. S. Frey und M. Osterloh, 1997, S. 317.

Entscheidungsträger sollten sich dieser Eingriffsmöglichkeit und den daraus resultierenden Chancen und Risiken bewusst werden. Extrinsisch motiviertes Verhalten muss nicht zwangsweise als kontrollierend wahrgenommen werden, sondern kann von Individuen auch als willensmäßig und autonom erfahren werden.[367] Beispielsweise fördern gemeinsam beschlossene Zielvereinbarungen die intrinsische Motivation des Mitarbeiters, wenn sie in erster Linie der Selbstkontrolle und Selbstverpflichtung des Mitarbeiters dienen.[368] Neben einer Steigerung der intrinsischen Motivation postuliert die SDT des Weiteren positive Effekte auf die Leistung sowie das individuelle Wohlergehen der Zielnehmer.[369]

Allerdings können auf der anderen Seite uniforme und starre Zielvorgaben – trotz Steigerung der extrinsischen Motivation – intrinsische Motivation verdrängen.[370] Neben dem gewünschten Effekt der extrinsischen Anreizsetzung tritt in diesem Fall ein nicht intendierter Effekt ein. Unerwünschte Nebeneffekte[371] sind oftmals die Folge von Eingriffen in Organisationen, werden aufgrund zu starker Fokussierung auf die intendierten Effekte jedoch häufig vernachlässigt.[372] Steht bei der Anreizsetzung die Steigerung der Motivation insgesamt im Fokus, so würde ein nicht intendierter Effekt erst dann eintreten, „wenn der Nettoeffekt aus (motivierter) extrinsischer Motivation und (verdrängter) intrinsischer Motivation negativ ist."[373]

Da der öffentliche Dienst dazu neigt, einheitlich – und nicht individuell – einzugreifen, postulieren Frey und Osterloh (1997) einen höheren Verdrängungseffekt als in privaten Organisationen.[374] In jüngeren Ausarbeitungen verorten Frey et al. (2013) die Ursache des erhöhten Risikos eines Verdrängungseffektes im öffentlichen Dienst in das Spannungsfeld zwischen ausgeprägter intrinsischer Motivation der Beschäftigten auf der einen Seite und der outputorientierten Managementreform des NPM auf der anderen Seite.[375] Dieser Gedanke erscheint vor dem Hintergrund der in Abschnitt 2.4 aufgeführten Reform der deutschen Arbeitsverwaltung plausibel und wird im weiteren Verlauf wiederholt aufgegriffen.

3.3.1.2 Praktische Relevanz und Kritik

Durch die Arbeiten von Bruno Frey und Kollegen wurde die Hypothese der Motivationsverdrängung für ökonomische Zwecke anwendbar gemacht und unterstützt

---

[367] Vgl. M. Vansteenkiste et al., 2008, S. 194.
[368] Vgl. B.S. Frey und M. Osterloh, 1997, S. 314.
[369] M. Vansteenkiste et al., 2008, S. 188.
[370] Vgl. B. S. Frey und M. Osterloh, 1997, S. 313-314.
[371] Nicht intendierte Effekte können vielfältige Ausprägungen haben, die Verdrängung von intrinsischer durch extrinsische Motivation ist nur ein Beispiel. Spezielle Ausführungen werden in Abschnitt 3.4.1 dieser Arbeit diskutiert.
[372] Vgl. A. Kieser, 2012, S. 227.
[373] Vgl. W. Matiaske und I. Weller, 2008, S. 36.
[374] Vgl. B. S. Frey und M. Osterloh, 1997, S. 314.
[375] Vgl. B. S. Frey et al., 2013, S. 15.

seither bei der wissenschaftlichen Auseinandersetzung mit den Funktionen und Folgen von Anreizsystemen in Unternehmen als mögliche Ursache für zum Teil kontraproduktive Wirkungen von extrinsischer Anreizgestaltung.[376] Im Allgemeinen ist die Hypothese jedoch methodisch sowie inhaltlich nicht unumstritten. Ein wesentlicher Kritikpunkt basiert auf dem geringen praktischen Bezug der Studien. Die empirischen Ergebnisse stützen sich meist auf Laborexperimente mit Studierenden, währenddessen nur wenige Feldstudien existieren, die sich mit realen Arbeitssituationen beschäftigen.[377] An dieser Stelle setzt eine Studie von Matiaske und Weller (2008) an, welche in einem dreijährigen Projekt die Einführung von Leistungsbeurteilungen und variablen Vergütungsmodellen in drei öffentlichen Verwaltungen begleitete. Im Kern kommt die Studie zu dem Ergebnis, dass mit der Implementierung des leistungsorientierten Vergütungssystems ein Verdrängungseffekt (in Bezug auf das Extra-Rollenverhalten[378]) einherging, dieser jedoch durch die Höhe der Zulage abgefedert wurde.[379]

Neben dem konstatierten Mangel an Feldstudien wird des Weiteren die unpräzise Verwendung des Motivationsbegriffs kritisiert. Diese Ausführungen wurden bereits in Abschnitt 3.3.1 erörtert und sollen daher an dieser Stelle lediglich nochmals in Erinnerung gerufen werden. Güth und Kliemt (1997) empfehlen zudem, die verschiedenen Ausprägungen von Anreizsystemen nicht vorschnell in eine der Kategorien „intrinsisch" oder „extrinsisch" einzuordnen und konstatieren, dass Frey und Osterloh – fälschlicherweise – sämtliche nicht-monetären Anreizsysteme als „intrinsisch" kategorisieren.[380]

Abschließend kann resümiert werden, dass die Verdrängungshypothese erhebliche (personalwirtschaftliche) Brisanz besitzt, hinterfragt sie nämlich den intuitiv vermuteten gleichgerichteten Zusammenhang zwischen intrinsischer und extrinsischer Motivation und postuliert eine inverse Beziehung. Die inhaltliche sowie methodische Kritik an den Arbeiten von Deci und Kollegen sowie im weiteren Verlauf von Frey und Kollegen – insbesondere der unpräzise Motivationsbegriff, der Mangel an Feldstudien sowie „die Ausblendung der Situationsdefinition der Akteure"[381] – sollte bei der Beurteilung der praktischen Relevanz für die Personalwirtschaft bedacht werden.

Diese Arbeit schließt sich dem Fazit von Holtmann (2008) an und resümiert, dass eine extrinsische Anreizsteuerung zu kontraproduktiven Effekten, wie z. B. der durch Frey und Osterloh (1997) postulierten Verdrängung von intrinsischer durch extrinsische Motivation, führen kann. Der Verdrängungseffekt ist ein mögliches

---

[376] Vgl. exemplarisch: S. Gächter et al., 2001.
[377] Aus dem Mangel an empirischen Evidenzen abseits von spezifischen Laborexperimenten folgern z. B. Biemann et al. (2011, S. 49), dass der Crowding-Out-Effekt „für die meisten realen Beschäftigungsverhältnisse entweder weniger relevant oder vermeidbar" sei.
[378] Zum Extra-Rollenverhalten siehe unter anderem: W. Matiaske und I. Weller, 2003.
[379] Vgl. W. Matiaske und I. Weller, 2008, S. 54.
[380] Vgl. W. Güth und H. Kliemt, 1997, S. 585.
[381] W. Matiaske und I. Weller, 2007, S. 247.

Beispiel für einen solchen Effekt, jedoch nicht das einzige. Es ist vielmehr in Analogie zu Kieser (2012) zu konstatieren, dass die Anreicherung mit extrinsischen Anreizen – als ein Eingriff in die Organisation – eine Vielzahl nicht intendierter Effekte auslöst. Holtmann (2008) fasst treffend zusammen, dass die praktische Brisanz der Verdrängungshypothese für ökonomische Anwendungsfälle in ihrer Sensibilisierungsfunktion gesehen werden kann und vor allem darin besteht, „dass die Nutzung des Preismechanismus beispielsweise durch die Etablierung von Leistungsentlohnung zur Steigerung individueller Anstrengungen in Organisationen – kontraproduktive Effekte haben könnten: Anreizsteuerungen können womöglich – wie Frey und Osterloh (1997) postulieren – zu einer Verdrängung der intrinsischen Motivation führen und – allgemeiner – eine Reihe nicht-intendierter Effekte erzeugen."[382]

3.3.2 Public Service Motivation (PSM)

Nachdem im vorangegangenen Abschnitt die Grundlagen von intrinsischer und extrinsischer Motivation entfaltet wurden, widmet sich der vorliegende Teil nun einer speziellen Form von intrinsischer Motivation, welche insbesondere staatlichen Beschäftigten nachgesagt wird. Ausgangspunkt dieser motivationalen Richtung ist ein besonderes Verständnis vom öffentlichen Dienst, welches sich sehr treffend durch die Worte des ehemaligen Direktors des Government Accountability Office der Vereinigten Staaten von Amerika, Elmer B. Staats,[383] beschreiben lässt. In seiner oftmals zitierten Definition bezeichnet er den öffentlichen Dienst als „a concept, an attitude, a sense of duty – yes even a sense of public morality."[384]

Staats' Definition beinhaltet mit Begriffen wie Einstellung/Haltung („attitude"), Pflichtbewusstsein („sense of duty") und Moral/Sittlichkeit („morality") überwiegend intrinsische Werte, welche sich auch in dem durch die OECD (1996) formulierten und durch Rayner et al. (2012) weiterentwickelten Terminus des "Public Service Ethos" wiederfinden („an umbrella term used to capture the beliefs and intrinsic values found to be a basis to differentiate individuals who work in the public rather than the private sector"[385]). Der Public Service Ethos ist sektorbasiert und kann sich lediglich durch eine Kombination von Individuum und unterstützenden organisationalen Werten, Zielen und Prozessen entfalten.[386]

Anders verhält es sich mit dem Konstrukt der Public Service Motivation (PSM), welches individuelle Werte und Bedürfnisse von Personen – unabhängig von orga-

---

[382] D. Holtmann, 2008, S. 147-148.
[383] Elmer B. Staats war der ehemalige Leiter des Rechnungsamtes (Vergleichbar mit dem Bundesrechnungshof) „in den goldenen Zeiten der amerikanischen Verwaltung" (Deutsche Sektion des Internationalen Instituts für Verwaltungswissenschaften, 2012).
[384] E. B. Staats, 1988, S. 601.
[385] J. Rayner et al., 2012, S. 120.
[386] Vgl. J. Rayner et al., 2012, S. 120-121.

nisationalen Gegebenheiten – in den Fokus stellt. Die ursprünglich nordamerikanische PSM-Forschung wurde primär von Perry und Wise (1990) begründet. Der Terminus des öffentlichen Dienstes beschränkt sich für die Autoren nicht auf den Ort der Arbeitsleistung, sondern orientiert sich auch an der bereits aufgeführten Definition von Elmer B. Staats.[387] In ihrem häufig zitierten Artikel „The Motivational Bases of Public Service" definieren Perry und Wise (1990) PSM als:

> „an individual's predisposition to respond to motives grounded primarily or uniquely in public institutions and organizations."[388]

Unter Motiven werden in diesem Zusammenhang primär psychologische Bedürfnisse verstanden, die ein Individuum befriedigen möchte.[389] Diese können in *rationale, normbasierte* und *affektive Motive* kategorisiert werden.[390] Rationale Motive, im Sinne einer Nutzenmaximierung, existieren beispielsweise beim Engagement für ein politisches Programm, dessen zu erwartenden Auswirkungen generell im Interesse des Individuums liegen. Normbasierte Motive finden sich z. B. im Bedürfnis, dem öffentlichen Interesse dienen zu wollen, während affektive Motive insbesondere als emotionale Beweggründe (Engagement für eine Sache, der eine soziale Bedeutung zugesprochen wird) definiert werden.[391]

In einer Weiterentwicklung der PSM-Definition von Perry und Wise (1990) kategorisieren Rainey und Steinbauer (1999) PSM als „a general altruistic motivation to serve the interests of a community of people, a state, a nation, or humankind"[392] und legen somit den Fokus verstärkt auf altruistische Beweggründe und abstrakte Begriffe wie Gemeinschaft und Menschlichkeit. Weitere Definitionen[393] postulieren vor allem eine PSM-Existenz auch außerhalb des öffentlichen Dienstes. Die „Heterogenität des Konzeptes"[394] wird in einer jüngeren Arbeit letztlich auch von Perry und Hondeghem (2008) bestätigt.[395] Dennoch gibt das Konstrukt der PSM wertvolle Hinweise darauf, warum sich einige Menschen von einer öffentlichen Organisation,

---

[387] Vgl. J. L. Perry und L. R. Wise, 1990, S. 368.
[388] J. L. Perry und L. R. Wise, 1990, S. 368.
[389] Eine mögliche andere Definition zielt auf die Bereitschaft einer Person, auf eine gegebene Situation in einer spezifischen Weise zu reagieren und umfasst damit insbesondere gewisse Handlungsziele der Person (vgl. P. J. Jost, 2008, S. 66).
[390] Perry und Wise (1990) entwickeln die Kategorisierung in rationale Motive, normbasierte Motive und affektive Motive basierend auf der Arbeit von Knoke und Wright-Isak (1982).
[391] Vgl. J. L. Perry und L. R. Wise, 1990, S. 370.
[392] H. G. Rainey und P. Steinbauer, 1999, S. 23.
[393] Vgl. hierzu die Auswahl von einschlägigen PSM-Definitionen von Hammerschmid et al. (2009, S. 75): Brewer und Selden (1998, S. 417) definieren PSM als „the motivational force that induces individuals to perform meaningful public service" (Der Begriff "meaningful" ist in der Auflistung von Hammerschmid et al. (2009) nicht enthalten, ist jedoch Teil der Original-Definition von Brewer und Selden). Vandenabeele (2007, S. 547). konkretisiert PSM als: "the belief, values and attitudes that go beyond self-interest and organizational interest, that concern the interest of a larger political entity and that motivate individuals to act accordingly whenever appropriate."
[394] G. Hammerschmid et al., 2009, S. 75.
[395] Vgl. J. L. Perry und A. Hondeghem, 2008, S. 3.

welche Werte wie Gemeinwohl und Uneigennützigkeit symbolisiert, angezogen fühlen und andere nicht. PSM versucht damit, grundlegenden Fragen des menschlichen Organisationsverhaltens („Human und Organizational Behavior") auf den Grund zu gehen.[396] Erst durch die Kombination von individueller PSM und organisationalen Gegebenheiten kann sich ein Public Service Ethos entwickeln.

Die folgenden Ausführungen haben den Anspruch, den Forschungsstand zur PSM zu verdichten und mögliche Wirkbeziehungen für den hiesigen Untersuchungsgegenstand zu prognostizieren. Hierbei ist es eine besondere Herausforderung, die stark international geprägte Debatte für den deutschen Hintergrund zu „übersetzen". Einige Begrifflichkeiten und Erkenntnisse der PSM-Forschung sind zum Teil kulturell stark auf den anglo-amerikanischen Raum fokussiert, während die deutschsprachige PSM-Forschung bislang relativ rar ausgeprägt ist. Die generelle Frage der Anwendbarkeit in Deutschland ist daher ebenfalls Inhalt des vorliegenden Abschnitts sowie der folgenden empirischen Untersuchung.

3.3.2.1 Die Theorie der Selbstselektion der Beschäftigten

Wie bereits gezeigt, ist die Existenz einer individuellen PSM grundsätzlich nicht auf den öffentlichen Sektor beschränkt. Dennoch sehen Perry und Wise (1990) staatliche Organisationen als prädestiniert an, die Bedürfnisse von Menschen mit einer ausgeprägten PSM zu befriedigen. Zentrales Element in ihren Ausführungen ist die Hypothese:

> „The greater an individual's public service motivation, the more likely the individual will seek membership in a public organization."[397]

Grundlage dieser Hypothese ist auf der einen Seite die Vermutung einer Selbstselektion von Individuen zu Organisationen mit kongruenten Eigenschaften. Diese Zusammenhänge wurden bereits durch Schneider (1987) in dessen „Attraction-Selection-Attrition (ASA)-Theorie" postuliert und weisen Parallelen zur in Abschnitt 3.2.3 diskutierten Person-Organization-Fit-Theorie auf.[398] Auf der anderen Seite streben auch Organisationen danach, Individuen mit hoher Passung zu rekrutieren:

---

[396] Vgl. G. A. Brewer et al., 2000, S. 254.
[397] J. L. Perry und L.R. Wise, 1990, S 370.
[398] In Schneiders (1987) Argumentation sind die Individuen keine passiven Akteure, die erst durch eine organisationale Sozialisation geprägt und im Verhalten beeinflusst werden. Individuen sind vielmehr aktive Gestalter bei der Wahl der Organisation und deren Prägung: „My perspective rests on the idea that people are not randomly assigned to settings. It argues that it is the people who are attracted to, are selected by, and remain in a setting that determine the setting" (B. Schneider, 1987, S. 440).

„It presumes that organizations with certain properties attract and/or select employees with particular personal attributes."[399]

Zur Verifizierung der Hypothese, dass PSM und der Wunsch in einer öffentlichen Organisation zu arbeiten positiv miteinander korrelieren, führen Perry und Wise (1990) die Studie von Rawls et al. (1975) auf, in der Studierende über ihre Präferenzen zum Eintritt in den öffentlichen oder privaten Sektor befragt wurden. Im Ergebnis werteten jene, die den öffentlichen Dienst präferierten, Attribute wie Hilfsbereitschaft, Freundlichkeit und Versöhnlichkeit höher ein als Studierende, die den privaten Sektor bevorzugten.[400] Auch jüngere Untersuchungen stellen eine höhere Ausprägung sozialer Arbeitswerte für Anwärter und Beschäftigte des öffentlichen Dienstes fest.[401] Steijn (2008) greift die Hypothese von Perry und Wise (1990) auf und kann nachweisen, dass auch privatwirtschaftlich Beschäftigte mit hoher PSM eher eine Tätigkeit im öffentlichen Dienst anstreben als ihre Kollegen mit niedrigeren PSM-Werten.

Menschen mit hohen sozialen Arbeitswerten – welche häufig durch das Konstrukt der PSM operationalisiert sind – scheinen sich folglich von öffentlichen Institutionen aufgrund des Organisationstyps im besonderen Maße angezogen zu fühlen. Rainey und Steinbauer (1999) führen dies auf das Bedürfnis zurück, dem Staat, der Gemeinschaft oder anderen Menschen dienen zu wollen.[402] Die Idee, dass Menschen eine wert- und zielorientierte Passung zu ihrem Arbeitgeber suchen – und vice versa – führt zu folgender Konsequenz:

„Based on the logic of this mechanism, the PSM level of workers in public organizations will be higher than those in private sector organizations as those with high PSM levels will tend to select such organizations (or will be selected by them)."[403]

Dass öffentliche Organisationen eben jene intrinsisch motivierten Individuen ansprechen, wird von Frank (2010) austauschtheoretisch interpretiert. Nach einer Befragung unter Studierenden kategorisiert Frank verschiedene Berufe anhand deren – durch die Studierenden bewerteten – sozialer Anerkennung (Social Responsibility Rating – SRR).[404] Auffallend ist, dass sämtliche Berufe, die dem öffentlichen

---

[399] J. L. Perry und L. R. Wise, 1990, S 370.
[400] Vgl. J. L. Perry und L. R. Wise, 1990, S. 370.
[401] Siehe zum Beispiel: F. Hikspoors, 2011; M. J. Pedersen, 2013; R. M. Clerkin und J. D. Coggburn, 2012.
[402] Vgl. W. Matiaske, 2012, S. 265.
[403] B. Steijn, 2008, S. 15.
[404] Vgl. Abschnitt 4.1.1 dieser Arbeit.

Dienst angehören, einen positiven Wert, demnach also ein hohes SRR aufweisen.[405] Diese Einschätzung könnte vor allem in der Tatsache begründet liegen, dass die Existenz des öffentlichen Dienstes auf die ureigenen Aufgaben der Unterstützung des Gemeinwohls und dem Schutz der Gesellschaft und deren Bürger zurückzuführen ist. Der öffentliche Dienst scheint somit aufgrund seiner Kernaufgabe überwiegend intrinsisch motivierte Menschen anzusprechen, da deren Werte und Motive mit dem Organisationszweck übereinstimmen. Wright (2007) folgert daher:

> „Consequently, the composition of the public workforce is expected to reflect the nature of the public sector work by attracting employees who desire opportunities to fulfill higher-order needs and altruistic impulses by performing public service. In fact, considerable empirical support exists for the assertion that employee reward preferences coincide with the function served by the sector in which they are employed."[406]

Dieser Argumentation setzen Andersen und Kjeldsen (2013) den Gedanken gegenüber, dass der private Sektor durch die Einführung des NPM an Attraktivität für Menschen mit hoher PSM gewinnen müsste. In der Außendimension des NPM erlangen Wettbewerbselemente wie Privatisierung und Outsourcing an Relevanz (vgl. Abschnitt 2.3). Die Organisationsmission von Unternehmen, welche öffentliche Projekte und Aufgaben übernehmen, müsste somit für Menschen mit hoher PSM zunehmend anziehend wirken.[407] Der öffentliche Sektor verlöre damit ein Alleinstellungsmerkmal und sähe sich im Werben um das Humankapital von Menschen mit hoher PSM mit zunehmender Konkurrenz aus der Privatwirtschaft konfrontiert. Dieser mögliche Zusammenhang ist im Kontext der vorliegenden Arbeit durchaus von Interesse, allerdings ist zu bedenken, dass Privatisierung und Outsourcing im deutschen Weg des NSM nur eine untergeordnete Rolle spielen, da der Fokus primär auf einer Binnenoptimierung liegt (vgl. Abschnitt 2.3). Eine Attraktivitätssteigerung privatwirtschaftlicher Unternehmen für PSM-affine Mitarbeiter erscheint folglich sehr spekulativ.

Generell kann jedoch Anwärtern auf eine Stelle im öffentlichen Dienst sowie Mitarbeitern öffentlicher Organisationen eine primär intrinsische Motivation[408] zum Beitritt und zu Beiträgen unterstellt werden. Es wäre allerdings verfrüht, das stereotype Bild vom Beschäftigten des öffentlichen Dienstes als risikoaversen Menschen

---

[405] Von den 44 dargestellten Berufen wurden die Tätigkeiten Beschäftigter im Auswärtigen Amt (Foreign Service Officer), SRR = +0.2, Offizier der Streitkräfte (Military Officer), SRR = +0.49, Bibliothekar (Libarian), SRR = +0.62, Erziehungsberater (Child Care Counselor), SRR = +1.78, Beschäftigter im öffentlichen Gesundheitswesen (Community Health Worker), SRR = +1.82 und Lehrer (Teacher), SRR = +1.98 in den Bereich des öffentlichen Dienstes eingeordnet. Das Rating ist so zu interpretieren, dass ein positiver Wert eine ausgeprägte soziale Anerkennung des jeweiligen Berufs widerspiegelt. Die Werte der 44 Berufe liegen zwischen -1.44 (niedrigster SRR) für die Tätigkeit des Aktienhändlers und +1.98 (höchster SRR) für den Beruf des Lehrers (Vgl. R. H. Frank, 2010, S. 80).
[406] B. E. Wright, 2007, S. 54.
[407] Vgl. L. B. Andersen und A. M. Kjeldsen, 2013, S. 255.
[408] Zur Frage, ob PSM als intrinsische Motivation gilt, siehe Abschnitt 3.3.2.3.

mit Bürokratieaffinität als obsolet zu verwerfen. In einer ergänzenden Perspektive weist Hinz (2012) intrinsischen Motivatoren beim Eintritt in den öffentlichen Sektor nur eine untergeordnete Rolle zu. Entscheidend seien vielmehr organisationale Besonderheiten wie eine hohe Arbeitsplatzsicherheit. Dieser Perspektive folgend, werden dann aber im Laufe der beruflichen Sozialisation intrinsische Bedürfnisse handlungsleitend. Mitarbeiter des öffentlichen Dienstes können in dieser Argumentation ebenso als risikoavers – eine hohe Arbeitsplatzsicherheit schätzend – und gleichzeitig leistungsbereit sowie durch ihre Tätigkeit motiviert charakterisiert werden.[409] Beide Perspektiven unterscheiden sich zwar in ihrer Interpretation der Bedeutung der intrinsischen Motivation beim Eintritt in eine öffentliche Organisation; Einigkeit herrscht jedoch darin, dass der öffentliche Dienst eine andere Kategorie Mitarbeiter anspricht als der private Sektor.

Auf Grundlage der stichhaltigen empirischen Befunde,[410] welche vornehmlich durch Befragungen von Studierenden und Anwärtern für eine öffentliche Stelle erzielt wurden, – also bevor eine berufliche Sozialisation überhaupt greifen könnte – geht die vorliegende Arbeit davon aus, dass intrinsische Werte bereits die Beitrittsentscheidung zu einer Organisation determinieren und nicht erst im Laufe des Arbeitsverhältnisses eine Wirkung entfalten. Wie bereits dargestellt, sind beidseitige Erwartungen Inhalt eines impliziten Vertrags zwischen Mitarbeitern und Arbeitgebern.[411] Den vorliegenden empirischen Ergebnissen folgend, sind diese Erwartungen nicht ausschließlich extrinsischer Natur, sondern beinhalten – bereits bevor eine berufliche Sozialisation überhaupt möglich wäre – unter anderem Werte wie soziale Verantwortung, Hilfsbereitschaft, Freundlichkeit, Versöhnlichkeit und Gemeinwohlinteresse.[412]

3.3.2.2 Warum öffentliche Institutionen Mitarbeiter mit hoher PSM benötigen

Wie im vorherigen Abschnitt bereits erläutert, ist der öffentliche Dienst grundsätzlich ein bevorzugter Arbeitgeber für Individuen mit ausgeprägter PSM. Menschen, deren Handeln überwiegend durch die vier Dimensionen der PSM gesteuert ist, können sich mit der Organisationsmission öffentlicher Institutionen generell besser identifizieren, als es in privatwirtschaftlichen Unternehmen der Fall wäre. Allge-

---

[409] Vgl. E. Hinz, 2012, S. 143-144.
Es sei jedoch erwähnt, dass Dur und Zoutenbier (2014) auf Grundlage einer SOEP-Untersuchung zu dem Ergebnis kommen, dass öffentlich Beschäftigte zwar altruistischer, aber zudem auch leistungsunwilliger („lazy") sind als Mitarbeiter der Privatwirtschaft. Die alternative Bewertung der Leistungswilligkeit wird an dieser Stelle nicht weiter aufgegriffen. Grundsätzlich unterstützt die Studie allerdings die Theorie, dass sich öffentliche und privatwirtschaftliche Mitarbeiter unterscheiden.
[410] Siehe zum Beispiel: J. L. Perry und L. R. Wise (1990) auf Grundlage von J. R. Rawls et al. (1975); F. Hikspoors, 2011; M. J. Pedersen, 2013; R. M. Clerkin und J. D. Coggburn, 2012.
[411] Vgl. Abschnitt 3.1
[412] Vgl. R. H. Frank, 2010; J. R. Rawls et al., 1975; M. J. Pedersen, 2013; R. M. Clerkin und J. D. Coggburn, 2012.

mein ausgedrückt: Individuen suchen eine Passung zwischen Organisation und persönlichen Orientierungen – Menschen mit hoher PSM hoffen, diese Passung in öffentlichen Institutionen zu finden.

Bisher wurde lediglich intuitiv vermutet, dass es auch im Sinne des öffentlichen Arbeitgebers ist, um das Humankapital von Menschen mit hoher intrinsischer Motivation – oder genauer, hoher PSM – zu werben. Während in Abschnitt 3.3.2.1 die Motive aus Sicht des Individuums dargestellt wurden, soll an dieser Stelle die Perspektive der Organisation näher beleuchtet werden. Wird im weiteren Verlauf die unternehmensseitige Bedeutung von intrinsischer Motivation im Allgemeinen herausgestellt, so ist PSM nach hiesiger Interpretation für den Kontext des öffentlichen Dienstes als ein spezifizierendes Konstrukt von intrinsischer Motivation zu verstehen.[413]

Wright (2007) fasst bereits im ersten Satz seiner Abhandlung auf Grundlage anderer Autoren[414] zusammen:

> „It is commonly assumed that public sector organizations are more likely to employ individuals whose values and needs are consistent with the public service mission of the organization."[415]

Öffentliche Institutionen suchen also nach Menschen mit einer hohen Passung zur Organisation und verhalten sich somit kongruent zu diesen.[416] Perry und Wise (1990) postulieren, dass öffentliche Organisationen, welche Individuen mit hoher PSM rekrutieren, weniger abhängig von utilitaristischen Anreizsystemen sind. Einen ersten Ansatz der Erklärung liefert Crewson (1997) und konkretisiert, dass Organisationen, welche lediglich stark begrenzte Ressourcen zur Mitarbeitermotivierung durch materielle Bonussysteme haben, besonders auf intrinsisch motivierte Beschäftigte mit einer hohen Passung zur Organisation angewiesen sind. Das Ausbleiben bzw. stark eingeschränkte Angebot extrinsischer Anreizkomponenten wird durch intrinsische Motivation und eine hohe Bindung zur Organisation kompensiert. Eine höhere Passung – so Crewson – führt dazu, dass Mitarbeiter auch bei partieller Arbeitsunzufriedenheit der Organisation treu bleiben. Die Transaktionskosten, die sich aus einer hohen Mitarbeiterfluktuation ergeben, werden somit reduziert.[417] Anzumerken ist, dass der deutsche öffentliche Dienst aufgrund seiner relativ stabilen Arbeitsverhältnisse dem Risiko des „Labor-Turnover" tendenziell weniger ausgesetzt ist als Unternehmen der Privatwirtschaft.[418]

---

[413] Zur Verortung der PSM als intrinsische Motivation siehe Abschnitt 3.3.2.3.
[414] Vgl. J. N. Baldwin, 1984; D. L. Balfour und B. Wechsler, 1990; P. E. Crewson, 1997; J. L. Perry und L. R. Wise, 1990; H. G. Rainey und P. Steinbauer, 1999.
[415] Vgl. B. E. Wright, 2007, S. 54.
[416] Vgl. die Ausführungen zur POF-Theorie (Abschnitt 3.2.3) sowie die Selbstselektion von Menschen zu Organisationen mit ähnlichen Werten und Zielen (Abschnitt 3.3.2.1).
[417] Vgl. P. E. Crewson, 1997. S. 508.
[418] Vgl. P. Ellguth und S. Kohaut, 2011, S. 22 ff; Hans-Böckler-Stiftung, 2011.

Der Gedanke, dass intrinsisch motivierte Beschäftigte für den Fortbestand einer Organisation unabdingbar sind, stellt kein Alleinstellungsmerkmal des öffentlichen Dienstes dar. Frey und Osterloh (2002a) formulieren fünf Gründe, von denen im Folgenden drei aufgegriffen werden,[419] warum Unternehmungen auf intrinsisch motivierte Mitarbeiter angewiesen sind. Die Argumentation kann analog – bei den hier ausgewählten Argumenten sogar noch treffender – auf den Arbeitgeber „Staat" übertragen werden:

- Jeder Mitarbeiter eines Unternehmens profitiert von sogenannten Pool-Ressourcen (z. B. der gute Ruf des Unternehmens, die Unternehmenskultur, gute Beziehungen zu Kunden und Lieferanten etc.). Pool-Ressourcen nach Frey und Osterloh (2002) sind Gemeingüter und werden von ausschließlich eigennützig handelnden Akteuren („Free-Rider") lediglich ausgenutzt und versiegen mit der Zeit. Intrinsisch motivierte Mitarbeiter hingegen leisten einen freiwilligen Beitrag zu den Pool-Ressourcen und sichern so ihr Fortbestehen.[420]

  Insbesondere ein – der Allgemeinheit verpflichteter – öffentlicher Dienst profitiert von den Pool-Ressourcen „Reputation" und „sozialer Anerkennung", welche ihm per se durch seine ureigenen Aufgaben zugeschrieben werden. Bereits der britische Staatstheoretiker Thomas Hobbes (1651/1970) entwirft in seinem Werk „Leviathan" das glorifizierende Bild des Staates als „sterblicher Gott, dem wir unter dem ewigen Gott allein Frieden und Schutz zu verdanken haben."[421] Für den britischen Wohlfahrtsforscher Le Grand (2010) sind die „ritterlich" Beschäftigten des Staates – im Gegensatz zu den opportunistischen „Knappen" der Privatwirtschaft – eher getrieben von „a spirit of altruism and the desire to perform a public service."[422]

  Die dargestellten Metaphern von Hobbes und Le Grand sind nur ausgewählte Beispiele, um die besondere Bedeutung der Reputation im öffentlichen Dienst sowie die Relevanz von intrinsisch motivierten Mitarbeitern zum Erhalt dieser Pool-Ressource zu akzentuieren.

---

[419] Neben den dargestellten Gründen nennen Frey und Osterloh (2002a, S. 36-37) des Weiteren:
- „Fuzzy Tasking": Insbesondere bei gemeinsam beschlossenen Zielvereinbarungen, in denen die Akteure als gleichberechtigte Verhandlungspartner agieren, besteht für den Arbeitgeber das Risiko, dass der Arbeitnehmer – um sich die vereinbarte Belohnung zu sichern – wenig ambitionierte Zielvorschläge unterbreitet.
- Übertragung impliziten Wissens: Die Übertragung von implizitem Wissen (unkodierbares, aus nicht bewussten Routinen und Orientierungen bestehendes Wissen) ist gefährdet, da sie nur schwerlich extrinsisch angeregt werden kann.
  Diese Gründe erscheinen auf den öffentlichen Dienst analog übertragbar, bedürfen jedoch keiner weiteren Konkretisierung.

[420] Vgl. B. S. Frey und M. Osterloh, 2002a, S. 35.
[421] T. Hobbes, 1970 (1655), S. 155.
[422] J. Le Grand, 2010, S. 56.

- Insbesondere bei der Anwendung der Managementmethode des Management by Objectives (MbO) tritt nach Frey und Osterloh (2002) das Problem des „Multi Tasking" auf. Unter den formulierten Zielen konzentrieren sich die Mitarbeiter auf die leicht messbaren und erreichbaren Größen. Elementare Aufgabenbestandteile, die sich jedoch dem Zielsystem entziehen (z. B. Elemente des Extra-Rollenverhaltens), werden vernachlässigt.[423]
Staatliche Aufgaben bestehen oftmals aus qualitativen Aufgaben, deren Operationalisierung in quantitative Messgrößen (Kennzahlen) nicht ohne Weiteres möglich ist. Im Zuge des NPM gewinnt die Steuerung über Ziele jedoch an Bedeutung und erste Befunde deuten darauf hin, dass es insbesondere in qualitativ ausgerichteten Tätigkeitsfeldern zu einer Vernachlässigung relevanter Aufgaben kommen kann. So identifiziert Olejniczak (2010) in den Ergebnissen einer qualitativen Befragung unter Beschäftigten im Bereich der aktiven Arbeitsmarktpolitik ein „Cream-Skimming" oder auch „Rosinenpicken" bei der Auswahl von zu betreuenden Kunden. Einige Beschäftigte tendieren dazu, Kunden, bei denen ein zählbares (Vermittlungs-) Ergebnis ohnehin wahrscheinlich ist, bevorzugt zu betreuen.[424] Kunden mit schwerwiegenden Vermittlungshemmnissen – welche originär das Zentrum der Aufmerksamkeit bilden sollten – werden „durch einen beinahe unsichtbaren Mechanismus ausgeschlossen."[425]

- Extrinsische Anreize können, wenn sie kontrollierend wahrgenommen werden, Kreativität und Innovativität der Akteure einschränken. Individuen, die rein extrinsisch motiviert sind, tendieren zu einer stereotypen Wiederholung von bereits Bewährtem.[426]
Die Beschäftigten des öffentlichen Dienstes sind durch eine lange Tradition von zentralisierter Autorität und bürokratischen Strukturen geprägt.[427] Demnach waren Kreativität und Innovativität in der Vergangenheit nicht zentrale Elemente des Handelns. Insbesondere die (qualitativen) Aufgaben, die sich einem expliziten Zielsystem entziehen, bedürfen zum Teil innovativer und kreativer Vorgehensweisen, welche vorwiegend durch intrinsisch motiviertes Personal realisiert werden können.

Zusammenfassend kann festgehalten werden, dass intrinsisch motivierte Individuen für privatwirtschaftliche Unternehmen, aber auch für öffentliche Organisationen von elementarer Bedeutung sind und deren Fortbestand sichern. Allerdings ist hervorzuheben, dass nicht jedwede Ausprägung von intrinsischer Motivation per se zu

---

[423] Vgl. B. S. Frey und M. Osterloh, 2002a, S. 35-36.
[424] Vgl. M. Olejniczak, 2010; M. Olejniczak, 2011, S. 10.
[425] Vgl. M. Olejniczak, 2011, S. 10.
[426] Vgl. B. S. Frey und M. Osterloh, 2002a, S. 37.
[427] Vgl. C. Korunka et al. 2003, S. 53.

positiven Effekten führen muss. Jüngere Studien deuten vielmehr darauf hin, dass die motivationale Übereinstimmung des Individuums mit den Werten und Zielen der Organisation entscheidend für einen positiven Zusammenhang zur Arbeitszufriedenheit ist.[428]

3.3.2.3 PSM als intrinsische Motivation

Ob PSM als eine Ausprägung von intrinsischer Motivation kategorisiert werden kann, wird in der Literatur kontrovers diskutiert. Während z. B. Crewson (1997), Houston (2000), Steijn (2008), Hammerschmid et al. (2009), Rainey et al. (2012) und Forest (2008)[429] diese Einordnung für gegeben ansehen, grenzen Perry et al. (2010) beides voneinander ab. In ihrer Interpretation ist intrinsische Motivation durch Freude und Vergnügen an der Handlung selbst charakterisiert, wohingegen PSM vorwiegend vom ureigenen Sinn und Zweck der Handlung gesteuert ist.[430] Le Grand greift eine ähnliche Diskussion über die Motivation von altruistischem Verhalten – welches er als Teil der „ritterlichen" Motivation von öffentlich Bediensteten versteht – auf. In seiner Terminologie existieren zwei unterschiedliche Motivatoren zu altruistischen Handlungen: „act-irrelevant" und „act-relevant". Beim ersten Fall ist das angestrebte Ziel – z. B. die Verbesserung der Lebensumstände einer anderen Person – der Motivator. „Act-irrelevant persons" wären demnach auch zufrieden, wenn die Handlung durch einen Dritten ausgeführt und das angestrebte Ziel somit ohne ihr Zutun erreicht wird. Dahingegen steht für „act-relevant-persons" die Freude an der Handlung selbst im Vordergrund. Le Grand schließt die Diskussion mit einem Hinweis auf die konstant hohe Spendenbereitschaft in Ländern, welche sich durch eine hohe staatliche Wohlfahrt auszeichnen. Wäre altruistisches Verhalten ausschließlich „act-irrelevant", wäre die private Spendenbereitschaft in solchen Ländern grundsätzlich niedriger als in Ländern mit geringen staatlichen Wohlfahrtsleistungen. Diesen Effekt sieht Le Grand nach einer Analyse diverser Studien für nicht bestätigt und konstatiert für einen Großteil von altruistischem Verhalten folglich:

„the evidence suggests that much altruistic behaviour is of the act-relevant kind."[431]

---

[428] Vgl. B. Steijn, 2008; L. Bright, 2008; B. E. Wright und S. K. Pandey, 2011; L. B. Andersen und A. M. Kjeldsen, 2013.
[429] Vor allem Forest (2008) stellt diesen Zusammenhang – auch unter Bezug auf den postulierten Verdrängungseffekt der intrinsischen durch extrinsische Motivation – explizit heraus: „Indeed, these studies show how the financial incentives are likely to damage intrinsic motivation. Yet, public service motivations are, by their very nature, essentially intrinsic" (V. Forest, 2008, S. 336).
[430] Vgl. J. L. Perry et al., 2010, S. 682.
[431] J. Le Grand, 2006, S. 38.

Ähnlich argumentieren auch Jacobsen et al. (2013). Trotz einer grundsätzlichen Abgrenzung von PSM und intrinsischer Motivation,[432] liegt beiden der innere Wunsch einer bestimmten Handlung zugrunde („a wish to act in a certain manner").[433]

Ob sämtliche altruistischen bzw. „public-service-motivierten" Verhaltensweisen von der Handlung selbst gesteuert sind, kann an dieser Stelle nicht abschließend beantwortet werden – dies ist auch nicht erforderlich. Für den Fortgang dieser Arbeit ist lediglich entscheidend, dass handlungsgesteuerte („act-relevant") PSM existiert und dass diese die Mitarbeiterstruktur von öffentlichen Organisationen beeinflusst. Im Folgenden wird demnach PSM als eine Spezifizierung von intrinsischer Motivation interpretiert.

3.3.2.4 Operationalisierung

Der Versuch, den vermuteten Unterschied in der motivationalen Struktur von Beschäftigten des privaten und des öffentlichen Sektors zu messen, wurde bereits seit Mitte der 1970er unternommen. Zunächst wurde versucht, die postulierten Unterschiede mit Hilfe von bereits bestehenden Konstrukten (z. B. Job Involvement, Arbeitszufriedenheit etc.) nachzuweisen.[434] Die Ergebnisse zahlreicher Studien führten zu keiner einheitlichen Richtung, machten jedoch deutlich, dass PSM ein vielfältiges Konzept ist, welches nicht durch bereits existierende Konstrukte vollumfänglich abgebildet werden kann. Die nicht eindeutigen empirischen Erkenntnisse mündeten letztlich in der durch Perry und Wise (1990) entwickelten Definition der PSM als „an individual's predisposition to respond to motives grounded primarily or uniquely in public institutions and organizations."[435] Aufbauend auf dieser Definition entwickelte Perry (1996) ein multidimensionales Konstrukt zur Messung von PSM, welches als „signifikanter Fortschritt gegenüber vorheriger Forschung"[436] bewertet wird. Aufbauend auf der analytischen Untergliederung in rationale, normbasierte und affektive Motive[437] wurde PSM nach Perry (1996) ursprünglich in 40 Items und folgende sechs Dimensionen gegliedert:

---

[432] Für Jacobsen et al. (2013, S. 791) basiert PSM auf einer gemeinwohlorientierten Basis („prosocial"), wohingegen intrinsische Motivation eher egozentrischer Natur ist.
[433] Vgl. C. B. Jacobsen et al., 2013, S. 791.
[434] Vgl. unter anderem: B. Buchanan, 1975; H. G. Rainey (1982, 1983). Eine detaillierte Chronologie der frühen PSM Forschung ist unter anderem zu finden bei: G. A. Brewer et al., 2000, S. 255-256.
[435] J. L. Perry und L. R. Wise, 1990, S. 368.
[436] „a significant improvement over previous research that has used proxy variables to measure PSM and sectoral comparisons to test for its existence" (G. A. Brewer et al., 2000, S. 256).
[437] Siehe Abschnitt 4.2.2 dieser Arbeit.

(1) Attraction to Policy Making (Politische Motivation)
(2) Commitment to the Public Interest (Gemeinwohlinteresse und gesellschaftliche Verantwortung)
(3) Social Justice (Soziale Gerechtigkeit)
(4) Civic Duty (Bürgerpflicht)
(5) Compassion (Soziales Mitgefühl)
(6) Self-Sacrifice (Altruismus)[438]

Die sechs theoretisch abgeleiteten Dimensionen wurden durch Perry (1996) einer konfirmatorischen Faktorenanalyse unterzogen und nach diversen Modifikationen (Eliminierung und Kombination von Dimensionen) auf folgende vier Dimensionen mit insgesamt 24 Items gekürzt:

(1) Public Policy Making (Attraktivität von Politik und Politikberatung/Politische Motivation)[439]
Hauptmotive dieser Dimension sind die Nähe zum Politikgeschehen und die Möglichkeit, an der Politikgestaltung aktiv teilzunehmen. Die Nutzenmaximierung findet nach Perry (1996) primär auf rationaler Ebene statt und beinhaltet Elemente wie die Maximierung von Macht oder der eigenen Bedeutung. Die Nähe zur Politik kann ebenfalls als dienlich empfunden werden, um eigene Interessen durchzusetzen.[440]
(2) Commitment to the Public Interest (Orientierung am Gemeinwohl und gesellschaftliche Anerkennung/Gemeinwohlinteresse)
Das normbasierte Motiv orientiert sich an dem Wunsch, dem öffentlichen Interesse zu dienen oder Loyalität gegenüber dem Staat zu demonstrieren. Quelle dieses Bedürfnisses ist ein empfundenes Pflichtgefühl gegenüber dem Staat und der Gesellschaft.
(3) Compassion (Soziales Mitgefühl)
Im Zentrum dieser Dimension steht das individuelle Bedürfnis, die Lebensumstände anderer Personen positiv zu beeinflussen.[441]
(4) Self-Sacrifice (Uneigennützigkeit/Altruismus)
Die Bereitschaft, sich abseits von externen Normen und völlig unabhängig für Mitmenschen einzusetzen, ist zentraler Bestandteil dieses affektiven Motivs.[442]

---

[438] Die Übersetzungen der englischen Vokabeln in Anlehnung an: D. Vogel, 2011, S. 10.
[439] Im weiteren Verlauf: "Politische Motivation".
[440] Vgl. B. E. Wright, 2008, S. 81.
[441] Während Wright, (2008, S. 81) und Pedersen (2013, S. 360) die Dimension „soziales Mitgefühl" als affektiv definieren, wird sie durch Hammerschmid et al. (2009, S. 76) als normbasiertes Motiv kategorisiert. Nach näherer Analyse der zugehörigen Items ist nach hiesiger Ansicht zu konstatieren, dass in den Items beide Motive identifiziert werden können. Auf der einen Seite finden sich individuell empfundene Gefühle wie Mitleid und Anteilnahme (affektiv) wieder und auf der anderen Seite sind Ansichten über staatsbürgerliche Pflichten (normbasiert) zu finden.

Die vier Dimensionen nach Perry (1996) erscheinen nach Sichtung der Literatur die am häufigsten verwendete Operationalisierung der PSM. Nur wenige Studien bedienen sich jedoch der vollständigen Skala mit 24 Items und vier Dimensionen. Es existieren zahlreiche Variationen, die eine ganzheitliche Vergleichbarkeit der Ergebnisse erheblich erschweren. Die Forschungsmethoden, welche auf der Skala von Perry (1996) basieren, lassen sich unter anderem unterscheiden nach:

- Verwendung sämtlicher Items[443] versus Verwendung einer gekürzten Skala[444]
- Aggregation zu einem PSM-Score[445] versus Aggregation lediglich zu Dimensionen[446]
- Verwendung aller vier Dimensionen nach Perry (1996)[447] versus Verwendung von weniger als vier Dimensionen nach Perry (1996) [448]
- Sprachlich/kulturell bedingte Modifikationen[449]

Die zitierten Studien sind lediglich exemplarischer Natur, ein weiterer Überblick ist bei Wright (2008) zu finden.

Auch wenn Perry (1996) die vier Dimensionen der PSM ursprünglich als eigenständige Ausprägungen interpretierte und sich für eine getrennte Verwendung aussprach, so ist die Aggregation zu einem PSM-Score gängige Praxis geworden. Dieses Vorgehen ist jedoch mit Vorsicht anzuwenden, da die Dimensionen häufig keine einheitlichen Zusammenhänge aufweisen. So zeigen z. B. Andersen und Pedersen (2012), dass die unabhängige Variable „Professionalisierung" positiv mit politischer Motivation, negativ mit sozialem Mitgefühl und nicht signifikant mit Gemeinwohlinteresse korreliert.[450] Während in der Studie von Pedersen (2013) das soziale Mitgefühl keinen signifikanten Zusammenhang zur Präferenz von Studierenden, eine Tätigkeit im öffentlichen Dienst zu ergreifen, aufweist, zeigt das Gemeinwohlinteresse einen signifikanten positiven Zusammenhang.[451] Die einzelnen Dimensionen sollten folglich nicht unbedacht – ohne vorherige Analyse – zu einem PSM-Score zusammengefasst werden.

Des Weiteren sind die ursprünglich 40 Items des Fragebogens nach Perry (1996) von Brewer et al. (2000) im Rahmen einer „Q-Methode"[452] verwendet worden. Die

---

[442] Die Übersetzungen sowie Interpretation der englischen Vokabeln in Anlehnung an: G. Hammerschmid et al., 2009, S. 76.
[443] Exemplarisch: E. Camilleri und B. I. J. M. van der Heijden, 2007.
[444] Exemplarisch: S. Kim (2009); G. Hammerschmid et al, 2009.
[445] Exemplarisch: L. B. Andersen und A. M. Kjeldsen, 2013; G. A. Brewer und S. C. Selden, 2000.
[446] Exemplarisch: L. B. Andersen und L. H. Pedersen, 2012; M. J. Pedersen, 2013; W. Vandenabeele, 2007, 2009.
[447] Exemplarisch: E. Camilleri und B. I. J. M. von der Heijden, 2007; G. Hammerschmid et al, 2009.
[448] Exemplarisch: L. B. Andersen und A. M. Kjeldsen, 2010, 2013; L. B. Andersen und L. H. Pedersen, 2012; D. H. Coursey und S. K. Pandey, 2007.
[449] Exemplarisch: G. Hammerschmid et al., 2009; M. J. Pedersen, 2013.
[450] Vgl. L. B. Andersen und L. H. Pedersen, 2012, S. 52-55.
[451] Vgl. M. J. Pedersen, 2013, S. 368-373.
[452] Zur Q-Methode siehe exemplarisch: F. H. Müller und E. Kals, 2004.

Ergebnisse der darauf aufbauenden Faktorenanalyse relativieren die durch Perry vorgenommene Trennung zwischen den Dimensionen in *rationale, normbasierte* und *affektive Motive*. Brewer et al. (2000) kategorisieren öffentlich Bedienstete unter anderem in „Samariter" sowie „Kommunitarier" und finden in jeder Persönlichkeitsstruktur einen Mix an Motiven.[453]

Wie diese Zusammenstellung verdeutlicht, sind die Variationsmöglichkeiten der Messskala zahlreich. Coursey und Pandey (2007), welche eine auf zehn Items gekürzte Variante des Fragebogens testen, kommen zu der Schlussfolgerung, dass der Original-Fragebogen nach Perry (1996) nicht als fixiertes Konstrukt, sondern als maßgeblichen Teil der Entwicklung hin zu einer optimierten Operationalisierung interpretiert werden sollte. Als Resümee ihrer Untersuchung empfehlen Coursey und Pandey (2007) weitere empirische Tests und Modifikationen des Fragebogens.[454] Diesem Appell wird in jüngerer Zeit zunehmend gefolgt: In einer belgischen Studie testet beispielsweise Vandenabeele (2008) 47 Items und kommt zu der Schlussfolgerung, dass neben den ursprünglichen vier Dimensionen nach Perry (1996) eine weitere („democratic governance") theoretisch sowie statistisch begründbar sei. Kim (2009) verwendet eine gekürzte Variante nach Perry (1996), tauscht jedoch die Items der Dimension der politischen Motivation gegen eine eigene aus. In einer jüngeren Publikation versuchen einige führende PSM-Forscher (darunter Kim, Vandenabeele, Wright, Andersen und Perry) ein modifiziertes Messkonstrukt zu entwickeln, welches länder- und kulturübergreifend einsetzbar ist und testen hierzu 33 Items in 12 Ländern mit relativ homogenen Stichproben. Die durch eine konfirmatorische Faktorenanalyse entwickelte Skala mit vier Dimensionen und 16 Items lässt sich zwar in acht Ländern gut anwenden, bedarf in vier Ländern jedoch weiterer Modifikation. Die Autoren zeigen, dass sich die Bedeutung und Skalierung der PSM-Dimensionen zwischen Ländern und Sprachen teils erheblich unterscheiden. Die Entwicklung eines universellen Konstrukts erscheint somit zweifelhaft.[455] Da Deutschland nicht Teil der Untersuchung ist, wären diesbezügliche Schlussfolgerungen aufgrund von prognostizierten Parallelen zu eventuell „ähnlichen" Ländern zu spekulativ.[456]

Auf der einen Seite ist weitere Skalenoptimierung – insbesondere vor dem Hintergrund verschiedener kultureller Gegebenheiten – zu begrüßen, da ein möglichst valides und reliables Messinstrument Voraussetzung jeglicher quantitativer Forschung sein sollte. Auf der anderen Seite führen weitere Modifikationen dazu, dass die Vergleichbarkeit vorhandener und zukünftiger Untersuchungen nochmals erschwert wird. Die PSM-Forschung zeichnet sich bereits durch erhebliche Heterogenität der

---

[453] Neben diesen beiden Kategorisierungen identifizieren Brewer et al. (2000) zudem „patriots" und „humanitarians" als Persönlichkeitsstrukturen der PSM.
[454] Vgl. D. H. Coursey und S. K. Pandey, 2007, S. 563.
[455] Vgl. S. Kim et al., 2013, S.96-99.
[456] Beispielsweise könnten die Schweiz und die Niederlande aufgrund kultureller/sprachlicher Parallelen als Vergleichsländer interpretiert werden. Während sich die entwickelte Messskala in der Schweiz gut anwenden lässt, bedarf sie in den Niederlanden weiterer Modifikation (Vgl. S. Kim et al., 2013, S. 97).

Forschungsmethoden aus und die Rückschlüsse aus Vergleichen zwischen den Ergebnissen sollten daher stets mit Vorsicht gezogen werden. Im Folgenden werden die wesentlichen Befunde ausgewählter PSM-Studien vorgestellt.

3.3.2.5 Forschungsstand zur PSM

Die PSM-Forschung wurde primär durch den anglo-amerikanischen Raum geprägt. Als Ausgangspunkt verstärkter wissenschaftlicher Auseinandersetzung können – wie bereits dargestellt – insbesondere die Erkenntnisse von Perry und Wise (1990) festgemacht werden. In einer Bestandsaufnahme nach 20 Jahren PSM-Forschung resümieren Perry, et al. (2010) über 125 Publikationen in mehr als einem Dutzend Ländern.[457] Nach Sichtung des jüngeren Schrifttums erscheint diese Publikationsdichte in den letzten Jahren nicht abzunehmen, vielmehr ist eine zunehmende wissenschaftliche Auseinandersetzung außerhalb des anglo-amerikanischen Raumes zu konstatieren.[458] Auch länderübergreifende Studien versuchen in jüngerer Zeit die heterogene PSM-Forschung ein Stück weit zu standardisieren.[459] Die Unterschiede in den PSM-Operationalisierungen erschweren dieses Ansinnen jedoch. Obgleich seit der Entwicklung einer richtungsweisenden Messskala durch Perry (1996) nahezu zwei Dekaden vergangen sind, beschäftigen sich viele gegenwärtigen Forschungsarbeiten weiterhin mit deren Optimierung. Wie im vorherigen Abschnitt dargestellt, führte selbst der Zusammenschluss einiger namhafter PSM-Forscher bislang zu keinen abschließenden Optimierungsmaßnahmen in Bezug auf die Messung von PSM.[460]

Die Samples der einschlägigen empirischen Untersuchungen setzen sich überwiegend aus Beschäftigten des öffentlichen Dienstes oder Studierenden zusammen.[461]

---

[457] Vgl. J. L. Perry et al., 2010, S. 681.
[458] Hervorzuheben ist insbesondere die hohe Publikationsdichte in Dänemark rund um Andersen, Pedersen und Kollegen: L. B. Andersen und L. H. Pedersen, 2012; L. B. Andersen et al., 2013; L. B. Andersen und A. M. Kjeldsen, 2013; C. B. Jacobsen et al., 2013; M. J. Pedersen, 2013.
Des Weiteren:
- Australien: Insbesondere: J. Taylor, 2014; J. Taylor, 2008 sowie J. Taylor 2007.
- Niederlande: Insbesondere: B. Steijn, 2008 sowie P. Leisink und B. Steijn, 2009.
- Belgien:
- Insbesondere W. Vandenabeele, 2014; W. Vandenabeele, 2009 sowie W. Vandenabeele, 2008.
- Malta: Insbesondere E. Camilleri , 2007 sowie E. Camilleri und B. I. J. M. van der Heijden, 2007.
- Süd Korea: Insbesondere S. Kim, 2009.
Die Auswahl beansprucht keine Vollständigkeit, sondern dient in erster Linie einem groben Überblick der jüngeren PSM-Forschung außerhalb Nordamerikas.
[459] Vgl. M. Jin, 2013 sowie S. Kim et al., 2013.
[460] Vgl. S. Kim et al., 2013.
[461] Exemplarisch für das Sample „Beschäftigte öffentlicher Dienst": L. B. Andersen et al., 2013; C. B. Jacobsen et al. (2013); G. A. Brewer et al., 2000; D. H. Coursey und S. K. Pandey, 2007; W. Vandenabeele, 2008; E. Camilleri und B. I. J. M. van der Heijden, 2007;
Meyer et al. (2013) konzentrieren sich speziell auf Führungskräfte des öffentlichen Dienstes.

Vereinzelnd finden sich auch sektorübergreifende Befragungen[462] sowie Erhebungen unter Arbeitslosen[463].

Im deutschsprachigen Raum existieren bislang wenige Studien zur PSM. Die relevantesten empirischen Erkenntnisse präsentiert eine in der österreichischen Hauptstadt Wien durchgeführte Studie von Hammerschmid et al. (2009). Für Deutschland selbst liefert neben einer Befragung von Studierenden einer Universität der Bundeswehr durch Ritz und Waldner (2011) insbesondere eine Veröffentlichung durch Vogel (2011) erste empirische Evidenzen.

Die Studie von Hammerschmid et al. (2009) weist mit einer Anzahl von 3.285 Mitarbeitern der Stadt Wien das größte Gesamtsample der drei deutschsprachigen Untersuchungen auf. Ritz und Waldner (2011) befragen in ihrer Erhebung 122 Studierende einer Bundeswehr-Universität, welche gleichzeitig den Status als Offiziere bzw. Offizieranwärter innehaben, während das Sample in der Untersuchung von Vogel (2011) insgesamt 53 überwiegend verbeamtete Personen beinhaltet. Die von Hammerschmid et al. (2009) verwendete Messskala basiert auf den ursprünglich durch Perry (1996) entwickelten 24 Items, wurde jedoch auf 15 Items, welche alle vier klassischen Dimensionen abbilden, gekürzt. Des Weiteren sind die Items in die deutsche Sprache übersetzt. Während Vogel (2011) auf die modifizierte Skala von Hammerschmid et al. (2009) zurückgreift, verwenden Ritz und Waldner (2011) eine auf Perry (1996) und Kim (2009) basierende – nochmals gekürzte – Variante mit neun Items. Der Fragebogen nach Hammerschmid et al. (2009) bildet alle vier klassischen PSM-Dimensionen ab, wohingegen die Version nach Ritz und Waldner (2011) lediglich drei Dimension beinhaltet („Altruismus/Uneigennützigkeit" werden nicht abgefragt). Eine Faktorenanalyse zeigt, dass die Items der Dimension politische Motivation auf einem Faktor laden, während die Items der beiden anderen Dimensionen auf einem anderen – gemeinsamen – Faktor laden, welcher durch Ritz und Waldner (2011) als „community orientation" benannt wird.[464] Die Autoren können darüber hinaus zeigen, dass keines der von ihnen verwendeten PSM-Items auf einem Faktor lädt, welcher andere Arbeitsmotive repräsentiert (Zukunftssicherheit, Entwicklungsmöglichkeiten, Work-Life-Balance sowie Corporate Social Responsibility sind ebenfalls Teil des Fragebogens). Ritz und Waldner (2011) resümieren für ihre aus Offizieren und Offizieranwärtern bestehende Stichprobe:

- Motive im Sinne einer PSM existieren und vermischen sich nicht mit anderen Arbeitsmotiven.

Exemplarisch für das Sample „Studierende": M. J. Pedersen, 2013; R. M. Clerkin und J. D. Coggburn, 2012; A. Ritz und C. Waldner, 2011.

[462] Exemplarisch: Vgl. B. Steijn, 2008, L. B. Andersen, 2011.
[463] Exemplarisch: M. Jin, 2013.
[464] Vgl. A. Ritz und C. Waldner, 2011, S. 302-303.

- Die Dimension politische Motivation differenziert sich klar von den normbasierten und affektiven Motiven.[465]

Darüber hinaus identifizieren Ritz und Waldner (2011) eine starke positive Korrelation zwischen PSM und der Arbeitgeberattraktivität von öffentlichen Institutionen und appellieren an das Personalmarketing öffentlicher Arbeitgeber, eben jene Menschen mit hoher PSM verstärkt anzusprechen.[466]
Die Untersuchungen von Hammerschmid et al. (2009) und Vogel (2011) sind aufgrund ihrer identischen Messskala gut vergleichbar. Es können in Bezug auf die vier Dimensionen folgende Trends zusammengefasst werden:

- Politische Motivation
    - So gut wie nicht vorhanden (Hammerschmid et al.)
    - Ausgeprägt (Vogel)
- Gemeinwohlinteresse
    - Am stärksten ausgeprägt (Hammerschmid et al.)
    - Am stärksten ausgeprägt (Vogel)
- Soziales Mitgefühl
    - Leicht ausgeprägt (Hammerschmid et al)
    - Ausgeprägt (Vogel)
- Altruismus
    - Leicht ausgeprägt (Hammerschmid et al.)
    - Kaum ausgeprägt (Vogel)

In beiden Erhebungen ist Gemeinwohlinteresse die am stärksten akzentuierte Dimension der PSM. Als mögliche Erklärung für die kaum ausgeprägte politische Motivation ihrer Stichprobe verweisen Hammerschmid et al. (2009) auf die politische Neutralität als zentralen Wert der österreichischen Beamtenidentität.[467] In beiden Untersuchungen zeigt die Dimension politische Motivation die geringste Nähe zu den anderen drei Dimensionen – bei Hammerschmid et al. (2009) weist die politische Motivation gar eine negative Korrelation zum Gemeinwohlinteresse auf – und unterstreicht damit die Erkenntnisse von Ritz und Waldner (2011), deren Ergebnisse auch auf eine klare Trennung zwischen politischer Motivation und den anderen PSM-Dimensionen hinweisen.
Inhaltlich kommen alle drei Studien zu dem Ergebnis, dass Arbeitsmotive, die sich unter dem Konstrukt PSM subsummieren lassen, auch im deutschsprachigen Raum existieren und dass sich weitere empirische Forschung insbesondere vor dem Hin-

---
[465] Vgl. A. Ritz und C. Waldner, 2011, S. 303.
[466] Vgl. A. Ritz und C. Waldner, 2011, S. 306-308.
[467] Vgl. G. Hammerschmid et al., 2009, S. 80.

tergrund der „instrumentellen Rationalität"[468] des NPM lohnt. Ein tieferes Verständnis von PSM kann dem öffentlichen Arbeitgeber helfen, das Verhalten und die Reaktionen seiner Beschäftigten auf organisationale Eingriffe besser zu verstehen und kann hilfreiche Implikationen für die Gestaltung von Arbeitsbedingungen, Anreizsystemen und Personalmarketing liefern.

Trotz der dargestellten methodischen Hürden der PSM-Messung, wächst die Relevanz an inhaltlichen Fragestellungen zur PSM und deren Verhältnis zu anderen Variablen. Nicht zuletzt die vielfach nicht zufriedenstellenden Folgen der NPM-Reformen innerhalb des öffentlichen Sektors lösen vermehrten Diskussionsbedarf über den Einfluss von PSM auf personalwirtschaftliche Aspekte wie Arbeitsleistung, Arbeitszufriedenheit, Commitment und auf die generelle Verträglichkeit der Beschäftigten zur Anreizgestaltung auf.[469]

Die Beobachtung der Selbstselektion von Individuen zu Organisationen, in denen eine ähnliche Passung vermutet wird, führt zu der Annahme, dass eine hohe PSM positive Auswirkungen auf die Arbeitszufriedenheit in öffentlichen Organisationen hat. Diesem postulierten Zusammenhang soll sich im folgenden Verlauf gewidmet werden, um darauf aufbauend, mögliche Zusammengänge zwischen PSM und extrinsischen Anreizen – im Sinne des NPM/NSM – zu beleuchten.

3.3.2.6 PSM und Arbeitszufriedenheit

In früheren Arbeiten wurde oftmals eine direkte Beziehung zwischen PSM und diversen betrieblichen Outcome-Variablen wie Arbeitszufriedenheit oder Organizational Commitment postuliert und teilweise empirisch bestätigt.[470] Dieser direkte Zusammenhang wird in der jüngeren Literatur zunehmend angezweifelt und insbesondere durch die von Steijn (2008) formulierte Idee des „PSM-Fit" differenzierter beschrieben. Hiernach werden die positiven Auswirkungen einer individuell ausgeprägten PSM durch die Möglichkeiten determiniert, diese im jeweiligen Beruf auch zu „benutzen".[471] Eine individuell vorhandene PSM führt in beruflichen Situationen, in denen eine Entfaltung dieser motivationalen Bedürfnisse nicht möglich ist, somit nicht zwangsweise zu positiven Effekten wie einer Erhöhung der Arbeitszufriedenheit oder des Commitments.

Steijn (2008) kann nachweisen, dass ein hoher PSM-Wert nicht per se einen direkten positiven Einfluss auf die Arbeitszufriedenheit hat. Erst die Kombination zwischen hoher PSM und der Möglichkeit, diese in der Organisation zu entfalten, führt zu einer signifikanten Steigerung der Arbeitszufriedenheit.[472] Da empirische Unter-

---

[468] G. Hammerschmid et al., 2009, S. 85.
[469] Vgl. G. Hammerschmid et al., 2009, S. 74.
[470] Vgl. J. L. Perry und L. R. Wise, 1990; K. C. Naff und J. Crum, 1999; P. E. Crewson, 1997.
[471] Vgl. B. Steijn, 2008, S. 14.
[472] Vgl. B. Steijn, 2008, S. 23.

suchungen zur PSM überwiegend in öffentlichen Organisationen durchgeführt werden, treten in bivariaten Korrelationsanalysen häufig positive Zusammenhänge zwischen PSM und Arbeitszufriedenheit auf. Weiterführende multivariate Analysen relativieren diesen Zusammenhang jedoch und weisen dem PSM-Fit eine entscheidende Bedeutung zu.[473] Bright (2008) postuliert einen ähnlichen Zusammenhang und zeigt, dass unter Einbeziehung des Mediators POF, welcher die Kongruenz zwischen Zielen und Werten der Mitarbeiter und der Organisation abbildet (Abschnitt 3.2.3), keine signifikante Beziehung zwischen PSM und Arbeitszufriedenheit existiert. Allerdings weisen Mitarbeiter mit einer hohen PSM einen signifikant höheren POF auf als Mitarbeiter mit niedrigen PSM-Werten. Der POF wiederum zeigt einen positiven Wirkzusammenhang zur Arbeitszufriedenheit und manifestiert damit einen indirekten Effekt der PSM auf die Arbeitszufriedenheit.[474]

Andersen und Kjeldsen (2010) zeigen zudem, dass die bloße Zugehörigkeit zum öffentlichen Sektor die Beziehung zwischen PSM und Arbeitszufriedenheit nicht positiv beeinflusst. Die entscheidende Determinante in ihrer empirischen Untersuchung ist der Inhalt der Tätigkeit.[475] Eine Organisation kann sich folglich nicht per se darauf verlassen, alleine aufgrund ihres Status als „öffentlich" einen positiven Wirkzusammenhang zwischen PSM und Arbeitszufriedenheit zu generieren.

Der öffentliche Arbeitgeber sollte diesen Umstand insbesondere bei der Planung und Durchführung von organisationalen Eingriffen, wie die in Kapitel 2 beschriebenen Reformbemühungen des öffentlichen Dienstes, bedenken. Die Managementreformen des NPM/NSM stellen einen Kulturwandel dar und rücken betriebswirtschaftliche Elemente in den Fokus. Das Bild des expansiven Wohlfahrtsstaates weicht zunehmend einer effizienz- und outputorientierten Organisation. Dieser Paradigmenwechsel könnte das Arbeitsumfeld der Mitarbeiter derart beeinflussen, dass eine Befriedigung „public-service-orientierter" Bedürfnisse zunehmend erschwert würde. Menschen, die eine Passung zwischen ihrer motivationalen Struktur und den Zielen und Werten einer öffentlichen Organisation vermuten, könnten folglich in ihren Erwartungen enttäuscht werden und mit Fluktuationsgedanken oder – wahrscheinlicher – Arbeitsunzufriedenheit reagieren. Im folgenden Abschnitt werden mögliche Wirkzusammenhänge zwischen PSM und extrinsischen Anreizsystemen – welche zentrale Elemente der neuen Steuerungslogik in öffentlichen Verwaltungen sind – beleuchtet.

---

[473] Vgl. J. Taylor, 2008, S. 81.
[474] Vgl. L. Bright, 2008, S. 162.
[475] Vgl. L. B. Andersen und A. M. Kjeldsen, 2010, S. 16.

3.3.2.7 PSM und extrinsische Anreizsysteme

In Abschnitt 3.3.2.3 wurde bereits dargestellt, dass die im PSM-Konstrukt subsummierten Motive intrinsische Natur sind. Es liegt folglich nahe, die in der Verdrängungshypothese postulierte Unverträglichkeit zwischen intrinsischen und extrinsischen Anreizen nochmals aufzugreifen (Abschnitt 3.3.1.1). Beschäftigte mit einer hohen PSM-Ausprägung könnten demnach weniger Wert auf extrinsische Anreize legen. Diverse Studien untermauern diese These und zeigen, dass Beschäftigte des öffentlichen Dienstes sinnvolle Arbeit mehr schätzen als externe Anreize – wie beispielsweise eine höhere Bezahlung[476] – und zudem ein Verdrängungseffekt eintreten kann, wenn organisationale Eingriffe als kontrollierend wahrgenommen werden.[477] Die verstärkte Fokussierung des öffentlichen Dienstes auf Instrumente des NPM könnte – der Verdrängungshypothese folgend – intrinsische Motivation der Mitarbeiter verdrängen. Auch wenn die Crowding-Out-Hypothese nach Frey und Osterloh erste theoretische Implikationen dafür liefert, warum extrinsische Anreizsysteme intrinsische Motivation verdrängen und somit kontraproduktiv wirken können, so bedarf es einer Betrachtung, welche stärker auf die spezielle Handlungssituation der Akteure fokussiert ist.[478]

Solch eine Analyse wird vom britischen Wohlfahrtsforscher Le Grand (2006) präsentiert. Dieser postuliert ebenfalls eine spezielle Motivation öffentlich Bediensteter, welche sich mit dem Konstrukt der PSM vereinen lässt. Ausgangspunkt seiner Theorie ist der Gegensatz der ritterlichen Beschäftigten des britischen Staates der Nachkriegszeit (knights) und der opportunistischen Knappen (knaves) des privaten Sektors. Während sich die Knappen primär durch materielle Anreize extrinsisch zur Arbeitsleistung im Sinne des homo oeconomicus bewegen lassen, resultiert die ebenso hohe Arbeitsleistung der Ritter – trotz geringerer Bezahlung – aus einer speziellen intrinsischen Motivation.[479] Austauschtheoretisch formuliert folgert Le Grand (2006), in Analogie zu dem durch Frank (2010) postulierten Konstrukt des „Social Responsibility Ratings"[480], die Akzeptanz eines Einkommensverlusts zugunsten sozialer Anerkennung. Durch die – im Zuge der NPM-Debatte der Ära Thatcher eingeführten – extrinsischen Anreizsysteme im öffentlichen Sektor konstatiert Le Grand einen Wandel der Rollenbilder, wodurch die ursprünglich mündigen Bürger als Objekte der Wohlfahrt (pawns) zu Kunden (queens) der „Dienstleistung Verwaltung"[481] werden.

Dieser Rollenwandel führt für Le Grand (2006) in einem ersten Schritt der Aufmerksamkeit für das Berufsfeld der Beschäftigten des öffentlichen Dienstes zu hö-

---
[476] Vgl. D. J. Houston, 2000; P. E. Crewson, 1997, S. 505.
[477] Vgl. C. B. Jacobsen et al., 2013.
[478] Vgl. W. Matiaske, 2012, S. 267.
[479] Die intrinsische Motivation nach Le Grand (2006) resultiert z. B. aus der den „knights" entgegengebrachten sozialen Anerkennung für den Aufbau des britischen Wohlfahrtsstaates in der Nachkriegszeit.
[480] Vgl. R. H. Frank, 2010.
[481] Vgl. W. Matiaske, 2012, S. 267.

herem Engagement (Crowding-In-Effekt). Das Aktivitätsniveau steigt vom Ausgangswert Q auf Q´ (Abbildung 5). Bei weiterer Intensivierung (z. B. Anstieg der leistungsorientierten Vergütung) wird die vorhandene intrinsische Motivation jedoch verdrängt (Crowding-Out-Effekt) und die Engagementkurve der ehemaligen Ritter S(r) nähert sich der Kurve der vorwiegend opportunistischen Knappen S(k), bis nur noch der Preiseffekt über das Engagement der Beschäftigten entscheidet. Das Aktivitätsniveau sinkt auf Q*. „Die Beschäftigten werden nunmehr als Dienstleister wie alle anderen wahrgenommen, denen – nur weil sie in einer geringfügig schlechter zahlenden Branche beschäftigt sind – keinerlei soziale Anerkennung mehr gebührt."[482]

Abbildung 5: Motivation Beschäftigter in öffentlichen Organisationen[483]

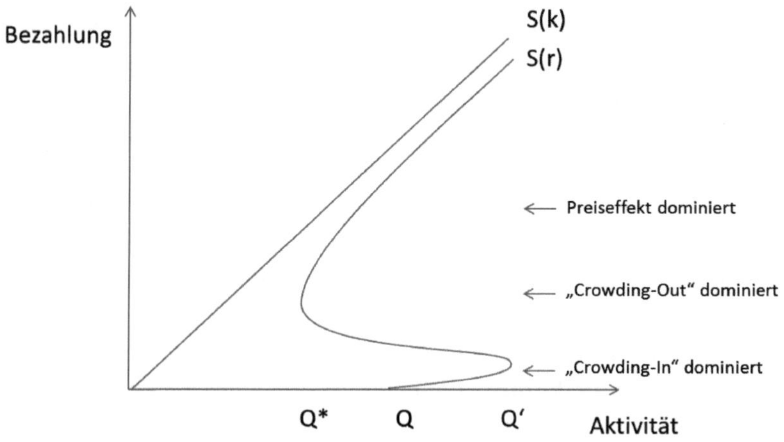

Die durch Le Grand (2006) postulierten Auswirkungen der Reformmaßnahmen auf die Beschäftigten des britischen öffentlichen Dienstes lassen sich aus zweierlei Gründen nicht „eins zu eins" auf den deutschen Kontext übertragen:

(1) In Großbritannien wurden die umfassenden Reformmaßnahmen des NPM vom Staat oktroyiert, da dem öffentlichen Dienst eine Hauptschuld an der damaligen Finanzkrise zugeschrieben wurde. Die Reformimplementierung fand im konsequenten Top-Down-Verfahren statt.[484] Im Gegensatz hierzu initiierte die öffentliche Verwaltung in Deutschland die Reformbewegungen selbst. Erst durch den Vorstoß der KGSt gewannen die Gedanken des NPM

---

[482] W. Matiaske 2012, S. 268.
[483] Grafik entnommen aus: J. Le Grand, 2006, S. 68, in Anlehnung an W. Matiaske, 2012, S. 268.
[484] Vgl. G. Gruening (Grüning), 2000, S. 12-13.

an Relevanz und wurden in der Folge sukzessive – und weniger drastisch – realisiert.[485]

(2) Des Weiteren muss berücksichtigt werden, dass Le Grand in seinen Arbeiten vorwiegend die Einführung leistungsorientierter Bezahlung betrachtet. Im deutschen Kontext steht das Instrument des Leistungsentgelts aufgrund seines geringen Volumens sowie der nicht konsequenten Einführung nicht im Zentrum der Reformbewegung und damit auch weniger im Fokus der Beschäftigten bzw. der Öffentlichkeit.

Die aufgeführten Punkte führen zu der Annahme, dass die durch Le Grand (2006) postulierten Effekte in Deutschland nicht derart deutlich zu erwarten sind. Dennoch lässt sich eine generelle Tendenz ableiten, die auch für den deutschen Kontext Relevanz besitzt. Durch die Instrumente des NPM gleichen sich die Arbeitsbedingungen der Beschäftigten des deutschen öffentlichen Dienstes denen der Privatwirtschaft an. Durch die organisationale Konzentration auf betriebswirtschaftliche Elemente wie Zielvereinbarungen oder Controlling könnte – je nach Intensität der Implementierung – ein Verdrängungseffekt einhergehen, welcher sich sowohl auf individueller Ebene, als auch auf organisationaler Ebene abspielen könnte.

Im ersten Fall *(individuelle Verdrängung)* würde die Verdrängung innerhalb des Individuums stattfinden, d. h. der von Grund auf „public-service-motivierte" Beschäftigte wird sich vorwiegend auf die extrinsischen Anreize konzentrieren, die im Zuge des NPM zunehmend an Relevanz gewinnen. Er wählt somit „den Weg des geringsten Widerstandes" und lässt sich durch die zunehmende quantitative Ergebnisorientierung steuern. Wurde die Bedürfnisbefriedigung ursprünglich durch den ritterlichen Wunsch, den Menschen und der Gesellschaft helfen zu können erreicht, so rücken nun quantitative Zielvorgaben und Forderungen des Controllings, welche im Konflikt zur ausgeprägten PSM stehen können, in den Vordergrund.

Während die Mitarbeiter in der individualtheoretischen Interpretation ihr Verhalten – bewusst oder unbewusst – den neuen Gegebenheiten anpassen, erwägen sie in der organisationalen Interpretation *(organisationale Verdrängung)* den Austritt aus der Organisation, da sie die persönliche Erwartung, in der öffentlichen Institution einen Arbeitgeber zu finden, welcher die individuellen Bedürfnisse befriedigt, als nicht erfüllt sehen. Dies könnte – im Sinne der Anreiz-Beitrags-Theorie – zu einer negativen Anreiz-Beitrags-Bilanz und somit zu Arbeitsunzufriedenheit sowie Fluktuationsgedanken führen.[486] Langfristig betrachtet würden somit intrinsisch motivierte Personen aus der Organisation des öffentlichen Dienstes „verdrängt". Aufgrund der

---

[485] Vgl. Abschnitt 2.3 dieser Arbeit.
[486] Vgl. die durch March und Simon (1958) postulierten Wirkungen einer negativen Anreiz-Beitrags-Bilanz (Abschnitt 4.2.1 dieser Arbeit).

propagierten Leitbilder[487] lässt sich jedoch vermuten, dass es nicht die generelle Intention öffentlicher Arbeitgeber ist, Mitarbeiter mit einem hohen Maß an intrinsischen Werten zu einem Verlassen der Organisation zu bewegen bzw. eine auf individueller Ebene stattfindende Verdrängung intrinsischer Motivation zu erzeugen. Es könnte sich vielmehr um einen unerwünschten Nebeneffekt der NPM-Reformen handeln.[488] Für die Personalgewinnung des öffentlichen Arbeitgebers würde dieser Effekt zukünftig zu einer „adverse selection" bei den Bewerbungen führen.[489]

3.4 Zusammenfassung

Der vorliegende theoretische Bezugsrahmen fußt auf der Erkenntnis, dass Arbeitsbeziehungen immer von beidseitigen Unsicherheiten geprägt sind. Weder Arbeitgeber noch Arbeitnehmer können zum Zeitpunkt der Unterzeichnung des Arbeitsvertrages eine Vorstellung über die exakte Ausgestaltung des Arbeitsverhältnisses haben. Der juristische Arbeitsvertrag vermag diese Lücken nicht zu schließen, sondern lässt für beide Parteien Handlungsspielräume offen und gilt daher als unvollständig. Wie im vorliegenden Kapitel ausgeführt, beziehen sowohl Arbeitgeber als auch Arbeitnehmer Vorteile aus einem unvollständigen und auf Langfristigkeit beruhenden Arbeitsvertrag. Gleichwohl können die bestehenden Unsicherheiten zu Erwartungen führen, die im laufenden Arbeitsverhältnis enttäuscht werden und zu Arbeitsunzufriedenheit sowie Fluktuationsgedanken führen. Der Fortbestand einer Organisation kann jedoch nur dann sichergestellt werden, wenn genügend Mitglieder beitreten und ihren Beitrag zum Organisationsziel leisten. Um diese Beitritts- und Beitragsentscheidungen von Individuen besser zu verstehen, wurde auf die Anreiz-Beitrags-Theorie nach Barnard (1938) und deren individualtheoretische Weiterführung nach March und Simon (1958) zurückgegriffen. Die Theorie geht zum einen davon aus, dass Organisationen nur dann eine Überlebenschance haben, wenn ein Gleichgewicht zwischen Anreizen und Beiträgen sichergestellt werden kann. Zum anderen leisten Individuen nur Beiträge, so lange sie ausreichend organisationale Anreize geboten bekommen. Diese Anreize müssen nicht zwangsweise materieller Natur

---

[487] Exemplarisch: „der engagierte Mitarbeiter im Zentrum der Reform" (KGSt, 1993); „Staatsbürger in Uniform" (Bundeswehr: Bundesministerium der Verteidigung, 2008, S. 3); „Moderne Dienstleistungen am Arbeitsmarkt" (Bundesagentur für Arbeit).

[488] Vgl. hierzu die Ausführungen von Kieser (2012), welcher unerwünschte Nebeneffekte als unabdingbares Resultat einer gestalterischen Einwirkung in Organisationssysteme analysiert.

[489] Vgl. G. Hammerschmid et al., 2009, S. 84 sowie V. Forest, 2008.
An dieser Stelle sei jedoch erwähnt, dass Hammerschmid et al. (2009) in einer späteren Untersuchung (R. E. Meyer et al, 2013, S. 14) ihre selbst postulierte Theorie des Verdrängungseffektes von PSM durch die neue Steuerungslogik in der öffentlichen Verwaltung nicht bestätigt. Grundlage dieser Folgerung sind die Ergebnisse einer ebenfalls in der Stadt Wien durchgeführten Studie unter Führungskräften der öffentlichen Verwaltung. Die Separierung von klassischen Staatsdienern und „Public Managers" (via Selbstbeurteilung) offenbart eine geringere PSM der Staatsdiener im Vergleich zu den „Public Managern" (NPM-affine Beschäftigte). Da das Sample sehr speziell ist (Führungskräfte in Wien) und die Autoren trotz gegenläufiger Dimensionen ein Gesamtscore gebildet haben, lässt sich aufgrund dieser Befunde keine Allgemeingültigkeit ableiten.

sein, sondern können in einem breiten Spektrum an nicht materiellen Werten verankert sein. Insbesondere Gründe, die in der Organisation selbst liegen, sind im Kontext dieser Arbeit von Interesse, da sie Aufschluss darüber geben können, warum sich einige Menschen zu einer Tätigkeit im öffentlichen Dienst gezogen fühlen, während andere eine Tätigkeit in der Privatwirtschaft anstreben. In diesem Zusammenhang wurde auf die Forschungserkenntnisse zum Commitment verwiesen, welches als „psychologisches Band" zwischen Organisationen und ihren Mitarbeitern definiert wird.[490] Intrinsische Werte, wie eine emotionale Bindung oder eine moralische Verpflichtung zu Beiträgen, können als Anreize zum Beitritt in und zu Beiträgen an eine Organisation interpretiert werden. Die Bindung eines Individuums an eine Organisation kann verschiedene Ursachen haben, scheint aber generell eine gewisse Passung zwischen Werten und Zielen des Individuums und der Organisation, welche ihre theoretische und empirische Unterstützung in den Arbeiten zum Person-Organization Fit (POF) findet, vorauszusetzen. Da ein hoher POF mit positiven Effekten auf verschiedene Output-Größen des Arbeitsverhältnisses (z. B. Arbeitszufriedenheit) verbunden wird, ist eine hohe Passung zwischen der Organisation und den Mitarbeitern für beide Parteien des Beschäftigungsverhältnisses wünschenswert.

Für den öffentlichen Arbeitgeber ist es nun insbesondere von Interesse, eine Vorstellung davon zu haben, welche Motive Menschen zu einem Beitritt in eine öffentliche Organisation bewegen. Ausgehend von der Konzeptualisierung in intrinsische und extrinsische Motivation wurde das Konstrukt der Public Service Motivation (PSM) als vorherrschende motivationale Struktur öffentlich Bediensteter identifiziert. PSM – in der Tradition nach Perry (1996) – setzt sich aus vier Dimensionen (politische Motivation, Gemeinwohlinteresse, soziales Mitgefühl und Altruismus) zusammen und gilt im internationalen Umfeld als weitestgehend bestätigt. Beobachtungen weisen auf eine Selbstselektion von Individuen mit hohen PSM-Werten in öffentliche Organisationen hin. Der ureigene Zweck des öffentlichen Dienstes scheint für Menschen mit hoher PSM einen Anreiz zum Beitritt darzustellen. Empirisch bestätigte positive Zusammenhänge zwischen PSM und Arbeitszufriedenheit von Menschen in öffentlichen Organisationen verstärken diese Annahme. Allerdings resultiert aus einer hohen PSM nicht zwangsweise ein positiver Effekt auf die Arbeitszufriedenheit. Die Organisation muss dem Mitarbeiter mit hohen PSM-Werten die Möglichkeit geben, diese PSM auch zu entfalten („PSM-Fit"). Des Weiteren wurde verdeutlicht, dass Menschen mit hoher PSM grundsätzlich weniger Wert auf extrinsische Anreize legen. In diesem Zusammenhang wurden nochmals die Gedanken zur Verdrängung intrinsischer Motivation – als welche PSM verstanden werden kann – durch extrinsische Anreize aufgegriffen. Es ist zu vermuten, dass die Initiatoren der Reformbewegungen innerhalb des öffentlichen Dienstes in Deutschland nicht das Ziel hatten, eine Unverträglichkeit zwischen der neuen – auf

---

[490] Vgl. I. Weller, 2003, S. 77.

extrinsischen Vorgaben fußenden – Organisationskultur und Mitarbeitern mit hohen PSM-Werten zu erzeugen. Eine solche Folge wäre vielmehr als nicht intendierter Effekt zu verstehen.

Bevor dieser theoretische Bezugsrahmen in Abschnitt 3.4.2 mit der Hypothesengenerierung schließt, soll im folgenden Abschnitt aufgezeigt werden, warum insbesondere die Reform der Arbeitsverwaltung ein erhöhtes Risiko aufweist, nicht intendierte Effekte zu erzeugen.

3.4.1 Intendierte und nicht intendierte Effekte

Wie bereits dargestellt, sind Organisationen aufgrund ihres sozialen Charakters nicht einfach beherrsch- und steuerbar.[491] Die obsolete Vorstellung des frühen Scientific Management, dass Veränderung ein technokratischer Akt und die Organisation eine Maschine ist, führt dazu, dass sich eine intendierte Problemlösung oftmals zu einer Problemverstärkung entwickelt.[492] Die Barnardsche Definition der Organisation als komplexes System von Handlungen impliziert eine Divergenz zwischen dem Organisationshandeln und persönlichen Handlungen, da die Handlungen des Individuums durch den Organisationswillen bestimmt werden. Innerhalb einer individuellen „zone of indifference" akzeptieren die Mitglieder den Willen der Organisation und beugen sich diesem. In Analogie zu dem von Max Weber konstruierten Bild, werden die Organisationsteilnehmer in ein „stahlhartes Gehäuse" befördert. Nach der individualtheoretischen Interpretation von March und Simon (1958) hängt das Ausmaß der Akzeptanz dieser Einengung von der individuellen Anreiz-Beitrags-Bilanz des Organisationsteilnehmers ab.[493] Hier ist zu beachten, dass sich die Folgen organisationaler Eingriffe auf das Individuum nur schwer prognostizieren lassen und oftmals mit ungewünschten Nebeneffekten einhergehen. Kieser (2012) identifiziert eine gewisse Ambivalenz der organisationalen Wirkmacht als Grund für nicht intendierte Effekte:

„Organisationen sind sowohl einschränkend als auch unterstützend; sie standardisieren, eröffnen aber gerade durch diese Standardisierung auch wieder Spielräume zur Entfaltung von Kreativität. Und weil Organisationen diese Möglichkeiten bieten, neigen ihre Gestalter dazu, bei der Verfolgung bestimmter Ziele nicht intendierte Effekte auszulösen."[494]

Die Regelung von Organisationen – so Kiesers Schlussfolgerung – ist aufgrund dieser Ambivalenz nicht einfach. Ein steuernder Eingriff in eine Organisation löst immer nicht intendierte Effekte aus. Reformen, welche das Ziel verfolgen, die unge-

---

[491] Vgl. Abschnitt 3.2.
[492] Vgl. J. Kegelmann, 2007, S. 17.
[493] Vgl. Abschnitt 3.2.1.
[494] A. Kieser, 2012, S. 230.

wollten Nebeneffekte zu beseitigen, lösen wiederrum neue nicht intendierte Effekte aus. Die Gründe hierfür sind vielschichtig, Kieser (2012) identifiziert insbesondere:

- Interessendivergenzen der Teilnehmer und Fluktuation dieser,
- sporadische Teilnehmer, wie hierarchisch Höherstehende, die sich einbringen, obwohl sie nicht Teil des Komitees sind sowie Experten, welche zu Rate gezogen werden,
- unterschiedliche Erwartungen und abweichende Priorisierung von Problemen innerhalb des Teilnehmerkreises sowie
- die Einflussnahme verschiedener Institutionen.[495]

Es ist zu erwarten, dass die Reformbemühungen rund um das NPM im Allgemeinen und die Reform der deutschen Arbeitsverwaltung im Speziellen eine Reihe nicht intendierter Effekte ausgelöst haben. Die im Jahr 2002 initiierte Reform der Arbeitsverwaltung „Moderne Dienstleistungen am Arbeitsmarkt"[496] wurde durch eine Vielzahl von Akteuren mit unterschiedlichen Erwartungen und Problemen geprägt. Auslöser der Reform war der Vermittlungs- und Statistikskandal der damaligen Bundesanstalt für Arbeit, welcher den politischen Akteur *(hierarchisch Höherstehende)* zu einer schnellen und öffentlich wirksamen Reaktion nötigte. Die einberufene Kommission bestand aus 15 *Experten*, welche neben dem damaligen Vorstandmitglied der Volkswagen AG, Peter Hartz, aus Vertretern von Gewerkschaften, Unternehmensberatungen, Universitäten sowie aus weiteren wirtschaftlichen sowie politischen Repräsentanten zusammengesetzt war. Die heterogene Zusammensetzung der Kommission bedeutete auf der einen Seite ein breit gestreutes Know-How, barg jedoch auf der anderen Seite das Risiko von erheblichen Interessendivergenzen. Neben dem politischen Auftraggeber und der Expertenkommission existierte (existiert) eine Vielzahl weiterer Stakeholder. Zu nennen sind:

- die Gruppe der Kunden, welche nochmals in die Bandbreite zwischen Kurz- und Langzeitarbeitslose mit leichten bis schwerwiegenden Vermittlungshemmnissen untergliedert werden kann und deren primäres Interesse sicherlich nicht in der Reziprozität sozialer Dienstleistungen lag,
- die übrigen Steuerzahler, die insbesondere das Interesse an einem transparenten und verantwortungsvollen Umgang mit öffentlichen Mitteln haben sowie
- die Mitarbeiter der Arbeitsverwaltung, welche faktisch die Durchführenden der konzeptionell erarbeiteten Reform waren/sind.

Neben dieser Vielzahl an Akteuren spielen darüber hinaus die Interessen diverser *Institutionen* (BA, Bundesregierung, Länder, Kommunen etc.) eine zu berücksichti-

---

[495] Vgl. A. Kieser, 2012, S. 245.
[496] Vgl. Abschnitt 2.4.1.

gende Rolle. Ohne dass die unterschiedlichen Interessen und Erwartungen im Detail aufgezeigt werden müssen wird deutlich, dass die Reform der deutschen Arbeitsverwaltung die durch Kieser (2012) identifizierten Gründe für nicht intendierte Effekte einer Reform in erheblichem Maße aufweist. Abbildung 6 illustriert eine Auswahl der direkten und indirekten Akteure des Reformvorhabens „Moderne Dienstleistungen am Arbeitsmarkt". Die Bundesregierung als initiierender und die Experten – in Ausgestalt der heterogen besetzten Hartz-Kommission – als konzeptualisierender Akteur bilden die direkten Akteure. Sie sind in ihren Handlungen jedoch nicht autonom, sondern sehen sich von einer Vielzahl einflussnehmender indirekter Akteure umschlossen.

Abbildung 6: Akteure der Hartz-Reformen[497]

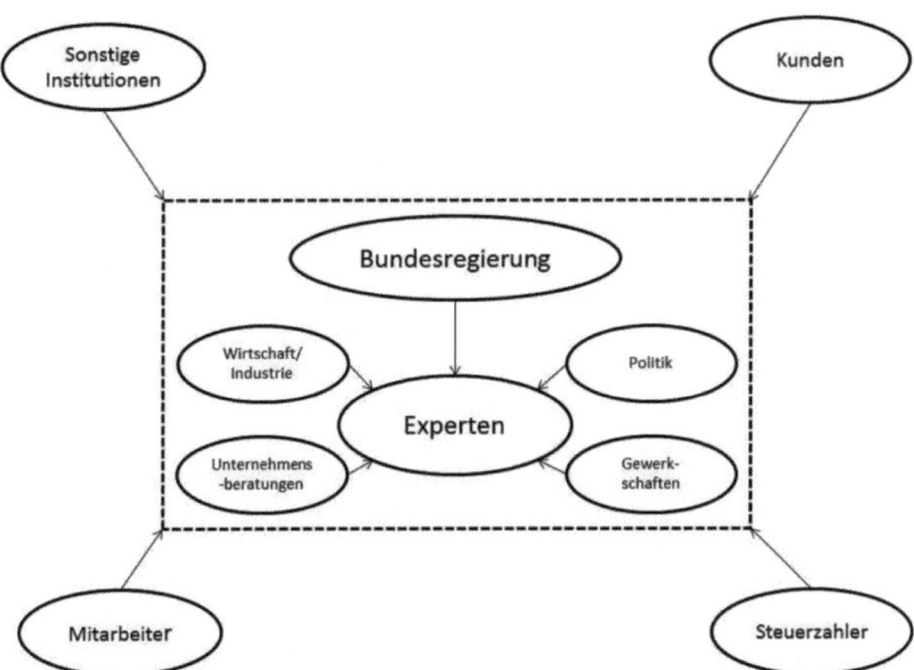

Es kann an dieser Stelle zwar nicht abschließend aufgezeigt werden, in welcher Quantität die Reformbemühungen der deutschen Arbeitsverwaltung nicht intendierte Effekte auslösten. In den folgenden Teilkapiteln sollen jedoch die für diese Arbeit wesentlichen Output-Größen im Hinblick auf intendierte und nicht intendierte Effekte beleuchtet werden.

---

[497] Eigene Darstellung.

3.4.2 Hypothesen

Zum Abschluss des Kapitels gilt es nun, Hypothesen zu generieren, also, „die Explikation der aus dem theoretischen Rahmen und der Literatur ableitbaren Zusammenhänge"[498] zu leisten.

Der theoretische Rahmen dieser Arbeit fußt auf der Interpretation der Arbeitsbeziehung als Sozialtauschbeziehung und stellt die besondere Bedeutung der Kongruenz zwischen den Werten und Zielen des Individuums und der Organisation heraus (Abschnitt 3.2.3). Die bereits durch March und Simon postulierte und in einigen empirischen Untersuchungen bestätigte positive Wirkung einer hohen Passung zwischen Individuum und Organisation auf die Arbeitszufriedenheit der Mitarbeiter führt zur Hypothese H1.

H1: Je höher die Passung zwischen Mitarbeiter und Organisation, desto höher ist die Arbeitszufriedenheit.

Hypothese H2 artikuliert die Annahme, dass sich Individuen mit ausgeprägter PSM eher mit den Zielen und Werten von öffentlichen Organisationen identifizieren als Menschen mit niedrigen Werten. Dieser Zusammenhang ist empirisch vielfach bestätigt und wird daher auch im Kontext dieser empirischen Untersuchung vermutet.[499] Allerdings könnte die Stärke des Zusammenhangs für den hiesigen Untersuchungsgegenstand schwächer als in der Literatur üblich ausfallen. Grundsätzlich ist die deutsche Arbeitsverwaltung eine öffentliche Institution und sollte demnach präferierter Arbeitgeber für Menschen mit hoher PSM sein. Wie bereits dargestellt, bewegt sich die Organisation der SGB II Jobcenter jedoch in einem Spannungsfeld zwischen einem – PSM-förderlichen – philanthropischen Organisationszweck (Betreuung und (Re-)Integration von Langzeitarbeitslosen in den Arbeitsmarkt) und – PSM zuwider laufenden – starren Zielvorgaben des Controllings und der Statistik. Wie in Abschnitt 3.3.2.2 dargestellt, ist es auf der einen Seite im Sinne öffentlicher Institutionen, Individuen mit hoher PSM zu beschäftigen, auf der anderen Seite streben Menschen eine Passung zwischen sich und der Organisation an. Ein lediglich schwach positiver – oder gar negativer – Zusammenhang in der zu untersuchenden Beziehung zwischen PSM und POF würde darauf hinweisen, dass die organisationalen Anreize den Bedürfnissen von Individuen mit hoher PSM zuwider laufen.

H2: Die individuelle Public Service Motivation hat einen (positiven) Einfluss auf die Passung zwischen Mitarbeiter und öffentlicher Organisation.

---

[498] R. Porst, 1998, S. 7.
[499] Vgl. Abschnitt 3.3.2.

Die jüngeren Erkenntnisse zur PSM zeigen, dass die intuitiv vermutete und zum Teil auch empirisch bestätigte positive Beziehung zwischen PSM und Arbeitszufriedenheit auf keinen *direkten* Zusammenhang zwischen beiden Variablen zurückzuführen ist. An dieser Stelle sei nochmals auf den durch Steijn (2008) formulierten „PSM-Fit" verwiesen, welcher aussagt, dass PSM lediglich dann einen positiven Effekt auf die Arbeitszufriedenheit ausübt, wenn die jeweilige Tätigkeit – bzw. die gesamte Organisation – eine Möglichkeit bietet, vorhandene PSM zu entfalten:

H3: Die individuelle PSM hat keinen direkten Einfluss auf die Arbeitszufriedenheit.

Hypothese H4 ist korrelativ formuliert, da aufgrund des theoretischen Bezugsrahmens die Ursache-Wirkungs-Beziehung nicht eindeutig zu bestimmen ist. Auf der einen Seite ist ein *individueller Verdrängungseffekt* in der klassischen Variante nach Deci et al./Frey et al.[500] oder in der – die speziellen Handlungsbedingungen der Akteure berücksichtigenden – Weiterentwicklung nach Le Grand (2006) möglich. In diesem Fall wären die Instrumente des NPM extrinsische Anreize, welche dem Kontinuum der heteronomen Kontrolle zuzuordnen wären und zu den Typen der externalen oder introjizierten Regulation zählen würden.[501] Im Sinne der SDT schränkt der arbeitgeberseitige Eingriff die Selbstbestimmtheit der Mitarbeiter ein, wird von diesen als kontrollierend wahrgenommen und verdrängt in einem nicht intendierten Effekt die intrinsische Motivation – hier operationalisiert durch das Konstrukt der PSM. In der Interpretation von Le Grand ergibt sich diese Verdrängung aufgrund einer Entwertung des ritterlichen Engagements der Akteure durch outputorientierte Instrumente des NPM.

Auf der anderen Seite ist jedoch ebenso ein *organisationaler Verdrängungseffekt* theoretisch ableitbar. Menschen mit hohen intrinsischen Werten wie Gemeinwohlinteresse, soziales Mitgefühl und Altruismus – operationalisiert durch einen hohen PSM-Score – fühlen sich durch die neue NPM-basierte Steuerungslogik innerhalb der deutschen Arbeitsverwaltung (unmittelbar) stärker belastet als Individuen mit niedrigen PSM-Werten. Auch in dieser Variante würde der organisationale Eingriff – in der Interpretation der SDT – als kontrollierend wahrgenommen. Im Unterschied zum individuellen Verdrängungseffekt ist die intrinsische Motivation der PSM jedoch unabhängige Variable – und demnach konstant. Das grundlegende psychologische Bedürfnis nach Autonomie und Kompetenz wird durch die Implementierung der NPM-orientierten Instrumente (Zielvereinbarungen und Controlling) untergraben, höhere wahrgenommene Belastung und Arbeitsunzufriedenheit sind die Folge. Van den Broeck et al. (2008) zeigen, dass die Einschränkung der durch die SDT postulierten grundlegenden menschlichen Bedürfnisse negative

---

[500] Vgl. Abschnitt 3.3.1 dieser Arbeit.
[501] Vgl. M. Vansteenkiste et al., 2008, S. 194-197; R. M. Ryan und E. L. Deci, 2000, S. 72 sowie E. L. Deci und R. M. Ryan, 1993, S. 227-228.

Auswirkungen auf das individuelle Wohlbefinden der Mitarbeiter haben.[502] Langfristig betrachtet werden Mitarbeiter mit hoher PSM aus der öffentlichen Organisation „verdrängt", da diese es ihnen nicht mehr ermöglicht, ihre PSM auch zu „benutzen" (PSM-Fit). Der öffentliche Dienst verlöre somit ein wichtiges Alleinstellungsmerkmal bei der Personalgewinung. Die durch Perry und Wise (1990) postulierte Selbstselektion von Menschen mit hoher PSM in öffentliche Organisationen würde sich folglich aufgrund der geänderten Rahmenbedingungen umkehren und zu einer „adverse selection"[503] bei den Bewerbungen führen.

H4: Die individuelle PSM und die Belastung durch Instrumente des NPM sind positiv korreliert.

Organisationale Eingriffe sind oftmals mit erhöhten Belastungen für die Beschäftigten verbunden. Arbeitsbelastung wird definiert als „Arbeitsanforderungen und -bedingungen, durch die die Arbeitenden beeinträchtigt werden."[504] Belastungen am Arbeitsplatz können unter anderem negative Auswirkungen auf die Gesundheit, das Wohlergehen oder das Erfüllen der Arbeitsanforderungen haben.[505] Studien weisen darauf hin, dass die Implementierung von Instrumenten des NPM in öffentlichen Institutionen zu einem Anstieg der wahrgenommenen Belastung führen kann.[506] Verallgemeinert ausgedrückt, wird ein Anstieg der Arbeitsbelastung mitunter als „Preis" interpretiert, der aufgrund einer Effizienzsteigerung öffentlicher Institutionen zu zahlen ist.[507] Dieser Preis variiert je nach Mitarbeiter, Organisation und Tätigkeitsfeld. Vor dem Hintergrund des Untersuchungsgegenstandes dieser Studie – die SGB II Jobcenter – kann konstatiert werden, dass die Mitarbeiter einer speziellen potentiellen Belastungsquelle ausgesetzt sind – der Emotionsarbeit.[508] Die Arbeit mit und Betreuung von Menschen in Lebenskrisen ist ein exemplarischer Fall von Emotionsarbeit. Beruflich erzwungene Unterdrückung von Gefühlen, der beruflich bedingte Zwang zu nicht authentischem Verhalten, ein geringer Grad an Handlungsautonomie sowie die tägliche Konfrontation mit Hilfebedürftigkeit, Hoffnung und Enttäuschung können zu emotionalen Problemen der Betroffenen führen.[509]

---

[502] Vgl. A. Van den Broeck et al., 2008, S. 288-290. Ähnliche Ergebnisse präsentieren Deci und Ryan (2000). In ihrer Interpretation wird der Begriff des Wohlbefindens („Well-Being") jedoch um medizinische Komponenten erweitert: „However, in our view, well-being is not simply a subjective experience of affect positivity but is also an organismic function in which the person detects the presence or absence of vitality, psychological flexibility, and a deep inner sense of wellness" (Deci und Ryan, 2000, S. 243). Diese Interpretation deckt sich nicht vollumfänglich mit der hier verwendeten Operationalisierung. Die Item-Formulierung („Wie stark belastet Sie das?") deckt sich jedoch ausreichend mit der nichtmedizinischen Komponente der Interpretation von Deci und Ryan („subjective experience of affect positivity").
[503] Vgl. G. Hammerschmid et al., 2009, S. 84 sowie V. Forest, 2008.
[504] F. Böhle, 2010, S. 451.
[505] Vgl. B. Blessin und A. Wick, 2014, S. 328 ff.
[506] Vgl. C. Korunka et al., 2003; A. J. Noblet und J. J. Rodwell, 2009; M. Olejniczak und D. Salmon, 2014.
[507] Vgl. C. Korunka et al., 2003, S. 67.
[508] Vgl. A. R. Hochschild, 2003 [1983]; K. Pugliesi, 1999.
[509] Vgl. K. Pugliesi, 1999, S. 127-132; M. Olejniczak und D. Salmon, 2014.

Durch die Ausrichtung an externen Zielen sowie Forderungen des Controllings und der Statistik kommen darüber hinaus noch Rollenkonflikte, Rollenambiguität, mangelnde Selbstbestimmung im Arbeitsgebiet und Verantwortung für die Zielerreichung hinzu.[510] Neben diesen organisationalen und tätigkeitsbezogenen Quellen der Belastung sind darüber hinaus individuelle Voraussetzungen von Bedeutung. Hsieh et al. (2011) zeigen, dass Menschen mit einer hohen PSM in einem von Emotionsarbeit geprägten Tätigkeitsfeld dazu neigen, sich tiefergehend mit den Problemen der Kunden auseinanderzusetzen („deep acting").[511] Vor dem Hintergrund der NPM-Reformen in den SGB II Jobcentern sind es vermutlich genau diese Mitarbeiter, die stärker vom Spannungsfeld zwischen organisationalen Zielvorgaben und individuellen Bedürfnissen der Kunden betroffen und belastet sind. Ob die ursprünglich zur Motivationssteigerung implementierten Instrumente des NPM von den Mitarbeitern der SGB II Jobcenter tatsächlich als Belastung wahrgenommen werden, gilt es in der folgenden empirischen Untersuchung zu überprüfen. Aus den vermuteten Folgen des NPM/NSM als Belastungsquelle ergeben sich die Hypothesen H5 und H6:

H5: *Je höher die Belastung durch Instrumente des NPM, desto höher ist die situative Arbeitsbelastung.*

H6: *Je höher die situative Arbeitsbelastung, desto niedriger ist die Arbeitszufriedenheit.*

Hypothese H7 geht mit der Beobachtung einher, dass Menschen eine Passung zu Organisationen anstreben und sich diesen selbstselektierend zuwenden. Individuen mit ausgeprägter PSM suchen demnach bevorzugt die Teilnahme an öffentlichen Organisationen, da sie dort eine hohe Kongruenz zwischen individuellen und organisationalen Werten und Zielen erwarten. Die Betreuung von Langzeitarbeitslosen, als klassisches Beispiel für Emotionsarbeit, ist sicherlich ein Bereich, in dem Menschen mit hohem Gemeinwohlinteresse, sozialen Mitgefühl und Altruismus eine Befriedigung ihrer Bedürfnisse erwarten können. Ein hoher wahrgenommener POF wäre die Folge. Durch zunehmende Belastung, welche insbesondere durch PSM-konträre Instrumente des NPM entsteht, leidet die wahrgenommene Passung zur Organisation. Es ist wird zunehmend erschwert, die PSM „zu benutzen" („PSM-Fit"). Folglich wird ein negativer Zusammenhang zwischen der wahrgenommenen Belastung und dem POF vermutet. Ein ähnlicher Zusammenhang wurde bereits von Moynihan und Pandey (2007) postuliert:

---

[510] Vgl. M. Olejniczak et al., 2014, S. 6.
[511] Vgl. C. W. Hsieh et al., 2011.

„Members who joined the organization with a strong commitment to public service may find themselves increasingly frustrated as time passes, as their hopes to contribute are dashed."[512]

Für die vorliegende Arbeit fasst Hypothese H7 diesen postulierten Wirkzusammenhang zusammen:

H7: Je höher die wahrgenommene Belastung (situativ und durch NPM), desto geringer ist die Passung zwischen Mitarbeiter und Organisation.

Abbildung 7 stellt das Hypothesensystem zusammenfassend dar und macht deutlich, dass die einzelnen Hypothesen miteinander zusammenhängen.

Abbildung 7: Hypothesensystem[513]

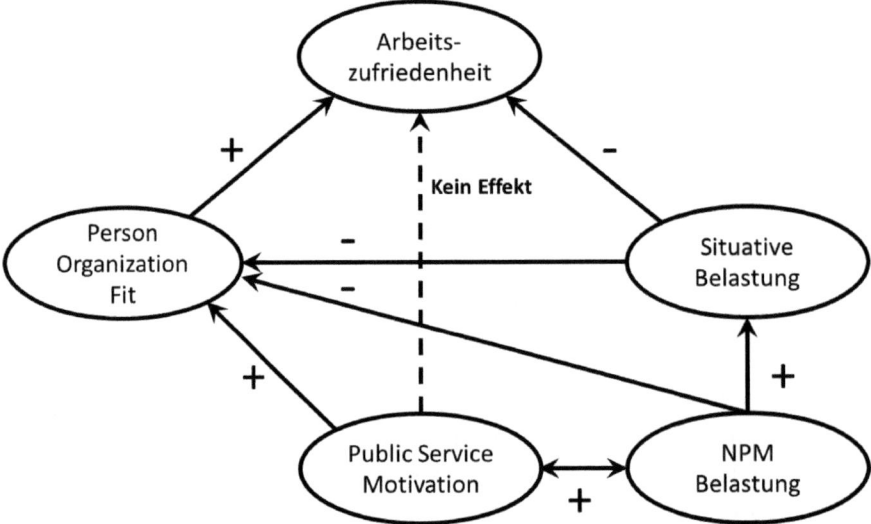

---

[512] D. P. Moynihan und S. K. Pandey, 2007, S. 44.
[513] Eigene Darstellung.

4 Empirische Analyse

Zielsetzung des empirischen Teils dieser Arbeit ist die Überprüfung der in Abschnitt 3.4.2 generierten Hypothesen. Das vorliegende Kapitel dient hierzu als Einstieg in die empirische Analyse. Zunächst wird auf die methodische Vorgehensweise der durchgeführten quantitativen Untersuchung eingegangen. Die Darstellung wird möglichst kurz gehalten, da das konkrete Vorgehen bei den Berechnungen besser anhand der jeweiligen Ergebnisdarstellungen des Kapitels 5 nachvollziehbar ist. Im vorliegenden Kapitel soll vielmehr ein erster Einblick in den Ablauf der Datenerhebung sowie eine konkrete Illustration des Untersuchungsgegenstandes erfolgen. Auch wenn in Abschnitt 2.4 bereits die Auswirkungen der Arbeitsmarktreform innerhalb der deutschen Arbeitsverwaltung beleuchtet wurden, ist das konkrete Verständnis der untersuchten Organisationen „SGB II Jobcenter" zur Ergebnisinterpretation unabdingbar.

Das vorliegende Kapitel schließt mit den verwendeten Operationalisierungen und schafft somit die inhaltliche und methodische Basis, um die in Kapitel 5 folgende Ergebnisdarstellung nachvollziehen zu können.

4.1 Methodische Vorgehensweise

Die in Abschnitt 3.4.2 generierten Hypothesen werden auf Basis einer quantitativen Analyse überprüft.[514] Als Untersuchungsgegenstand wurden die SGB II Jobcenter (gemeinsame Einrichtungen) ausgewählt, da deren Organisation im hohen Maße nach den Grundsätzen des NPM/NSM ausgerichtet ist und die postulierten Zusammenhänge in diesem Umfeld gut überprüfbar erscheinen. Der Zugang zum empirischen Feld erwies sich als problematisch, da die Gespräche mit einzelnen Jobcentern – trotz Interesse der jeweiligen Geschäftsführer – nicht zu einer Öffnung für eine empirische Studie führten. Erst nach der Kontaktaufnahme mit dem Bundesvorstand der Personalräte der Jobcenter konnte ein gemeinsam konzipierter Lösungsansatz realisiert werden. Nur durch das große Interesse der Personalräte an einer unabhängigen Befragung der Beschäftigten auf Basis des Untersuchungskonzeptes konnte die Befragung durchgeführt werden. Als Erhebungsform wurde jedoch ausschließlich eine Online-Befragung in Betracht gezogen. Der Ablauf der Erhebung sowie die Einzelheiten zum Online-Fragebogen werden in den folgenden Abschnitten erläutert.

---

[514] Auf die konkreten statistischen Methoden inklusive der verwendeten Software wird im Kapitel 5 detailliert eingegangen.

4.1.1 Ablauf der Erhebung

Um die aufgestellten theoretischen Gedanken empirisch zu überprüfen, wurde ein Fragebogen entwickelt, welcher die zentralen Konstrukte des theoretischen Bezugsrahmens abbildet.[515] Ursprüngliches Ziel war es, anhand einzelner Jobcenter eine möglichst valide und eindeutig zuzuordnende Datenbasis zu erhalten. Während das Forschungsinteresse von Seiten des Bundesvorstands der Jobcenter-Personalräte begrüßt wurde, konnte nach ersten Gesprächen mit Geschäftsführern einzelner Jobcenter keine Einigung erzielt werden. Das Risiko eines „schlechten Ergebnisses" und der damit verbundene interne sowie externe Druck erwiesen sich als Barrieren und zwangen die Projektgruppe zu einer Modifikation des Vorgehens. Nach gemeinsamer Diskussion mit den Ländervertretern im Bundesvorstand der Personalräte wurde eine Online-Lösung entwickelt, in der die Anonymität der einzelnen Jobcenter gewahrt bleibt.

Der generierte Fragebogen wurde auf einem unabhängigen Server positioniert und ab dem 08. April 2013 für 8 Tage freigeschaltet. Am 08. April wurden von dem Bundesvorsitzenden und den Ländervertretern der Jobcenter-Personalräte E-Mails an die Personalratsvorsitzenden der einzelnen Jobcenter mit dem unverbindlichen Hinweis auf die Mitarbeiterbefragung versendet. Somit wurde eine relativ „flächendeckende" Verbreitung des Fragebogens gewährleistet.

Innerhalb dieser 8 Tage wurden von potentiellen rund 55.700 bundesweit Beschäftigten[516] 4.514 verwertbare Datensätze produziert. Abbildung 8 visualisiert den Ablauf der Datengewinnung. Eine Rücklaufquote kann aus diesen Informationen nicht ermittelt werden, da die tatsächliche Zahl der E-Mail-Empfänger nicht bekannt ist. Ob und in welchem Umfang die E-Mail von den jeweiligen Ländervertretern weitergeleitet wurde, konnte nicht kontrolliert werden. Diese Unwägbarkeiten werden in Abbildung 8 durch den grau hinterlegten Bereich illustriert. Des Weiteren kann eine Mehrfachteilnahme einzelner Personen nicht ausgeschlossen werden.

Insgesamt birgt die ausgewählte Methode der Online-Befragung einige Risiken, die insbesondere in der Selbstselektion der Teilnehmer begründet sind. Bevor die Ergebnisse der Befragung inhaltlich interpretiert werden können, widmet sich daher Abschnitt 5.1 zunächst der Überprüfung der Daten auf mögliche Verzerrungseffekte.

---

[515] Die für diese Arbeit verwendeten Inhalte sind lediglich ein Teil des gesamten Fragebogens. Andere analytische Ausrichtungen wurden publiziert von W. Matiaske et al., 2015; M. Olejniczak et al., 2014 sowie M. Olejniczak und D. Salmon, 2014.

[516] Vgl. Deutscher Bundestag, 2013a, S. 2; Astheimer und Budras (2012) gehen von ungefähr 60.000 Beschäftigten aus.

Abbildung 8: Ablauf der Erhebung[517]

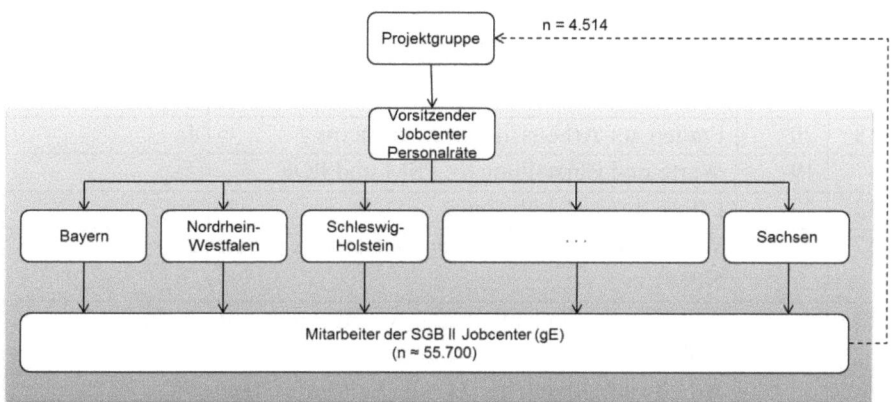

4.1.2 Der Online-Fragebogen

Porst (1996) definiert einen wissenschaftlichen Fragebogen als „eine mehr oder weniger standardisierte Zusammenstellung von Fragen, welche Personen zur Beantwortung vorgelegt werden mit dem Ziel, deren Antworten zur Überprüfung der den Fragen zugrunde liegenden theoretischen Konzepte und Zusammenhänge zu verwenden. Somit stellt ein Fragebogen das zentrale Verbindungsstück zwischen Theorie und Analyse dar."[518]

Die Konzipierung des hier verwendeten Fragebogens wurde auf der Basis des aufgestellten theoretischen Bezugsrahmens vorgenommen. Es galt, sämtliche theoretischen Konzepte und Zusammenhänge im Fragebogen abzubilden.

Als unabdingbares Mittel zur Erhöhung der Qualität eines Fragebogens wird in der Literatur die Bedeutung eines Pretests herausgestellt.[519] Aus diesem Grund wurde der konzipierte Fragebogen zunächst von ca. 20 Personen, welche überwiegend im Untersuchungsbereich tätig sind, getestet, bevor er auf die Web-Plattform übertragen wurde. Da der Zugang zum empirischen Feld ein Gemeinschaftsprojekt zweier unterschiedlich angelegter Forschungsschwerpunkte war, beinhaltet der Fragebogen einige Themenfelder, die in der vorliegenden Arbeit nicht verwendet wurden. Tabelle 4 fasst den Inhalt des Fragebogens in allgemeiner Form zusammen. Abschnitt 4.3 gibt im weiteren Verlauf Aufschluss über die verwendeten Operationalisierungen der einzelnen Variablen. Der gesamte Fragebogen kann der Anlage 1 entnommen werden.

---

[517] Eigene Darstellung.
[518] R. Porst, 1996, S. 738.
[519] Vgl. R. Porst, 2009, S. 738.

Tabelle 4: Inhalt des Fragebogens

Teil	Items	Inhalt	Verwendung in dieser Arbeit
1-10	10	Fragen zur Person: Demographische Angaben	Ja
11-13	20	Fragen zur Arbeitssituation: 20 Items	Ja
14	19	Werte und Einstellungen: PSM und POF	Ja
15-33	23	Effort-Reward-Imbalance	Nein
34-37	4	Wahrnehmung von und Belastung durch NPM	Ja
38-39	4	Arbeitszufriedenheit nach A. Bruggemann (1976)	Nein
40	3	Arbeitszufriedenheit, Gesundheitszufriedenheit, Einkommenszufriedenheit	Ja

4.2 Untersuchungsgegenstand: Die SGB II Jobcenter (gE)

In Abschnitt 2.4 wurden die Reformbemühungen der deutschen Arbeitsverwaltung, welche unter der Überschrift „Moderne Dienstleistungen am Arbeitsmarkt" bekannt sind, illustriert. Als involvierte Akteure wurden bislang die politischen Ebenen Bundesregierung und Bundesministerium für Arbeit und Soziales (BMAS) sowie die Bundesagentur für Arbeit (BA) als bundesunmittelbare Körperschaft des öffentlichen Rechts und Verwaltungsträger der deutschen Arbeitslosenversicherung beleuchtet. Im Zentrum der folgenden empirischen Analyse stehen allerdings die SGB II Jobcenter (gE), welche als lokale Ebene bislang nur kursorisch gestreift wurden.

4.2.1 Organisationsstruktur

Die Trägerschaft der SGB II Jobcenter kann gemäß § 6 SGB II von der Bundesagentur für Arbeit sowie von kommunalen Trägern (kreisfreie Städte und Kreise) wahrgenommen werden, wodurch grundsätzlich folgende zwei Konstellationen[520] entstehen können:

- Gemeinsame Einrichtungen (gE) von Bundesagentur für Arbeit (BA) und Kommunen
- Zugelassene kommunale Träger (zkT), in der die Kommunen die Aufgaben in alleiniger Verantwortung wahrnehmen

---

[520] Die dritte Variante der Trägerschaft (getrennte Aufgabenwahrnehmung) existiert seit dem 01. Januar 2012 nicht mehr.

Von insgesamt 410 Jobcentern sind 304 gemeinsame Einrichtungen und 106 sind durch zugelassene kommunale Träger organisiert (Gebietsstand: 01. Januar 2013).[521] Diese Konstellation führt dazu, dass in den meisten Jobcentern Beschäftigte der BA und der Kommunen unter einem Dach arbeiten, die gleichen Tätigkeiten ausüben, jedoch signifikant unterschiedlich bezahlt werden. Die Vereinte Dienstleistungsgewerkschaft (ver.di) beziffert die Gehaltsunterschiede auf der Ebene der Sacharbeiter auf ca. 300 Euro zum Nachteil der kommunal angestellten Mitarbeiter und konstatiert eine wachsende Unzufriedenheit dieser Mitarbeitergruppe.[522]

Für die vorliegende Untersuchung wurden lediglich die gemeinsamen Einrichtungen (gE) von BA und Kommunen betrachtet.[523]

Als lokale Zentren für alle Dienstleistungen am Arbeitsmarkt integrieren die Jobcenter neben den ursprünglichen Dienstleistungen der BA ebenso arbeitsmarktrelevante Betreuungs- und Beratungsleistungen (Jugendamt, Wohnungsamt, Sozialamt, Sucht- und Schuldnerberatung usw.). Die Vielfalt an Aufgaben und der oftmals hohe Zuständigkeitsbereich einzelner Jobcenter führen zu häufig dislozierten Standorten bzw. Dienststellen.[524]

4.2.2 Die Kunden

Unter dem Ziel der Serviceverbesserung werden die Dienstleistungen für die Kunden individuell angepasst. Hierzu werden die Kunden in drei Gruppen kategorisiert und differenziert bedient:

- Marktkunden sind reine Informationskunden. Ihnen wird ein erweitertes Angebot an Selbstinformationseinrichtungen angeboten,
- Beratungskunden werden durch individuelle, zielgruppengerechte Angebote durch Vermittler bedient und
- Personen mit erheblichen Vermittlungshemmnissen – sogenannte Betreuungskunden – werden von ausgebildeten Fallmanagern betreut.[525]

Nicht jeder Arbeitslose ist automatisch als Kunde den SGB II Jobcentern zugeteilt. Die insgesamt 2,9 Mio. registrierten Arbeitslosen (Stand 2012)[526] teilen sich in zwei Rechtskreise auf. Während in den Rechtskreis des SGB III jene zugeordnet werden,

---

[521] Quelle: Statistik der Bundesagentur für Arbeit, 2013a.
[522] Vgl. ver.di, 2013, o. S.
[523] Aus Gründen der besseren Lesbarkeit wird im Folgenden weitestgehend auf den Zusatz „gemeinsame Einrichtungen (gE)" verzichtet.
[524] Alleine das Jobcenter Hamburg ist für ca. 180.000 Leistungsberechtigte verantwortlich und verteilt sich auf eine Zentrale mit 18 regulären Standorten (vgl. N. Grimm und J. Plambeck, 2013, S. 6).
[525] Vgl. F. Egle, 2005, S. 65.
[526] Quelle: Statistik der Bundesagentur für Arbeit, 2013.

die aufgrund ihrer Beitragszahlungen Ansprüche auf Leistungen der Arbeitslosenversicherung haben, beinhaltet der Rechtskreis des SGB II jene Arbeitssuchende und weiter Hilfebedürftige,[527] die keine Versicherungsansprüche haben. In den Rechtsbereich des SGB II fallen somit nicht nur Arbeitslose, sondern auch Erwerbstätige, deren Einkommen nicht für ihr Existenzminimum oder das ihrer Bedarfsgemeinschaft ausreicht. Die Verantwortlichkeit der SGB II Jobcenter hängt also in außergewöhnlichem Maße von der allgemeinen Lage auf dem Arbeitsmarkt ab. Im Vergleich mit dem Geltungsbereich des SGB III zeichnet sich jedoch ein deutlicher Trend ab. Während die Gesamtzahl der (registrierten) Arbeitslosen seit dem Jahr 2005 um ca. 40% rückläufig ist,[528] verzeichnet der Rechtskreis der SGB II Jobcenter einen relativen Bedeutungszuwachs. Während im Jahr 2005 57% der Arbeitslosen im Geltungsbereich des SGB II verortet waren, beträgt der Anteil im Jahr 2012 bereits 68,9% (dies entspricht ca. 2 Mio. Menschen).[529] Bezugnehmend auf den Ost-West-Vergleich bleibt weiterhin zu berücksichtigen, dass der Anteil der Arbeitslosen im Geltungsbereich des SGB II in Ostdeutschland mit 73% im Jahr 2012 nochmals deutlich höher ist als in Westdeutschland (67%).[530]

Werden zu den registrierten Arbeitslosen noch die sonstigen Hilfebedürftigen hinzugerechnet, erhöht sich die Kundenzahl der SGB II Jobcenter deutlich. Im Mai 2013 wies die BA rund 4,5 Mio. (ca. 3 Mio. in Westdeutschland und ca. 1,4 Mio. in Ostdeutschland) erwerbsfähige Leistungsberechtigte aus (eLb). Gestaffelt nach Bundesländern weist Nordrhein Westfalen mit 1,1 Mio. (gefolgt von Berlin und Niedersachsen mit jeweils 0,4 Mio.) die größte Anzahl von eLb auf.[531]

Neben eLb wird des Weiteren in nicht erwerbsfähige Leistungsberechtigte (nEf) unterschieden. Im Mai 2013 wird die Anzahl der nEf von der BA mit 1,7 Mio. angegeben.[532] Während eLb Arbeitslosengeld II beziehen, erhalten nEf Sozialgeld. Der

---

[527] „Hilfebedürftig ist gem. § 9 SGB II, wer seine Eingliederung in Arbeit sowie seinen Lebensunterhalt und den Lebensunterhalt der mit ihm in Bedarfsgemeinschaft lebenden Personen nicht oder nicht ausreichend aus eigenen Kräften und Mitteln, v. a. nicht durch Aufnahme einer zumutbaren Arbeit oder dem zu berücksichtigenden Einkommen oder Vermögen sichern kann und die erforderliche Hilfe auch nicht von anderen (Angehörige, andere Leistungsträger) erhält."(Statistik der Bundesagentur für Arbeit, 2013b). Hierzu gehören z. B. auch Jugendliche unter 18 Jahren, die eine Schule besuchen und in einer Bedarfsgemeinschaft leben.
[528] Arbeitslosenzahlen 2005: 4,9 Mio; Arbeitslosenzahlen 2012: 2,9 Mio (Quelle: Statistik der Bundesagentur für Arbeit, 2013).
[529] Quelle: Statistik der Bundesagentur für Arbeit, 2013.
Der Anteil des SGB III Geltungsbereichs ist in betrachtetem Zeitraum analog von 43% auf 31,1% zurückgegangen (ebd.).
[530] Quelle: Statistik der Bundesagentur für Arbeit, 2013.
[531] Quelle: Statistik der Bundesagentur für Arbeit, 2013b. Die Begriffe „erwerbsfähige Leistungsberechtigte" und „nicht erwerbsfähige Leistungsberechtigte" entstammen aus einer Gesetzesänderung des SGB II vom 29.03.2011 und ersetzen die Begriffe „erwerbsfähige Hilfebedürftige" und „nicht erwerbsfähige Hilfebedürftige". In den Statistiken und sonstigen Dokumenten der BA werden zum Teil noch die alten Begriffe verwendet. Diese Arbeit bedient sich ausschließlich der neuen Begriffe.
[532] Quelle: Statistik der Bundesagentur für Arbeit, 2013b.

„Kundenstamm" der SGB II Jobcenter sei im Folgenden noch einmal zusammengefasst:[533]

- Erwerbsfähige Leistungsempfänger
- Nicht erwerbsfähige Leistungsempfänger
- Arbeitslose, die dem Rechtskreis des SGB II zugeordnet sind
- Sonstige Hilfebedürftige
- Aufstocker: Als Aufstocker werden im Wording der BA[534] die Parallelbezieher von Arbeitslosengeld I und Arbeitslosengeld II bezeichnet. Im allgemeinen Sprachgebrauch werden jedoch auch jene Erwerbstätigen so bezeichnet, deren Einkommen nicht zur Sicherung des Existenzminimums ausreicht.

4.2.3 Die Mitarbeiter

Der Umbau der BA zu einer modernen Dienstleistungsagentur birgt neben arbeitsmarktpolitischen Konsequenzen fundamentale Veränderungen für die Beschäftigten. Der Fokus der Öffentlichkeit sowie die wissenschaftliche Auseinandersetzung mit der Thematik richteten sich in der Vergangenheit überwiegend auf arbeitsmarkt- und beschäftigungspolitische Konsequenzen der Reform.[535] In jüngerer Vergangenheit werden jedoch auch die Folgen der Reform für die Mitarbeiter öffentlich diskutiert.[536] Aufgrund der allgegenwärtigen Verpflichtung, steigende Vermittlungszahlen zu generieren, wird den Mitarbeitern der deutschen Arbeitsverwaltung fehlende Empathie und mangelnde Auseinandersetzung mit den Hilfebedürftigen attestiert. Als Urheber dieser Fehlsteuerung wird von medialer Seite insbesondere das durch die BA installierte Zielsystem identifiziert.[537] Zunehmender Leistungsdruck und die ständigen Forderungen des Controllings führen zu einem sogenannten Cream Skimming oder auch „Rosinenpicken": Die Mitarbeiter kümmern sich zuerst um Arbeitsuchende, bei denen eine Vermittlung wahrscheinlich ist und somit wenig Aufwand kostet.[538] Bevor im Folgenden die Ergebnisse der empirischen Untersuchung dargestellt werden, gilt es zunächst, die einzelnen Tätigkeitsfelder der SGB II Jobcenter zu skizzieren. Besondere Bedeutung kommt hierbei den Berufsbildern des Vermittlers und des Fallmanagers zu. Gemäß § 14 SGB II soll für „jede erwerbsfähige leistungsberechtigte Person und die mit dieser Bedarfsgemeinschaft lebenden Personen" ein persönlicher Ansprechpartner benannt werden, der bei der Eingliederung in Arbeit unterstützt und die dabei erforderlichen Leistungen erbringt. Ob ein

---

[533] Bei der Interpretation der Aufzählung ist zu bedenken, dass die Kunden überwiegend mehrere der dargestellten Kategorien gleichzeitig aufweisen.
[534] Vgl. Bundesagentur für Arbeit, 2013.
[535] Vgl. Exemplarisch: I. Dingeldey, 2007.
[536] Vgl. M. Olejniczak et al., 2014; J. Friedrichs, 2013; T. Öchsner, 2012; M. Olejniczak, 2010.
[537] Vgl. J. Dahlkamp et al., 2013.
[538] Vgl. M. Olejniczak, 2011, S. 10.

Kunde der Vermittlung oder dem Fallmanagement zugeordnet wird, richtet sich nach dessen individuellem Grad der Arbeitsmarktnähe bzw. –ferne. Während bei den „Marktkunden" eine Eingliederung in Arbeit grundsätzlich für möglich gehalten wird – und sie folglich der Vermittlung zugeteilt werden – liegt der Fokus bei den Betreuungskunden – welche dem Fallmanagement zugeordnet werden – darauf, schwerwiegende Vermittlungshemmnisse abzubauen.[539]

4.2.3.1 Vermittlung

Dem Bereich Vermittlung kommt eine besondere Bedeutung zu, da die BA für sich selbst festlegt, dass die Vermittlung von Arbeitskräften ihre „Hauptaufgabe"[540] darstellt. Die Aufgaben der Vermittlungsabteilungen, welche an manchen Standorten auch als „Abteilung Markt und Integration" bezeichnet werden, sind hauptsächlich sozial- und arbeitsmarktintegrativ.

Neben der Vermittlung in Arbeit oder Ausbildung sind als Aufgaben des Weiteren zu nennen:

- Die Organisation von Beschäftigung in sogenannte Arbeitsgelegenheiten (Ein-Euro-Jobs),
- die Überführung an spezielle Beratungsstellen (z. B. Schuldner- und Suchtberatung),
- die Unterstützung bei der Organisation von Kinderbetreuungsmöglichkeiten sowie
- die Bewilligung von Lohnkostenzuschüssen.[541]

Das durchschnittliche Profil eines Arbeitsvermittlers ist nicht eindeutig abzugrenzen. Für die Tätigkeit innerhalb der BA kann jedoch festgestellt werden, dass die Mitarbeiter meist einen beruflichen Hintergrund als Verwaltungsangestelter haben. Neu eingestellte Mitarbeiter kommen häufig aus der freien Wirtschaft. Die Jobcenter stellen bevorzugt Absolventen des Studienganges „Arbeitsmarktmanagement" ein, jedoch präferieren diese meist eine Tätigkeit innerhalb der BA.[542]

---

[539] Vgl. M. Olejniczak, 2010, S. 31.
[540] Bundesagentur für Arbeit, 2014.
[541] Vgl. DGUV, 2011, S. 13.
[542] Vgl. M. Olejniczak, 2010, S. 30. Konkrete Statistiken liegen nicht vor. Die Aussagen über die berufliche Herkunft der Arbeitsvermittler spiegeln die praktischen Erfahrungen des Autors im Bereich der Arbeitsverwaltung wider.

4.2.3.2 Fallmanagement

Fallmanagement, in der deutschen Übersetzung des angelsächsischen Begriffs „Case Management" (CM), ist in der Bundesrepublik Deutschland ein verhältnismäßig neuer Begriff. Seinen Ursprung hat das CM in den USA. Die Definition des CM wird relativ weit gefasst:

> „Case Management ist eine der führenden Anwendungen humaner Dienstleistungen, in der die ganze Person einbezogen wird. Im Unterschied zu spezialisierten Dienstleistungen konzentriert sich Case Management gerade nicht nur auf ein Problem, sondern nimmt sich der vielen Probleme, der Stärken und Sorgen an, die ein Klient mitbringt. [...] Case Management ist ein Verfahren, das die Gesamtsituation des Klienten bewertet und die Unterstützung an den Notwendigkeiten der identifizierten Problemlage ausrichtet."[543]

Nach der gesetzlichen Neuregelung im SGB II gewinnt CM in der deutschen Arbeitsverwaltung an Relevanz. Unter der Titulierung des beschäftigungsorientierten Fallmanagements werden Menschen mit weitreichenden Vermittlungshemmnissen von einem Fallmanager betreut.[544] Diese Vermittlungshemmnisse können vielfältiger Natur sein, wie z. B. starke gesundheitliche Einschränkungen, psychische Erkrankungen, Schulden, eine mangelnde Ausbildung oder Defizite in der deutschen Sprache. Alle Hemmnisse haben gemeinsam, dass sie die Integration in den ersten Arbeitsmarkt verhindern.
Wie Case Manager generell, werden auch Fallmanager der Arbeitsverwaltung durch ein sehr spezielles Anforderungsprofil charakterisiert.
Das anvisierte Ziel des SGB II ist eine intensivierte individuelle Hilfestellung für den Eingliederungsprozess. Als ein Mittel zur Zielerreichung wurde ein persönlicher Ansprechpartner mit einer erhöhten Leistungsbreite eingeführt. Da die Komplexität der Vermittlungshemmnisse zugenommen hat, umfasst das erhöhte Leistungsspektrum, neben ergänzenden beratenden Diensten, auch psychosoziale Leistungen. Der Ansprechpartner hat dabei die Aufgabe, für jeden „Fall" die individuell richtige Kombination an Leistungen auszuwählen, um im Idealfall eine optimale Hilfe für jeden Einzelfall zu finden. Der Dienstleistungscharakter steht somit eindeutig im Vordergrund.[545] Der Beruf des Fallmanagers ist ein elementarer Bestandteil der Arbeitsverwaltung. Für die BA hat sich „das beschäftigungsorientierte Fallmanagement (bFM) [...] als Methode der sozialen und der Arbeitsmarktintegration in den Grundsicherungsstellen etabliert und bewährt."[546] Das Fallmanagement

---

[543] N. Summers, 2008. Zitiert nach: R. Göckler, 2009, S. 11.
[544] Vgl. P. Löcherbach et al., 2009, S. 7-9.
[545] Vgl. C. Kolbe und C. Reis, 2008, S. 13.
[546] Bundesagentur für Arbeit, 2009, S. 30.

ist zwar im Gesetz nicht explizit erwähnt, in der Begründung des SGB II schreibt der Gesetzgeber jedoch:

> „Zur schnellstmöglichen Überwindung der Hilfebedürftigkeit bedarf es einer maßgeschneiderten Ausrichtung der Eingliederungsleistungen auf den erwerbsfähigen Hilfebedürftigen. Kernelement der neuen Leistung soll deshalb das Fallmanagement sein. Im Rahmen des Fallmanagements wird die konkrete Bedarfslage des Betroffenen erhoben; darauf aufbauend wird dann ein individuelles Angebot unter aktiver Mitarbeit des Hilfebedürftigen geplant und gesteuert."[547]

Wie bereits erläutert, ist das Ziel des Fallmanagements der Abbau von weitreichenden Vermittlungshemmnissen aufgrund derer eine Integration des Kunden in den ersten Arbeitsmarkt verhindert wird.

Da die Arbeit der Fallmanager sehr individuell vom jeweiligen Kunden abhängt, besitzen die Fallmanager weitreichende Entscheidungskompetenzen, um in den unterschiedlichen Situationen angemessen reagieren zu können.[548] Dabei hat der Fallmanager nicht die Aufgabe, jeden Bedarf selbst zu decken, er koordiniert vielmehr diverse Hilfeangebote.[549] Zur Erreichung des politisch gesetzten Ziels sollen folglich die Angebote Dritter gesteuert werden. In diesem Kontext kann die Vorgehensweise im Fallmanagement anhand folgender sechs Schritte zusammengefasst werden:

- Aufnahme/Beratung/Identifikation/Engagement/Intake: Dieser Schritt findet vor dem eigentlichen Fallmanagement statt. Ziel ist es, zu bewerten, ob die Dienstleistung Fallmanagement überhaupt benötigt wird.
- Assessment: Es wird die allgemeine Bedarfslage des Kunden ermittelt.
- Hilfeplanung: Es wird ein konkreter Plan erstellt, in dem die Ziele und die Mittel, mit denen sie erreicht werden können, definiert werden.
- Implementation: Die Leistungen müssen administrativ gesteuert werden. Es wird die Frage beantwortet, wie die Instrumente/Leistungen organisiert und abgerufen werden.
- Monitoring/Controlling: Die eingeleiteten Hilfemaßnahmen müssen in Bezug auf die Erfolgsorientierung überwacht werden.
- Qualitätssicherung: Die durchgeführten Unterstützungsmaßnahmen müssen abschließend bewertet werden. Dies schließt die Rechenschaftsdarlegung gegenüber den politisch Verantwortlichen und der Öffentlichkeit ein.[550]

---

[547] Begründung zum SGB II; Allgemeiner Teil. Zitiert nach: G. Christe und L. Wende, 2010, S. 129.
[548] Vgl. H. Genz und W. Werner, 2005, S. 190.
[549] Vgl. C. Kolbe und C. Reis, 2008, S. 54.
[550] Vgl. R. Göckler, 2009, S. 50.

Um den wachsenden Bedarf seit Inkrafttreten des SGB II zu decken, wurden zunächst vorwiegend Kräfte mit pädagogischem Hintergrund eingestellt oder eigenes Personal der BA eingesetzt. Des Weiteren wurde Personal mit einschlägiger Berufserfahrung eingestellt oder auf Beamte, die im Zuge der Privatisierung der Post freigesetzt wurden, zurückgegriffen.[551]

4.2.3.3 Leistungssachbearbeitung

Der Tätigkeitsbereich Leistungsservice oder Leistungssachbearbeiter umfasst primär die Prüfung und Bewilligung existenzsichernder Leistungen (Arbeitslosengeld II, Sozialgeld, Einmalzahlungen, Kosten der Unterkunft).[552] Der Arbeitsbereich ist durch eine hohe Personalfluktuation ausgezeichnet, welche insbesondere durch eine hohe Arbeitsbelastung und eine oftmals befristete Anstellung der Mitarbeiter begründet ist. Aus den Reihen der Beschäftigten wird dabei kritisiert, dass den neu eingestellten Mitarbeitern die erforderliche Verwaltungsausbildung fehle und dass die erforderliche Einarbeitungszeit in keinem Verhältnis zur oftmals befristeten Stelle stehe.[553] Insgesamt scheinen die Leistungssachbearbeiter wachsende Anforderungen, erhöhte Arbeitsbelastung und mangelnde Anerkennung wahrzunehmen.[554]

Der politische Entscheidungsträger scheint die tendenziell kritischen Rahmenbedingungen der Leistungsabteilung erkannt zu haben und initiierte ein Projekt zur „Personalbemessung für die Leistungsgewährung in den gemeinsamen Einrichtungen nach dem SGB II". Ziel des Projekts war eine faktenbasierte Entscheidungshilfe für die Personalbedarfsermittlung im Bereich der Leistungsgewährung in den SGB II Jobcentern (gE). Die Ergebnisse – die hier allerdings nur kursorisch aufgegriffen werden – deuten eine große Heterogenität zwischen den gE an, die eine Steuerungsmöglichkeit im Top-Down-Verfahren erschwert und bestätigen eine hohe wahrgenommene Arbeitsbelastung der Mitarbeiter (kein ausreichendes Zeitbudget für die Fallbearbeitung, Zusatzaufgaben etc.).[555]

4.2.3.4 Führungskräfte und Sonstige

Neben den bereits genannten Tätigkeitsfeldern sind es insbesondere die Führungskräfte, deren Arbeit stark durch die Forderungen des Controllings und der Statistik

---

[551] Vgl. M. Olejniczak, 2010, S. 29.
[552] Vgl. DGUV, 2011. S. 13.
[553] Vgl. Jobcenter NRW, 2012, S. 10.
[554] Vgl. Jobcenter NRW, 2012, S. 15-16.
[555] Vgl. BearingPoint, 2015, S. 15-16 sowie S. 63-64. Das Projekt wurde von den Unternehmensberatungen BearingPoint und steria mummert durchgeführt und auf der Informationswebsite des BMAS dokumentiert: https://www.sgb2.info.de.

sowie durch Zielvorgaben geprägt ist. Unbefriedigende Ergebnisse im Bereich der Zielerreichung fallen zunächst auf die jeweilige Geschäftsführung zurück und werden von dieser dann an die jeweils unterstellte Führungskräfte weitergegeben. Darüber hinaus ist es Aufgabe der leitenden Mitarbeiter die extern – überwiegend durch die BA – formulierten Vorgaben an die unterstellten Mitarbeiter weiterzugeben und diese – auch bei persönlichem Unwillen – vor ihnen zu vertreten.
Als weitere Tätigkeitsfelder innerhalb der SGB II Jobcenter mit überwiegend administrativem Charakter und verhältnismäßig geringem Bezug zu Zielvorgaben sind zu nennen:

- Empfang
- Teamassistenz/Backoffice
- Verwaltung/Sachbearbeitung

4.2.4 Zielsetzung der Institution

„Die BA führt über Ziele. Das Erzielen guter operativer und finanzieller Ergebnisse ist erfolgsentscheidend für die BA. Jegliches Handeln muss an den Grundsätzen von Wirksamkeit und Wirtschaftlichkeit ausgerichtet werden. Der Planungsprozess soll helfen, das komplexe Geschäft systematisch zu durchleuchten und zu bewerten, um realistische und ambitionierte Zielstellungen zu ermitteln."[556]

Wie bereits erläutert, ist die Führung über Ziele Bestandteil des NPM/NSM im Allgemeinen (Abschnitt 2.3.3) und insbesondere Kernelement der NPM Reform innerhalb der deutschen Arbeitsverwaltung (Abschnitt 2.4). Das Zitat aus dem Vorstandsbrief der BA verdeutlicht nochmals die Bedeutung des Zielsystems innerhalb der gesamten Arbeitsverwaltung. Es erscheint folglich zweckmäßig, die Zielsetzung der SGB II Jobcenter anhand der geschlossenen Zielvereinbarungen der Institution abzuleiten. Bevor auf die konkreten Ziele der Jobcenter eingegangen werden kann, ist allerdings zunächst festzuhalten, dass der Zielvereinbarungsprozess innerhalb der Arbeitsverwaltung bereits früher beginnt. In einem ersten Schritt schließt das Bundesministerium für Arbeit und Soziales (BMAS) sowohl mit der BA als auch mit den Bundesländern Zielvereinbarungen zur Erreichung der Ziele der Grundsicherung für Arbeitssuchende ab. In einem nächsten Schritt vereinbaren die BA und die Länder wiederum Ziele mit den Jobcentern. Der gesamte Zielvereinbarungsprozess sowie die konkreten Inhalte der Vereinbarungen werden vom BMAS unter der Überschrift „Erfolg durch Transparenz" im Internet zur Verfügung gestellt.[557]
Das Zielsteuerungssystem im SGB II existiert für die Jobcenter seit 2006 und arbeitet seit 2007 vollständig auf der Grundlage von Zielvereinbarungen.

---
[556] Bundesagentur für Arbeit, Vorstand, 2012, S. 6.
[557] Abzurufen unter: www.sgb2.info (zuletzt abgerufen: 01.03.2015).

Tabelle 5: Zielsystem nach § 48a SGB II[558]

Ziele 2008/2009	Ziele 2014
• Verringerung der Hilfebedürftigkeit	• Verringerung der Hilfebedürftigkeit
• Verbesserung der Integration in Erwerbstätigkeit	• Verbesserung der Integration in Erwerbstätigkeit
• Verbesserung der Integration der Unter-25-Jährigen	• Vermeidung von langfristigem Leistungsbezug
• Sicherung des Lebensunterhalts	• Lokale Ziele
• Steigerung von Wirtschaftlichkeit und Nachhaltigkeit	

Wie in Tabelle 5 ersichtlich, stellen die Integrationsquote und die Reduzierung der passiven Leistungen die Schlüsselindikatoren in beiden Zeiträumen dar. Im Jahr 2009 wurde der ergänzende Indikator „Veränderung des Bestands an Leistungsbeziehern mit mehr als 24 Monaten Dauer" („Vermeidung von langfristigem Leistungsbezug") hinzugefügt.[559] Auf lokaler Ebene werden diese Ziele für die Mitarbeiter auf leicht messbare Größen heruntergebrochen, die den jeweiligen Problemlagen der Kunden jedoch oftmals kaum entsprechen.[560]
Bemerkenswert ist, dass die Kennzahlen sämtlicher SGB II Jobcenter auf der offiziellen Internetplattform des BMAS (www.sgbII.info) einsehbar sind. Das auf dieser Website zugängliche interaktive „Kenzahlentool" ermöglicht die auf den Kennzahlenergebnissen basierende Gegenüberstellung ausgewählter Jobcenter und liefert damit ein enormes Maß an Transparenz (Abbildung 9). Durch diese sehr drastischen Maßnahmen wird ein „quasi Markt" geschaffen, welcher zum Ziel hat, den Wettbewerbscharakter zu fördern. Allerdings erhöht dieses öffentliche Benchmarking auch den Druck auf die jeweilige Geschäftsführung und könnte zu einer Vernachlässigung relevanter Aspekte führen, welche nicht explizit durch das Zielsystem abgedeckt sind.

---

[558] Kennzahlen für 2008/2009 sowie Tabellendarstellung übernommen aus: H. Schütz, 2012, S. 238; Kennzahlen für 2012 übernommen von www.sgb2.info (Servicestelle SGB II, Eine Initiative des BMAS).
[559] Vgl. H. Schütz, 2012, S. 238.
[560] Z. B. Anzahl an Beratungsgesprächen, Maßnahmenbesetzungen oder Ähnliches.

Abbildung 9: Screenshot www.sgbII.info[561]

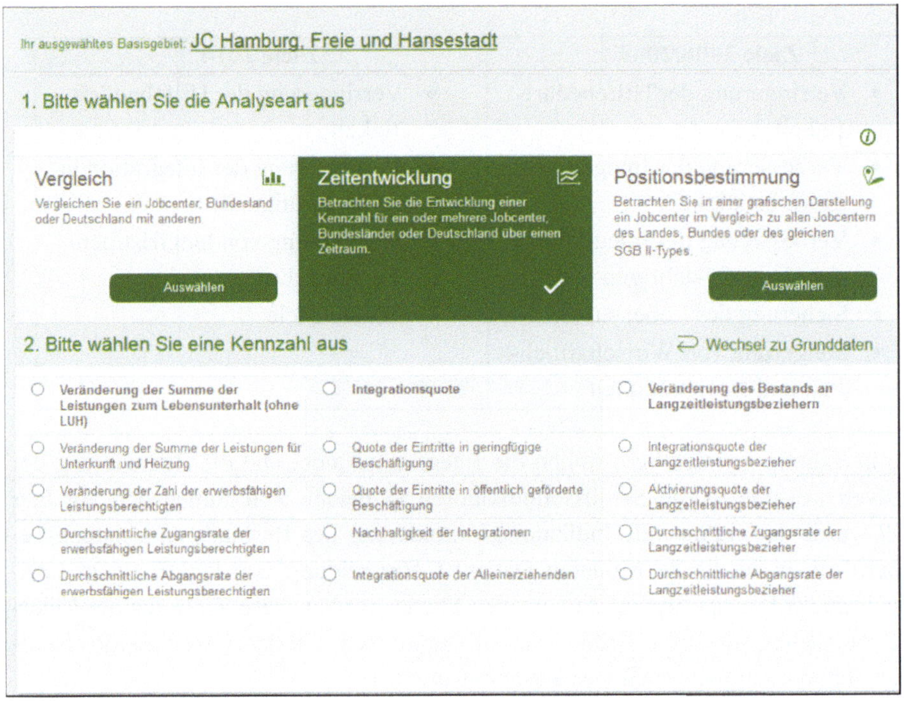

4.2.5 Arbeitsbedingungen

Die Arbeitsbedingungen in den SGB II Jobcentern waren bereits Gegenstand von diversen Forschungsarbeiten. Als eine der umfassendsten Studien sei auf die Untersuchung „Arbeitsbelastungen und Bedrohungen in Arbeitsgemeinschaften nach Hartz IV (ABBA)" der Deutschen Gesetzlichen Unfallversicherung (DGUV 2009, 2011) verwiesen. Die ABBA-Studie wurde in 12 Jobcentern aus drei Bundesländern im Rahmen einer Vorher-Nachher-Querschnittsuntersuchung durchgeführt. Insgesamt wurden zwischen 2008 und 2010 in einer Ersterhebung 2.200 und in einer Zweiterhebung 762 Mitarbeiter befragt. Die DGUV skizziert in ihrem Abschlussbericht (DGUV 2011) das Bild von emotional belasteten und erschöpften Mitarbeitern, welche die quantitativen Anforderungen an ihre Arbeit als sehr hoch und den persönlichen Handlungsspielraum als sehr niedrig empfinden. Diese Ergebnisse erscheinen insbesondere vor dem Hintergrund einer staatlichen Vorbildfunktion als fürsorglicher Arbeitgeber bedenklich.[562] Darüber hinaus scheint der Arbeitsalltag

---

[561] Die Website bietet über das „interaktive Kennzahlentool" die Möglichkeit einer individuellen Darstellung und Bewertung einzelner Jobcenter (zuletzt verwendet: Januar, 2015).
[562] In jüngeren Initiativen setzt sich der Gesetzgeber zudem für eine Stärkung der psychischen Gesundheit am Arbeitsplatz ein (Vgl. Deutscher Bundestag, 2013).

der Mitarbeiter mit Kundenkontakt durch eine inhärente Bedrohungssituation gezeichnet zu sein, welche z. B. durch Beleidigungen und Verweigerungshaltungen der Kunden ausgelöst wird. Schwere Übergriffe wurden allerdings nur selten erwähnt.[563]

Eine gewerkschaftlich initiierte Befragung in einem einzelnen Jobcenter beklagt des Weiteren eine geringe Arbeitszufriedenheit der Beschäftigten, welche insbesondere aus der hohen Arbeitsbelastung und der mangelnden Anerkennung durch Vorgesetzte resultiert.[564]

In der politischen Diskussion wird zudem die relativ hohe Quote (ca. 11,3% im Jahr 2012) an befristeten Arbeitsplätzen diskutiert.[565] Eine hohe Belastung sowie Fluktuationsneigungen werden als Folge der unsicheren Arbeitssituation, welche sich aus der Befristung ergibt, genannt.[566] Wie in Abschnitt 4.2.1 bereits erwähnt, sind in den gemeinsamen Einrichtungen der SGB II Jobcenter sowohl Mitarbeiter der BA als auch der Kommunen beschäftigt. Die daraus resultierenden Gehaltsunterschiede – der ohnehin zu niedrig empfundenen Entlohnung – zu Ungunsten der kommunalen Mitarbeiter sind ebenso präsente Faktoren der Arbeitsbedingungen.[567] Zudem bringen beide Personalgruppen unterschiedliche Erfahrungen, Kompetenzen, Qualifikationen und Arbeitskulturen in die gemeinsame Institution.[568]

Darüber hinaus sind die Arbeitsbedingungen durch eine Vielzahl von Weisungen geprägt. Fachliche Hinweise der BA und der kommunalen Träger sowie diverse lokale Regelungen in den einzelnen Jobcenter führen zu einer wahren „Weisungsflut".[569]

Weitere oftmals geäußerte Kritik entspringt aus dem Komplex Zielsystem, Controlling und Statistik. Die Fokussierung auf einzelne Indikatoren wird dabei als nicht förderlich erachtet, um „die Gesamtheit der Aufgabe und die vorhanden Rahmenbedingungen"[570] angemessen zu berücksichtigen. Ein Personalrat-Newsletter spricht gar von einem „Zahlenwahnsinn"[571], welcher durch den ambitionierten Steuerungswillen der Organisation generiert werde.

Generell lässt sich auf Grundlage der vorliegenden Untersuchungen vermuten, dass die Anforderungen des Controllings und der Statistik von den Mitarbeitern als größte Belastungsquelle und zum Teil als „sinnlos" wahrgenommen werden.[572] Ames (2008) nennt in einer Studie der Hans-Böckler-Stiftung exemplarisch den frühzeitigen Abschluss formeller Eingliederungsvereinbarungen mit sämtlichen Kunden, die Durchführung schematischer Profilings, die Einhaltung einer vorgegebenen „Kon-

---

[563] Vgl. DGUV, 2011, S. 6-7.
[564] Vgl. ver.di, 2009; ver.di, 2009a; A. Ames, 2008, S. 33.
[565] Vgl. Deutscher Bundestag, 2013a, S. 2.
[566] Vgl. A. Ames, 2008, S. 38-39.
[567] Vgl. ver.di, 2013; A. Ames, 2008, S. 42-43.
[568] Vgl. R. Greifenstein et al., 2008, S. 2.
[569] Vgl. Jobcenter NRW, 2012, S. 6; T. Öchsner, 2012.
[570] Bezirkspersonalrat der Regionaldirektion NRW, 2013.
[571] Bezirkspersonalrat der Regionaldirektion NRW, 2013.
[572] Vgl. A. Ames, 2008, S. 16.

taktdichte" sowie die automatisierte Zuweisung von Kunden zu Maßnahmen als fremdbestimmte Faktoren, die lediglich von der Statistik erzwungen werden. Darüber hinaus werden von den Befragten der Studie folgende weitere Probleme, welche mit den NPM-inspirierten Instrumenten Controlling, Statistik und Zielvorgaben einhergehen, wahrgenommen:

- Die Statistiken nehmen einen hohen Anteil der Arbeitszeit ein und steigern somit die Arbeitsbelastung.
- Qualitative Arbeit – wie vertiefte Gespräche mit Kunden – werden von Vorgesetzten nicht gewürdigt, da sie sich in keiner Kennzahl wiederfinden.
- Durch die auch in der Öffentlichkeit propagierte hohe Relevanz der Statistik wird ein verzerrtes Bild der eigentlichen Arbeit der Jobcenter- Mitarbeiter produziert.
- Durch die allgegenwertige Messbarkeit der individuellen Leistungen entsteht eine Konkurrenzsituation zwischen den Mitarbeitern, die dem Arbeitsklima nicht zuträglich ist.[573]

Insgesamt scheint die Arbeit für die Mitarbeiter in den SGB II Jobcentern dem allumfassenden Ziel „Integration" gewidmet.[574] Lediglich Tätigkeiten, welche möglichst schnell in einer Vermittlung in Arbeit münden, wirken im Sinne der Organisation. Bei einigen Kunden steht jedoch der Abbau von schwerwiegenden Vermittlungshemmnissen zunächst im Vordergrund, bevor eine Vermittlung überhaupt realistisch ist. Die Mitarbeiter stehen folglich schnell in einem Spannungsfeld zwischen den Bedürfnissen schwervermittelbarer Kunden und dem Organisationswillen.

4.2.6 Öffentliche Reputation der Organisation

Während die bisherigen empirischen Auseinandersetzungen, welche im vorherigen Abschnitt zusammengefasst wurden, insbesondere das Selbstbild der Jobcenter-Mitarbeiter wiedergeben, soll in diesem Teil die Fremdwahrnehmung anhand einzelner Presseartikel skizziert werden. Die getroffene Auswahl an Artikeln ist keineswegs vollständig, vermittelt jedoch einen angemessenen Eindruck über die Richtung der Berichterstattung. Die folgenden Ausführungen basieren auf den Quellen „Der Spiegel" „Spiegel-Online", „ZEITmagazin", „Bild-Online" sowie „sueddeutsche.de". Bereits die Zusammenstellung der Artikel-Überschriften lässt den Tenor der jeweiligen Artikel vermuten (Abbildung 10).

---

[573] Vgl. A. Ames, 2008, S. 16-17.
[574] Vgl. N. Grimm und J. Plambeck, 2013, S. 8.

EMPIRISCHE ANALYSE

Abbildung 10: Zusammenstellung Presseartikel[575]

Die ausgewählten Artikel entsprechen grundsätzlich den im vorherigen Abschnitt dargestellten Wahrnehmungen der Mitarbeiter. Die Anforderungen der Bürokratie und die Weisungsflut der BA werden in allen fünf Artikeln als Quelle von Arbeitsbelastung und Überforderung identifiziert. Zudem werden die Vorgaben des Controllings und der Statistik dafür verantwortlich gemacht, dass einige Klienten nicht angemessen betreut werden, sondern ein Großteil des Arbeitsengagements für die Abarbeitung der institutionellen Vorgaben, welche oftmals in keinem förderlichen Bezug zum Kunden stehen, verwendet wird. Insgesamt spiegeln die Presseartikel das bereits im vorherigen Abschnitt skizzierte Bild der Mitarbeiter als Leittragende der BA-Politik wider. Gleichwohl werden das Arbeitsverhalten sowie die von den Autoren wahrgenommenen Einstellungen der Jobcenter-Mitarbeiter – insbesondere durch Dahlkamp et al. (2013) sowie J. Friedrichs (2013) – kritisch bewertet. Zum Teil wird ein Bild von mechanisch agierenden Mitarbeitern gezeichnet, die Verwaltungsabläufe abarbeiten und dabei nicht mehr auf die persönlichen Bedürfnisse der

---

[575] Abbildung 10 ist eine Zusammenstellung von fünf Presseartikeln. Die Auszüge stellen die Überschriften der Artikel dar, welche mittels Screenshot aus den jeweiligen Print- oder Online-Inhalten kopiert wurden. Die Logos der jeweiligen Magazine wurden vom Autor dieser Arbeit nachträglich in die Überschriften eingefügt:
- Ausschnitt 1: J. Dahlkamp et al., (2013): Mit allen Mitteln. In: Der Spiegel 26/2013: S. 30-36.
- Ausschnitt 2: F. Reif (2015): Alltag in einem Jobcenter. „Ich habe Kollegen, da möchte ich nicht Kundin sein". In: Spiegel-Online vom 02.01.2015.
- Ausschnitt 3: J. Friedrichs (2013): Arbeitskrampf. In: ZEITmagazin Nr. 20, 8. Mai 2013.
- Ausschnitt 4: Screenshot BILD-Online vom 23.04.2014 (Autor unbekannt).
- Ausschnitt 5: T. Öchsner (2012): Bundesagentur macht Arbeit. In: sueddeutsche.de vom 14.12.2012.

Kunden eingehen.[576] Der Artikel von Friedrichs (2013) im ZEITmagazin beruht auf einer viermonatigen Hospitation in einem Jobcenter und stellt im Wesentlichen subjektive Beobachtungen der Autorin und selektierte Zitate von anonymisierten Jobcenter-Mitarbeitern dar. Es wird eine Kontrastfolie gezeichnet von persönlich engagierten und aufrichtig fühlenden Beschäftigten auf der einen Seite und zynischen, ihre Kunden lediglich als „Sachverhalt" bezeichnenden, Mitarbeitern auf der anderen Seite. Exemplarisch für die erste Kategorie steht folgendes Zitat:

> „,Das Schicksal von vielen geht mir nahe', sagt Diana Romanowski, die Mitarbeiterin mit den zahlreichen Problemkunden. Sie erzählt von einer Mutter, hoch motiviert, bereit, vieles für eine Arbeit zu tun. Als eine Schule eine Küchenhilfe suchte, schickte Diana Romanowski die Frau dorthin. Beide dachten, das sei eine Chance. Aber die Frau trug Kopftuch, und die Schule war christlich. Der Personalverantwortliche fand es unverschämt, dass sich die Frau überhaupt bei ihm bewerben wollte. ‚Sie weinte am Telefon, als sie das erzählte', sagt Romanowski. ‚Und ich habe fast mitgeweint.'"[577]

Im Hinblick auf die zweite Kategorie sei folgendes Zitat wiedergegeben:

> „,Wie die Menschen leben, ist mir latte', sagt Lisa Reinke. ‚Er ist ein Sachverhalt. Mehr nicht. Wenn man Gefühle zulässt, wird es schwierig. Wenn ich dann noch sage: Der arme Mann, ist das nicht gut. Ich muss hier schließlich das Gesetz vollziehen.'"[578]

Der im Spiegel erschienene Text von Dahlkamp et al. (2013) basiert hauptsächlich auf einem Bericht des Bundesrechnungshofs, welcher Missstände im Bereich der Priorisierung von Kunden und der veröffentlichten Erfolgszahlen anprangert.[579] Der Artikel beschreibt eine Institution, deren Handeln einzig auf das Erreichen der Zielvorgaben ausgerichtet ist. Hierbei werden die vorsätzliche Bevorteilung von Kunden, die ohnehin gute Chancen auf eine Vermittlung in Arbeit haben (Cream Skimming) sowie Tricks und Manipulationen bei der generierten Statistik als omnipräsent dargestellt.[580]

Insgesamt lässt sich für diesen Teilabschnitt resümieren, dass sich die öffentliche Berichterstattung grundsätzlich mit den in Befragungen geäußerten Wahrnehmungen der Jobcenter-Mitarbeiter deckt.

---

[576] Vgl. J. Friedrichs, 2013, o.S.
[577] Vgl. J. Friedrichs, 2013. o.S.
[578] Vgl. J. Friedrichs, 2013, o.S.
[579] Vgl. Bundesrechnungshof, 2014.
[580] Vgl. J. Dahlkamp et al., 2013.

4.3 Operationalisierungen

In diesem Teil werden die im Fragebogen verwendeten Operationalisierungen der zentralen Variablen dargestellt. Für die Variablen PSM, POF und Arbeitszufriedenheit wird auf bereits existierende Messskalen zurückgegriffen. Die Skalen zu den Belastungsvariablen werden mit Hilfe einer explorativen Faktorenanalyse generiert. Dieses Vorgehen ist für den Untersuchungsgegenstand dieser Arbeit angemessen, da so die konkrete Arbeitssituation der Mitarbeiter der deutschen Arbeitsverwaltung – unter Berücksichtigung der spezifisch NPM-relevanten Belastungsquellen – abgebildet werden kann.

4.3.1 Public Service Motivation

Diese Studie nutzt die durch Hammerschmid et al. (2009) modifizierte Version des von Perry (1996) entwickelten Messinstruments.[581] Die 24 Original-Items wurden in der österreichischen Untersuchung durch Hammerschmid et al. (2009) auf 15 Items gekürzt und bei der Übersetzung kulturell angepasst. Die situationsbedingte Modifizierung des Fragebogens nach Perry (1996) – unter Einbehaltung dessen Grundstruktur – ist in Untersuchungen, insbesondere außerhalb des englischen Sprachraums, gängige Praxis und liefert überwiegend akzeptable Reliabilität (z. B. Cronbachs α).[582] Mit der Verwendung einer gekürzten Variante des Original-Fragebogens kommt diese Arbeit zudem dem durch Coursey und Pandey (2007) artikulierten Forschungsbedarf nach, welche die Arbeit von Perry (1996) nicht als fixierte Definition von PSM-Indikatoren sehen, sondern als wertvollen Entwicklungsschritt auf dem Weg zu einem optimierten Messkonstrukt.[583]
Da auch Vogel (2011) auf die Variante von Hammerschmid et al. (2009) zurückgegriffen hat, bringt die erneute Verwendung in dieser Arbeit zudem den Vorteil einer weiteren Vergleichsstudie im deutschsprachigen Kontext.
Die Items gliedern sich in die ursprünglich durch Perry (1996) definierten vier Dimensionen und werden anhand einer siebenstufigen Likert-Skala (7 = volle Zustimmung bis 1 = volle Ablehnung) abgefragt.
Die verwendeten Items können der Tabelle 6 entnommen werden.

---

[581] Siehe Abschnitt 3.3.2.4.
[582] Vgl. z. B. für Dänemark: A. L. Andersen et al., 2013.
[583] Vgl. D. H. Coursey und S. K. Pandey, 2007, S. 563-564.

Tabelle 6: Messskala Public Service Motivation

Verwendete Items[584]
Politische Motivation
PM1 Das Wort "Politik" hat einen bitteren Beigeschmack. (r)
PM2 PolitikerInnen sind mir ziemlich gleichgültig. (r)
PM3 Das Eingehen von Kompromissen und Gegengeschäften in der politischen Entscheidungsfindung sagt mir nicht zu. (r)
Gemeinwohlinteresse
GI1 Ich engagiere mich in hohem Maße gemeinnützig.
GI2 Öffentlich Bedienstete sollten primär gegenüber der Öffentlichkeit und nicht gegenüber ihren Vorgesetzten verantwortlich sein.
GI3 Mir ist es wichtig, dass der öffentliche Dienst sinnvolle Aufgaben erbringt.
GI4 Ich würde es vorziehen, dass öffentlich Bedienstete das tun, was für die Gemeinschaft das Beste ist, selbst wenn das meinen persönlichen Interessen zuwider läuft.
Soziales Mitgefühl
SM1 Die Lebensumstände benachteiligter Gruppen bewegen mich sehr.
SM2 Für mich gehört es zu den Pflichten eines jeden Staatsbürgers/einer jeden Staatsbürgerin, sich auch um das Wohlergehen anderer zu kümmern.
SM3 Ich habe wenig Mitleid mit jenen Bedürftigen, die nicht bereit sind, den ersten Schritt zu tun, um sich selbst zu helfen. (r)
SM4 Ich mache mir um das Wohlergehen mir nicht persönlich bekannter Personen wenig Gedanken. (r)
SM5 Es gibt nur wenige Sozialprogramme, die ich voll und ganz unterstütze. (r)
Altruismus/Uneigennützigkeit
AT1 Die Mitwirkung an gesellschaftlichen Veränderungen ist mir wichtiger als persönliche Errungenschaften.
AT2 Die Menschen sollten der Gesellschaft mehr zurückgeben als sie von ihr bekommen.
AT3 Ich bin einer der wenigen Menschen, die einen persönlichen Nachteil in Kauf nehmen würden, nur um anderen zu helfen.

---

[584] In einem ersten Schritt wurden die Items von Hammerschmid et al. (2009, S. 87), welche die ursprünglich 24 Items von Perry (1996) in die deutsche Sprache übersetzten, dabei kulturelle Gegebenheiten berücksichtigten und somit zu einer reduzierten Anzahl von 15 Items gelangten, übernommen. Diese wurden in einem ersten Pretest mit der Bitte an die Probanden, Unklarheiten zu kommunizieren, verwendet. In dieser Version wurde das erste Item der Dimension Altruismus/Uneigennützigkeit (AT1) folgendermaßen formuliert: „In der Gesellschaft etwas zu bewegen, bedeutet mir mehr als persönlicher Erfolg." Mehrere Teilnehmer der Pretests äußerten Verständnisprobleme, woraufhin die Übersetzung vom Projektteam angepasst wurde. In einem nächsten Schritt wurden sämtliche 15 Items inklusive der Original-Fragen von Perry (1996) an das Bundessprachenamt gesendet. Die Überprüfung des Bundessprachenamtes ergab keine weiteren Beanstandungen. Das vom Projektteam übersetzte Item AT1 wurde explizit als „richtige Übersetzung" bewertet.

4.3.2 Person-Organization Fit

Um die Passung zwischen Individuum und Organisation zu messen, bedient sich diese Arbeit eines direkten Supplementary-Fit Ansatzes und fokussiert sich damit auf deckungsgleiche Eigenschaften und Einstellungen von Individuum und Organisation.[585] Die Wahl eines direkten Ansatzes wurde getroffen, da direkte Fragestellungen bessere Prädiktoren für den Arbeitnehmer-Output sind und generell stärkere Ergebnisse liefern als indirekten Messungen.[586] Die Items wurden aus der Studie von Bright (2008) übernommen und übersetzt. Ferner wurde an den entsprechenden Stellen der Begriff „Organisation" durch „Jobcenter" ersetzt. Diese Maßnahme soll auf der einen Seite Fehlinterpretationen vorbeugen[587] und auf der anderen Seite den konkreten Bezug zur Arbeitswirklichkeit der Befragten verstärken. Der POF wird somit mit folgenden vier Fragen auf einer siebenstufigen Likert-Skala gemessen (7 = volle Zustimmung bis 1 = starke Ablehnung):

Tabelle 7: Messskala Person-Organization Fit

	Items nach Bright (2008)[588]	Items in dieser Untersuchung
PO1	My values and goals are very similar to the values and goals of my organization.	Meine persönlichen Ziele und Werte decken sich mit denen des Jobcenters.
PO2	I am not very comfortable within the culture of my organization (R).	Ich fühle mich mit der Unternehmenskultur des Jobcenters nicht sehr wohl (R).
PO3	I feel a strong sense of "belonging" to my organization.	Ich fühle mich mit dem Jobcenter sehr verbunden.
PO4	What this organization stands for is important to me.	Für mich ist wichtig, wofür das Jobcenter steht.

4.3.3 Arbeitszufriedenheit

In dieser Arbeit wird eine 1-Item-Skala zur Messung der Arbeitszufriedenheit genutzt. Diese Methode hat zwar im Vergleich mit Konstrukten, welche aus mehreren Items bestehen, den Nachteil einer generell schwächeren Validität und Reliabilität. Allerdings kommt die Meta-Analyse von Wanous et al. (1997) zu dem Ergebnis, dass eine Einzelfrage zur Messung von Arbeitszufriedenheit grundsätzlich akzeptabel ist. Zudem sind Einzelfragen insbesondere bei jüngeren Studien, welche den Zu-

---

[585] Zu den verschiedenen Arten der Messung siehe Abschnitt 3.2.3.
[586] Vgl. L. Bright, 2008, S. 154; A. L. Kristof-Brown et al., 2005. S. 311-312; M. L. Verquer et al., 2003, S. 482 ff.
[587] Der Begriff „Organisation" wird im Sprachgebrauch für verschiedene Bedeutungen verwendet. Des Weiteren ist nicht auszuschließen, dass einige Mitarbeiter ihre spezielle Abteilung oder ihr Team als Organisation definieren würden.
[588] Vgl. L. Bright, 2008, S. 155.

sammenhang zwischen PSM und Arbeitszufriedenheit untersuchen, gängige Praxis.[589] Da die 1-Item-Skala ebenfalls Bestandteil des repräsentativen Sozioökonomischen Panels (SOEP) ist, bietet sie daher – auch über diese Arbeit hinaus – eine gute Vergleichsmöglichkeit. Die Frage zur Arbeitszufriedenheit wird auf einer elfstufigen Ratingskala (11 = ganz und gar zufrieden bis 1 = ganz und gar unzufrieden) gemessen.

Tabelle 8: Messskala Arbeitszufriedenheit

Arbeitszufriedenheit	
AZ1	Wie zufrieden sind Sie mit ihrer Arbeit?

4.3.4 Arbeitsbedingungen und Arbeitsbelastung

Ziel dieser Untersuchung war es, die speziellen Arbeitsbedingungen der SGB II Jobcenter möglichst umfassend und eindeutig durch das Untersuchungsdesign abzubilden. Folglich wurde eine Reihe von Einzelitems abgefragt, deren Inhalt sich auf spezifische Arbeitssituationen, Einstellungen zum Arbeitsplatz und mögliche Belastungsquellen beziehen.[590] Da die tätigkeitsspezifischen Belastungsquellen im Zentrum der Analyse stehen, wurde dieses praxisbezogene Vorgehen einem bereits existierenden Messkonzept vorgezogen.[591] Für den Fortgang dieser Arbeit ist es aus Praktikabilitäts- und Plausibilitätsgründen zweckmäßig, diese große Anzahl von Variablen durch eine kleinere Anzahl, möglichst voneinander unabhängiger Variablenkonstrukte, zu erklären. Um Strukturen in dem großen Variablenset identifizieren zu können, wurde eine Datenreduktion mithilfe einer explorativen Faktorenanalyse[592] durchgeführt. Ziel der Faktorenanalyse ist es, auf Grundlage der korrelativen Beziehungen einer meist größeren Anzahl beobachteter und „gleichartiger" metrischer Merkmale, eine geringere Anzahl voneinander unabhängiger Variablenkonstrukte zu extrahieren. Diese Konstrukte werden „Faktoren" genannt und bilden – bei sachlogischer Plausibilität – die Grundlage für weitere statistische Analysen.[593] In den folgenden Teilkapiteln wird das Vorgehen der Extraktion dargestellt, da die daraus resultierenden Faktoren die Basis für die weitere Hypothesenüberprüfung darstellen. Die Vorgehensweise orientiert sich weitestgehend an den durch Back-

---

[589] Exemplarisch: J. Taylor 2008; W. Vandenabeele, 2009; L. B. Andersen und A. M. Kjeldsen, 2013.
[590] Einzelne Items wurden aus der bereits durchgeführten „ABBA-Studie" der Deutschen Gesetzlichen Unfallversicherung (DGUV 2009 und 2011) übernommen. Die Ergebnisse dieser Untersuchung deuten auf eine hohe Relevanz der Fragen bzgl. Arbeitsbelastungen innerhalb der SGB II Jobcenter hin. Da sich die Interpretationen innerhalb der ABBA-Studie jedoch größtenteils auf Mittelwertvergleiche beschränken, besteht nach hiesiger Ansicht weiterer Forschungsbedarf, um mögliche Ursachen und Auswirkungen von Belastungen näher zu beleuchten.
[591] Z. B. das Job Demand Control Model von Karasek (1979) oder der Effort-Reward-Imbalance Index (ERI) von Siegrist et al. (2004).
[592] Zur Faktorenanalyse siehe unter anderem: P. P. Eckstein, 2012 sowie K. Backhaus et al., 2011.
[593] Vgl. P. P. Eckstein, 2012, S. 305.

haus et al. (2011) empfohlenen Schritten. Zur Berechnung wurde das Softwarepaket IBM SPSS Version 21/22 verwendet.

4.3.4.1 Vorbereitung: Variablenauswahl und Korrelationsmatrix

Die Qualität der Ergebnisse einer Faktorenanalyse hängt maßgeblich von den ausgewählten Variablen ab. Für den Untersuchungsgegenstand irrelevante Merkmale sind bereits im Vorfeld auszusortieren. Daher wurden im konzipierten Fragebogen zunächst mögliche Items identifiziert, welche die Arbeitsbedingungen im Sinne der aufgestellten Hypothesen widerspiegeln könnten. Unter dieser Prämisse sind letztlich die 20 Items des Abschnitts „Ihre Arbeit" sowie die beiden letzten Items des Abschnitts „Ihre Arbeitssituation" (laufende Nummer 34 bis 37) von Interesse (Anlage 1). Alle anderen Variablen sind nicht Teil der folgenden Faktorenanalyse.

Um eine Aussage über die grundsätzliche Eignung der Daten für eine Faktorenanalyse treffen zu können, werden zunächst die Zusammenhänge zwischen den Ausgangsvariablen mittels einer Korrelationsanalyse (Pearson-Korrelation) dargestellt. Viele kleine Werte in der zuvor standardisierten Korrelationsmatrix würden auf eine heterogene Datenstruktur hinweisen und die Anwendbarkeit einer Faktorenanalyse damit in Frage stellen.[594] Die Korrelationstabelle der 22 Ausgangsvariablen weist diverse hohe und einige niedrige Zusammenhänge auf. In einem schrittweisen Verfahren wurden vorab diejenigen Variablen aussortiert, welche offensichtlich keine hinreichenden Korrelationen zu anderen Items aufweisen oder aus sachlogischen Gründen[595] keine Bündelung rechtfertigen. Durch diese Vorabselektion reduziert sich die Anzahl an relevanten Variablen auf 11 (Tabelle 9).

Aufgrund der Korrelationsverteilung (Tabelle 10) dieser 11 Variablen lassen sich bereits einige Vermutungen über zugrunde liegende Faktoren anstellen. Insbesondere die hohe positive Korrelation zwischen „Sinnhaftigkeit der Arbeit" und „Gefühl der Wichtigkeit der Arbeit" (0,79) sowie zwischen „Belastung durch Zielvorgaben" und „Belastung durch Controlling und Statistik" (0,60) sind bemerkenswert. Die Korrelationsmatrix gibt folglich erste Hinweise auf mögliche Faktoren und aufgrund der allgemeinen Korrelationsverteilungen scheinen die Daten insgesamt gut für eine Faktorenanalyse geeignet. Eine konkrete Ableitung möglicher zugrundeliegender Faktoren sowie eine abschließende Beurteilung der Dateneignung für eine Faktorenanalyse lassen sich jedoch erst nach der Anwendung weiterer Kriterien feststellen. Backhaus et al. (2011) empfehlen grundsätzlich die Anwendung von mehr als einem Kriterium, um die Eignung der Ausgangsvariablen für eine Faktorenanalyse zu bestimmen. Neben der Überprüfung der Korrelationsverteilungen

---

[594] Vgl. K. Backhaus et al., 2011, S. 339.
[595] Vor dem Hintergrund des theoretischen Bezugsrahmens galt es insbesondere diejenigen Variablen einer Faktorenanalyse zu unterziehen, welche persönliche Einstellungen sowie empfundene Belastungen abbilden.

werden die vorliegenden Daten anhand folgender drei weiterer Kriterien im Hinblick auf ihre Eignung für eine Faktorenanalyse untersucht:

- Signifikanzprüfung der Korrelationen
- Kaiser-Meyer-Olkin-Kriterium
- Bartlett-Test (test of sphericity)

Tabelle 9: Items zu Arbeitsbedingungen

Arbeitsbedingungen	
AB01	Fühlen Sie sich insgesamt an ihrem Arbeitsplatz unsicher bzw. bedroht?
AB02	Werden bei Ihrer Arbeit widersprüchliche Anforderungen gestellt?
AB03	Bringt Ihre Arbeit Sie in emotional belastende Situationen?
AB04	Verlangt Ihre Arbeit von Ihnen, sich mit Ihrer Meinung zurückzuhalten?
AB05	Ist Ihre Arbeit sinnvoll?
AB06	Haben Sie das Gefühl, dass Ihre Arbeit wichtig ist?
AB07	Sind Sie stolz, dieser Einrichtung anzugehören?
AB08	Hat Ihre Arbeitsstelle hohe persönliche Bedeutung für Sie?
AB09	Belasten Sie die vielen gesetzlichen und organisatorischen Änderungen in Ihrem Arbeitsbereich?
AB10	Mein Arbeitsumfeld ist stark durch externe Zielvorgaben geprägt. Falls ja, wie stark belastet Sie dies?
AB11	Meine Tätigkeit wird stark durch die Forderungen des Controllings und der Statistik beeinflusst. Falls ja, wie stark belastet Sie dies?

Das erste Zusatzkriterium, welches sich auf die Signifikanz der Korrelationen bezieht, kann in dieser Studie als erfüllt angesehen werden. Mit Ausnahme des Zusammenhangs zwischen „Belastung durch Zielvorgaben" und „Hohe persönliche Bedeutung der Arbeitsstelle" (p = 0,056) weisen sämtliche Korrelationen ein Signifikanzniveau von p ≤ 0,01 auf.[596] Es sei jedoch erwähnt, dass die hohe Stichprobengröße dieser Studie die Ergebnisse hinsichtlich der Signifikanz erheblich begünstigt. Daher ist die Anwendung weiterer Kriterien ratsam.

Das durch Kaiser, Meyer und Olkin entwickelte Kriterium, welches als „measure of sampling adequacy (MSA)" bezeichnet wird, zeigt an, in welchem Umfang die Ausgangsvariablen zusammengehören und eine Faktorenanalyse sinnvoll erscheint. Es bildet damit „ein zusammenfassendes Beurteilungsmaß für die faktoranalytische Angemessenheit der Untersuchungsvariablen."[597] Die vorliegenden Daten weisen mit einem Kaiser-Meyer-Olkin-Wert von 0,77 bei einem signifikanten Barlett-Test

---

[596] „Der p-Wert beschreibt die Wahrscheinlichkeit, unter Gültigkeit der Nullhypothese das erhaltene Ergebnis oder ein extremeres zu erhalten [...]. Je niedriger der p-Wert, desto eher ist die Nullhypothese abzulehnen" (Backhaus et al., 2011, S. 340).
[597] W. Müller, 2004, S. 16.

(p < 0,001) eine „ziemlich gute" Eignung („middling")[598] für eine Faktorenanalyse auf. Auf Grundlage dieser Ergebnisse wird die Faktorenanalyse mit den vorliegenden Daten fortgesetzt.

---

[598] Vgl. K. Backhaus et al., 2011, S. 343.

E M P I R I S C H E   A N A L Y S E

Tabelle 10: Korrelationstabelle Arbeitsbedingungen

		AB01	AB02	AB03	AB04	AB05	AB06	AB07	AB08	AB09	AB10
AB01	Bedrohung am Arbeitsplatz										
AB02	Widersprüchliche Anforderungen	,27**									
AB03	Emotional belastende Situationen	,44**	,44**								
AB04	Zurückhalten der Meinung	,25**	,35**	,30**							
AB05	Sinnhaftigkeit der Arbeit	-,14**	-,28**	-,16**	-,22**						
AB06	Gefühl der Wichtigkeit der Arbeit	-,12**	-,25**	-,14**	-,19**	,79**					
AB07	Stolz, Einrichtung anzugehören	-,14**	-,33**	-,25**	-,27**	,51**	,53**				
AB08	Persönliche Bedeutung der Arbeit	-,08**	-,11**	-,06**	-,12**	,32**	,35**	,48**			
AB09	Belastung Änderungen	,23**	,33**	,40**	,27**	-,13**	-,09**	-,23**	-,05**		
AB10	Belastung Zielvorgaben	,17**	,31**	,26**	,20**	-,17**	-,14**	-,15**	-,03	,33**	
AB11	Belastung Controlling u. Statistik	,19**	,30**	,26**	,22**	-,18**	-,13**	-,17**	-,05**	,37**	,60**

$*p < ,05; **p < ,01$
Pearson-Korrelationen

4.3.4.2 Auswahl des Faktorextraktionsverfahrens

Es existieren grundsätzlich zwei wesentliche Verfahren zur Faktorextraktion: Die Hauptkomponentenanalyse und die Hauptachsenanalyse. Für diese Untersuchung wurde die Hauptkomponentenanalyse als Extraktionsverfahren gewählt, da sie für explorative Verfahren als besonders gut geeignet gilt. Die Hauptkomponentenanalyse hat zum Ziel, die Datenstruktur durch möglichst wenige Faktoren möglichst umfassend zu reproduzieren. Das Verfahren impliziert damit, dass die Varianz der Ausgangsvariablen vollständig durch die Extraktion der Faktoren erklärt werden kann. Demgegenüber versucht die Hauptachsenanalyse die Varianz der Variablen durch die Faktoren zu erklären.[599]

4.3.4.3 Zahl der Faktoren

Das mit der Faktorenanalyse verbundene Ziel der Datenreduzierung ist unvermeidlich mit einem Informationsverlust verbunden. Um ein vertretbares Maß zwischen Informationserhalt und Praktikabilität zu erhalten, kommt der gewählten Anzahl von Faktoren eine elementare Rolle zu. Hierzu bedarf es eines subjektiven Eingriffs durch den Anwender.

Zur Unterstützung bei der Auswahl existieren statistische Kriterien, von denen das Kaiser-Kriterium als eines der bedeutsameren gilt.[600] Nach diesem Kriterium ist die Zahl der zu extrahierenden Faktoren gleich der Zahl der Faktoren, welche einen Eigenwert von größer als Eins aufweisen.[601] Aufgrund der Existenz von drei Eigenwerten, welche größer als Eins sind, wurden aus den 11 Variablen drei Faktoren extrahiert. Diese drei Komponenten erklären gemeinsam ca. 59,73% der Gesamtvarianz der 11 Items und erreichen damit einen befriedigenden Varianzerklärungsanteil. Die Extraktion ist somit gerechtfertigt (Tabelle 11).[602]

---

[599] Vgl. K. Backhaus et al., 2011, S. 356.
[600] Vgl. K. Backhaus et al., 2011, S. 359.
[601] „Die Eigenwerte (Eigenvalues) werden berechnet als Summe der quadrierten Faktorladungen eines Faktors über alle Variablen. Sie sind ein Maßstab für die durch den jeweiligen Faktor erklärte Varianz der Beobachtungswerte." (K. Backhaus et al., 2011, S. 359).
[602] Vgl. W. Müller, 2004, S. 22. Auch das Scree-Plot – als Visualisierung der Eigenwerte – spricht für die Extraktion von drei Faktoren.

Tabelle 11: Erklärte Gesamtvarianz

Komponente	Anfängliche Eigenwerte			Summen von quadrierten Faktorladungen für Extraktion		
	Gesamt	% der Varianz	Kumulierte %	Gesamt	% der Varianz	Kumulierte %
1	3,566	32,421	32,421	3,566	32,421	32,421
2	1,880	17,095	49,517	1,880	17,095	49,517
3	1,123	10,209	59,726	1,123	10,209	59,726
4	,826	7,510	67,236			
5	,774	7,032	74,268			
6	,716	6,512	80,780			
7	,624	5,672	86,452			
8	,473	4,299	90,752			
9	,417	3,790	94,542			
10	,397	3,611	98,153			
11	,203	1,847	100,000			
Extraktionsmethode: Hauptkomponentenanalyse.						

4.3.4.4 Interpretation und Bestimmung der Faktorenwerte

Zur Interpretation der Ergebnisse werden die Faktorladungen der einzelnen Items betrachtet. Die Faktorladung gibt die bivariate Korrelation des standardisierten Erhebungsmerkmals (z. B. „Bedrohung am Arbeitsplatz") zu der im Rahmen der Hauptkomponentenanalyse extrahierten Faktoren an.[603] Einige Variablen (z. B. „Bedrohung am Arbeitsplatz", „Emotional belastende Situationen") laden auf mehrere Faktoren relativ hoch und lassen somit zunächst keine eindeutige Interpretation zu. Anzustreben ist eine sogenannte Einfachstruktur, d.h. die Variablen sollten möglichst nur auf einem Faktor hoch laden.[604]

Zur besseren Interpretierbarkeit ist die Drehung (Rotation) des Koordinatenkreuzes – in dem die Faktoren als Vektoren abgebildet werden – in seinem Ursprung gängige Praxis. Tabelle 12 zeigt das Ergebnis einer rechtwinkligen Varimax-Rotation. Durch diese Rotation ist eine deutliche Verbesserung der Interpretierbarkeit möglich. Den praktischen Konventionen folgend, wird eine Faktorladung ab 0,5 als „hoch" bezeichnet.[605]

Tabelle 12 zeigt, dass die ersten vier Variablen sowie die Variable „Belastung durch gesetzliche und organisatorische Änderungen" eine hohe Ladung (also hohe positive lineare Korrelation) zum extrahierten Faktor 2 aufweisen (0,50 bis 0,73). Alle fünf Variablen beinhalten konkrete Arbeitssituationen, welche implizit oder explizit

---
[603] Vgl. P. P. Eckstein, 2012, S. 314.
[604] Vgl. K. Backhaus et al., 2011, S. 361.
[605] Vgl. K. Backhaus et al., 2011, S. 362.

mit einer wahrgenommenen Belastung verbunden werden (können). Der Faktor wird daher als „*situative Arbeitsbelastung*" bezeichnet.

Die vier Items „Sinnhaftigkeit der Arbeit" bis „Hohe persönliche Bedeutung der Arbeitsstelle" weisen eine hohe Ladung auf Faktor 1 (0,65 bis 0,86) auf. Aufgrund der inhaltlichen Ausrichtung wird der Faktor als „*Job Commitment*" bezeichnet.

Die beiden letzten Variablen weisen eine hohe Ladung auf Faktor 3 (jeweils 0,85) auf. Beide Variablen beinhalten Wahrnehmungen von Belastung, welche aus Instrumenten des NPM (Zielvorgaben, Controlling und Statistik) resultieren. Der Faktor wird folglich als „*NPM-Belastung*" bezeichnet.

Tabelle 12: Rotierte Komponentenmatrix

	Komponente		
	1	2	3
Bedrohung am Arbeitsplatz	-,030	,727	-,022
Widersprüchliche Anforderungen	-,241	,590	,286
Emotional belastende Situationen	-,048	,796	,149
Zurückhalten der Meinung	-,198	,561	,135
Sinnhaftigkeit der Arbeit	,840	-,091	-,150
Gefühl der Wichtigkeit der Arbeit	,863	-,059	-,104
Stolz der Einrichtung anzugehören	,745	-,263	-,083
Hohe persönliche Bedeutung der Arbeitsstelle	,645	-,052	,086
Belastung durch gesetzliche und org. Änderungen	-,023	,503	,455
Belastung durch Zielvorgaben	-,061	,140	,853
Belastung durch Controlling und Statistik	-,069	,158	,852

Extraktionsmethode: Hauptkomponentenanalyse.
Rotationsmethode: Varimax mit Kaiser-Normalisierung.
Die Rotation ist in 5 Iterationen konvergiert.

Abbildung 11 visualisiert die zu den drei Faktoren zusammengefassten Variablen. Für den weiteren Verlauf der empirischen Analyse sind die „situative Arbeitsbelastung" (Faktor 2) und die „NPM-Belastung" (Faktor 3) von Interesse, da diese beiden Konstrukte im Sinne der generierten Hypothesen als Operationalisierungen dienen werden. Aufgrund des fehlenden Bezugs zum Hypothesensystem endet die Auseinandersetzung mit dem Faktor 1 („Job Commitment") mit der Darstellung der deskriptiven Ergebnisse im nächsten Kapitel. Das Konstrukt könnte jedoch – in einer auf diese Arbeit aufbauenden Arbeit – Inhalt weiterer Forschungsbemühungen werden.

Abbildung 11: Faktor Job Commitment[606]

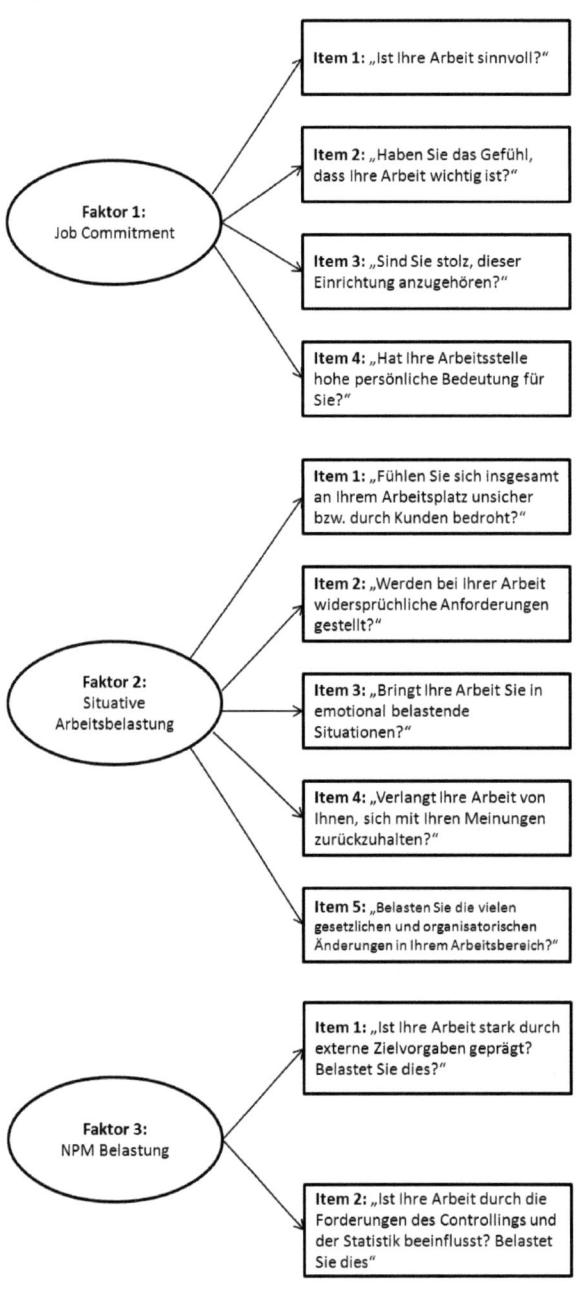

---
[606] Eigene Darstellung.

5 Ergebnisse

Dieses Kapitel dient in erster Linie der Überprüfung der generierten Hypothesen. Zunächst werden jedoch einige Analysen durchgeführt, um eine Aussage über die Qualität der erhobenen Daten tätigen zu können (Abschnitt 5.1). Darauf aufbauend wird das Teilnehmerverhalten und der Rücklauf behandelt (Abschnitt 5.2).
Nach der Darstellung der deskriptiven Ergebnisse und der Reliabilitäten (Abschnitt 5.3) wird die Hypothesenüberprüfung mittels multivariater Regressionsanalysen (Abschnitt 5.4) und Strukturgleichungsmodellierung (Abschnitt 5.5) durchgeführt. Zur Berechnung werden das Statistikprogramm IBM SPSS Version 21/22 sowie das Zusatzpaket IBM SPSS AMOS Version 21/22 verwendet.[607]

5.1 Datenqualität der Online-Lösung

Quantitativen Untersuchungen haftet immer das Risiko von Verzerrungseffekten – sogenannte „Bias" – an. Es ist daher geboten, die Daten vor der eigentlichen Analyse auf mögliche Bias zu untersuchen. Online-Befragungen neigen aufgrund ihrer oftmals großen Stichproben dazu, Repräsentativität zu signalisieren. Auch in diesem Fall ist die Teilnehmerzahl von 4.514 durchaus beachtlich und übersteigt die Stichprobengröße der Studien, die im späteren Verlauf hauptsächlich zum Vergleich herangezogen werden.[608] Dennoch birgt eine Online-Befragung grundsätzlich spezielle methodische Herausforderungen, die insbesondere in der Selbstselektion der Teilnehmer begründet sind.[609] Die Annahme, dass prinzipiell eher unzufriedene Mitarbeiter an einer Befragung teilnehmen, um ihren Unmut zu kommunizieren, kann nicht vollständig ausgeräumt werden.

Im vorliegenden Untersuchungsdesign kann theoretisch jeder, der in Besitz des Zugangslinks ist, an der Befragung teilnehmen – durchaus auch mehrmals. In der speziellen Situation der SGB II Jobcenter birgt die gewählte Methode des Online-Fragebogens ein weiteres Risiko. Aufgrund der Vorgespräche mit den Mitgliedern der Personalräte sowie einzelner Geschäftsführer wurde das Risiko einer manipulativen Einflussnahme seitens politischer Interessengruppen identifiziert.

Um den methodischen Herausforderungen der Online-Befragung angemessen zu begegnen, wurden zum einen Maßnahmen in der Vorbereitungsphase und zum an-

---

[607] Für Informationen bzgl. der Historie und den Vorteilen des Statistikpakets SPSS sei auf das Einführungswerk von Bühl (2014) verwiesen.
[608] Folgende Studien werden aufgrund ihrer methodischen sowie inhaltlichen Parallelen hauptsächlich zum Vergleich herangezogen: G. Hammerschmid et al., 2009 (N = 3270); L. Bright, 2008 (N = 205); DGUV, 2011 (Ersterhebung: N = 2194 und Zweiterhebung: N = 762).
[609] Vgl. G. Grözinger und W. Matiaske, 2005, S. 83.

deren diverse Tests zur Beurteilung der Datenqualität durchgeführt. Diese vorbereitenden und überprüfenden Maßnahmen werden im Folgenden vorgestellt.

5.1.1 Vorbereitende Maßnahmen

Um ein umfassendes Bild der Arbeitsbedingungen in den SGB II Jobcentern zu erlangen, wurde der Fragebogen einem möglichst breiten Teilnehmerkreis zugänglich gemacht. Dieses Vorgehen schließt den Nebeneffekt mit ein, dass theoretisch auch vorwiegend politisch motivierte Mitglieder der Arbeitsverwaltung (zum Beispiel Führungskräfte aus der Zentrale der BA oder Beschäftigte des BMAS) an der Befragung teilnehmen konnten, um so, durch positiv gefärbte Bewertungen, das Ergebnis der Studie zu beeinflussen. Um ein ausgewogenes Verhältnis zwischen den Vorteilen einer großen Stichprobe und den Risiken der Selbstselektion zu gewährleisten, wurde der Zeitraum der Datenerhebung auf acht Tage begrenzt. Die Befragung startete am Montag, den 08.04.2013 und endete am Abend des darauffolgenden Montags, den 16.04.2013. Auf diese Weise konnte zum einen die empfangene „Impulsmail" innerhalb des Kollegenkreises diskutiert werden, wodurch auch Mitarbeiter von der Befragung erfuhren, welche nicht im Mailverteiler der Personalräte waren oder die Mail übersehen hatten. Zum anderen war es so den potentiellen Teilnehmern möglich, die Befragung auch während des Wochenendes zu bearbeiten. Die Teilnehmerzahl hätte mit einer noch längeren Laufzeit zwar maximiert werden können, hiervon wurde jedoch Abstand genommen, um das Risiko strategischer Antworten aus den politischen Führungskreisen der Arbeitsverwaltung zu verringern.

Des Weiteren wurde den Teilnehmern der Befragung Anonymität garantiert, um ein möglichst unverfälschtes Stimmungsbild zu erhalten.

5.1.2 Überprüfung der Datenqualität

Die mit der Online-Lösung einhergehende Selbstselektion der Teilnehmer wurde als wahrscheinlichste Ursache für mögliche Verzerrungseffekte bewertet. Um deren Existenz abschätzen zu können, wurde für einige Schlüsselvariablen der Antwortverlauf über die Zeit betrachtet. Hierzu wurden Mittelwertvergleiche (t-Tests) von den Frühantwortenden (erstes Quartil) zu den Spätantwortenden (viertes Quartil) durchgeführt. Dieses Vorgehen hat den Vorteil, neben einer potentiellen Selektionsverzerrung, Hinweise auf weitere Bias zu identifizieren. Trotz der großen Stichprobe muss erwähnt werden, dass der überwiegende Anteil der Grundgesamtheit nicht an der Befragung teilgenommen hat. Repräsentativität ist daher nicht ohne Weiteres sichergestellt. Es wäre beispielsweise denkbar, dass unverhältnismäßig viele unzufriedene Mitarbeiter an solch einer Befragung teilnehmen, um ihren Unmut zu kommunizieren. Die durch diese Problematik entstehende Verzerrung wird als Non-Response-Bias bezeichnet.[610] In der Literatur werden diverse Möglichkeiten diskutiert, Non-Response-Bias abzuschätzen. Im Folgenden seien drei von Armstrong und Overton (1977) ausgewählte Verfahren skizziert:

- „Comparision with known values for the population" bedeutet, dass die Ergebnisse der Studie mit bekannten („known") Erhebungen abgeglichen werden. Sollten vom Untersuchungsgegenstand bereits erhobene Werte (insbesondere demographische Werte wie Alter, Einkommen, Ausbildung etc.) vorliegen, so können die erhobenen Daten mit diesen abgeglichen werden. Dieses Vorgehen setzt zum einen voraus, dass die in der Vergangenheit erhobenen Daten selbst biasfrei sind und zum anderen auch in der Gegenwart noch repräsentativ – also nicht veraltet – sind.
- „Subjective Estimates" beschreibt ein Verfahren, bei dem aufgrund bekannter – oder theoretisch hergeleiteter – Unterschiede zwischen Teilnehmern und Nicht-Teilnehmern Abschätzungen über mögliche Verzerrungen getroffen werden. Beispielsweise wird postuliert, dass Teilnehmer an Befragungen grundsätzlich eine höhere Bildung haben als Nicht-Teilnehmer. Darüber hinaus ist anzunehmen, dass vor allem das Interesse am Untersuchungsgegenstand eine Teilnahme oder Nicht-Teilnahme beeinflusst („interest hypothesis").
- „Extrapolation Methods" beruhen auf der Annahme, dass die spät antwortenden Personen den nicht antwortenden Personen ähneln, wohingegen die früh antworteten Personen eher in die Thematik der Befragung involviert sind. Signifikante Unterschiede in der Beantwortung von Kernvariablen zwischen dem ersten Quartil der Erhebung und dem letzten Quartil deuten somit auf Non-Response-Bias hin.[611]

Die Methode „Comparision with known values for the population" ist in diesem Fall nicht anwendbar, da keine für die Grundgesamtheit repräsentativen demographischen Daten vorliegen.[612] Dennoch werden die demographischen Ergebnisse in Abschnitt 5.3.1 – wenn möglich – mit existierenden Untersuchungen verglichen. Da diese jedoch ihrerseits keine Repräsentativität beanspruchen, ist ein Vergleich nur beschränkt hilfreich.

Die Methode „Subjective Estimates" erscheint aufgrund fehlender nachgewiesener Unterschiede zwischen den Teilnehmern der Studie zu spekulativ.

---

[610] Vgl. D. A. Dillmann, 1991, S. 228.
[611] Vgl. J. Bortz und N. Döring, 2006, S. 260; J. S. Armstrong und T. S. Overton, 1977, S. 397.
[612] Die Daten der Evaluation der Experimentierklausel nach § 6c SGB II - Untersuchungsfeld 2 (vgl. Bundesministerium für Arbeit und Soziales, 2008) wurden 2007 erhoben und erscheinen daher mittlerweile veraltet und sind zudem aufgrund teilweise zweifelhafter Stichprobenauswahl zu hinterfragen (vgl. M. Olejniczak, 2010, S. 30). Die diskutierte Studie der DGUV (2011) erhebt keinen Anspruch auf Repräsentativität und könnte daher ebenfalls Verzerrungseffekte beinhalten.

Die dritte Variante der Extrapolation im Zeitverlauf erscheint für den vorliegenden Sachverhalt zweckmäßig[613] und deckt sich zudem mit dem bereits geplanten Vorhaben der Mittelwertvergleiche von zentralen Variablen zwischen dem ersten und dem letzten Quartil. Im Folgenden werden t-Tests angewendet, welche Aufschluss darüber geben, ob etwaige Mittelwertunterschiede zwischen den beiden Gruppen als zufällig oder als überzufällig zu interpretieren sind.[614]

Sollten signifikante Unterschiede zwischen den Quartilen auftreten, könnte dies auf eine Selbstselektionsverzerrung, auf Manipulation seitens diverser Interessengruppen zum Ende des Befragungszeitraums sowie auf Non-Response-Bias hinweisen. Da eine derart große Stichprobe dazu neigt, signifikante Ergebnisse zu produzieren, werden darüber hinaus noch die Effektstärken nach Cohen[615] dargestellt.

Im Folgenden werden die Mittelwerte des ersten und des letzten Quartils von den drei zentralen Variablen PSM, POF und Arbeitszufriedenheit miteinander verglichen.

Tabelle 13 stellt das Ergebnis des Mittelwertvergleichs der Variablen PSM dar. Der geringe Unterschied der Mittelwerte (erstes Quartil: 4,06 versus letztes Quartil: 4,10) wird als nicht signifikant (p > 0,05) ausgewiesen (Tabelle 13).

Der Mittelwertunterschied des POF (erstes Quartil: 3,51 versus letztes Quartil: 3,64) ist zwar ebenfalls gering, jedoch auf dem Niveau p < 0,05 statistisch signifikant (Tabelle 14).

Der Mittelwertunterschied der Variablen Arbeitszufriedenheit (erstes Quartil: 6,02 versus letztes Quartil: 6,13) ist ebenfalls gering und wird als nicht signifikant (p > 0,05) ausgewiesen (Tabelle 15).

Tabelle 13: t-Test PSM

	Gruppenstatistiken				
	Quartil	N	Mittelwert	Std. Dev.	Std.Err.
PSM	1,00	928	4,0576	,69002	,02265
	4,00	925	4,1049	,65176	,02143

		Test bei unabhängigen Stichproben							
		Levene-Test		T-Test für die Mittelwertgleichheit					
								95% Konfidenzintervall der Differenz	
		F	Sig.	T	df	Sig. (2-seitig)	Mittlere Differenz	Standardfehler der Differenz	Untere	Obere
PSM	Var. gleich	1,274	,259	-1,5	1851	,129	-,04733	,03118	-,10849	,01383
	Var. n. gleich			-1,5	1846	,129	-,04733	,03118	-,10848	,01383

---

[613] Das Verfahren „Extrapolation Methods" findet auch in jüngeren Studien noch Anwendung, um Non-Response-Bias zu identifizieren (siehe z. B. A. K. Lohbeck, 2009, S. 126).
[614] Vgl. W. Matiaske, 1996, S. 97.
[615] Vgl. J. Cohen, 1988.

Tabelle 14: t-Test POF

Gruppenstatistiken

	Quartil	N	Mittelwert	Std.Dev.	Std.Err.
POF	1,00	1022	3,5120	1,32358	,04140
	4,00	1052	3,6426	1,27242	,03923

Test bei unabhängigen Stichproben

		Levene-Test		T-Test für die Mittelwertgleichheit				95% Konfidenzintervall der Differenz	
		F	Sig.	T	df	Sig. (2-seitig)	Mittlere Differenz	Standardfehler der Differenz	Untere	Obere
POF	Var. gleich	2,233	,135	-2,291	2072	,022	-,13060	,05700	-,24239	-,01881
	Var. n. gleich			-2,290	2062,372	,022	-,13060	,05704	-,24245	-,01874

Tabelle 15: t-Test Arbeitszufriedenheit

Gruppenstatistiken

	Quartil	N	Mittelwert	Std.Dev.	Std.Err.
AZ	1,00	1062	6,02	2,546	,078
	4,00	1095	6,13	2,460	,074

Test bei unabhängigen Stichproben

		Levene-Test		T-Test für die Mittelwertgleichheit				95% Konfidenzintervall der Differenz	
		F	Sig.	T	df	Sig. (2-seitig)	Mittlere Differenz	Standardfehler der Differenz	Untere	Obere
AZ	Var. gleich	1,352	,245	-1,072	2155	,284	-,116	,108	-,327	,096
	Var. n. gleich			-1,071	2145,860	,284	-,116	,108	-,327	,096

Von den drei überprüften Variablen weist lediglich der Mittelwertunterschied des POF einen signifikanten – allerdings nicht hochsignifikanten (p < 0,01) – Effekt auf. Wie bereits erwähnt, neigen große Stichproben bei t-Tests zu signifikanten Ergebnissen. Daher wurden zusätzlich die Effektstärken (d) nach Cohen[616] berechnet. Konventionell gilt ein Wert von d = 0,2 als kleiner, d = 0,5 als mittlgroßer und d = 0,8 als großer Effekt.[617] Für die Kernvariablen dieser Untersuchung ergeben sich zwischen den Antworten in den Quartilen Werte von d = 0,06 (PSM), d = 0,1 (POF) und d = 0,02 (AZ).[618] Sämtliche Werte liegen demnach unter dem konventionell angenommenen Niveau eines „kleinen" Effekts.

Auf Grundlage der vorgenommenen Tests können folglich keine strukturellen Verzerrungen identifiziert werden. Da die Quartile mit Werten von ca. n = 1000 immer noch recht groß sind, wurden die Tests mit den ersten und den letzten 500 Antwortenden nochmals wiederholt. Die Ergebnisse bestätigen den Eindruck, dass keine offensichtlichen Verzerrungen identifiziert werden können.

---

[616] Vgl. J. Cohen, 1988.
[617] Vgl. J. Bortz und C. Schuster, 2010, S. 109 sowie J. Cohen, 1988, S. 24-27.
[618] Bei der Berechnung der Effektstärken wurden die Mittelwerte und Standardabweichungen auf die erste Dezimalstelle gerundet.

Darüber hinaus sollte berücksichtigt werden, dass im Zentrum der weiteren Analysen hauptsächlich korrelative Beziehungen stehen, wodurch die Relevanz der Repräsentativität der Stichprobe in den Hintergrund rückt. Die Daten scheinen alles in allem für die Überprüfung der aufgestellten Hypothesen gut geeignet.

5.2 Teilnehmerverhalten und Rücklauf

Die folgenden Tabellen fassen einige soziodemographische Erkenntnisse hinsichtlich des Teilnehmerverhaltens im Zeitablauf zusammen.[619]
Tabelle 16 zeigt, dass jüngere Beschäftigte zu einer frühen Teilnahme an der Studie neigen, währenddessen ältere Beschäftigte eher zu den spätantwortenden Teilnehmern zählen. Vor dem Hintergrund des Mediums der Online-Umfrage könnte dieses Verhalten durch altersspezifische Affinität zum Befragungsmedium erklärt werden.
Tabelle 17 liefert keine konkreten Hinweise auf ein unterschiedliches Befragungsverhalten von Frauen und Männern. Die leichte Tendenz, dass weibliche Beschäftigte eher später antworten als männliche Kollegen, erscheint keinen relevanten Hintergrund zu haben und bedarf daher keiner weiteren Interpretation.
Die Verteilung der Antworten nach der Tätigkeit (Tabelle 18) offenbart ebenso keine wesentlichen Unterschiede. Die tendenziell spätere Teilnahme der Führungskräfte könnte mit einer späteren Kenntnisnahme der Befragung aufgrund einer selektiven Verteilung der Impulsmail durch die Personalräte zusammenhängen.

Tabelle 16: Verteilung der Antworten über Zeit nach Alter

Alter Jahre	Quartil 1 in %	Quartil 2 in %	Quartil 3 in %	Quartil 4 in %
Ohne Angabe	32	27	24	16
bis 20	33	25	33	8
21 - 30	30	24	23	23
31 - 40	24	27	22	27
41 - 50	22	23	29	26
> 50	25	26	25	24

Tabelle 17: Verteilung der Antworten über Zeit nach Geschlecht

Geschlecht	Quartil 1 in %	Quartil 2 in %	Quartil 3 in %	Quartil 4 in %
Ohne Angabe	29	26	26	20
Weiblich	24	24	26	27
Männlich	27	27	24	23

---

[619] Zur besseren Übersichtlichkeit wurde bei der Darstellung der Prozentzahlen auf Dezimalstellen verzichtet. Das Auf-/Abrunden führt dazu, dass einige Summen nicht exakt 100% ergeben.

Tabelle 18: Verteilung der Antworten über Zeit nach Tätigkeitsbereich

Tätigkeit	Quartil 1 in %	Quartil 2 in %	Quartil 3 in %	Quartil 4 in %
Ohne Angabe	33	28	24	15
Empfang	20	21	34	26
Leistungen	25	25	26	24
Vermittlung	25	26	23	26
Fallmanagement	26	23	25	26
Backoffice/Teamassistenz	20	31	23	26
Verwaltung	27	24	27	22
Führungskräfte	23	22	25	30
Sonstige	27	23	23	28

Die Verteilung der Teilnehmer nach Bundesländern ist der Tabelle 19 zu entnehmen. Insgesamt liegen Antworten aus 15 Bundesländern vor (einzig Hamburg ist nicht vertreten). Die geringe Fallzahl aus dem Saarland (n = 4) deutet darauf hin, dass der Hinweis auf die Befragung eventuell nicht durch den saarländischen Landespersonalrat, sondern eventuell individuell durch Kollegen aus anderen Bundesländern erfolgte.

Insgesamt deckt die lokale Zuordnung der Teilnehmer näherungsweise die prozentuale Verteilung der Bevölkerung der Bundesrepublik Deutschland mit Nordrhein-Westfalen, Bayern und Baden-Württemberg als bevölkerungsreiche und die Stadtstaaten als bevölkerungsarme Bundesländer ab. Niedersachsen erscheint vor dem Bundesdurchschnitt überrepräsentiert, während Hessen tendenziell unterrepräsentiert ist.[620]

---

[620] Da keine Daten bezüglich der Anzahl der Beschäftigten in SGB II Jobcentern nach Bundesländern verfügbar waren, kann zur Evaluation der bundesdeutschen Abdeckung der Befragungsteilnahmen lediglich die prozentuale Verteilung dieser Studie mit der Bevölkerung der Bundesländer der Bundesrepublik Deutschland verglichen werden.

Tabelle 19: Verteilung der Teilnehmer nach Bundesland des Jobcenters

		Häufigkeit	Prozent	Gültige Prozente	Kumulierte Prozente
Gültig	Baden-Württemberg	344	7,6	8,0	8,0
	Bayern	683	15,1	16,0	24,0
	Berlin	264	5,8	6,2	30,2
	Brandenburg	60	1,3	1,4	31,6
	Bremen	205	4,5	4,8	36,4
	Hessen	79	1,8	1,8	38,2
	Mecklenburg-Vorpommern	44	1,0	1,0	39,2
	Niedersachsen	731	16,2	17,1	56,3
	Nordrhein-Westfalen	1181	26,2	27,6	83,9
	Rheinland-Pfalz	112	2,5	2,6	86,6
	Saarland	4	0,1	0,1	86,7
	Sachsen	247	5,5	5,8	92,4
	Sachsen-Anhalt	125	2,8	2,9	95,3
	Schleswig-Holstein	169	3,7	4,0	99,3
	Thüringen	30	0,7	0,7	100,0
	Gesamt	4278	94,8	100,0	
Fehlend		236	5,2		
Gesamt		4514	100,0		

Wie bereits erwähnt, lässt sich aufgrund der unbestimmten Anzahl an Empfängern des Online-Fragebogens keine exakte Rücklaufquote berechnen. Ausgehend von insgesamt etwa 55.700 bundesweit Beschäftigten[621] erscheint der Rücklauf von 4.514 Befragungsteilnehmern (also etwa 8%) als befriedigend.

5.3 Deskriptive Ergebnisse und Reliabilitäten

In den folgenden Abschnitten werden die deskriptiven Ergebnisse und Reliabilitäten der Kernvariablen dieser Untersuchung dargestellt. Um ein besseres Verständnis vom Sample zu schaffen, werden zunächst einige wesentliche Ergebnisse zu demographischen und arbeitsplatzbezogenen Parametern vorgestellt. Im weiteren Verlauf des Kapitels werden die deskriptiven Ergebnisse der zentralen Variablen (PSM, POF, Arbeitsbedingungen und Arbeitszufriedenheit) präsentiert. Um die jeweiligen Skalen für den weiteren Verlauf zu optimieren, werden sämtliche Items einer Itemanalyse unterzogen. Items, welche die Kriterien dieser Analyse nicht erfüllen, werden aus den jeweiligen Skalen entfernt.

---

[621] Vgl. Deutscher Bundestag, 2013a, S. 2; S. Astheimer und C. Budras (2012) gehen von ungefähr 60.000 Beschäftigten aus.

ERGEBNISSE

5.3.1 Demographische und arbeitsplatzbezogene Parameter[622]

An der Online-Befragung haben insgesamt 4.514 Mitarbeiter teilgenommen. Frauen stellen mit einem Anteil von 65% die Mehrheit der Befragten dar. Dieser Anteil deckt sich weitestgehend mit den Ergebnissen aus der Studie der DGUV (Frauenanteil bei der Zweiterhebung: 66,7%).[623] Das Alter der Befragten gliedert sich aufgrund der konzipierten Kategorien in fünf Gruppen, wobei die Befragten weit überwiegend zwischen 31 und 50 Jahren alt sind (Tabelle 20).[624]

Tabelle 20: Alter der Befragten

Altersgruppe	Häufigkeit	Anteil in %
Bis 20 Jahre	12	0,3
21-30 Jahre	894	20,7
31-40 Jahre	1214	28,2
41-50 Jahre	1247	28,9
Älter als 50 Jahre	945	21,9
Fehlend	202	
Gesamt	4514	100

Tabelle 21 illustriert dass Tätigkeiten in der Leistungssachbearbeitung und in der Vermittlung die quantitativ größten Arbeitsbereiche darstellen und damit insgesamt 67% der gültigen Antworten repräsentieren. Diese Verteilung deckt sich weitestgehend mit der Verteilung der DGUV-Studie.[625]

Tabelle 21: Arbeitsbereich der Befragten

Arbeitsbereich	Häufigkeit	Anteil in %
Empfang	214	5,0
Leistungssachbearbeitung	1485	34,4
Vermittlung	1406	32,6
Fallmanagement	346	8,0
Teamassistenz/Backoffice	110	2,5
Verwaltung/Sachbearbeitung	187	4,3
Führungskraft	282	6,5
Sonstige	288	6,7
Fehlend	196	
Gesamt	4514	100

---

[622] Die folgenden Ausführungen bezüglich demographischer sowie arbeitsplatzbezogener Parameter finden sich ebenso wieder in: M. Olejniczak et al., 2014.
[623] Vgl. DGUV, 2011, S. 26.
[624] Die ABBA-Studie (DGUV, 2011) gliedert die Verteilung nach Alter nicht explizit auf. Daher ist ein Vergleich nicht möglich.
[625] Vgl. DGUV, 2011, S. 26-27.

Von den Befragten gaben 18,5% an in Teilzeit zu arbeiten und 12% waren zum Zeitpunkt der Befragung in einem befristeten Arbeitsverhältnis angestellt. Der Wert der befristeten Anstellung ist somit deutlich niedriger als in der Zweitbefragung der DGUV-Studie (30%).[626] Nach offizieller Auskunft der BA befanden sich im September 2012 11,3% der Beschäftigten in einem befristeten Arbeitsverhältnis.[627] Diese Quote deckt sich fast exakt mit den hier erhobenen Werten.
22,4% der Befragten stehen in einem Beamtenverhältnis. In einem Angestelltenverhältnis sind 77,6% beschäftigt.
Insgesamt sprechen die Parallelen zur Studie der DGUV bzw. zu offiziellen Zahlen der BA für eine gute – näherungsweise repräsentative – Datenqualität.

5.3.2 Public Service Motivation

Unter den hier ausgewiesenen deskriptiven Ergebnissen nimmt das Konstrukt PSM eine Sonderrolle ein. Aufgrund der theoretisch abgeleiteten Relevanz sowie des herausgestellten Forschungsbedarfs in dieser Thematik (Abschnitt 3.3.2) werden die deskriptiven Ergebnisse zur PSM im Vergleich zu den Studien von Hammerschmid et al. (2009) und Vogel (2011) präsentiert. Alle drei Studien (inklusive der vorliegenden) verwenden den gleichen Fragebogen und beziehen sich auf ein deutschsprachiges Sample.[628] Ziel ist es, Parallelen sowie Abweichungen zu identifizieren, welche für die Weiterentwicklung der deutschen PSM-Forschung einen Mehrwert darstellen können. Im Gegensatz zur Studie von Hammerschmid et al. (2009) werden die identifizierten Schwachstellen der Messung zum Anlass genommen, die Messskala durch eine Itemanalyse sukzessive zu verbessern. Die Itemanalyse beinhaltet Gütekriterien der ersten Generation, welche trotz einiger Kritikpunkte,[629] sehr gut für die Identifikation „schlechter Items" geeignet sind.[630]
In einem nächsten Schritt wird das Konstrukt der PSM auf Ebene der Dimensionen und auf Ebene des Gesamtscores einer konfirmatorischen Faktorenanalyse (KFA) unterzogen. Da es nicht vorrangiges Ziel dieser Arbeit ist, eine weitere der bereits zahlreich existierenden PSM-Skalen zu entwickeln, werden lediglich die aus der KFA resultierenden Maßnahmen dargestellt. Nachdem eine für den Untersuchungszweck angemessen optimierte Skala in Abschnitt 5.3.2.4 entwickelt wird, schließen die Ausführungen zur PSM mit einem Zwischenfazit in Abschnitt 0, welches einen

---

[626] Vgl. DGUV, 2011, S. 27.
[627] Vgl. Deutscher Bundestag, 2013a, S. 2.
[628] Der Fragebogen von Vogel (2011) wurde allerdings nicht ins Deutsche übersetzt, sondern im Original (englisch) verwendet.
[629] Weiber und Mülhaus (2010, S. 115) nennen hier die zum Teil sehr restriktiven Annahmen, die relativ intransparent definierten Schwellenwerte für „gute" oder „schlechte" Items sowie die fehlende Möglichkeit der expliziten Schätzung von Messfehlern.
[630] Vgl. R. Weiber und D. Mülhaus, 2010, S. 115.

Ausgangspunkt für weitere Forschungsbemühungen zur Skalenoptimierung darstellen kann.

5.3.2.1 Darstellung der Ergebnisse im Vergleich zu anderen Studien

Das Konstrukt der PSM wird durch vier Dimensionen mit insgesamt 15 Items berechnet (Abschnitt 4.3.1). Damit orientiert sich diese Arbeit an der Studie von Hammerschmid et al. (2009), welche bislang die umfassendste deutschsprachige Untersuchung zum PSM-Konstrukt nach Perry darstellt. In Analogie zur hier durchgeführten Erhebung stammt der Großteil der durch Hammerschmid und Kollegen erhobenen Daten aus einer Online-Umfrage.[631] Selektionsbias und non-response-bias sind somit ebenfalls zu vermuten, werden von den Autoren jedoch nicht thematisiert. Die Stichprobengröße bei Hammerschmid et al. (2009) liegt bei über 3.200 und ist folglich in komparabler Größe zur hier durchgeführten Online-Umfrage.

Ein Nebenziel der vorliegenden Arbeit ist es, Implikationen für die deutsche PSM-Forschung zu geben und einen Beitrag zu Verbesserungsmöglichkeiten der Operationalisierung für zukünftige Arbeiten zu leisten. Folglich werden an dieser Stelle die deskriptiven PSM-Ergebnisse der durchgeführten Studie im direkten Vergleich zur österreichischen Studie von Hammerschmid et al. (2009) beleuchtet. Darüber hinaus wird die in Deutschland durchgeführte Studie von Vogel (2011) gegenübergestellt, welche allerdings auf einer relativ kleinen Stichprobe (n = 53) basiert und daher mit Vorsicht zu interpretieren ist.[632]

Die Gegenüberstellung kann zum einen Parallelen aufzeigen, welche die Aussagekraft der Untersuchungen untermauern und zum anderen Differenzen aufzeigen, deren Ursache einer tiefergehenden Analyse bedürfen. Die folgenden drei Tabellen stellen die deskriptiven Ergebnisse der drei Erhebungen dar.

Tabelle 22: Ergebnisse PSM der durchgeführten Online-Befragung

Variable	Mittelw.	S.D.	1	2	3	4
PSM Gesamtwert	4,07	0,67	(0,44)			
1 Politische Motivation (3 Items)	3,50	1,3	(0,64)			
2 Gemeinwohlinteresse (4 Items)	4,63	0,95	-0,07**	(0,44)		
3 Soziales Mitgefühl (5 Items)	4,26	1,07	0,19**	0,30**	(0,69)	
4 Altruismus (3 Items)	3,89	1,05	0,01ns	0,34**	0,27**	(0,52)

* p < ,05; ** p < ,01 spearman-rho; Cronbachs Alpha in Klammern
(siebenstufige Skala: 1 = völlige Ablehnung bis 7 = völlige Zustimmung)

---

[631] 2.070 Fragebögen wurden online und 1.215 in Papierform retourniert.
[632] Zu detaillieren Rahmenbedingungen der ausgewählten Vergleichsstudie sei auf den Abschnitt 3.3.2.5 verwiesen.

Tabelle 23: Ergebnisse PSM nach Hammerschmid et al. (2009)[633]

Variabe	Mittelw.	S.D.	1	2	3	4
PSM Gesamtwert	3,29	0,61				
1 Politische Motivation (3 Items)	3,79	1,00	(0,57)			
2 Gemeinwohlinteresse (4 Items)	2,70	0,76	0,01ns	(0,46)		
3 Soziales Mitgefühl (5 Items)	3,23	0,93	0,30**	0,28**	(0,76)	
4 Altruismus (3 Items)	3,44	0,94	0,07**	0,42**	0,38**	(0,61)

* $p \leq ,05$; ** $p \leq ,01$ spearman-rho; Cronbachs Alpha in Klammern
(sechsstufige Skala: 1 = völlige Zustimmung bis 6 = völlige Ablehnung)

Tabelle 24: Ergebnisse PSM nach Vogel (2011)[634]

Variabe	Mittelw.	S.D.	1	2	3	4
PSM Gesamtwert	4,64	0,67				
1 Politische Motivation (3 Items)	4,76	1,24	(0,67)			
2 Gemeinwohlinteresse (4 Items)	5,18	0,96	0,04ns	(0,60)		
3 Soziales Mitgefühl (5 Items)	4,43	0,89	0,10ns	0,49**	(0,63)	
4 Altruismus (3 Items)	4,11	1,14	0,69ns	0,31*	0,32*	(0,64)

* $p < ,05$; ** $p < ,01$ Pearsons r; Cronbachs Alpha in Klammern
(siebenstufige Skala: 1 = völlige Ablehnung bis 7 = völlige Zustimmung)

Neben den Mittelwerten und den Standardabweichungen weisen die Tabellen die Korrelationen (Pearson-Korrelation) inklusive Signifikanzniveaus sowie die Cronbachs-Alpha-Werte (in Klammern) aus. Insgesamt zeigen die deskriptiven Ergebnisse der hier durchgeführten Erhebung (Tabelle 22) einen nur gering akzentuierten PSM-Gesamtscore (Mittelwert = 4,07). Gemeinwohlinteresse ist die am stärksten ausgeprägte Dimension (Mittelwert = 4,63) – auch mit der vergleichsweise geringsten Standardabweichung – innerhalb der Stichprobe, währenddessen die politische Motivation den geringsten Wert aufweist (Mittelwert = 3,50). Soziales Mitgefühl und Altruismus können als durchschnittlich bis schwach ausgeprägt bewertet werden.

In internationalen Studien ist die Aggregation der vier Dimensionen zu einem PSM-Gesamtscore üblich. Die hier vorliegenden deskriptiven Ergebnisse weisen allerdings für einen PSM-Gesamtwert keine ausreichende interne Konsistenz auf (Cronbachs α = 0,44). Wie die bivariate Korrelationsanalyse zeigt, herrscht zwischen den Dimensionen politische Motivation und Gemeinwohlinteresse eine schwache – jedoch statistisch hochsignifikante – *negative* Korrelation (-0,07). Mitarbeiter mit einer ausgeprägten politischen Motivation haben tendenziell ein geringeres Gemein-

---

[633] Tabelle entnommen aus: G. Hammerschmid et al., 2009, S. 74. Die Werte wurden auf die zweite Dezimalstelle gerundet. Des Weiteren wurde eine optische Anpassung der Tabellendarstellung an das Design der vorliegenden Arbeit vorgenommen.

[634] Tabelle entnommen aus: D. Vogel, 2011, S. 29. Die Werte wurden auf die zweite Dezimalstelle gerundet. Des Weiteren wurde eine optische Anpassung der Tabellendarstellung sowie der Signifikanzlegende an die Standards der vorliegenden Arbeit vorgenommen.

wohlinteresse – vice versa. Eine Zusammenfügung beider Variablen zu einer Gesamtskala ist demnach unzweckmäßig. Zudem existiert ein nicht signifikanter Zusammenhang zwischen politischer Motivation und der Dimension Altruismus. Die Konstruktion eines PSM-Gesamtscores erscheint vor dem Hintergrund der Unverträglichkeit der politischen Motivation mit den anderen Dimensionen nicht sinnvoll. Die drei weiteren Dimensionen zeigen untereinander allerdings die erwarteten – wenn auch nur moderat ausgeprägten – positiven und signifikanten Korrelate.

Die deskriptiven Ergebnisse der durchgeführten Online-Befragung untermauern damit die ursprüngliche Sichtweise von Perry (1996), welcher die vier Dimensionen als eigenständige Ausprägungen der PSM interpretierte und ihre individuelle Betrachtung empfahl. Die einzelnen Dimensionen zeigen schwache bis ausreichende Werte in Bezug auf die interne Konsistenz und weisen damit auf Optimierungsbedarf der verwendeten Skala hin.

Der Vergleich mit der Untersuchung von Hammerschmid et al. (2009) (Tabelle 23) bringt interessante Parallelen zutage. Auch bei Hammerschmid und Kollegen weist die Dimension Gemeinwohlinteresse die höchsten Werte[635] bei vergleichsweise geringer Standardabweichung auf, währenddessen die politische Motivation kaum ausgeprägt ist. Die schwächsten Korrelationen zwischen den Dimensionen bestehen in beiden Untersuchungen zwischen politischer Motivation und Gemeinwohlinteresse sowie zwischen politischer Motivation und Altruismus. Es verstärkt sich somit der Eindruck, dass die politische Motivation im deutschen bzw. österreichischen Umfeld eine Sonderstellung einnimmt und sich die anderen drei PSM-Dimensionen deutlich näher stehen. Hammerschmid und Kollegen verweisen als mögliche Erklärung auf „Objektivität, Unabhängigkeit und politische Neutralität als zentrale Werte der Beamtenidentität bzw. des Beamtenethos in Österreich."[636] Die kulturelle Ähnlichkeit würde diese Argumentation grundsätzlich auch für die deutschen Staatsdiener anwendbar machen. Gleichwohl erscheinen für eine validere Erklärung weitere Forschungsbemühungen sinnvoll.

Im Hinblick auf die Korrelationen zwischen den Dimensionen kommt die Erhebung von Vogel (2011) zu ähnlichen Befunden. Die politische Motivation zeigt die geringsten – und durchweg nicht signifikanten – Zusammenhänge zu den anderen drei Dimensionen. Im Vergleich zu den beiden anderen Studien liegen die Mittelwerte der Dimensionen und des PSM-Gesamtscores allerdings auf einem höheren Niveau. Vor dem Hintergrund der sehr geringen Stichprobe wäre eine tiefere Interpretation allerdings zu spekulativ. Auch die relativ hoch akzentuierte politische Motivation steht im Widerspruch zu den beiden anderen Untersuchungen, kann aufgrund der genannten empirischen Rahmenbedingungen bei Vogel (2011) allerdings ebenfalls vernachlässigt werden.

---

[635] Die Mittelwerte bei Hammerschmid et al. (2009) sind in unterschiedlicher Richtung zu interpretieren (1 = völlige Zustimmung bis 6 = völlige Ablehnung).
[636] Vgl. G. Hammerschmid et al. (2009), S. 80.

Insgesamt zeigt die Gegenüberstellung der drei im deutschsprachigen Raum durchgeführten PSM-Erhebungen bemerkenswerte Parallelen. Die nur schwach positiven – oder gar negativen – Korrelate zwischen der politischen Motivation und den anderen drei Dimensionen sprechen gegen eine Aggregation zu einem Gesamtscore. Unter Berücksichtigung der methodischen Einschränkungen der Studie von Vogel (2011) erscheinen die Gemeinsamkeiten der hier durchgeführten Erhebung und der Studie von Hammerschmid et al. (2009) umso bemerkenswerter. Sowohl die absoluten Mittelwerte, als auch die korrelativen Zusammenhänge zeigen in sehr ähnliche Richtungen. Diese Ergebnisse weisen auf eine gemeinsame Verortung von Österreich und Deutschland in der internationalen PSM-Forschung hin. Auf diese Ergebnisse kann die zukünftige Forschung beider Länder aufbauen.

Die relativ schlechten Werte in Bezug auf die interne Konsistenz der Gesamtskala sowie der einzelnen Dimensionen offenbaren bei allen drei Studien Optimierungsbedarf der Skala. Im weiteren Verlauf soll nun auf Grundlage der deskriptiven Ergebnisse der hier durchgeführten Erhebung eine Optimierung der PSM-Skala erreicht werden.

5.3.2.2 Itemanalyse

Wie im vorherigen Teilkapitel bereits gezeigt, erreicht der PSM-Gesamtscore keine ausreichende interne Konsistenz und auch die einzelnen Dimensionen weisen diesbezüglich Optimierungsmöglichkeiten auf. Um diese zu identifizieren, werden die Items der PSM einer Itemanalyse[637] – also einer deskriptivstatistischen Evaluation – unterzogen. Dabei werden die Schwierigkeit und die Trennschärfekoeffizienten (Korrigierte Item-to-Total-Korrelation) der Items sowie die interne Konsistenz der Skalen überprüft. Diese Art der Auswertung wurde ausgewählt, da sie sich insbesondere für Items, die Bestandteil einer Likert-Skala sind, eignet und ihr Einsatz auch bei der Verwendung bereits erprobter Messinstrumente angeraten wird.[638] Folglich wird die Itemanalyse im weiteren Verlauf für alle Konstrukte des Hypothesensystems angewendet.

Um zu testen, ob die Antworten der Befragten variieren, also nicht alle Probanden dieselbe Antwort wählen, werden die Antworten hinsichtlich ihrer Schwierigkeit überprüft. Für additive Skalen[639] wird in der Literatur ein Schwierigkeitsindex von 0,30 bis 0,70 (mittlere Schwierigkeit) empfohlen.[640] Dies bedeutet, dass sich der Wert der positiven Antworten in diesem Prozentbereich befinden sollte. Für die siebenstufige Skala der PSM liegt der positive Bereich der Antworten bei 5 bis 7.

---

[637] Zur Itemanalyse siehe: W. Matiaske, 1996, S. 132-136 sowie A. Kelava und H. Moosbrugger, 2007.
[638] Vgl. W. Matiaske, 1996, S. 132-136 sowie I. Weller und E. Steffen, 2000, S. 9.
[639] Als additiv werden in der Statistik Skalen bezeichnet, die aus den Werten verschiedener Items zusammengesetzt werden (Vgl. P. O. Güttler, 2000, S. 200).
[640] Vgl. I. Weller und E. Steffen, 2000, S. 8.

Die Trennschärfe eines Items zeigt, wie groß der korrelative Zusammenhang des Items zum aggregierten Gesamtscore ist. Je höher die Trennschärfe ist, desto eher misst das Item das, was die Gesamtskala ausdrücken soll.[641] Ein negativer Wert würde zeigen, dass das Item eher von Personen gelöst wird, die eine niedrige Ausprägung des Gesamtscores aufweisen.[642]

Die interne Konsistenz der Skala gibt letztlich Aufschluss über die Reliabilität der Skala.[643] Hohe Werte zwischen 0 und 1 zeigen, dass die jeweiligen Items eine gemeinsame Skala bilden.

Die folgenden Tabellen fassen die Kennwerte der Itemanalysen zu den Skalen der PSM zusammen. Die Darstellung orientiert sich weitestgehend an den Ausführungen von Weller und Steffen (2000). Die Überschrift benennt die jeweilig analysierte Skala (Dimension) der PSM. In der ersten Spalte wird die Codierungsangabe des Items und in der zweiten und dritten Spalte der Mittelwert (∅) und die Standardabweichung (s) dargestellt. „rit" zeigt den Trennschärfekoeffizienten an und die fünfte Spalte gibt die interne Konsistenz der Gesamtskala mithilfe des Koeffizienten Cronbachs α wieder. In den folgenden Spalten werden schließlich die prozentualen Antwortverteilungen auf der siebenstufigen Skala ausgewiesen.

Die Itemanalyse zur politischen Motivation ergibt folgende Kennwerte:

Tabelle 25: Itemanalyse Politische Motivation

Politische Motivation (PM)											
					\multicolumn{7}{c}{Antwortverteilungen in Prozent}
Item	∅	s	r_{it}	α	1	2	3	4	5	6	7
PM1	3,09	1,74	0,49		22,7	20,4	18,8	18,5	7,2	7,5	4,8
PM2	4,18	1,80	0,40		9,5	11,5	13,9	21,0	15,7	18,0	10,5
PM3	3,23	1,59	0,45		17,2	19,6	17,3	26,6	9,8	7,0	2,5
PM	3,50	1,30		0,64							

Die Analyse zeigt, dass die interne Konsistenz der Politischen Motivation mit 0,64 in einem beschränkt akzeptablen Bereich liegt. Die Items PM1 und PM3 unter-

---

[641] Vgl. W. Matiaske, 1996, S. 133 sowie I. Weller und E. Steffen, 2000, S. 8.
[642] A. Kelava und H. Moosbrugger (2007 S. 84) weisen darauf hin, dass bei Persönlichkeitstests Items mit hoher negativer Trennschärfe dennoch genutzt werden können, indem sie als invertierte Items behandelt werden. In diesem Fall muss die Kodierungsrichtung geändert werden und die negative wird zu einer positiven Trennschärfe. Einige Items des PSM-Fragebogens nach Perry (1996) bzw. Hammerschmid et al. (2009) weisen solche „reversed" formulierten Items auf. Diese wurden in einem ersten Schritt – vor der Auswertung – umcodiert, so dass alle Items in dieselbe Richtung zeigen (Je höher das Item, desto höher der PSM-/PSM-Dimensions-Wert).
[643] „Unter Reliabilität versteht man die formale Meßgenauigkeit des Forschungsinstruments, unabhängig von dem, was gemessen wird. So ist es denkbar, daß ein Forscher eine Religiositätsskala konstruieren will, realiter jedoch, ohne es zu bemerken, eine Konformismusskala entwirft, die bei wiederholter Messung oder in ihren Alternativformen stets präzise das Gleiche mißt, also hoch reliabel ist, dies jedoch nicht in Bezug auf Religiosität, sondern eben auf Konformismus" (J. W. Falter, 1977, S. 378).

schreiten mit den Werten 19,5% und 19,3% den geforderten Wert der mittleren Schwierigkeit von 30%. Die wichtigeren Kennzahlen der Trennschärfen sind mit 0,49 und 0,45 jedoch ausreichend hoch, wodurch die Skalenbildung mit diesen Items zu vertreten ist. Es wird folglich keine Items eliminiert.

Tabelle 26: Itemanalyse Gemeinwohlinteresse

Gemeinwohlinteresse (GI)											
					Antwortverteilungen in Prozent						
Item	Ø	s	r_{it}	α	1	2	3	4	5	6	7
GI1	3,18	1,85	0,13		23,2	21,7	13,7	16,4	11,0	7,5	6,4
GI2	4,28	1,73	0,29		8,2	9,5	10,1	29,4	15,9	14,8	12,1
GI3	6,26	1,01	0,32		0,4	0,4	0,9	4,9	10,8	30,8	51,8
GI4	4,79	1,51	0,33		3,0	5,3	8,5	25,5	21,7	22,3	13,7
GI	4,63	0,95		0,44							

Die Dimension Gemeinwohlinteresses zeigt eine nicht akzeptable interne Konsistenz der Gesamtskala (α = 0,44). Item GI1 (< 30%) und GI3 (> 70%) erfüllen die Kriterien der mittleren Schwierigkeit nicht, wodurch ein weiterer Blick auf die Trennschärfen erforderlich ist. Hier zeigt sich, dass Item GI1 („Ich engagiere mich in hohem Maße gemeinnützig") eine unakzeptable Trennschärfe von 0,13 aufweist. Die Korrelation des Items zur Gesamtskala ist demnach nicht ausreichend. Das Item wird folglich aus entfernt. Durch diese Maßnahme steigert sich die interne Konsistenz der Gesamtskala auf α = 0,52. Dieser Wert ist zwar immer noch nicht uneingeschränkt akzeptabel, rechtfertigt jedoch unter Vorbehalt die weitere Verwendung der mit nunmehr drei Items gebildeten Skala. Da die anderen drei Trennschärfen sich ebenfalls auf einem unterdurchschnittlichen Niveau bewegen – alle Koeffizienten befinden sich knapp über oder knapp unter dem Richtwert von 0,3 – wurde nach Eliminierung von Item GI1 nochmals überprüft, ob die Entfernung eines weiteren Items die interne Konsistenz erhöhen würde. Da dies jedoch nicht der Fall ist, verbleibt es zunächst bei der Skalenbildung mit drei Items, welche in der folgenden konfirmatorischen Faktorenanalyse (Abschnitt 5.3.2.4) jedoch nochmals kritisch beleuchtet wird.

Tabelle 27: Itemanalyse Soziales Mitgefühl

Soziales Mitgefühl (SM)										
					Antwortverteilungen in Prozent					
Item	∅	s	r_{it}	α	1	2	3	4	5	6	7
SM1	4,47	1,59	0,55		3,7	9,5	13,6	21,5	22,8	18,4	10,5
SM2	4,86	1,50	0,50		2,2	5,6	9,7	21,3	24,6	21,7	15,0
SM3	3,71	1,79	0,40		13,0	17,2	16,4	19,7	13,3	14,0	6,4
SM4	4,58	1,58	0,52		3,7	8,2	11,7	22,5	20,8	22,4	10,6
SM5	3,64	1,56	0,28		9,8	16,3	16,9	31,2	12,1	10,1	3,6
SM	4,26	1,07		0,69							

Die Dimension soziales Mitgefühl weist eine ausreichende interne Konsistenz auf (α = 0,69). Die Items SM1 bis SM4 erfüllen zudem die geforderten Bedingungen der mittleren Schwierigkeit. Das Item SM5 („Es gibt nur wenige Sozialprogramme, die ich voll und ganz unterstütze") erreicht diese Bedingung nicht und weist ebenso eine Trennschärfe unterhalb des Schwellwertes von 0,3 auf. Die Analyse zeigt, dass die Entfernung des Items SM5 die interne Konsistenz der Gesamtskala auf α = 0,71 steigert. Durch eine weitere Eliminierung des Items SM3 könnte die interne Konsistenz nochmals auf α = 0,73 verbessert werden. Da die Trennschärfe sich jedoch oberhalb des Schwellwertes befindet und die Bedingung der mittleren Schwierigkeit auch knapp erfüllt wird, wird von einer Entfernung des Items zunächst Abstand genommen. In der folgenden konfirmatorischen Faktorenanalyse (Abschnitt 5.3.2.4) wird über die Weiterverwendung des Items jedoch nochmals neu entschieden.

Tabelle 28: Itemanalyse Altruismus

Altruismus (AT)										
					Antwortverteilungen in Prozent					
Item	∅	s	r_{it}	α	1	2	3	4	5	6	7
AT1	3,95	1,43	0,37		4,8	12,1	16,3	35,4	16,4	11,0	4,0
AT2	4,10	1,44	0,31		4,9	9,5	12,1	39,8	16,9	11,0	5,8
AT3	3,63	1,53	0,34		9,3	17,6	16,3	29,2	15,9	8,8	2,9
AT	3,89	1,05		0,52							

In der Dimension Altruismus verfehlt Item AT3 („Ich bin einer der wenigen Menschen, die einen persönlichen Nachteil in Kauf nehmen würden, nur um anderen zu helfen") den geforderten Schwellwert der Schwierigkeit leicht. Lediglich 2,9% der Teilnehmer beantworten diese Frage mit einem Wert von 7. Im Nachgang der Untersuchung[644] zeigte sich durch vereinzeltes Feedback der Teilnehmer,[645] dass die

---

[644] Im durchgeführten Pretest wurde keine eindeutige Kritik zum Item kommuniziert.

Formulierung des Items teils zu Irritationen führte. Exemplarisch sei folgender Auszug aus einer an das Projektteam gerichteten E-Mail eines Teilnehmers dargestellt:

> *„Dieser Frage musste ich ‚überhaupt nicht zustimmen'. Nicht weil ich denke, dass ich nicht solch ein Mensch bin. Ich glaube aus meiner Erfahrung in meinem Leben und auch aus meiner eigenen Einstellung heraus (die ich natürlich als eine der „normalsten" annehme) fest daran, dass es nicht nur <u>wenige Menschen</u>[646] sind, die Nachteile in Kauf nehmen, wenn sie damit anderen helfen können."*[647]

Trotz dieser offensichtlichen Schwächen des Items, erreicht die Trennschärfe mit 0,34 einen akzeptablen Wert. Da sich auch die anderen Trennschärfen auf ähnlichem Niveau befinden und eine Eliminierung eines Items nicht zu einer Steigerung der internen Konsistenz der Skala führen würde, wird die Skala im Folgenden weiterhin mit diesen drei Items gebildet und in der folgenden konfirmatorischen Faktorenanalyse (Abschnitt 5.3.2.4) nochmals bewertet. Für künftige Forschungsarbeiten stellen die drei Items der Dimension Altruismus jedoch deutlichen Optimierungsbedarf dar.

5.3.2.3 Deskriptive Ergebnisse nach Itemanalyse

Tabelle 29 fasst die deskriptiven Ergebnisse der Variablen PSM nach der vorgenommenen Itemanalyse zusammen. Durch die Eliminierung der zwei Items GI1 und SM5 erhöhen sich die Mittelwerte der Dimensionen Gemeinwohlinteresse und soziales Mitgefühl auf 5,11 bzw. 4,40. Die Werte der internen Konsistenz erhöhen sich bei beiden Dimensionen auf $\alpha = 0,52$ bzw. $\alpha = 0,71$. Interessanterweise verstärkt sich durch die Eliminierung des Items GI1 die negative Korrelation zwischen den Dimensionen politische Motivation und Gemeinwohlinteresse. Die Entfernung des Items SM5 führt darüber hinaus zu einer Reduzierung der Korrelation zwischen politischer Motivation und sozialem Mitgefühl. Insgesamt verstärken die Ergebnisse nach der Itemanalyse die bereits erwähnte Intention der Eliminierung der politischen Motivation aus dem PSM-Gesamtwert. Die anderen drei Dimensionen weisen untereinander zwar lediglich moderate, allerdings hochsignifikant positive Korrelate auf und legitimieren somit die Aggregation zu einem PSM-Gesamtscore (ohne die Dimension politische Motivation). Die interne Konsistenz der Skala ($\alpha = 0,54$) offenbart allerdings weiterhin deutliche Schwächen der verwendeten Skala (Tabelle 30).

---

[645] Im Online-Fragebogen wurde eine E-Mail-Adresse des Projektteams angegeben, an die Fragen der Teilnehmer und Feedback zum Projekt gerichtet werden konnten.
[646] Hervorhebung des Autors dieser Arbeit zur Verdeutlichung des kommunizierten Kritikpunktes.
[647] E-Mail eines Teilnehmers, welcher als Vermittler in einem Jobcenter beschäftigt ist. Der Text wurde grammatikalisch geglättet.

Tabelle 29: Ergebnisse PSM nach Itemanalyse

Dimension	Mittelw.	S.D.	1	2	3	4
PSM Gesamtwert	4,23	0,68				
1 Politische Motivation (3 Items)	3,50	1,3	(0,64)			
2 Gemeinwohlinteresse (3 Items)	5,11	1,03	-0,13**	(0,52)		
3 Soziales Mitgefühl (4 Items)	4,40	1,18	0,13**	0,27**	(0,71)	
4 Altruismus (3 Items)	3,89	1,05	0,01ns	0,25**	0,31**	(0,52)

Tabelle 30: Ergebnisse PSM ohne Politische Motivation

	Mittelw.	S.D.	α
PSM Gesamtwert ohne PM	4,47	0,78	0,54

Um die unterschiedlich skalierten Ergebnisse von Hammerschmid et al. (2009) und Vogel (2011) vergleichbar zu machen, entwickelte letzterer eine Darstellung zur Standardisierung.[648] Hierzu wird die prozentuale Abweichung zum erwarteten Mittelwert (auf einer 7-stelligen Skala wäre bei Normalverteilung der statistisch zu erwartende Mittelwert 4) ausgewiesen. Den Konventionen von Hammerschmid und Kollegen folgend, wird ein Wert auf dem Niveau des zu erwartenden Mittelwerts als „kaum akzentuierte PSM" definiert.[649]

Tabelle 31 greift den standardisierten Vergleich zwischen den Studien auf und ergänzt ihn um die Ergebnisse der hier durchgeführten Erhebung vor und nach der Itemanalyse. Da keine der Untersuchungen Repräsentativität beansprucht und folglich Selektionsbias nicht ausgeschlossen werden können, ist eine Interpretation der absoluten Werte nur mit Vorsicht durchzuführen. Es manifestiert sich allerdings die Tendenz einer nur gering akzentuierten PSM innerhalb der zugrunde gelegten Stichproben. Gemeinwohlinteresse liegt in allen drei Befragungen deutlich oberhalb des erwarteten Mittelwertes und bildet damit die am stärksten ausgeprägte Dimension der PSM. Während die politische Motivation im Allgemeinen als Bestandteil der PSM zu hinterfragen ist – die hohe Akzentuierung bei Vogel (2011) widerspricht den beiden anderen Studien und scheint aus den bereits diskutierten methodischen Einschränkungen der Studie zu resultieren – offenbart auch die Dimension Altruismus nur sehr geringe Ausprägung. Weitere Forschung, insbesondere in einem repräsentativen Rahmen, würde tieferen Aufschluss über die absoluten Ausprägungen von PSM im deutsch/österreichischen Kontext geben.

---

[648] Vgl. D. Vogel, 2011, S. 29.
[649] Vgl. G. Hammerschmid et al., 2009, S. 88.

Tabelle 31: Vergleich der PSM-Studien

	Prozent zum Mittel der Skala			
	Hammerschmid et al. (2009)	Vogel (2011)	PSM vor Itemanalyse	PSM nach Itemanalyse
PSM Gesamtwert	3,50	9,10	1,00	3,29
1 Politische Motivation	-4,75	10,90	-7,14	-7,14
2 Gemeinwohlinteresse	13,30	16,70	9,00	15,86
3 Soziales Mitgefühl	4,50	6,00	3,71	5,71
4 Altruismus	1,10	1,60	-1,57	-1,57

5.3.2.4 Konfirmatorische Faktorenanalyse

Es ist nicht vorrangiges Ziel dieser Arbeit eine weitere – der bereits zahlreich existierenden – Varianten der PSM-Skala nach Perry (1996) zu entwickeln. Im Zentrum der Arbeit steht der theoretische Bezugsrahmen und die Intention, ein für diese Zwecke möglichst valides und reliables Messinstrument zu verwenden. Zum Zwecke der Vergleichbarkeit soll die Grundstruktur des verkürzten Fragebogens von Perry (1996) – nach der Gestaltung von Hammerschmid et al. (2009) – möglichst beigehalten werden. Gleichwohl sind die einzelnen Schritte der Skalenoptimierung, insbesondere da Vergleichswerte zu internationalen Studien existieren, von Interesse. Tabelle 32 fasst diverse Fit-Maße[650] einer konfirmatorischen Faktorenanalyse (KFA) zusammen und stellt diese den Ergebnissen des Original-Fragebogens nach Perry (4 Dimensionen) und der Variante nach Coursey und Pandey (2007) sowie Vandenabeele (2008) gegenüber. *Modell a* beinhaltet sämtliche vier Dimensionen mit 15 Items. *Modell b* schließt die Dimension der politischen Motivation aus und *Modell c* schließt darüber hinaus die in der Itemanalyse als kritisch beurteilten zwei Items aus. Die Analyse des Modells c führt aufgrund geringer Faktorladungen zur Eliminierung weiterer drei Items:

- GI2: „Öffentlich Bedienstete sollten primär gegenüber der Öffentlichkeit und nicht gegenüber ihren Vorgesetzten verantwortlich sein" (0,38).
- SM3: „Ich habe wenig Mitleid mit jenen Bedürftigen, die nicht bereit sind, den ersten Schritt zu tun, um sich selbst zu helfen" (r) (0,38).
- AT2: „Die Menschen sollten der Gesellschaft mehr zurückgeben als sie von ihr bekommen" (0,34).

---

[650] Die Fit-Maße werden im Rahmen der Strukturgleichungsmodellierung (Abschnitt 5.5) detaillierter beleuchtet. Die hier dargestellten Erläuterungen sowie definierten Schwellenwerte sind weitestgehend übernommen von: R. Weiber und D. Mühlaus, 2010, S. 160-178.

Die Eliminierung der drei Items wird auch durch die vorangegangenen Itemanalysen grundsätzlich unterstützt (schwache Trennschärfen der Items bzw. Verbesserung des Cronbachs α durch Eliminierung) und führt darüber hinaus zu einer nochmals deutlichen Verbesserung der Fit-Maße *(Modell d)*.

Neben den konfirmatorischen Faktorenanalysen auf Ebene der einzelnen Dimensionen wurde ebenso eine Analyse auf Ebene der Gesamtskala durchgeführt. Die Analyse mit sämtlichen vier Dimensionen unterstützt die Entscheidung, die Dimension der politischen Dimension nicht in den Gesamtscore aufzunehmen (Faktorladung der politischen Motivation = 0,11). Die Fit-Maße der in Tabelle 32 gegenübergestellten Untersuchungen weisen deutliche Parallelen auf. Keines der dargestellten Modelle weist einen ausreichend niedrigen Chi-Quadrat-Wert (χ^2) im Verhältnis zu den Freiheitsgrade (df) auf. Die p-Werte sind folglich in sämtlichen Modellen signifikant, was bedeutet, dass das Modell von der Datenstruktur abweicht. Für die hiesige Untersuchung ist zu konstatieren, dass die χ^2-Werte nochmals deutlich höher sind, als in den Vergleichsstudien. Dennoch zeigen die Modifikationen zwischen Modell a, b, c und d deutliche Verbesserungen der χ^2-Werte, auch wenn das Gesamtergebnis immer noch nicht uneingeschränkt akzeptabel ist. Dies mag jedoch hauptsächlich der erheblich größeren Stichprobe geschuldet sein. Der χ^2-Test gilt als streng und ist sehr sensitiv gegenüber der Stichprobengröße. Der Test neigt dazu, ein Modell mit großer Stichprobe bei kleinen Abweichungen, die inhaltlich vermutlich unbedeutend sind, abzulehnen. Vor diesem Hintergrund ist zusätzliche Betrachtung weiterer Indizes angeraten. Der Root Mean Square Error for Approximation (RMSEA) ist – in Analogie zum χ^2-Test – den inferenzstatistischen Gütekriterien zuzuordnen, gilt jedoch als weniger „streng". Der RMSEA ist in allen vier Modellen unter 0,1 und weist somit einen akzeptablen Fit aus. Godness of Fit Index (GFI) und Adjusted Goodness of Fit-Index (AGFI) fallen unter die Kategorie der absoluten Fit-Maße und sind in allen Modellen größer als 0,90 (Schwellenwert für „guten„ Fit), betragen in Modell d sogar sehr gute 0,99 bzw. 0,97. Der Normed Fit Index (NFI), dem in der Anwendungspraxis ebenso eine hohe Bedeutung beigemessen wird, liegt mit 0,97 in Modell c ebenfalls in einem sehr guten Bereich (Schwellenwert für guten Fit: NFI ≥ 0,90).[651]

---

[651] Als Schätzmethode wurde die Maximum Likelihood (ML)-Schätzung verwendet. Zur ausführlichen Erläuterung der Schätzmethode sowie der Fit-Maße wird auf die Ausführungen innerhalb der Strukturgleichungsanalyse verwiesen (Abschnitt 5.5.2 und 5.5.3.1).

Tabelle 32: Fit-Indizes PSM

	n	χ^2	df	p.	GFI	AGFI	NFI	RMSEA
Perry (1996)	376	576,82	246	,00	,88	,86	,84	
Coursey & Pandey (2007)	570	70,61	32	,00	,92	,87	,91	,07
Vandenabeele (2008)[652]	1752	749,15	125		,98		,96	,05
Modell a	3308	1506,01	84	,00	,94	,91	,82	,07
Modell b	3308	990,27	51	,00	,95	,92	,85	,08
Modell c	3308	448,75	32	,00	,97	,95	,92	,06
Modell d	3308	124,99	11	,00	,99	,97	,97	,06

Modell a: Alle vier Dimensionen = 15 Items
Modell b: Drei Dimensionen (ohne Politische Motivation) = 12 Items
Modell c: Drei Dimensionen (ohne Politische Motivation) = 10 Items
Modell d: Drei Dimensionen (ohne Politische Motivation) = 7 Items

Für den Fortgang der Untersuchung wird nach den Erkenntnissen der beiden voranstehenden Abschnitten das Konstrukt der PSM anhand folgender Skala mit sieben Items (Modell d) verwendet (Abbildung 12):

Abbildung 12: Verwendete PSM-Skala[653]

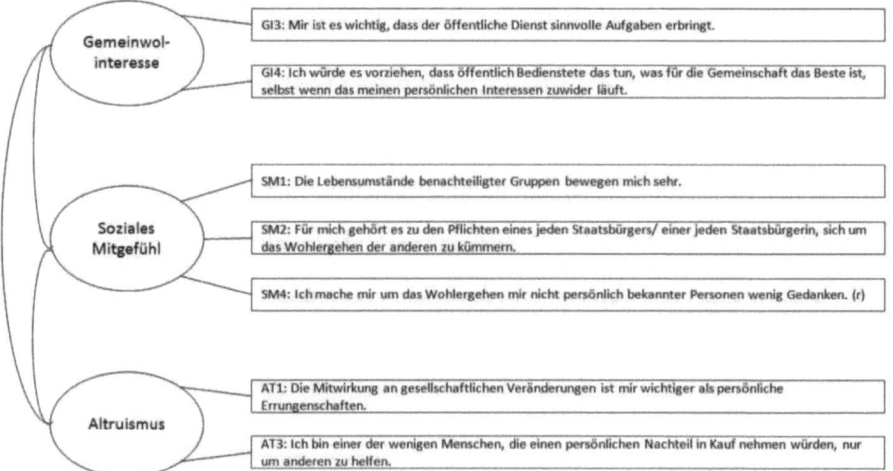

---

[652] Vandenabeele (2008) testet verschiedene Skalen. Die Vergleichswerte beziehen sich auf Vandenabeeles "PSM V", welches die Skala mit den besten „Fit-Werten" darstellt. Die ursprüngliche Stichprobengröße von 3.506 wurde zum Zwecke der Validitätsprüfung vom Autor halbiert.
[653] Eigene Darstellung.

5.3.2.5 Zwischenfazit

Aufgrund der Ergebnisse der Itemanalyse sowie der dargestellten Fit-Maße der getesteten Modelle wird für die folgenden Analysen die PSM Skala mit drei Dimensionen (ohne politische Motivation) und sieben Items verwendet (Abbildung 12). Die durchgeführten Maßnahmen konnten die Güte der Skala zwar sukzessive verbessern, erreichen allerdings immer noch kein uneingeschränkt zufriedenstellendes Maß. Insbesondere die interne Konsistenz der jeweiligen Dimensionen sowie des PSM-Gesamtwertes bleibt weiterhin verbesserungswürdig. Zukünftige Forschung sollte hier ansetzen. In einem jüngeren Beitrag empfehlen 15 namhafte Vertreter der PSM Forschung (unter anderem Kim, Vandenabeele, Wright, Andersen und Perry) explizit den länderübergreifenden Einsatz derselben Konstrukte.[654] Durch dieses Vorgehen kann ausgeschlossen werden, dass etwaige Unterschiede in den Ergebnissen in der Skalenbildung oder Itemformulierung begründet sind, sondern sich aus individuellen kulturellen Hintergründen ergeben. Nach Hammerschmid et al. (2009) und Vogel (2011) ist die vorliegende Studie die dritte, die die übersetzte, gekürzte und kulturell angepasste Variante von Perry (1996) mit 15 Items im deutschsprachigen Raum verwendet und somit einen weiteren Beitrag zur Verortung des Konstrukts in den deutschen Sprachraum leistet.[655] Auch wenn im weiteren Verlauf lediglich das stark gekürzte Modell d weiter verwendet wird, so bieten die dargestellten Ergebnisse der Modelle a-c Ansatzpunkte für weitere Forschung.

Darüber hinaus soll an dieser Stelle – den inhaltlichen Aufbau dieses Kapitels kurz verlassend – die durchaus überraschenden Ergebnisse zur Dimension der politischen Motivation nochmals aufgegriffen werden. Wie bereits dargestellt, ist die politische Motivation nicht für eine Aggregation mit den anderen drei Dimensionen in ein Konstrukt geeignet.

Clerkin und Coggburn (2012) sowie Kim (2009) kommen zu ähnlichen empirischen Befunden und folgern ebenso den Ausschluss oder die Modifikation der politischen Motivation.[656] Für den koreanischen Fall diskutiert Kim (2009) folgende mögliche Ursachen für die, in seiner Studie auftretenden, schwachen Faktorenladungen der politischen Motivation:

- Rationale Motive sind kein Bestandteil der PSM.
- Die Items sind nicht geeignet, rationale Bestandteile der PSM abzubilden.

---

[654] Vgl. S. Kim et al., 2013, S. 80.
[655] Neben den genannten Studien sei des Weiteren auf die Arbeit von Ritz und Waldner (2011) verwiesen, welche 9 Items zur PSM (basierend auf Perry (1996) sowie Kim (2009)) vor dem Hintergrund eines sehr speziellen Stichprobensamplings (Studierende an einer Universität der Bundeswehr) einer explorativen Faktorenanalyse unterziehen. Im Ergebnis bilden sich 2 Faktoren heraus, die die Autoren als „attraction to public policy making" und „community orientation" bezeichnen. Da sich die Items, die Forschungsmethode – und damit auch die Ergebnispräsentation- von den Studien von Hammerschmid et al. (2009), Vogel (2011) und der vorliegenden Arbeit unterscheiden, kann ein direkter Vergleich leider nicht angestellt werden.
[656] Vgl. R. M. Clerkin und J. D. Coggburn, 2012, S. 217-218; S. Kim, 2009, S. 154-155.

- Die ausschließlich negative Formulierung der Items führt zu niedrigeren Ergebnissen.[657]

Nachdem Kim (2009) durch eine Modifikation sowie positive Formulierung der Items verbesserte Werte erreicht, identifiziert er die letzten beiden möglichen Ursachen („ursprüngliche Items ungeeignet" sowie „negative Formulierung") als zutreffend. Vor dem Hintergrund der vorliegenden Studie erscheint ein weiterer Grund theoretisch ableitbar. Wie bereits dargestellt, ist der Bereich der SGB II Jobcenter erheblich durch die Instrumente des NPM (insbesondere Controlling und Zielvereinbarungen) geprägt. Der politische Arbeitgeber tritt dabei insbesondere durch Forderungen der Statistik und des Controllings sowie durch Zielvorgaben in die Arbeitswirklichkeit der Mitarbeiter. Diese befinden sich vermehrt in einem Spannungsverhältnis zwischen politischen Zielvorgaben und den Bedürfnissen der Kunden. Es wäre denkbar, dass sich die tendenziell schwach ausgeprägte politische Motivation durch negative Assoziationen der Mitarbeiter zu ihrem politischen Arbeitgeber erklären lassen. Die Itemformulierung durch Perry (1996) könnte diesen Effekt unterstreichen, da sie insbesondere die Einstellung zu Politikern und „der Politik" abfragt und nicht die individuelle Bereitschaft zur politischen Gestaltung erforscht. Auch wenn diese Untersuchung die schwach ausgeprägte politische Motivation der Befragten nicht abschließend erklären kann – dies ist auch nicht Bestandteil des Forschungsvorhabens – so zeigen die hier dargestellten Ergebnisse jedoch Ansatzpunkte für weitere Forschungsbemühungen.

5.3.3 Person-Organisation Fit

Die folgenden deskriptiven Ergebnisse zum POF werden um eine Untergliederung nach der Tätigkeit der befragten Personen ergänzt. Darüber hinaus werden die Items der verwendeten Skala einer Itemanalyse unterzogen.

5.3.3.1 Darstellung der Ergebnisse

Der POF wurde mit vier direkten Fragen anhand einer jeweils 7-stelligen Skala (1 = völlige Ablehnung bis 7 = völlige Zustimmung) berechnet. Die Skala wurde von Bright (2008) übernommen. Die deskriptiven Ergebnisse zeigen eine wenig ausgeprägte Passung zwischen Mitarbeiter und Jobcenter (Mittelwert = 3,63). Die interne Konsistenz des aggregierten POF-Wertes ist als gut zu bezeichnen (Cronbachs Alpha = 0,78):

---

[657] Vgl. S. Kim, 2009, S. 150.

Ergebnisse

Tabelle 33: Ergebnisse zum Person-Organization Fit

Variable	Mittelw.	S.D.	α
POF Gesamtwert	3,63	1,31	0,78
PO1 Meine persönlichen Werte und Ziele decken sich mit denen des Jobcenters.	3,23	1,51	
PO2 Ich fühle mich mit der Unternehmenskultur des Jobcenters nicht sehr wohl. (R)	3,70	1,81	
PO3 Ich fühle mich mit dem Jobcenter sehr verbunden.	3,45	1,73	
PO4 Für mich ist wichtig, wofür das Jobcenter steht.	4,16	1,71	

(siebenstufige Likert-Skala: 1 = völlige Ablehnung bis 7 = völlige Zustimmung)

Unter den Befragten der Jobcenter weisen die Führungskräfte den höchsten POF Mittelwert auf und bestätigen damit den postulierten Grundsatz steigender Passung zum Arbeitgeber mit steigender Hierarchiestufe. Leistungssachbearbeiter weisen die geringste Passung zur Organisation auf (Abbildung 13).

Abbildung 13: Person-Organization Fit nach Tätigkeit[658]

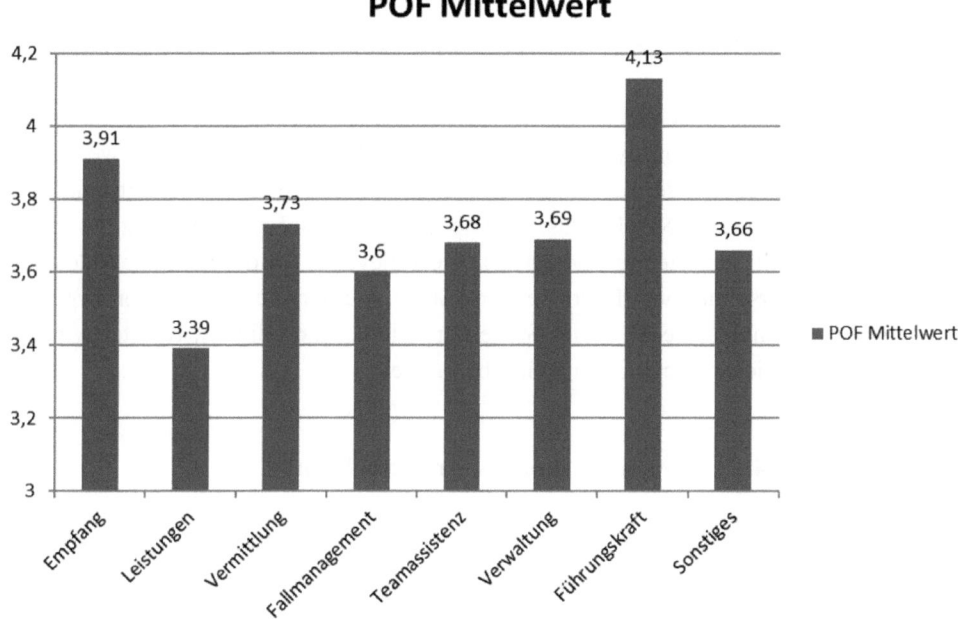

---
[658] Eigene Darstellung.

5.3.3.2 Itemanalyse

Auch die POF-Skala wird einer Itemanalyse unterzogen. Wie aus Tabelle 34 ersichtlich, verfehlen PO1 und PO3 den erforderlichen Wert zur Item-Schwierigkeit von 30% (20,6% bzw. 28,7%), während PO2 und PO4 die Kriterien erreichen. Der Trennschärfekoeffizient sämtlicher Items – als grundsätzlich wichtigere Größe – zeigt allerdings ausreichend große Werte und legitimiert damit die Aggregation zu einem Gesamtwert. Es werden folglich keine Items eliminiert.

Tabelle 34: Itemanalyse POF

Item	$\varnothing$	s	r_{it}	α	Antwortverteilungen in Prozent						
					1	2	3	4	5	6	7
PO1	3,23	1,51	0,59		13,7	22,8	20,3	22,6	12,7	6,6	1,3
PO2	3,70	1,81	0,48		13,4	17,6	16,0	20,0	11,7	14,5	6,9
PO3	3,45	1,73	0,73		14,9	21,6	14,9	20,1	13,8	10,3	4,3
PO4	4,16	1,71	0,53		8,5	11,6	12,1	24,7	18,1	16,7	8,4
POF	3,63	1,31		0,78							

5.3.4 Arbeitsbedingungen

Wie in Abschnitt 4.3.4 dargestellt, wurden die Konstrukte zu den Arbeitsbedingungen mittels einer explorativen Faktorenanalyse gebildet. Im Folgenden werden die deskriptiven Ergebnisse zu den generierten Variablen situative Arbeitsbelastung, Job Commitment und NPM-Belastung wiedergegeben. Job Commitment hat für das weitere hypothesentestende Vorgehen keine Relevanz. Da die Variable jedoch für zukünftige Forschung von Interesse sein könnte, werden die deskriptiven Ergebnisse und die Itemanalyse an dieser Stelle dargestellt. Nach diesem Kapitel wird das Konstrukt in dieser Arbeit nicht weiter betrachtet.

5.3.4.1 Ergebnisse situative Arbeitsbelastung

Die Ergebnisse zur situativen Arbeitsbelastung (Tabelle 35) offenbaren beachtenswert hohe Werte in Bezug auf die wahrgenommene Belastung durch gesetzliche und organisatorische Änderungen im Arbeitsbereich (Mittelwert = 5,23). Die Items SB2 bis SB4 befinden sich auf einem ähnlichen – eher als hoch zu interpretierenden – Wert. Eine wahrgenommene Bedrohungssituation durch Kunden scheint bei den Befragten dieser Studie nicht das prägende Element ihrer Arbeitssituation zu sein.

ERGEBNISSE

Der Wert dieses Items (SB1) befindet sich auf einem sehr geringen Niveau (Mittelwert = 4,35). Die Skala zeigt insgesamt eine gute interne Konsistenz ($\alpha = 0{,}71$).

Tabelle 35: Ergebnisse situative Arbeitsbelastung

	Variable	Mittelw.	S.D.	α
SB	Situative Arbeitsbelastung Gesamt	4,35	1,03	0,71
SB1	Fühlen Sie sich insgesamt an ihrem Arbeitsplatz unsicher bzw. durch Kunden bedroht?	2,85	1,23	
SB2	Werden bei ihrer Arbeit widersprüchliche Anforderungen gestellt?	4,44	1,53	
SB3	Bringt Ihre Arbeit Sie in emotional belastende Situationen?	4,46	1,49	
SB4	Verlangt Ihre Arbeit von Ihnen, sich mit ihren Meinungen zurückzuhalten?	4,80	1,63	
SB5	Belasten Sie die vielen gesetzlichen und organisatorischen Änderungen in Ihrem Arbeitsbereich?	5,23	1,63	

5.3.4.2 Ergebnisse Job Commitment

Die erhobenen Werte zur Verbundenheit mit der Tätigkeit können als hoch interpretiert werden (Tabelle 36). Insbesondere die Sinnhaftigkeit und die Wichtigkeit der Arbeit werden von den Befragten als hoch angegeben (Mittelwert jeweils 5,3). Interessanterweise erreichen die beiden Items, die einen organisatorischen Bezug beinhalten („Stolz der *Einrichtung* anzugehören", „persönliche Bedeutung der *Arbeitsstelle*") die niedrigsten Werte der Skala. Die empfundene Bindung scheint sich also deutlich stärker auf die individuelle Tätigkeit zu beziehen als auf das Jobcenter an sich. Diese Ergebnisse stehen im Einklang zu den relativ schwachen Werten des POF. Die persönliche Identifikation der Mitarbeiter mit ihren Tätigkeiten scheint sich nicht auf die Institution zu übertragen.

Die Skala weist insgesamt eine gute interne Konsistenz auf ($\alpha = 0{,}79$) und könnte für künftige wissenschaftliche Auseinandersetzungen ergänzendes Erklärungspotential beinhalten.

Tabelle 36: Ergebnisse Job Commitment

	Variable	Mittelw.	S.D.	α
JC	Job Commitment Gesamt	4,63	1,28	0,79
JC1	Ist Ihre Arbeit sinnvoll?	5,3	1,46	
JC2	Haben Sie das Gefühl, dass Ihre Arbeit wichtig ist?	5,3	1,54	
JC3	Sind Sie stolz, dieser Einrichtung anzugehören?	3,7	1,80	
JC4	Hat Ihre Arbeitsstelle hohe persönliche Bedeutung für Sie?	4,3	1,72	

5.3.4.3 Ergebnisse NPM-Belastung

Die beiden Items zur NPM-Belastung wurden in jeweils zwei Schritten gebildet. Zunächst wurde mittels einer Ja/Nein Frage nach dem wahrgenommenen Einfluss externer Zielvorgaben bzw. des Controllings auf die individuelle Arbeit gefragt. Hierdurch wurde geprüft, ob der im Theorieteil postulierte Einfluss der Instrumente des NPM auf die Arbeit der Beschäftigten, von diesen auch so wahrgenommen wird. Durch die Formulierung einer Ja/Nein Frage zeigte sich, dass im Hinblick auf externe Zielvorgaben 80,8% der Befragten und im Hinblick auf Forderungen des Controllings und der Statistik 85,9% der Befragten einen starken Einfluss auf die Arbeit bejahten (Abbildung 14):

Abbildung 14: Ergebnisse NPM-Belastung[659]

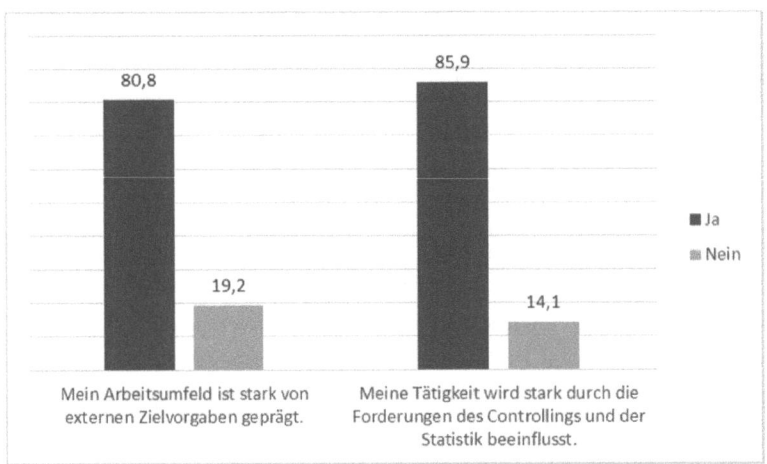

Der postulierte Einfluss der Instrumente des NPM kann also für diese Stichprobe deutlich bestätigt werden. Im Hinblick auf die verschiedenen Tätigkeitsfelder innerhalb der SGB II Jobcenter lassen sich jedoch signifikante Unterschiede in der Wahrnehmung der NPM-Beeinflussung identifizieren (Abbildung 15 und Abbildung 16).

---

[659] Eigene Darstellung.

ERGEBNISSE

Abbildung 15: Ergebnisse Zielvorgaben[660]

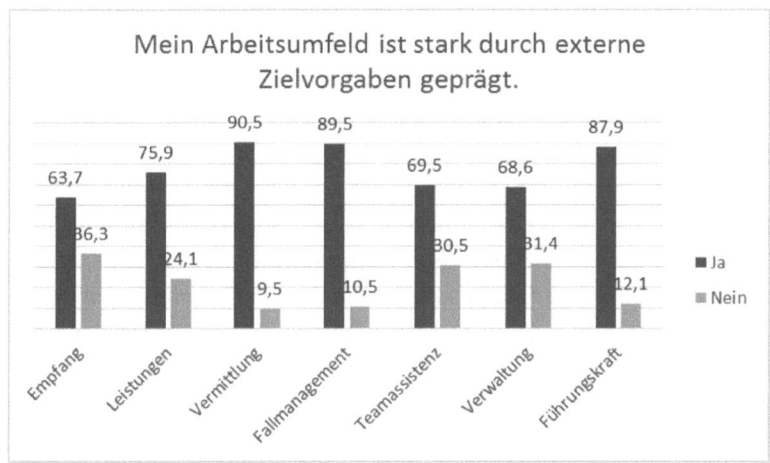

Abbildung 16: Ergebnisse Controlling und Statistik[661]

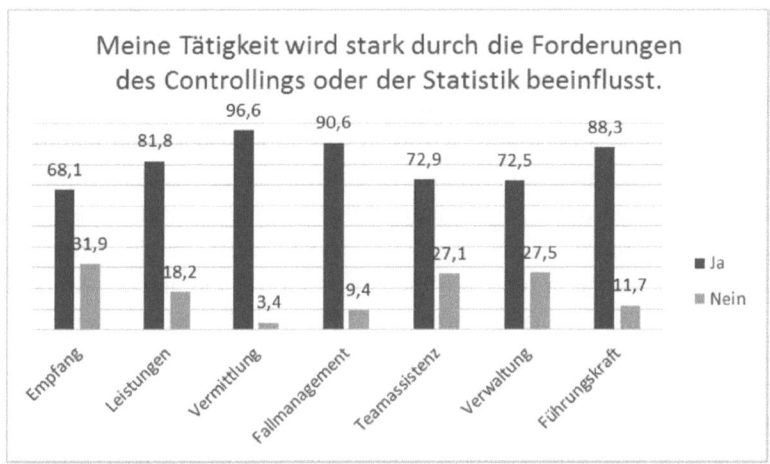

Das nach Tätigkeitsfeldern gegliederte Antwortverhalten bestätigt die Vermutung, dass die Beeinflussung durch Instrumente des NPM grundsätzlich in jedem Arbeitsbereich präsent ist (wegen mangelnder Interpretierbarkeit wird auf „Sonstige" verzichtet). Allerdings zeigt sich, dass insbesondere Mitarbeiter der Tätigkeitsfelder Leistungssachbearbeitung, Vermittlung, Fallmanagement sowie Mitarbeiter auf Leitungsebene signifikant stärkere Beeinflussungswahrnehmungen artikulieren. Die Erledigung der Aufgaben in den Bereichen Empfang, Backoffice und Verwaltung wirken sich nicht unmittelbar auf das Zielsystem aus, folglich ist hier die wahrge-

---

[660] Eigene Darstellung.
[661] Eigene Darstellung.

nommene Beeinflussung durch Zielvorgaben sowie Controlling und Statistik geringer – allerdings mit „Ja-Werten" von durchweg über 60% immer noch bemerkenswert.

Die generelle Bejahung des Einflusses drückt zwar die strikte NPM-Fokussierung der Institution aus, lässt jedoch keine Rückschlüsse auf eine potentiell wahrgenommene Belastung zu. Wurde ein Einfluss von den Befragten bejaht (Abbildung 14), schloss sich daher im Anschluss eine weitere Frage mit der hieraus resultierenden wahrgenommenen Belastung (1 = Keine Belastung bis 4 = sehr hohe Belastung) an. Für 65,2% der Befragten, denen die Anschlussfrage gestellt wurde, stellten externen Zielvorgaben eine „starke" bis „sehr starke" Belastung dar. 34,8% empfinden dieses Instrument „gar nicht" oder nur „mäßig" belastend. Bezüglich der Forderungen des Controllings und der Statistik wurde von 71% der Befragten angegeben, dass sie dieser Umstand „stark" oder „sehr stark" belastet. 29% empfinden „gar keine" oder „mäßige" Belastung.

Um eine Interpretierbarkeit mit den anderen Variablen zu gewährleisten, wurden die Einzelitems zunächst umcodiert. Wurde die Filterfrage mit „nein" beantwortet, so wurde der Wert 1 definiert (es wird kein Einfluss – und somit auch keine Belastung – wahrgenommen). Wurde die Filterfrage mit „ja" und die Anschlussfrage mit 1 beantwortet (keine wahrgenommene Belastung), wurde ein Wert von 2 definiert usw. Während Item 1 die Belastungen durch externe Zielvorgaben erfragt, konzentriert sich Item 2 auf die Forderungen des Controllings und der Statistik und die hieraus wahrgenommene individuelle Belastung. Bereits in den vorangegangenen Kapiteln wurden die Elemente MbO sowie ambitioniertes Controlling als Kerninstrumente des NPM erörtert. Folglich wird der zugrundeliegende Faktor als „NPM-Belastung" auf einer – nach Umcodierung – fünfstufigen Ratingskala definiert (Je höher der Wert, desto höher die Belastung durch Instrumente des NPM). Die interne Konsistenz ist als gut zu beurteilen (Cronbach Alpha = 0,75). Die deskriptiven Ergebnisse sind der folgenden Tabelle 37 abzulesen.

Tabelle 37: Ergebnisse NPM-Belastung

	Variable	Mittelw.	S.D.	α
NPM	Belastung durch New Public Management Gesamt	3,42	1,17	0,75
NPM1	Belastung durch Zielvorgaben.	3,28	1,31	
NPM2	Belastung durch Forderungen des Controllings und der Statistik	3,56	1,30	

5.3.4.4 Itemanalyse

Im Folgenden werden die Itemanalysen zu den drei Skalen der Arbeitsbedingungen dargestellt. Vier der fünf Items zur situativen Arbeitsbelastung (Tabelle 38) erfüllen die Kriterien der Schwierigkeit und der Trennschärfe. Lediglich Item SB1 verfehlt den anzustrebenden Wert der Schwierigkeit von 30% deutlich (12,9%). Eine Eliminierung des Items würde den als gut zu bezeichnenden Wert der internen Konsistenz (α = 0,71) allerdings verschlechtern. Da zudem der Trennschärfekoeffizienten von r_{it} = 0,41 als ausreichend anzusehen ist, verbleibt das Item in der Skala.

Alle Items des Job Commitments (Tabelle 39) sowie der NPM-Belastung (Tabelle 40) befinden sich auf einem guten Niveau in Bezug auf die Itemschwierigkeit und die Trennschärfe. Beide Skalen weisen zudem gute Werte in Bezug auf die interne Konsistenz auf und bedürfen folglich keiner Itemeliminierung.

Tabelle 38: Itemanalyse situative Arbeitsbelastung

Item	⌀	s	r_{it}	α	Antwortverteilungen in Prozent						
					1	2	3	4	5	6	7
SB1	2,85	1,23	0,41		11,4	37,1	23,9	14,7	9,2	3,2	0,5
SB2	4,44	1,53	0,50		3,0	9,8	14,5	20,2	24,6	20,8	6,9
SB3	4,46	1,49	0,58		1,9	11,0	14,3	18,3	26,4	22,3	5,7
SB4	4,80	1,63	0,41		3,1	9,0	9,2	17,5	21,0	25,3	15,0
SB5	5,23	1,63	0,43		2,1	7,0	7,7	11,4	19,2	26,3	26,3
SB	4,35	1,03		0,71							

Tabelle 39: Itemanalyse Job Commitment

Item	⌀	s	r_{it}	α	Antwortverteilungen in Prozent						
					1	2	3	4	5	6	7
JC1	5,3	1,46	0,66		1,1	4,2	7,8	14,5	20,4	29,8	22,2
JC2	5,3	1,54	0,68		1,7	5,2	8,2	12,1	19,4	29,6	23,7
JC3	3,7	1,80	0,62		13,6	16,7	15,6	20,8	14,0	11,8	7,5
JC4	4,3	1,72	0,45		6,3	12,5	13,4	20,1	18,9	19,1	9,7
JC	4,63	1,28		0,79							

Tabelle 40: Itemanalyse NPM-Belastung

Item	⌀	s	r_{it}	α	Antwortverteilungen in Prozent				
					1	2	3	4	5
NPM1	3,28	1,31	0,60		19,2	2,3	25,8	36,3	16,3
NPM2	3,56	1,30	0,60		14,1	3,0	22,0	34,2	26,7
NPM	3,42	1,17		0,75					

5.3.5 Arbeitszufriedenheit

Um die deskriptiven Ergebnisse zur Arbeitszufriedenheit in den SGB II Jobcentern besser interpretieren zu können, werden die Ergebnisse des Sozio-oekonomischen Panels (SOEP) als Vergleich gegenübergestellt (Tabelle 41). Die SOEP-Daten beziehen sich auf die befragten abhängigen Beschäftigten innerhalb des repräsentativen Panels aus dem Jahr 2012 (Welle V29).[662] Wie der graphischen Darstellung zu entnehmen ist (Abbildung 17), weist die Verteilung der Antworten der Befragten des SOEP eine linksschiefe Verteilung auf, während die Antworten aus den befragten Jobcentern eher einer Normalverteilung gleichen. Die befragten Mitarbeiter der SGB II Jobcenter artikulieren also eine deutlich niedrigere Zufriedenheit mit ihrer Arbeit als die Vergleichspopulation. An dieser Stelle sei nochmals erwähnt, dass die absoluten Werte aufgrund möglicher – durch die Online-Lösung bedingter – Selektionsbias mit Vorsicht zu interpretieren sind. Dennoch ist die tendenziell negative Zufriedenheitsäußerung der Jobcenter-Beschäftigten, insbesondere vor dem Hintergrund grundsätzlich hoher Artikulation von Arbeitszufriedenheit in Befragungen,[663] bemerkenswert.

Tabelle 41: Ergebnisse Arbeitszufriedenheit Jobcenter/SOEP[664]

	Wert	Anzahl Jobcenter	Anzahl SOEP	% Jobcenter	% SOEP
ganz und gar unzufrieden	1	127	155	3,0	1,4
	2	205	82	4,8	0,7
	3	398	205	9,3	1,8
	4	482	366	11,2	3,2
	5	417	446	9,7	3,9
	6	645	1121	15,0	9,9
	7	508	1175	11,8	10,4
	8	623	2113	14,5	18,6
	9	562	3002	13,1	26,5
	10	232	1763	5,4	15,5
ganz und gar zufrieden	11	100	919	2,3	8,1
	N	4299	11347		

---

[662] Da der Autor dieser Arbeit keinen Zugang zum SOEP hatte, wurde die Berechnung der SOEP-Daten durch Mandy Schult (Mitarbeiterin am Institut für Personal und Arbeit der Helmut-Schmidt-Universität Hamburg) durchgeführt und freundlicherweise zur Verfügung gestellt.
[663] Vgl. W. Matiaske und T. Mellewigt, 2001, S. 8.
[664] Alle abhängig Beschäftigten des SOEP aus dem Jahr 2012 (Welle V29). Berechnung von Mandy Schult.

Abbildung 17: Ergebnisse Arbeitszufriedenheit Jobcenter/SOEP (2)[665]

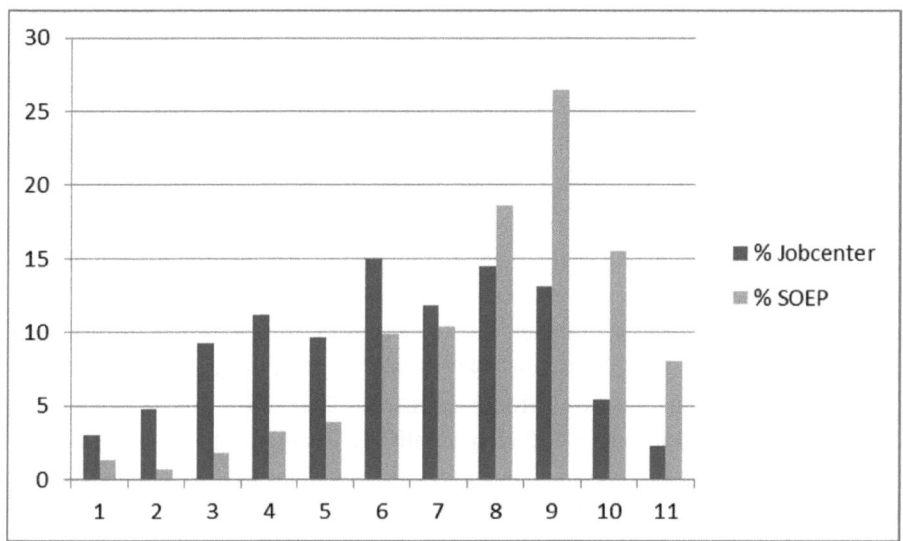

5.4 Hypothesenüberprüfung

In diesem Teil werden die in Abschnitt 3.4.2 aufgestellten Hypothesen mittels linearer Regressionsanalysen (OLS)[666] überprüft. Es wird von einem quasi-metrischen Messniveau und einem linearen Zusammenhang zwischen unabhängiger und abhängiger Variablen ausgegangen. Als Methode wird jeweils „Einschluss" gewählt. Dies bedeutet, dass alle gewählten unabhängigen Variablen gemeinsam in die Regressionsgleichung eingeschlossen werden.[667]
Grundsätzlich wäre aufgrund der Datenstruktur auch eine ordinale Regression anwendbar. Da die OLS-Schätzung besser interpretierbar und deren tabellarische Ergebnisdarstellung nachvollziehbarer und übersichtlicher möglich ist, erscheint sie für den Rahmen der vorliegenden Arbeit allerdings zweckmäßiger. Studien zeigen zudem, dass beide Varianten im Allgemeinen zu ähnlichen Ergebnissen führen.[668]
Die Ergebnistabellen der später folgenden Hypothesenprüfung beziehen sich demnach auf die Resultate von linearen Regressionsmodellen.
Gleichwohl wurden zusätzlich ordinale Regressionen durchgeführt, um mögliche Ergebnisunterschiede beider Verfahren zu identifizieren. Aufgrund der bereits erwähnten unzweckmäßigen Möglichkeiten der Ergebnisdarstellung werden im Zuge der Hypothesenüberprüfung zum Ende jeder OLS-Schätzung lediglich die Varian-

---

[665] Eigene Darstellung. Alle abhängig Beschäftigten des SOEP aus dem Jahr 2012 (Welle V29). Berechnung von Mandy Schult.
[666] Ordinary Least Squares.
[667] Vgl. J. Janssen und W. Laatz, 2013, S. 405.
[668] Vgl. G. Grözinger, et al., 2008, S. 7-8; G. Grözinger und W. Matiaske, 2004, S. 97.

zerklärungsanteile einer alternativen ordinalen Regression (Pseudo-R²) angegeben. Die Unterschiede in den Ergebnissen beider Verfahren sind so unwesentlich, dass sie keinen Einfluss auf die inhaltliche Interpretation haben. Grundsätzlich kann lediglich konstatiert werden, dass die auftretenden Effekte der OLS-Schätzungen in den ordinalen Regressionsanalysen teilweise noch deutlicher hervortreten.

Bevor die eigentliche Hypothesenüberprüfung erfolgt, werden zunächst einige Vorüberlegungen angestellt. Hierzu werden in Abschnitt 5.4.1.1 weitere miterklärende Variablen (Kontrollvariablen) identifiziert, welche die bisher postulierten Zusammenhänge aus sachlogischen Gründen ergänzen können. Abschnitt 5.4.1.2 weist deren Einflüsse auf die jeweils interessierende Variable separat aus.

Die Abschnitte 5.4.2 bis 5.4.6 dienen der eigentlichen Hypothesenüberprüfungen. Jede Hypothese – mit Ausnahme von H4[669] – wird mittels einer multivariaten Regressionsanalyse, welche aus zwei Modellen besteht, überprüft. Modell 1 beinhaltet zunächst alle aus sachlogischen Gründen identifizierten Kontrollvariablen. In Modell 2 wird dann zusätzlich die unabhängige Variable eingefügt, welche gemäß der jeweiligen Hypothese ursächlich ist. Dieses Vorgehen hat den Vorteil, dass die Änderung des Bestimmtheitsmaßes R² durch die Aufnahme der letzten unabhängigen Variablen angezeigt und bewertet werden kann. Um Redundanzen zu vermeiden, werden lediglich die standardisierten Beta-Koeffizienten (β) *nach* der Aufnahme der letzten unabhängigen Variable(n) präsentiert. Auf die – sich wiederholende – separate Darstellung der standardisierten Beta-Koeffizienten der Kontrollvariablen, welche keinen Erkenntnisgewinn bringen würde, wird verzichtet. Von größerem Interesse – und daher Teil der Darstellung – ist allerdings die Höhe und die Signifikanz der Veränderung des R² im Vergleich zum Modell, welches lediglich aus Kontrollvariablen besteht.

5.4.1 Vorüberlegungen

Vor der eigentlichen Hypothesenüberprüfung werden in diesem Teilkapitel weitere miterklärende Variablen abgeleitet und deren Einfluss auf die abhängigen Variablen ausgewiesen.

5.4.1.1 Einbeziehung weiter miterklärender Variablen

Um Fehlinterpretationen und Scheinkorrelationen zu vermeiden, werden in die folgenden Regressionsanalysen weitere miterklärende Variablen eingefügt, welche einen Einfluss auf die abhängigen Variablen haben könnten. Abhängige Variablen des formulierten Hypothesensystems sind:

---

[669] Zur Überprüfung der Hypothese 4 wird eine Korrelationsanalyse durchgeführt.

- die Arbeitszufriedenheit,
- der Person-Organization Fit (POF) sowie
- die situative Arbeitsbelastung.

Im Folgenden wird die Bedeutung weiterer unabhängiger Variablen, welche einen Einfluss auf die abhängigen Variablen haben könnten, sachlogisch abgeleitet.

- **Geschlecht**

    Es ist davon auszugehen, dass das Geschlecht einen Einfluss auf eine oder mehrere abhängige Variablen haben kann. Bereits existierende empirische Befunde weisen jedoch nicht in eine einheitliche Richtung; schon in Bezug auf die wahrgenommene Arbeitszufriedenheit ist die Befundlage nicht eindeutig.[670] Während einige Studien darauf hinweisen, dass weibliche Beschäftigte tendenziell zufriedener sind als ihre männlichen Kollegen,[671] können andere keinen signifikanten Einfluss feststellen.[672] In Bezug auf die empfundene Arbeitsbelastung existieren ebenfalls unterschiedliche Ergebnisse. Einige Studien weisen auf tendenziell stärkere Belastungswerte von Frauen hin,[673] andere tendieren genau zum Gegenteil.[674] Grundsätzlich ist der Vergleich mit bereits existierenden Studien zur Arbeitsbelastung und einer daraus resultierenden Prognose für diesen Datensatz aus zweierlei Gründen unsicher. Zum einen hängt die empfundene Arbeitsbelastung stark von Kontextvariablen wie körperlicher Verausgabung, Arbeitsklima, Branchen, Berufsstatusgruppen oder sonstigen Umweltbedingungen ab. Darüber hinaus wird in der vorliegenden Studie ein explorativ entwickeltes Konstrukt zur Messung der Belastung verwendet (Abschnitt 4.3.4), welches aus den sehr speziellen Bedingungen innerhalb der SGB II Jobcenter resultiert und sich folglich nicht ohne Weiteres mit anderen Belastungskonstrukten vergleichen lässt. Auch wenn die Befundlage nicht eindeutig ist – oder gerade deshalb – wird das Geschlecht in der folgenden Analyse kontrolliert (Dummy mit „weiblich" = 0).

---

[670] Vgl. S. Fietze, 2011, S. 18.
[671] Vgl. S. Gazioglu und A. Tansel, 2006, S. 1165.
[672] Vgl. L. Bright, 2008, S. 160.
[673] Vgl. A. J. Noblet und J. J. Rodwell, 2009, S. 567.
[674] Vgl. L. E. Kroll et al., 2011.

- **Alter:**[675]
    Der Zusammenhang zwischen Alter und Arbeitszufriedenheit gilt als gesichert, spielt jedoch eine besondere Rolle, da teilweise eine nicht lineare – U-förmige – Beziehung festgestellt wurde, in dem die Jüngeren und die Älteren die Zufriedensten sind.[676] Für die Daten des SOEP – dessen Item zur Arbeitszufriedenheit hier verwendet wird – wurde dieser nicht-lineare Zusammenhang ebenfalls festgestellt. Um eine solche Beziehung innerhalb eines Regressionsmodells aufzudecken, wird von einigen Autoren das Quadrat des Alters mit einbezogen.[677] Bei einer U-förmigen Beziehung wirkt das Alter negativ, das Quadrat dieser Größe positiv auf die Arbeitszufriedenheit. Ein ähnlicher Zusammenhang könnte für die Variable der situativen Belastung vermutet werden, da Arbeitszufriedenheit und Belastungsempfindungen tendenziell negativ korrelieren.[678]
    Für die vorliegende Studie zeigen bereits Mittelwertvergleiche zwischen den fünf abgefragten Kategorien des Alters, dass keine U-förmige Verteilung der Arbeitszufriedenheit vorliegt.[679] Folglich wird auf die Quadratur des Alters verzichtet.

- **Dauer der Beschäftigung**
    Die Dauer der Beschäftigung könnte in ähnlichen Zusammenhängen zu den abhängigen Variablen stehen wie das Alter. Allerdings kann der Wert im Maximalfall nur neun Jahre betragen, da dies die Existenzdauer der neugeschaffenen SGB II Jobcenter zum Zeitpunkt der Befragung war. Daher dürften die Effekte schwächer ausfallen.

- **Region des Jobcenters**
    Die Strukturstärke/-schwäche einer Region könnte ebenfalls Auswirkungen auf die abhängigen Variablen haben. So könnte vermutet werden, dass Beschäftigte von Jobcentern, in deren Region eine hohe Arbeitslosigkeit herrscht, eine stärkere Arbeitsbelastung und eine niedrigere Arbeitszufriedenheit aufweisen. Bei hoher Arbeitslosigkeit könnte ebenso eine schwindende Identifikation mit den politisch formulierten Organisationszielen gefolgert werden, da deren Realisation aufgrund fehlender Handlungsalternati-

---

[675] Das Alter wurde in der Befragung anhand von fünf Kategorien abgefragt: 1 = bis 20 Jahre; 2 = 21-30 Jahre; 3 = 31-40 Jahre; 4 = 41-50 Jahre; 5 = 51 Jahre und älter. Um eine bessere Interpretierbarkeit zu gewährleisten, wurden diese Kategorien umcodiert: 1 = 19 Jahre; 2 = 26 Jahre; 3 = 36 Jahre; 4 = 46 Jahre; 5 = 60 Jahre.
[676] Vgl. S. Gazioglua und A. Tansel, 2006, S. 1165.
[677] Siehe zum Beispiel: G. Grözinger et al., 2008 oder S. Fietze, 2011.
[678] An dieser Stelle sei darauf hingewiesen, dass es vereinzelt empirische Befunde gibt, die diesen vermuteten negativen Zusammenhang nicht feststellen. So zeigen beispielsweise Schult et al. (2014), dass Lehrer trotz hoher empfundener Belastung eine verhältnismäßig hohe Arbeitszufriedenheit aufweisen.
[679] Der durchgeführte Mittelwertvergleich zeigt, dass die Gruppe der 41-50 jährigen zufriedener ist (6,31), als die unmittelbar jüngere (6,16) und die unmittelbar ältere Gruppe (6,15).

ven nahezu unmöglich ist. Ein negativer Einfluss auf den POF wäre somit denkbar. Um die Anonymität der Befragten zu gewährleisten, wurden keine Fragen gestellt, die auf ein bestimmtes Jobcenter schließen lassen. Die geographische Verortung lässt sich jedoch durch die Abfrage des Bundeslandes zumindest näherungsweise bestimmen. Im März 2014 besteht immer noch eine signifikante Divergenz zwischen der Arbeitslosenquote von West- (insgesamt 6,2%; SGB II-Arbeitslosenquote: 4%) und Ostdeutschland (insgesamt: 10,6%; SGB II-Arbeitslose: 7,5%).[680] Um diese Ost-West-Differenz abzubilden, wird in der Regressionsanalyse folglich zwischen den Bundesländern Westdeutschlands und Ostdeutschlands (Dummy mit „Westdeutschland" = 0) unterschieden.

- **Teilzeit-Beschäftigung:**
Von den Befragten dieser Studie gaben 18,5% an, in Teilzeit zu arbeiten. Es ist denkbar, dass Teilzeitbeschäftigte eine andere Wahrnehmung der situativen Belastung, der Arbeitszufriedenheit und des POF haben. So kam beispielsweise eine Studie des Robert-Koch-Instituts zu dem Ergebnis, dass sich Vollzeitbeschäftigte häufiger durch die Arbeit belastet fühlen als Teilzeitbeschäftigte.[681] Da Vollzeitbeschäftigte den jeweiligen Arbeitsbedingungen länger ausgesetzt sind als Erwerbstätige in Teilzeit, ist dieser Wirkzusammenhang nachvollziehbar und soll in der folgenden Analyse berücksichtigt werden (Dummy mit „Vollzeit" = 0).

- **Befristung der Beschäftigung**
12% der befragten Mitarbeiter befanden sich zum Zeitpunkt der Befragung in einem befristeten Arbeitsverhältnis. Aufgrund individueller Unsicherheiten könnten Beschäftigte in einem befristeten Arbeitsverhältnis eine geringere Arbeitszufriedenheit, höhere Belastungswerte sowie eine niedrigere Passung zur Organisation aufweisen als ihre Kollegen mit unbefristeten Verträgen. Folglich wird zwischen unbefristeten und befristeten Beschäftigungsverhältnissen (Dummy mit „unbefristet" = 0) unterschieden.

- **Status**
Die überwiegende Anzahl der Beschäftigten arbeitet in einem Angestelltenverhältnis (77,6%), lediglich 22,4% der Befragten gaben an, in einem Beamtenverhältnis zu stehen. Aus den statusrechtlichen Vorteilen (Beschäftigungssicherheit, Alimentation, Pension etc.), welche das Beamtenverhältnis mit sich bringt, könnten positive Einflüsse auf die Arbeitszufriedenheit und

---

[680] Statistik der Bundesagentur für Arbeit, 2014.
[681] Vgl. L. E. Kroll et al., 2011, S. 3.

den POF sowie negative Einflüsse auf die situative Belastung folgen (Dummy mit „angestellt = 0").

- **Beschäftigungsform**
 In den SGB II Jobcentern existieren faktisch zwei voneinander zu trennende Arbeitsverhältnisse. 35,6% der Mitarbeiter sind Beschäftigte von kommunalen Trägern und 64,4% sind Beschäftigte der BA.[682] Beide Beschäftigungsgruppen arbeiten gemeinsam „unter einem Dach", sehen sich jedoch unterschiedlichen Bedingungen ausgesetzt. Kommunal Beschäftigte erhalten generell eine geringere Vergütung und haben bei Personalentwicklungsmaßnahmen (z. B. Weiterbildungsangebote, höherwertige Stellen, welche nur Mitarbeitern der BA offen stehen) oftmals das Nachsehen gegenüber ihren Kollegen, welche bei der BA beschäftigt sind.[683] Die empfundene Benachteiligung der kommunalen Beschäftigten könnte zu niedrigerer Arbeitszufriedenheit, einer geringeren Passung zur Organisation und zu einer höheren Belastung führen (Dummy mit „kommunal = 0").

- **Tätigkeit mit NPM-Bezug:**
 Um den Einfluss des NPM-Bezugs der jeweiligen Tätigkeit zu berücksichtigen, werden die Arbeitsbereiche in zwei Gruppen gegliedert. In Abschnitt 5.3.4.3 wurde bereits dargestellt, dass Mitarbeiter des Tätigkeitsfeldes Leistungssachbearbeitung, Fallmanagement, Vermittlung und Mitarbeiter der Führungsebene einen stärkeren Einfluss der NPM-Instrumente wahrnehmen als Mitarbeiter der Bereiche Empfang, Backoffice und Verwaltung. Diese Ergebnisse – in Verbindung mit der inhaltlichen Erklärung, dass insbesondere die erstgenannten Arbeitsfelder durch ihre Aufgabenerledigung einen direkten Beitrag zum Zielsystem liefern – führt zur Differenzierung zwischen „Tätigkeit mit NPM-Bezug" (die erstgenannten Arbeitsbereiche) und „Tätigkeit ohne NPM-Bezug" (die zweitgenannten Bereiche). Der unmittelbare Bezug zum Zielsystem und zu Forderungen des Controllings und der Statistik verstärkt vermutlich die empfundene Belastung und könnte negative Auswirkungen auf die Arbeitszufriedenheit und den POF haben. Darüber hinaus sind es insbesondere die Mitarbeiter der Tätigkeitsfelder Leistungssachbearbeitung, Vermittlung und Fallmanagement, welche intensive inhaltliche Arbeit mit

---

[682] Neben diesen beiden Beschäftigungsformen existieren zwei weitere Gruppen: Beschäftigte, welche von einer anderen Gemeinde bzw. durch Amtshilfe (Post, Bahn, Vivento) herangezogen wurden. Da die jeweiligen Arbeitsverhältnisse der Beschäftigten dieser Gruppe individueller Natur sind und sich nicht in „kommunal" oder „Bundesagentur" klassifizieren lassen, werden beide Gruppen in der Analyse nicht berücksichtigt, sondern als „systemfehlend" definiert. Beide Gruppen machen gemeinsam lediglich 4,9% der Studienteilnehmer aus.

[683] Dies ist das Resümee von zwei Jobcenter-Personalversammlungen, an denen der Verfasser dieser Arbeit teilgenommen hat.

den Kunden leisten und tief in deren persönliche Lebenssituation eingreifen. Hieraus könnte eine höhere Arbeitsbelastung resultieren (Dummy mit „kein NPM-Bezug" = 0).

5.4.1.2 Ergebnis

Im Folgenden werden die Einflüsse der weiteren miterklärenden Variablen, welche im vorherigen Abschnitt sachlogisch abgeleitet wurden, dargestellt. In die daran anschließende Hypothesenüberprüfung (ab Abschnitt 5.4.2) fließen die Variablen als Kontrollvariablen ebenfalls mit ein, ihre Effektstärken divergieren dann allerdings je nach Einfluss des zusätzlich eingefügten Regressors. Um eine gewisse Nachvollziehbarkeit der Ergebnisinterpretation zu gewährleisten, werden somit in Tabelle 42 zunächst die isolierten Einflüsse weiteren miterklärenden Variablen ausgewiesen.

Tabelle 42: Einfluss miterklärender Variablen

	Arbeitszufriedenheit	POF	Situative Belastung
Geschlecht (0 = Weiblich)	-,07**	-,04*	,04*
Alter	,03	,08**	-,03
Dauer	-,07**	-,07**	,13**
Ostdeutschland (0 = West)	-,01	-,01	,05**
Teilzeit (0 = Nein)	-,00	-,05**	,01
Befristet (0 = Nein)	,03	,04	-,05*
Beamtet (0 = Nein)	-,01	-,01	-,03
NPM (0 = Nein)	-,05**	-,02	,15**
Beschäftigung (0 = Kommunal)	,06**	,16**	-,03
N	3.511	3.399	3.451
R^2	,019	,037	,050
R^2 (korr.)	,016	,034	,048

$* p < ,05 ** p < ,01$

Tabelle 42 macht zunächst einmal deutlich, dass die Wirkungsrichtungen der Einflussfaktoren von Arbeitszufriedenheit und POF in die gleiche Richtung laufen. Für die situative Arbeitsbelastung gilt eine genau gegensätzliche Bewegung. Eine Ausnahme bildet lediglich die Zugehörigkeit zum Beamtenstatus, welche allerdings für keine der abhängigen Variablen signifikante Befunde erzielt.

Auf alle Variablen wirken das Geschlecht der Befragten und die der Dauer der Beschäftigung mindestens signifikant. Weibliche Beschäftigte sind tendenziell zufriedener, haben eine leicht höhere Bindung zur Organisation und weisen eine geringer empfundene situative Arbeitsbelastung auf als ihre männlichen Kollegen. Die Dauer der Beschäftigung wirkt hochsignifikant negativ auf die Arbeitszufriedenheit und den POF und hochsignifikant positiv auf die empfundene Belastung. Dies widerspricht im ersten Moment den Ergebnissen zum Einfluss des Alters, relativiert sich aber durch die junge Existenz der SGB II Jobcenter (als maximale Tätigkeitsdauer sind 9 Jahre möglich). Umso bemerkenswerter – und für den Arbeitgeber bedenklich – ist der relativ starke Einfluss.

Der Einfluss des Alters ist weder auf die Arbeitszufriedenheit, noch auf die situative Belastung signifikant. Allerdings zeigt eine tendenziell stärkere Bindung älterer Beschäftigter zum Jobcenter.

Die Region des Jobcenters (West oder Ost) hat keinen Einfluss auf die Arbeitszufriedenheit und den POF der Mitarbeiter. Allerdings ist zu konstatieren, dass Beschäftigte aus Ostdeutschland eine höhere situative Arbeitsbelastung empfinden. Dieser Befund lässt sich durch die immer noch höhere Arbeitslosenzahl Ostdeutschlands und des damit einhergehenden höheren Kundenaufkommens erklären. Interessant ist jedoch, dass trotz hochsignifikant höherer Belastungsempfindungen, kein signifikanter Einfluss auf die Arbeitszufriedenheit festzustellen ist.

Eine Vollzeitbeschäftigung wirkt sich im Vergleich zur Teilzeitbeschäftigung positiv auf den POF aus und hat keine Auswirkungen auf die Arbeitszufriedenheit und die Belastung.

Eine Befristung des Arbeitsverhältnisses hat überraschenderweise positive (aber nicht signifikante) Auswirkungen auf die Arbeitszufriedenheit und den POF sowie negative signifikante Auswirkungen auf die situative Belastung. Diese Wirkrichtungen widersprechen dem postulierten Zusammenhang und entziehen sich auf dem ersten Blick einer intuitiven Erklärung. Auch wenn alle drei Effekte sehr schwach und lediglich ein Effekt signifikant ist, so wären hier eventuell weitere qualitative Forschungen anzuraten.

Die Kategorisierung der Tätigkeit in „mit NPM-Bezug" und „ohne NPM-Bezug" weist verhältnismäßig hohe Zusammenhänge zur situativen Arbeitsbelastung auf. Mitarbeiter, deren Tätigkeiten stark durch externe Zielvorgaben sowie die Forderungen des Controllings und der Statistik geprägt sind, empfinden eine höhere Belastung. Die Wirkung einer Tätigkeit mit NPM-Bezug auf die Arbeitszufriedenheit ist schwächer, jedoch hochsignifikant negativ. Diese Zusammenhänge sind vor dem Hintergrund des theoretischen Bezugsrahmens interessant, da sie erste Implikationen über die mitarbeiterseitige Wahrnehmung der neuen Steuerungslogik des NPM liefern.

Die Beschäftigungsform hat ebenfalls hochsignifikante Einflüsse auf die Arbeitszufriedenheit und – noch stärker – auf den POF. Mitarbeiter, deren Arbeitgeber die BA ist, sind zufriedener als ihre kommunalbeschäftigten Kollegen und weisen eine deutlich höhere Passung zur Organisation auf. Diese Befunde sind ein ernstzunehmender Hinweis darauf, dass sich die Mitarbeiter der Kommunen innerhalb der Jobcenter weniger integriert sehen als ihre Kollegen mit BA-Zugehörigkeit. Da beide Gruppen von Mitarbeitern dieselbe Arbeit unter demselben Dach ausführen, scheinen die Ursachen der divergierenden Arbeitszufriedenheit und der Passung zum Jobcenter außerhalb der eigentlichen Tätigkeit zu liegen. Kommunal Beschäftigte empfinden Nachteile bezüglich der Bezahlung sowie schlechtere Chancen bei Personalentwicklungsmaßnahmen und Beförderungen.[684]

Obwohl einige Variablen moderate Zusammenhänge zu den abhängigen Variablen aufweisen, können sie in der Gesamtbetrachtung lediglich einen geringen Anteil der Varianzen erklären. Die situative Arbeitsbelastung ist mit rund 5% noch am stärksten erklärt, der POF kommt auf lediglich ca. 4% und die Arbeitszufriedenheit auf rund 2%. Die Ergänzung der Regressionsmodelle mit weiteren Regressoren ist zur Erhöhung der Varianzerklärungen folglich erforderlich und wird im Rahmen der folgenden Hypothesenprüfung durchgeführt.

Trotz der nur geringen Varianzerklärungen der abhängigen Variablen, war die separate Darstellung der Ergebnisse ein gewinnbringender Schritt, um die signifikante Bedeutung der Dauer, Tätigkeit mit/ohne NPM-Bezug und insbesondere der organisationalen Zugehörigkeit (Kommune/BA) zu identifizieren.

5.4.2 Hypothesen 1-3

Die Hypothesen 1-3 beinhalten die Variablen POF, Arbeitszufriedenheit und PSM. Da die postulierten Wirkzusammenhänge in einem direkten Verhältnis stehen und Hypothese 3 die zusätzliche Überprüfung einer Mediatorbeziehung zwischen PSM und Arbeitszufriedenheit (mit dem Mediator POF) erfordert, werden alle drei Hypothesen in diesem Teilkapitel aufeinander aufbauend überprüft:

H1: *Je höher die Passung zwischen Mitarbeiter und Organisation, desto höher ist die Arbeitszufriedenheit.*

H2: *Die individuelle Public Service Motivation hat einen (positiven) Einfluss auf die Passung zwischen Mitarbeiter und öffentlicher Organisation.*

H3: *Die individuelle PSM hat keinen direkten Einfluss auf die Arbeitszufriedenheit.*

Zur Überprüfung der ersten drei Hypothesen werden drei Regressionsanalysen durchgeführt. In Regressionsanalyse 1 (R1) stellen die Arbeitszufriedenheit die abhängige und der POF die unabhängige Variable dar. In Regressionsanalyse 2 (R2) sind der POF die abhängige und die PSM die unabhängige Variable. H3 wird schließlich durch eine Regressionsanalyse (R3) mit der Arbeitszufriedenheit als ab-

---

[684] Diese möglichen Ursachen wurden im Rahmen zweier Personalversammlungen von SGB II Jobcentern (g. E.), bei denen der Autor dieser Arbeit teilnehmen durfte, übereinstimmend angeführt. Für eine wissenschaftliche Validierung wären weitere (qualitative) Forschungen anzuraten.

hängige und PSM als unabhängige Variable überprüft. H3 kann angenommen werden, wenn R3 keinen signifikanten Einfluss der PSM ausweist. Sollte ein signifikanter Effekt auftreten, wird im Folgenden ein potentieller Mediatoreffekt des POF auf die Beziehung zwischen PSM als unabhängiger Variable und Arbeitszufriedenheit als abhängiger Variable überprüft.

Zunächst werden jedoch die Ergebnisse von R1 – R3 dargestellt. Die in Abschnitt 5.4.1.1 sachlogisch herausgearbeiteten miterklärenden Variablen werden als Kontrollvariablen einbezogen. Die dargestellten Ergebnisse beziehen sich auf die Regressionsschätzung mit sämtlichen Variablen, die Veränderung des Bestimmtheitsmaßes R^2 bezieht sich auf den Zuwachs an Varianzerklärung durch Einfügen der letzten unabhängigen Variablen.

- R1: Abhängige Variable: Arbeitszufriedenheit; unabhängige Variable: POF

Tabelle 43 : Regressionsanalyse 1

Arbeitszufriedenheit	β	ΔR^2
Geschlecht (0 = Weiblich)	-,05**	
Alter	-,01	
Dauer	-,03	
Ostdeutschland (0 = West)	-,00	
Teilzeit (0 = Nein)	,02	
Befristet (0 = Nein)	,01	
Beamtet (0 = Nein)	-,00	
NPM (0 = Nein)	-,04*	
Beschäftigung (0 = Kommunal)	-,02	
POF	,55**	,29**
N	3.393	
R^2	,31**	
R^2 (korr.)	,30	
F	149,21	

* p < ,05 ** p < ,01

Die zentrale unabhängige Variable der Hypothese 1 ist der POF. Getestet wird der postulierte Wirkzusammenhang zwischen dem POF und der Arbeitszufriedenheit. Der standardisierte Beta-Koeffizient (β) in Tabelle 43 zeigt, dass der POF auch unter Einbeziehung sämtlicher definierter Kontrollvariablen einen starken und hochsignifikant positiven Zusammenhang zur Arbeitszufriedenheit aufweist. Von einer Gesamtvarianzerklärung von 31%, entfallen beachtenswerte 29% auf den POF. Die Veränderung des Bestimmtheitsmaßes R^2 im Vergleich zum Modell, welches lediglich die Kontrollvariablen beinhaltet, ist folglich hochsignifikant. Von den weiteren miterklärenden Variablen weisen lediglich das Geschlecht und der NPM-Bezug einen signifikanten/hochsignifikanten Zusammenhang auf. Weibliche Beschäftigte und Beschäftigte ohne NPM-Bezug sind tendenziell zufriedener als Männer und Mitarbeiter mit NPM-Bezug. Die Befunde sprechen somit eindeutig für die Annahme der Hypothese. Die Passung zwischen Mitarbeiter und Organisation hat einen positiven Einfluss auf die Arbeitszufriedenheit.

Die Durchführung einer ordinalen Regression bestätigt die Befunde. Das Pseudo-Bestimmtheitsmaß nach Nagelkerke weist mit einem Wert von 0,34 (also 34%) sogar eine höhere Varianzerklärung auf.

- R2: Abhängige Variable: POF; unabhängige Variable: PSM

Tabelle 44: Regressionsanalyse 2

Person-Organization Fit	β	ΔR^2
Geschlecht (0 = Weiblich)	-,03	
Alter	,05*	
Dauer	-,06**	
Ostdeutschland (0 = West)	,01	
Teilzeit (0 = Nein)	-,05**	
Befristet (0 = Nein)	,02	
Beamtet (0 = Nein)	-,00	
NPM (0 = Nein)	-,02	
Beschäftigung (0 = Kommunal)	,16**	
PSM	,19**	,04**
N	3.263	
R²	,07**	
R² (korr.)	,07	
F	26,17	

* $p < ,05$ ** $p < ,01$

Hypothese 2 beinhaltet die sachlogische Vermutung eines positiven Einflusses der PSM auf die Passung zwischen den Mitarbeitern und der Organisation. Die Befunde, welche in Tabelle 44 dargestellt sind, unterstützen diesen Zusammenhang. Auch unter Einbeziehung der Kontrollvariablen kann ein moderater und positiver Zusammenhang konstatiert werden. Die Vergrößerung der Varianzerklärung durch Einbeziehung der PSM beträgt 4%. Diese Veränderung des Bestimmtheitsmaßes R^2 ist zwar schwach, jedoch hochsignifikant. Das Modell erklärt insgesamt 7% der Varianz des POF, somit bleiben 93% unerklärt. Dennoch sprechen der hochsignifikante β-Wert und die hochsignifikante Veränderung des Bestimmtheitsmaßes für eine Annahme der Hypothese, dass die PSM einen positiven Einfluss auf die Passung zwischen Mitarbeiter und Organisation hat.

In der durchgeführten ordinalen Regression werden die Effekte bestätigt. Das Bestimmtheitsmaß nach Nagelkerke weist mit einem Wert von 0,13 (also 13%) eine höhere Varianzerklärung auf.

- R3: Abhängige Variable: Arbeitszufriedenheit; unabhängige Variable: PSM

Tabelle 45: Regressionsanalyse 3

Arbeitszufriedenheit	β	ΔR^2
Geschlecht (0 = Weiblich)	-,07**	
Alter	,02	
Dauer	-,07**	
Ostdeutschland (0 = West)	-,01	
Teilzeit (0 = Nein)	-,01	
Befristet (0 = Nein)	,03	
Beamtet (0 = Nein)	-,00	
NPM (0 = Nein)	-,04*	
Beschäftigung (0 = Kommunal)	,07**	
PSM	,06**	,004**
N	3.299	
R²	,02**	
R² (korr.)	,02	
F	7,30	

* p < ,05 ** p < ,01

Hypothese 3 beinhaltet die Vermutung, dass die PSM *keinen* direkten Einfluss auf die Arbeitszufriedenheit hat. Die Hypothese könnte auf Grundlage des in Tabelle 45 dargestellten Modells nur angenommen werden, wenn kein signifikanter Einfluss vorläge. Der Effekt der PSM auf die Arbeitszufriedenheit ist zwar sehr schwach und insgesamt tragen die Variablen kaum zur Varianzerklärung der abhängigen Variablen bei (R² = 2%), dennoch ist der Effekt auf dem Level p < ,01 signifikant. Die Veränderung der Varianzerklärung im Vergleich zum Modell, welches lediglich aus Kontrollvariablen besteht, ist zwar schwach, jedoch ebenso hochsignifikant. Die Varianzerklärung in der durchgeführten ordinalen Regression ist ebenfalls relativ gering, weist mit einem Bestimmtheitsmaß nach Nagelkerke von 8% allerdings einen höheren Wert auf als die lineare Schätzung. Auf Grundlage dieser Regression kann die Hypothese folglich nicht angenommen werden.

Allerdings könnte es sich hier um einen Mediatoreffekt des POF auf die Beziehung zwischen PSM und Arbeitszufriedenheit handeln, wie er auch in der PSM-Forschung bereits empirisch untersucht wurde.[685] Von einer Mediatorbeziehung wird gesprochen, „wenn die kausale Beziehung zwischen X und Y durch einen Mediator Z interveniert bzw. unterbrochen wird. Der Mediator-Variablen Z kommt dabei eine besondere Bedeutung zu, da diese gleichzeitig eine abhängige Variable darstellt (im Verhältnis zu X) und eine unabhängige Variable (im Verhältnis zu Y) ist."[686]

---

[685] Vgl. L. Bright, 2008.
[686] D. Urban und J. Mayerl, 2007, S. 1.

Abbildung 18 visualisiert diese Beziehung unter Verwendung der hier relevanten Variablen:

Abbildung 18: Mediatorbeziehung PSM und AZ[687]

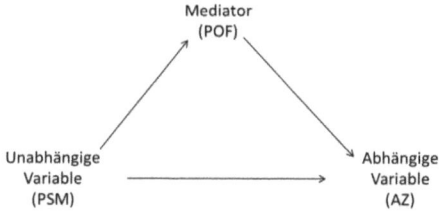

Um einen Mediatoreffekt zu untersuchen, sind insgesamt drei Regressionsanalysen erforderlich.[688] Zunächst wird der Einfluss der unabhängigen Variablen (PSM) auf den Mediator (POF) untersucht. Diese Regression wurde bereits durch R2 durchgeführt. Zweitens wird der Effekt der unabhängigen Variable (PSM) auf die ursprünglich abhängige Variable (Arbeitszufriedenheit) gemessen. Diese Beziehung wurde bereits in R3 untersucht. Drittens wird der Einfluss der unabhängigen Variable (PSM) sowie des Mediators (POF) auf die abhängige Variable (Arbeitszufriedenheit) untersucht. Die Ergebnisse dieser Regressionsschätzung (R4) sind im Folgenden dargestellt:

Tabelle 46: Regressionsanalyse 4

Arbeitszufriedenheit	β	ΔR^2
Geschlecht (0 = Weiblich)	-,05**	
Alter	-,01	
Dauer	-,04*	
Ostdeutschland (0 = West)	-,01	
Teilzeit (0 = Nein)	,02	
Befristet (0 = Nein)	,01	
Beamtet (0 = Nein)	,01	
NPM (0 = Nein)	-,03*	
Beschäftigung (0 = Kommunal)	-,02	
POF	,56**	,29**
PSM	-,04**	
N	3257	
R²	,31**	
R² (korr.)	,31	
F	131,91	

* p < ,05 ** p < ,01

---

[687] Eigene Darstellung.
[688] Vgl. R. M. Baron und D. A. Kenny, 1986, S. 1177.

Um einen Mediatoreffekt nachzuweisen, müssen zunächst drei Kriterien erfüllt sein.[689]

Erstens muss ein signifikanter Effekt der unabhängigen Variablen auf den potentiellen Mediator nachgewiesen werden. R2 weist diesen Effekt auf.

Zweitens muss die unabhängige Variable einen signifikanten Effekt auf die abhängige Variable aufzeigen. R3 erfüllt dieses Kriterium.

Letztlich muss in der letzten Regressionsgleichung ein signifikanter Effekt des Mediators auf die abhängige Variable auftreten. Dieser Effekt ist durch R4 nachgewiesen.

Nach Erfüllung dieser drei Kriterien liegt ein Mediatoreffekt dann vor, wenn der Effekt der unabhängigen auf die abhängige Variable in der letzten Regression (R4) geringer ist als in der zweiten (in diesem Fall R3). In den vorliegenden Modellen verändert sich der Effekt von 0,06 in R3 zu -0,04 in R4. Folglich kann ein Mediatoreffekt des POF auf die Beziehung zwischen PSM und Arbeitszufriedenheit als bestätigt gelten.

Dieser Befund deckt sich mit der mittlerweile herrschenden Meinung, dass eine hohe PSM per se keinen direkten positiven Zusammenhang zur Arbeitszufriedenheit aufweist, sondern, dass die Organisation den Mitarbeitern auch die Möglichkeit geben muss, die PSM anzuwenden. Der nachgewiesene Mediatoreffekt des POF operationalisiert diesen Zusammenhang und unterstützt damit die jüngeren Erkenntnisse zum „PSM-Fit"[690].

5.4.3 Hypothese 4

Hypothese 4 ist korrelativ formuliert, da aufgrund theoriegeleiteter sowie sachlogischer Argumentation keine eindeutige Ursache-Wirkungs-Beziehung abgeleitet werden kann.[691] Zur Messung des Zusammenhangs wird der Bravais-Pearson-Korrelationskoeffizient (r) als Maß für „Richtung und Stärke einer linearen Beziehung zwischen zwei Variablen"[692] verwendet. Der Pearsonsche Korrelationskoeffizient variiert zwischen den Größen -1 und +1, wobei das Vorzeichen die Richtung des Zusammenhangs anzeigt. Ein Wert von 0 bedeutet, dass kein Zusammenhang besteht und ein Wert von -1/1 beschreibt einen vollständigen linearer Zusammenhang.[693]

H4: Die individuelle PSM und die Belastung durch Instrumente des NPM sind positiv korreliert.

---

[689] Vgl. R. M. Baron und D. A. Kenny, 1986, S. 1177.
[690] Vgl. B. Steijn, 2008.
[691] Siehe hierzu Abschnitt 3.4.2.
[692] J. Janssen und W. Laatz, 2013, S. 278.
[693] Zur Korrelationsanalyse siehe unter anderem: W. Matiaske, 1996, S. 125-132.

Tabelle 47: Korrelation zu Hypothese 4

	NPM Belastung
PSM	,09**

* p < ,05 ** p < ,01

Die zweiseitige Korrelation nach Pearson (N = 3.984) mit einem listenweisen Fallausschluss weist einen schwachen, jedoch hochsignifikanten Wert (r = 0,09) auf. Es existiert folglich ein positiver Zusammenhang zwischen der individuellen PSM und der wahrgenommenen Belastung durch Instrumente des NPM. Auch wenn dieser Zusammengang als schwach zu interpretieren ist, so liefert er Implikationen für einen möglichen (organisationalen oder individuellen) Verdrängungseffekt und führt zur Annahme der Hypothese.

Normalerweise wäre damit zu rechnen, dass die Anreizsysteme öffentlicher Organisationen den Bedürfnissen von Individuen mit hoher PSM zugutekommen. Der hier dargestellte Zusammenhang zeigt jedoch, dass die Instrumente des NPM von Mitarbeitern mit hoher PSM als belastender wahrgenommen werden, als von Menschen, die niedrige PSM-Werte aufweisen.

5.4.4 Hypothese 5

Hypothese 5 beinhaltet den postulierten Einfluss der wahrgenommenen Belastung durch Instrumente des NPM auf die empfundene situative Arbeitsbelastung der Mitarbeiter. Es ist zu erwarten, dass die NPM-Belastung positiv auf die situative Arbeitsbelastung wirkt:

> H5: *Je höher die Belastung durch Instrumente des NPM, desto höher ist die situative Arbeitsbelastung.*

Tabelle 48: Regressionsanalyse 5

Situative Arbeitsbelastung	β	ΔR^2
Geschlecht (0 = Weiblich)	,02	
Alter	-,08**	
Dauer	,10**	
Ostdeutschland (0 = West)	,01	
Teilzeit (0 = Nein)	-,00	
Befristet (0 = Nein)	-,04*	
Beamtet (0 = Nein)	-,01	
NPM (0 = Nein)	,08**	
Beschäftigung (0 = Kommunal)	-,02	
NPM-Belastung	,40**	,15**
N	3.397	
R²	,20**	
R² (korr.)	,20	
F	83,38	

* p < ,05 ** p < ,01

Wie aus Tabelle 48 ersichtlich, besteht ein positiver und hochsignifikanter Einfluss der NPM-Belastung auf die situative Arbeitsbelastung. Der standardisierte Beta-Koeffizient (β) kann als relativ stark interpretiert werden und erklärt zusätzliche 15% der Varianz der situativen Arbeitsbelastung; die Änderung des Bestimmtheitsmaßes ist folglich hochsignifikant. Unter Berücksichtigung der NPM-Belastung weisen die Dauer der Beschäftigung und eine Tätigkeit mit NPM-Bezug einen hochsignifikanten positiven sowie eine unbefristete Stelle und das Alter einen signifikanten/hochsignifikanten negativen Einfluss auf. Insgesamt erklärt das Modell 20% der Varianz der abhängigen Variablen und führt zu einer Annahme der Hypothese 5. Das entsprechende Pseudo-Bestimmtheitsmaß nach Nagelkerke der ordinalen Schätzung liegt bei rund 23%.

5.4.5 Hypothese 6

Der in Hypothese 6 formulierte Wirkzusammenhang bezieht sich auf den Einfluss der situativen Arbeitsbelastung auf die Arbeitszufriedenheit. Es ist davon auszugehen, dass eine Erhöhung der situativen Arbeitsbelastung zu einer sinkenden Arbeitszufriedenheit führt:

> H6: *Je höher die situative Arbeitsbelastung, desto niedriger ist die Arbeitszufriedenheit.*

Tabelle 49: Regressionsanalyse 6

Arbeitszufriedenheit	β	ΔR^2
Geschlecht (0 = Weiblich)	-,05**	
Alter	,01	
Dauer	-,01	
Ostdeutschland (0 = West)	,02	
Teilzeit (0 = Nein)	,00	
Befristet (0 = Nein)	,00	
Beamtet (0 = Nein)	-,02	
NPM (0 = Nein)	,03	
Beschäftigung (0 = Kommunal)	,04**	
Situative Arbeitsb.	-,49**	,23**
N	3.440	
R²	,25**	
R² (korr.)	,24	
F	111,17	

* $p < ,05$ ** $p < ,01$

Die in Tabelle 49 illustrierten Befunde machen deutlich, dass der postulierte Zusammenhang als bestätigt gelten kann. Die situative Arbeitsbelastung hat einen starken und hochsignifikanten negativen Effekt auf die Arbeitszufriedenheit der Beschäftigten. Von den weiteren miterklärenden Variablen weisen nach Einbeziehung der situativen Arbeitsbelastung lediglich das Geschlecht sowie die Beschäftigungsform (kommunal oder BA) einen hochsignifikanten Effekt auf. Der Zuwachs an Varianzerklärung wächst durch die situative Arbeitsbelastung um 23% auf insgesamt 25%. Das Pseudo-Bestimmtheitsmaß nach Nagelkerke der ordinalen Schätzung beträgt 27,5%. Hypothese 6 kann folglich angenommen werden.

5.4.6 Hypothese 7

Wie im Theorieteil dieser Arbeit bereits erläutert, streben Menschen grundsätzlich eine Passung zwischen sich und der Organisation an, in der sie beschäftigt sind. Im Rahmen einer Selbstselektion werden potentielle Arbeitgeber gesucht, bei denen eine Übereinstimmung zwischen Zielen und Werten zu erwarten ist.[694] Hypothese 7 geht davon aus, dass unter einer steigenden Arbeitsbelastung – neben anderen negativen Folgen – auch die empfundene Passung zwischen Individuum und Organisation leidet:

H7: Je höher die wahrgenommene Belastung (situativ und durch NPM), desto geringer ist die Passung zwischen Mitarbeiter und Organisation.

Tabelle 50: Regressionsanalyse 7

Person-Organization Fit	β	ΔR^2
Geschlecht (0 = Weiblich)	-,02	
Alter	,08**	
Dauer	-,02	
Ostdeutschland (0 = West)	,01	
Teilzeit (0 = Nein)	-,05**	
Befristet (0 = Nein)	,01	
Beamtet (0 = Nein)	-,02	
NPM (0 = Nein)	,04**	
Beschäftigung (0 = Kommunal)	,14**	
Situative Arbeitsb.	-,38**	,16**
NPM Belastung	-,05**	
N	3.289	
R²	,20**	
R² (korr.)	,19	
F	72,50	

* $p < ,05$ ** $p < ,01$

Die in Tabelle 50 dargestellten Ergebnisse bestätigen den postulierten negativen Effekt der Arbeitsbelastung auf die abhängige Variable POF. Sowohl die situative Arbeitsbelastung als auch die Belastung, welche aus Instrumenten des NPM resultiert, weisen hochsignifikante negative Beta-Koeffizient (β) auf. Der Zuwachs an Varianzaufklärung im Vergleich zum Modell, welches lediglich aus Kontrollvariablen besteht, beträgt 16%. Die situative Arbeitsbelastung weist hierbei einen deutlich stärkeren Effekt auf als die NPM-Belastung. Die Befunde sprechen insgesamt für eine Annahme der Hypothese 7. Bemerkenswert ist darüber hinaus, dass die Art der

---

[694] Vgl. unter anderem: J. L. Perry und L. R. Wise, 1990, S 370. Die ausführliche Erörterung dieser Thematik wurde bereits in Abschnitt 3.3.2.1 vorgenommen.

Beschäftigung (kommunal versus BA) auch nach Berücksichtigung der Belastungsvariablen einen moderaten und hochsignifikanten Einfluss auf den POF hat. Mitarbeiter eines kommunalen Trägers empfinden demnach eine geringere Passung zum Jobcenter als ihre Kollegen mit BA-Zugehörigkeit.

Die Varianzerklärung der linearen Schätzung beträgt 20%, das Bestimmtheitsmaß nach Nagelkerke der ordinalen Schätzung weist 22% auf.

5.5 Strukturgleichungsmodell

Die Regressionsschätzungen des vorherigen Abschnitts lassen bereits eine Entscheidung über Annahme oder Verwerfung der sieben formulierten Hypothesen zu. Allerdings muss konstatiert werden, dass die Verwendung mehrerer Regressionsanalysen das komplexe Ursache-Wirkungsgefüge des zugrundeliegenden Hypothesensystems nicht angemessen abbildet. Von „komplex" wird gesprochen, „wenn mehrere Hypothesen *gleichzeitig* betrachtet werden und auch *Wechselbeziehungen* zwischen den Variablen auftreten können."[695] Einige der aus dem zugrundeliegenden Hypothesensystem abgeleiteten Variablen sind – je nach Hypothese – sowohl als abhängig als auch als unabhängig (intervenierend) definiert. Dieser Umstand kann zwar durch mehrere Regressionsmodelle berücksichtigt werden, eine Interpretation des Hypothesensystems in seiner Gesamtheit ist allerdings nicht möglich. Daher soll das aufgestellte Hypothesensystem im Folgenden mittels eines Strukturgleichungsmodells (SGM)[696] überprüft werden. Mit dem Begriff SGM bzw. Kausalanalyse wird ein multivariates Verfahren bezeichnet, „welches auf der Grundlage von empirisch gemessenen Varianzen und Kovarianzen von Indikatorvariablen durch Parameterschätzung Rückschlüsse auf Abhängigkeitsbeziehungen zwischen zugrundeliegenden latenten Variablen zieht."[697] SGM bezeichnen dabei „eine ganze Gruppe von Modellen multivariater, statistischer Datenanalysen."[698] Entscheidende Voraussetzung für die Strukturgleichungsmodellierung ist ein a-priori formuliertes Hypothesensystem, welches in einem linearen Gleichungssystem in seiner Gesamtheit abgebildet wird.[699] SGM besitzen somit einen rein konfirmatorischen Charakter und unterscheiden sich von explorativen Verfahren.

Neben der Analyse von manifesten – also beobachtbaren – Variablen bieten SGM auch die Möglichkeit, die Beziehung zwischen latenten – also nicht beobachtbaren – Variablen darzustellen. Das herausgearbeitete Hypothesensystem beinhaltet solche latenten Größen. Die in Abschnitt 5.4 durchgeführten Regressionsanalysen können diesen Umstand nicht abbilden und lassen die postulierten Zusammenhänge

---

[695] R. Weiber und D. Mülhaus, 2010, S. 6.
[696] Englisch: Structural Equation Modeling. In dieser Arbeit wird der deutsche Begriff verwendet.
[697] C. Homburg et al., 2008a, S. 549.
[698] J. Reinecke, 2005, S. 3.
[699] Vgl. R. Weiber und D. Mülhaus, 2010, S. 6.

zwischen den Messwerten und den latenten Variablen unberücksichtigt. Darüber hinaus können mit SGM auch indirekte Effekte abgebildet werden. In der Beziehung zwischen PSM und Arbeitszufriedenheit wird ein solcher Effekt beispielsweise durch die vermittelnde Rolle des POF vermutet.

Neben den genannten Gründen spricht ein weiterer für die Verwendung von SGM mit latenten Variablen in der vorliegenden Arbeit. Im hier relevanten Forschungsfeld erfährt die Hypothesenüberprüfung mit SGM – insbesondere bei angloamerikanischen Studien – relativ großer Verbreitung. Daher können die Ergebnisse der hier durchgeführten Analyse in einem breiteren Vergleichsrahmen interpretiert werden.

Zusammenfassend sprechen folgende Gründe für eine Anwendung von SGM im vorliegenden Untersuchungskontext:

- Möglichkeit der gesamtheitlichen Abbildung des Hypothesensystems
- Berücksichtigung latenter Variablen
- Einbeziehung indirekter Effekte
- Große Verbreitung von SGM im relevanten Forschungsfeld

5.5.1 Allgemeine Grundsätze der Strukturgleichungsmodellierung

Es ist nicht der Anspruch der vorliegenden Arbeit, sämtliche allgemeinen Grundlagen der Strukturgleichungsmodellierung zu erörtern.[700] Gleichwohl kann die umfassende Kenntnis der Methodik nicht vorausgesetzt werden. Im Folgenden werden daher wesentliche Aspekte skizziert.

Den Ausführungen von Weiber und Mülhaus (2010) folgend, besteht ein SGM mit latenten Variablen, welches auch als Kausalmodell bezeichnet wird, grundsätzlich aus *drei Teilmodellen*. Zum Ersten bildet das Modell die theoretisch vermuteten Zusammenhänge zwischen den latenten Variablen ab. Zum Zweiten spiegelt das Messmodell der latenten exogenen Variablen die postulierten Zusammenhänge zwischen den Messwerten und den exogenen Größen wider. Zum Dritten werden die vermuteten Zusammenhänge zwischen den Messwerten der endogenen Größen durch das Messmodell der latenten endogenen Größen widergespiegelt.[701]

Der bereits erwähnte *konfirmatorische Charakter* von SGM kann nach Jöreskog und Sörbom (1993) in drei Situationen der Modellprüfung unterschieden werden:

- In einer strikt konfirmatorischen Prüfung werden a-priori formulierte Hypothesen in einem einzelnen Modelltest entweder bestätigt oder verworfen.

---

[700] Für eine tiefergehende und anwendungsorientierte Einführung ist insbesondere das Lehrbuch von Weiber und Mülhaus (2010) zu empfehlen.
[701] Vgl. R. Weiber und D. Mülhaus, 2010, S. 176.

- In einer konfirmatorischen Prüfung werden mehrere alternative Hypothesen überprüft, bis sich der Forscher für ein Modell entscheidet.
- In einem modellgenerierten Ansatz wird ein Anfangsmodell (initial model) durch sukzessive Modifikation verbessert, bis eine Annäherung an die Datenstruktur vollzogen ist.[702]

Insbesondere der modellgenerierte Ansatz verlässt grundsätzlich den konfirmatorischen Weg und tendiert zu einem explorativen Verfahren. Auch wenn diese Vorgehensweise im Grundsatz dem rein hypothesentestenden Charakter eines SGM widerspricht, so ist der modellgenerierte Ansatz weit verbreitet und wird auch in der vorliegenden Arbeit Anwendung finden, da er zum einen ein Modell entwickelt, das am ehesten den theoretischen Überlegungen entspricht und zum anderen eine hohe statistische Korrespondenz zwischen dem Modell und den Daten gewährleistet.[703] Bei der schrittweisen Optimierung des Modells dürfen jedoch sachlogische (inhaltliche) Argumente niemals zugunsten eines guten „Modell-Fits" vernachlässigt werden.

Die Analyse mit SGM benötigt *große Datensätze*, wobei es keine allgemeingültige Mindestgröße gibt. Generell kann nur festgehalten werden, dass die Datenbasis umso größer sein muss, je mehr Parameter im Modell zu schätzen sind.[704] Der vorliegende Datensatz erreicht ohne Zweifel eine ausreichende Größe.

5.5.2 Methodisches Vorgehen

Die vorliegende Analyse wurde mit dem Statistikpaket IBM SPSS AMOS Version 21/22 durchgeführt. Im Gegensatz zu den varianzanalytischen Ansätzen, wie z. B. das Partial-Least-Squares (PLS)-Verfahren, nimmt AMOS eine simultane Schätzung aller Modellparameter vor und folgt damit einem rein faktoranalytischen Ansatz, in dem „die Beziehung zwischen den hypothetischen Konstrukten in einem vollständigen Strukturgleichungsmodell aus den Kovarianzen oder Korrelationen zwischen den indikatorvariablen errechnet werden."[705] Dieser kovarianzanalytische Ansatz prüft ein gegebenes Hypothesensystem in seiner Gesamtheit.[706]

Als Schätzmethode wurde die Maximum Likelihood (ML)-Schätzung gewählt, welche als Standard-Methode zur Parameterschätzung in Strukturgleichungsmodellen gilt. Die Vorteile der ML-Schätzmethode liegen darin, dass sie selbst bei nicht optimalen Bedingungen relativ gute Ergebnisse erzielt und dass sie aufgrund ihrer weiten Verbreitung bereits umfangreich erforscht und evaluiert wurde. Hoyle und

---

[702] Die dargestellte dreigliedrige Abstufung wurde inhaltlich den Ausführungen von Jöreskog und Sörbom (1993, S. 115) entnommen, orientiert sich in der Zusammenfassung allerdings an Reinecke (2005, S. 3).
[703] Vgl. J. Reinecke, 2005, S. 3.
[704] Vgl. J. Reinecke, 2005, S. 3.
[705] K. Backhaus et al., 2013, S. 67.
[706] Vgl. K. Backhaus et al., 2013, S. 67.

Panter (1995) empfehlen daher, grundsätzlich auf die ML-Schätzmethode zurückzugreifen.[707] Die vorliegende Arbeit folgt dieser Empfehlung.

Um mit dem Programmpaket AMOS durch zielgerichtete Modifikationen des Ausgangsmodells eine sukzessive Verbesserung der Modellschätzung vornehmen zu können, dürfen sich keine fehlenden Werte (missing values) mehr im Datensatz befinden. Die Größe der Stichprobe erlaubt es im vorliegenden Datenset, sämtliche Fälle mit missing values auszuschließen. Die in der Literatur genannten möglichen Nachteile des Verfahrens können in der vorliegenden Datenstruktur nicht identifiziert werden.[708] Die Stichprobengröße ist mit N > 3.000 immer noch ausreichend.

Die graphische Darstellung des Strukturgleichungsmodells orientiert sich an den üblichen Konventionen. Indikatorvariablen werden durch Rechtecke, latente Variablen durch Kreise visualisiert. Gerade Pfeile symbolisieren eine kausale Beziehung zwischen unabhängiger/verursachender Variable (Pfeilurspung) und abhängiger Variable (Pfeilspitze). Die Fehlervariablen/Residualvariablen der Indikatorvariablen bzw. der abhängigen latenten Variablen werden ebenfalls durch Kreise dargestellt (e1 bis e16) und sind Ursprung von Pfeilen, deren Spitze auf die Indikator- bzw. abhängige latente Variable zeigt.

5.5.3 Prüfung der Gesamtgüte

In den folgenden Schritten wird das Kausalmodell durch die Anwendung mehrerer Gütekriterien evaluiert. Es wird geprüft, ob die berechneten Varianzen und Kovarianzen möglichst gut mit den empirisch gewonnenen Daten übereinstimmen. Hierzu werden zunächst allgemeine Grundsätze zu Fit-Indizes zusammengefasst (Abschnitt 5.5.3.1). Im Folgenden wird dann das Modell anhand einer Auswahl an Fit-Indizes evaluiert und – den strikt konfirmatorischen Weg der Kausalanalyse verlassend – sukzessive modifiziert (Abschnitt 5.5.3.2).

5.5.3.1 Allgemeine Grundsätze zu Fit-Indizes

Dieser Abschnitt stellt die in der Untersuchung verwendeten Kriterien zur Evaluation des postulierten Modells dar. Da jedes der Kriterien individuelle Vor- und Nachteile aufweist, hat sich in der Literatur bislang noch kein allumfassendes „globales Gütekriterium" durchgesetzt.[709] Diese Arbeit folgt daher der im Schrifttum verbreiteten Vorgehensweise und präsentiert „,eine Mischung' von Kriterien"[710], um eine möglichst vielseitig abgedeckte Evaluation durchführen zu können. Die zur Verfü-

---

[707] Vgl. R. H. Hoyle und A. T. Panter, 1995, S. 163-164.
[708] Vgl. B. Baltes-Götz, 2013, S. 22-26.
[709] R. Weiber und D. Mülhaus, 2010, S. 176.
[710] R. Weiber und D. Mülhaus, 2010, S. 176.

gung stehenden Kriterien zur Beurteilung der Güte des Kausalmodells („Modell-Fit") werden üblicherweise in absolute Fit-Indizes und relative/inkrementelle Fit-Indizes gegliedert. Folgende Indizes werden im Fortgang zur Evaluation herangezogen:

- Absolute Fit-Indizes
    a. χ^2- Test (Chi-Quadrat-Test)
    b. RMSEA (Root-Mean-Square-Error of Approximation)
    c. SRMR (Standardized Root Mean Square Residual)
    d. GFI (Goodness-of-Fit Index)
    e. AGFI (Adjusted Goodness-of-Fit Index)
- Relative/inkrementelle Fit-Indizes
    f. NFI (Normed Fit Index)
    g. CFI (Comparative Fit Index)

Wie bereits dargestellt, hat sich in der Praxis bislang kein Test gegenüber den anderen durchgesetzt, auch wenn Barrett (2007) mit Nachdruck den Chi-Quadrat-Test (χ^2- Test)[711] als einzig sinnvolles Kriterium zur Aussage über den Modell-Fit herausstellt.[712] Der χ^2- Test prüft die Nullhypothese H0 („die empirische und die modelltheoretische Kovarianzmatrizen sind gleich") gegen die Alternativhypothese H1 („die empirische Varianz-Kovarianz-Matrix entspricht einer beliebig positiv definierten Matrix A"). Je geringer die Differenz beider Matrizen ausfällt, desto geringer ist der χ^2- Wert. Bei praktischen Anwendungen wird empfohlen, den Chi-Quadrat-Wert mit den Freiheitsgraden (d. f.) ins Verhältnis zu setzen ($\chi^2/d.f.$) – und ihn somit deskriptiv zu interpretieren.[713] Auch wenn es keinen allgemeingültigen Schwellenwert für einen guten oder schlechten Wert gibt, so gelten – je nach Autor – Werte in der Bandbreite zwischen ≤ 5 bis ≤ 2 als akzeptabel.[714]

Weiber und Mülhaus (2010) weisen darauf hin, dass der Chi-Quadrat-Test insbesondere bei großen Stichproben mit Vorsicht zu interpretieren ist, da er die vollständige Übereinstimmung beider Matrizen testet (perfekter Fit) und sehr sensitiv auf große Stichproben reagiert. Modelle, die auf großen Stichproben beruhen, werden daher bei kleinen – meist inhaltlich unbedeutenden – Abweichungen abgelehnt.[715] Die Konsequenz daraus sollte jedoch nicht sein, den χ^2- Test bei großen Stichproben nicht mehr zu berücksichtigen, denn ein zu hoher Wert weist häufig auf Optimierungsmöglichkeiten des Modells hin.[716] Die für diese Arbeit relevante und

---

[711] Zum Chi-Quadrat-Test siehe ausführlich: H. Steinmetz, 2014, S. 22-32; R. Weiber sowie D. Mülhaus, 2010, S. 160-163.
[712] Vgl. P. Barrett, 2007.
[713] Vgl. R. Weiber und D. Mülhaus, 2010, S. 162.
[714] Vgl. D. Hooper et al., 2008, S. 54.
[715] Vgl. D. Hooper et al., 2008, S. 54.
[716] Vgl. H. Steinmetz, 2014, S. 30-32.

forschungsgegenstandbezogenen Literatur, welche konfirmatorische Faktorenanalysen oder SGM verwendet, weist den χ^2- Wert zwar meist aus, bezieht ihn jedoch nicht zur Entscheidung über die Annahme oder Ablehnung eines Modells ein. Mit Verweis auf die zu großen Stichproben (bereits bei: n > 200) werden zur Evaluation dann andere Indizes herangezogen.[717] Da die vorliegende Studie eine nochmals deutlich größere Stichprobe aufweist, ist damit zu rechnen, dass der χ^2-Test nicht zur Annahme des Modells führt. Trotz dieser starken Sensitivität zur Stichprobengröße wird der Test dennoch ausgewiesen und im Fortgang als Maßstab für eine sukzessive Fit-Verbesserung des Ausgangsmodells verwendet.[718]

Als Alternative, um die Einschränkungen des χ^2- Tests zu umgehen, empfehlen Weiber und Mülhaus (2010) das inferenzstatistische Maß des Root-Mean-Square-Error of Approximation (RMSEA).[719] Der RMSEA ist weniger streng als der Chi-Quadrat-Test und prüft, ob ein Modell die Realität gut approximiert und berücksichtigt dabei die Modellkomplexität.[720] Nach Hu und Bentler (1999) wird ein RMSEA ≤ 0,06 als akzeptabler Fit interpretiert.[721]

Für Weiber und Mülhaus (2010) gehört der Standardized Root Mean Square Residual (SRMR) mittlerweile zu denjenigen Gütemaßen, die in jedem Fall zur Evaluation des Modells herangezogen werden sollen. Je kleiner der Wert, desto besser ist die modelltheoretische Anpassung an die empirischen Daten. Im Gegensatz zum Root Mean Square Residual (RMR) gleicht der SRMR den Effekt aus, dass die Skalierung der Indikatoren die Höhe von Varianzen und Kovarianzen beeinflusst. Als Schwellenwert für einen akzeptablen Fit gilt konventionell ein Wert < 0,10, wobei Homburg et al. (2008) einen Wert von 0,05 empfehlen.[722]

Der Goodness-of-Fit-Index (GFI) ist von der Stichprobengröße unabhängig und „misst die relative Menge an Varianz und Kovarianz, der das Modell insgesamt Rechnung trägt."[723] Hierbei wird der GFI allerdings von der Modellkomplexität beeinflusst. Um diesen Umstand zu korrigieren, bezieht der Adjusted Goodness-of-Fit-Index (AGFI) zudem die Zahl der Modellparameter und der Freiheitsgrade ein und wird daher in der praktischen Anwendung häufig verwendet.[724] Sowohl für GFI, als auch für AGFI wird ein Wert von ≥ 0,90 als akzeptabler Fit interpretiert.[725]

Unter der Kategorie der relativen/inkrementellen Fit-Indizes nennt Hoyle (1995) einen Normed Fit Index (NFI), welcher die einfache Differenz der Chi-Quadrat-Werte

---

[717] Siehe z. B.: E. Camilleri, 2007, S. 255.
[718] Vgl. H. Steinmetz, 2014, S. 30-32; R. Weiber und D. Mülhaus, 2010, S. 193 ff.; Y. K. Park et al., 2009, S. 15.
[719] Vgl. R. Weiber und D. Mülhaus, 2010, S. 161.
[720] Vgl. R. Weiber und D. Mülhaus, 2010, S. 161.
[721] Vgl. L. T. Hu und P. M. Bentler, 1999, S. 1. Für Browne und Cudeck (1993, S. 144) sind lediglich Werte >0,1 inakzeptabel. In ihrer Interpretation können Modelle mit einem RMSEA ab 0,08 als akzeptabel und ab 0,05 als „close" angesehen werden.
[722] Vgl. R. Weiber und D. Mülhaus, 2010, S. 166; Homburg et al., 2008, S. 285-286 sowie S. 288.
[723] R. Weiber und D. Mülhaus, 2010, S. 166.
[724] Vgl. R. Weiber und D. Mülhaus, 2010, S. 166.
[725] Vgl. D. Hooper et al., 2008, S. 54.

des formulierten Modells und des Basismodells betrachtet, mit einem Wert ≥ 0,90 als adäquate Alternative zum Stichprobengröße-sensitiven Chi-Quadrat-Test.[726]

Der Comparative Fit Index (CFI) evaluiert ebenso wie der NFI die Passung des formulierten Modells zu dem Basismodell, berücksichtigt jedoch dabei die Stichprobengröße.[727] Hu und Bentler (1999) definieren einen guten Fit ab einem CFI-Wert von 0,95.[728]

Mit der getroffenen Auswahl an Fit-Maßen wird der Empfehlung von Backhaus et al. (2013) sowie Chin et al. (2008) entsprochen, die für einen repräsentativen Mix an Indizes mindestens die Verwendung des Chi-Quadrat-Tests (in Beziehung zu den Freiheitsgraden), des RMR (SRMR) und des RMSEA anraten.[729]

5.5.3.2 Fit-Indizes und sukzessive Verbesserung des Modells

Die Herausforderung im folgenden SGM bestand darin, auf der einen Seite möglichst viele theoretisch hergeleitete Items sowie Beziehungen einfließen zu lassen und auf der anderen Seite, eine ausreichende Anpassungsgüte des Modells zu gewährleisten. Um dies zu realisieren, wurde zunächst das in Abbildung 19 dargestellte Modell als Ausgangspunkt gewählt. Sämtliche explorativ hergeleiteten und durch bereits erforschte Konstrukte vorgegebene Items sowie sämtliche postulierten Zusammenhänge wurden berücksichtigt. Einzig die bereits durch die Itemanalyse (Abschnitt 5.3.2.2) eliminierten Items der PSM sowie die Dimension politischen Motivation wurden nicht verwendet.

---

[726] Vgl. R. H. Hoyle, 1995, S. 6-9.
[727] Vgl. D. Hooper et al., 2008, S. 55.
[728] Vgl. L. T. Hu und P. M. Bentler, 1999, S. 1.
[729] Vgl. K. Backhaus et al., 2013, S. 91 und W. W. Chin et al., 2008, S. 290.

Abbildung 19: Ausgangsmodell[730]

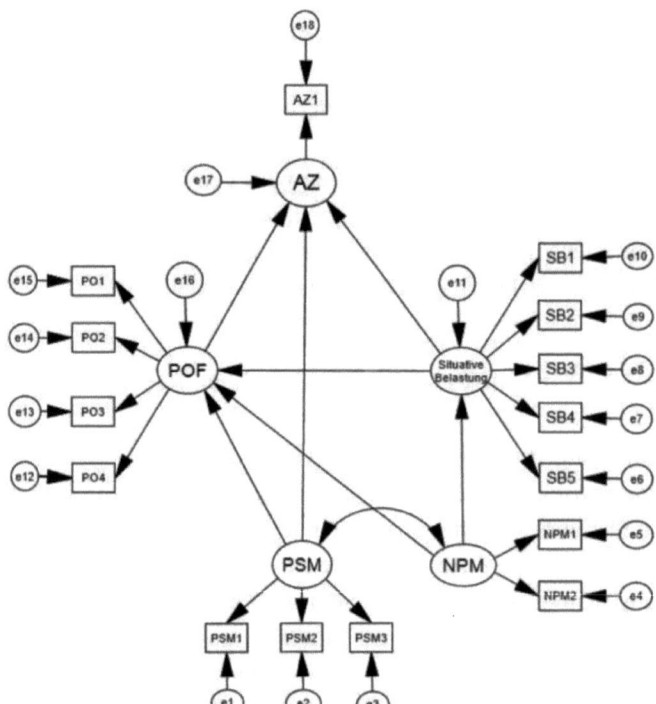

Tabelle 51: Fit-Indizes Ausgangsmodell

	n	NFI	GFI	AGFI	SRMR	CFI	RMSEA	$\chi^2/d.f.$
Schwellenwert		≥,900	≥,900	≥,900	≤,050	≥,950	≤,060	≤5,00
Ausgangsmodell	3.308	,899	,947	,923	,060	,904	,067	15,90

Während der NFI, GFI und AGFI das Cut-Off-Kriterium von 0,90 knapp erreichen, verfehlen SRMR, CFI, RMSEA und – erwartungsgemäß – $\chi^2/d.f.$ die erforderlichen Werte. Die ermittelten Fit-Maße bieten somit Anlass, das Verbesserungspotential des Modells zu überprüfen. Hoyle und Panter (1995) warnen vor solchen „post hoc" Modifikationen, da sie häufig ohne theoretische und sachlogische Grundlage durchgeführt werden.[731] Vor diesem Hintergrund wurde bei den folgenden schrittweisen Optimierungen darauf geachtet, dass sich die Änderungen mit der aufgestellten Theorie vereinbaren lassen und sie inhaltlich begründbar sind. Ferner wurden keine Eingriffe in die postulierten Beziehungen vollzogen; die theoretische Basis bleibt folglich unberührt. Dennoch muss an dieser Stelle konstatiert werden, dass durch die Modifikation des Modells der originär konfirmatorische Weg der Kausa-

---

[730] Eigene Darstellung.
[731] Vgl. R. H. Hoyle und A.T. Panter, 1995, S. 172.

lanalyse zugunsten eines explorativen Vorgehens verlassen wird.[732] In letzter Konsequenz sollte das „neue" Modell an einem weiteren Datensatz überprüft werden.[733] Dies könnte ein Ansatzpunkt für weitere Forschungsbemühungen sein.

Um Verbesserungen der Anpassungsgüte des Modells zu identifizieren, wurden zum einen die Faktorladungen analysiert und zum anderen der „Modification-Index" einbezogen. In einem sukzessiven Verfahren wurde die Anpassungsgüte des Modells durch die Eliminierung von Items (SB1, SB4, PO2), Streichung nicht signifikanter Pfade (NPM–POF) sowie Freisetzung von Messfehler-Kovarianzen (e6–e8, e10–e11) deutlich verbessert (Tabelle 52). Sämtliche Fit-Indizes weisen gute bis sehr gute Werte auf. Einzig der $\chi^2/d.f.$ erreicht kein akzeptables Maß. Vor dem Hintergrund der großen Stichprobe sowie der bemerkenswerten Verbesserung im Vergleich zum Ausgangsmodell kann das Modell in der Gesamtbetrachtung allerdings als angenommen gelten. Die zur Verbesserung der Modelgüte vorgenommenen Ergänzungen sind sachlogisch gut begründbar und lassen sich somit auch vor dem Hintergrund des theoretischen Bezugsrahmens vertreten. Da die nicht signifikante direkte Beziehung zwischen PSM und AZ Teil der zu überprüfenden Hypothesen ist (H3), wurde sie nicht aus dem SGM entfernt.

Tabelle 52: Fit-Indizes nach Modifikation

	n	NFI	GFI	AGFI	SRMR	CFI	RMSEA	$\chi^2/d.f.$
Schwellenwert		≥,900	≥,900	≥,900	≤,050	≥,950	≤,060	≤5,00
Ausgangsmodell	3.308	,899	,947	,923	,060	,904	,067	15,90
Modifiziertes Modell	3.308	,957	,979	,964	,037	,962	,050	9,40

5.5.4 Ergebnisse der Modellschätzung

Im vorherigen Abschnitt wurde das Ausgangsmodell durch eine schrittweise Modifizierung verbessert und erreicht nun – mit Ausnahme des Chi-Quadrat-Wertes – sehr gute Fit-Indizes. Die Voraussetzungen von reliablen und validen Messkonstrukten sowie eines zufriedenstellenden Modell-Fits sind gegeben; eine Interpretation der gewonnenen Parameter ist daher zulässig.[734]

---

[732] Vgl. R. Weiber und D. Mülhaus, 2010, S. 189.
[733] Vgl. K. Backhaus et al., 2013, S. 112.
[734] Vgl. R. Weiber und D. Mülhaus, 2010, S. 179.

5.5.4.1 Plausibilität und Parameterbeurteilung

Grundsätzlich erfolgt die Interpretation der gewonnenen Parameterschätzungen vor dem Hintergrund des theoretisch abgeleiteten Hypothesensystems. In einem ersten Schritt gilt es, eine Plausibilitätsprüfung sowie eine Parameterbeurteilung mittels statistischer Kriterien durchzuführen.[735] Zunächst ist zu beurteilen, ob die Vorzeichen der Modellparameter konform zu den aufgestellten Hypothesen sind. In der vorliegenden Untersuchung entsprechen alle Vorzeichen den postulierten Richtungen (Tabelle 53, Abbildung 20). Sämtliche standardisierten Regressionsgewichte (Standardized Estimates) sind < 1, die Schätzung kann daher als problemfrei bewertet werden.[736]

In einem nächsten Schritt wird die Plausibilitätsprüfung durch die Beurteilung der Parameterschätzung mittels statistischer Kriterien ergänzt.[737] Hierzu ist zunächst in Tabelle 53 die Spalte „Unstandardized Estimate", also die unstandardisierten Regressionskoeffizienten zwischen den latenten Konstrukten sowie die Pfadkoeffizienten zwischen den Konstrukten und den zugewiesenen Indikatoren von Interesse. Da die Indikatoren SB2, PSM2, PO4 und NPM1 als Referenzvariablen für die jeweiligen Konstrukte definiert wurden, betragen die nicht standardisierten Regressionsgewichte jeweils 1,000. Da sich die weiteren unstandardisierten Regressionsgewichte nur vor dem Hintergrund der verwendeten Ratingskala interpretieren lassen, wird für weitere Interpretationen auf die standardisierte Lösung („standardized Estimate") zurückgegriffen.[738]

Zunächst werden jedoch – dem Vorgehen von Weiber und Mülhaus folgend – die Standardfehler der Schätzung (Standard Error), welche die erwartete Streuung der jeweiligen Parameterschätzung anzeigt und in Tabelle 53 unter S. E. abzulesen sind, analysiert. Hohe Werte deuten auf eine Unzuverlässigkeit der Parameterschätzung hin. Wie Tabelle 53 zeigt, sind die Werte durchweg < 0,1 und geben daher keine Hinweise auf Probleme bei der Schätzung.

Durch die Prüfgröße der Critical Ratio (C. R.-Werte) kann die Nullhypothese („die geschätzten Werte unterscheiden sich nicht signifikant von 0") getestet werden. Weiber und Mülhaus nennen den kritischen Wert von 1,96, dessen Übersteigen ein Indiz dafür ist, dass die Parameter – bei einer Irrtumswahrscheinlichkeit von 5% – einen gewichteten Beitrag zur Bildung der Modellstruktur liefern.[739] Wie in Tabelle 53 ersichtlich, übersteigen sämtliche im Modell geschätzten Parameter den kritischen Wert von 1,96 deutlich. Eine Ausnahme bildet wiederrum die Beziehung zwi-

---

[735] Die weiteren Ausführungen orientieren sich an der durch Weiber und Mülhaus (2010) empfohlenen Vorgehensweise.
[736] Vgl. R. H. Hoyle und A. T. Panter, 1995, S. 169.
[737] Vgl. R. Weiber und D. Mülhaus, 2010, S. 179.
[738] Vgl. R. Weiber und D. Mülhaus, 2010, S. 181 sowie W. Müller, 2005, S. 65-66.
[739] Vgl. R. Weiber und D. Mülhaus, 2010, S. 179

ERGEBNISSE

schen Arbeitszufriedenheit und PSM, was auf Grundlage des theoretischen Rahmens jedoch so zu erwarten war.

Die vorletzte Spalte von Tabelle 53 visualisiert die statistische Signifikanz. Drei Sterne symbolisieren eine Signifikanz auf dem Niveau p < 0,001. Dieses Signifikanzniveau wird für alle postulierten Zusammenhänge erreicht. Die nicht signifikante Beziehung zwischen Arbeitszufriedenheit und PSM führt wiederrum zur Annahme von Hypothese H3.

Tabelle 53: Regression Weights

			unstand. Estimate	S.E.	C.R.	P	stand. Estimate
SB	<---	NPM	,612	,028	21,850	***	,609
POF	<---	PSM	,584	,044	13,401	***	,359
POF	<---	SB	-,516	,030	-17,270	***	-,478
AZ	<---	PSM	-,031	,075	-,417	,676	-,013
AZ	<---	SB	-,911	,059	-15,489	***	-,567
AZ	<---	POF	,907	,060	15,039	***	,610
SB2	<---	SB	1,000				,671
PSM3	<---	PSM	1,000				,568
PSM2	<---	PSM	1,381	,078	17,789	***	,743
PSM1	<---	PSM	,676	,039	17,425	***	,437
PO4	<---	POF	1,000				,644
PO3	<---	POF	1,283	,036	35,318	***	,816
PO1	<---	POF	,957	,038	24,975	***	,700
SB5	<---	SB	1,035	,040	25,789	***	,646
NPM1	<---	NPM	1,000				,771
NPM2	<---	NPM	,995	,037	26,566	***	,780
SB3	<---	SB	,932	,037	25,336	***	,638
AZ1	<---	AZ	1,000				,661

Auch wenn die Feststellung der Signifikanz als notwendige Bedingung betrachtet werden kann, so erlaubt sie keine Rückschlüsse auf die Stärke des Zusammenhangs. Um diesen zu beurteilen, sollten schließlich die gewichteten Regressionskoeffizienten (Standardized Estimate) betrachtet werden. Diese stellen die Stärke der Korrelationen zwischen den Indikatorvariablen und den hypothetischen Konstrukten dar.[740] Nach der Definition von Chin (1998) gelten lediglich Werte > 0,2 (idealerweise > 0,3) als bedeutungsvoll, da geringere Werte nur einen unerheblichen Varianzerklärungsanteil repräsentieren und daher nicht von wissenschaftlichem Interesse sein

---

[740] Vgl. W. Müller, 2005, S. 66.

sollten.[741] Wie aus Tabelle 53 ersichtlich, erreichen sämtliche Wirkbeziehungen – mit Ausnahme der als nicht signifikant vermuteten Beziehung zwischen PSM und Arbeitszufriedenheit – zwischen den latenten Konstrukten den erforderlichen Wert. Durch eine Analyse der ausgewiesenen Squared multiple Correlations (SMC) kann der Anteil der Varianzerklärung der abhängigen Variablen, der durch die anderen Konstrukte erklärt wird, abgelesen werden.[742] Insgesamt kann die Varianzerklärung der latenten Variablen situative Belastung (37,1%), POF (33,1%) sowie Arbeitszufriedenheit (43,6%) als „moderat" beurteilt werden.[743]

5.5.4.2 Inhaltliche Interpretation

Die vorherigen Abschnitte konnten durch die Darstellung der Fit-Indizes und der Parameterbeurteilung die notwendigen Voraussetzungen zur weiteren Auseinandersetzung mit den Ergebnissen nachweisen. Im Folgenden können nun Beeinflussungseffekte zwischen den Variablen inhaltlich interpretiert werden. Vorteil eines Strukturmodells ist, dass neben den direkten Effekten zwischen zwei Konstrukten auch die indirekten kausalen Effekte identifiziert und interpretiert werden können. Abbildung 20 visualisiert die Schätzergebnisse der standardisierten Lösung und eignet sich daher zur Interpretation der Effekte besser als die unstandardisierte Lösung.

---

[741] Vgl. R. Weiber und D. Mülhaus, 2010, S. 181 sowie W. W. Chin, 1998, S. 13.
[742] Die SMC können damit in Analogie zum Bestimmtheitsmaß R^2 bei linearen Regressionsschätzungen interpretiert werden (vgl. R. Weiber und D. Mülhaus, 2010, S. 181).
[743] Vgl. die Interpretation ähnlicher Werte von: W. W. Chin, 1998a, S. 323.

Abbildung 20: Ergebnis SGM[744]

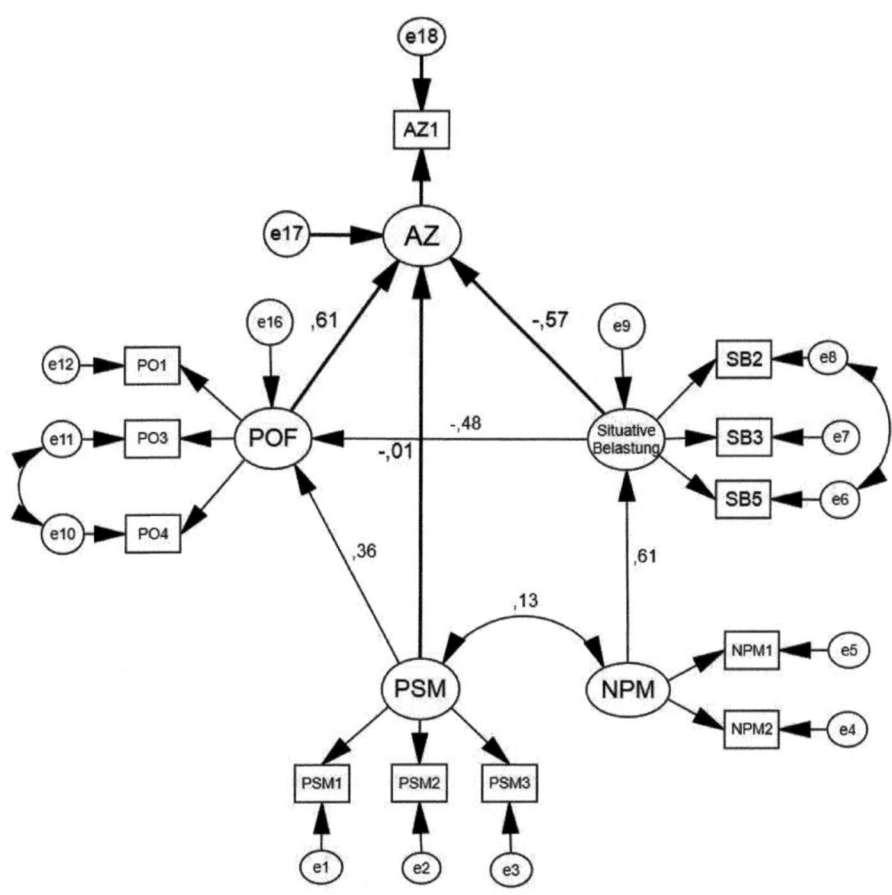

Von einem direkten Kausaleffekt wird gesprochen, „wenn ein Konstrukt ein anderes Konstrukt direkt beeinflusst."[745] Wie sich anhand der Koeffizienten, welche sich über den jeweiligen Kausalpfeilen des Pfaddiagramms ablesen lassen, zeigt, entsprechen sämtliche Richtungszusammenhänge den postulierten Hypothesen und weisen auch eine ausreichende Stärke (> 0,3) auf. Arbeitszufriedenheit (AZ) wird positiv durch den POF (0,61) und negativ durch die empfundene situative Belastung (-0,57) beeinflusst (Hypothese 1 und Hypothese 6). Der Einfluss der PSM auf die Arbeitszufriedenheit ist kaum akzentuiert und nicht signifikant (-0,01) und entspricht damit Hypothese 3. Allerdings hat die PSM einen positiven Einfluss (0,36) auf den POF (Hypothese 2). Die individuell empfundene Belastung durch Instrumente des NPM hat einen erheblichen Einfluss auf die wahrgenommene situative

---

[744] Eigene Darstellung.
[745] R. Weiber und D. Mülhaus, 2010, S. 185.

Arbeitsbelastung (0,61) und entspricht somit Hypothese 5. Hypothese 7 postuliert einen Einfluss von beiden Belastungskonstrukten (situative Belastung und Belastung durch Instrumente des NPM) auf die Passung zur Organisation (POF). Während der direkte negative Effekt von situativer Belastung auf den POF klar ersichtlich ist (-0,48), ist der direkte Effekt der wahrgenommenen Belastung durch Instrumente des NPM nicht signifikant und wurde folglich im Zuge der sukzessiven Verbesserung des Modells bereits eliminiert.[746]

Allerdings bietet das vorliegende Strukturmodell die Möglichkeit – neben den bereits dargestellten direkten Effekten – indirekte Effekte einzubeziehen. Ein indirekter Effekt liegt immer dann vor, wenn „eine Variable über eine oder mehrere Zwischenvariablen auf eine andere wirkt."[747] Um die Stärke des indirekten Effekts zu quantifizieren, müssen die entsprechenden Koeffizienten multipliziert werden. Im vorliegenden Fall können drei indirekte Effekte identifiziert werden, welche im Folgenden detailliert beleuchtet werden:

- PSM über POF auf AZ
  Die theoretischen Ausführungen zur Beziehung zwischen PSM und Arbeitszufriedenheit mündeten in Abschnitt 3.3.2.6 und führten zu der Hypothese, dass kein direkter Einfluss existiert, sondern, dass der Einfluss durch die Möglichkeit determiniert wird, die PSM auch zu benutzen („PSM-Fit")[748]. Die Ergebnisse des SGM untermauern die bereits in Abschnitt 5.4.2 nachgewiesene Mediatorfunktion des POF in der Beziehung zwischen PSM und Arbeitszufriedenheit (Abbildung 21). Die positiven Effekte einer hoch akzentuierten PSM entfalten sich nur dann, wenn das Individuum eine positive Passung zur (öffentlichen) Organisation empfindet. PSM wirkt demnach nur indirekt auf die Arbeitszufriedenheit der Beschäftigten. Die Stärke des indirekten Effektes beläuft sich auf 0,36 x 0,61 = 0,22.

---

[746] Vgl. Abschnitt 5.5.3.2.
[747] K. Backhaus et al., 2013, S. 104.
[748] Vgl. B. Steijn, 2008.

Abbildung 21: Effekt PSM – POF – AZ[749]

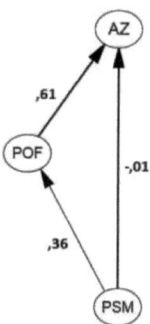

Um eine Aussage über den totalen Beeinflussungseffekt der PSM auf die Arbeitszufriedenheit geben zu können, müsste nun die Summe aus direktem und indirektem Effekt gebildet werden. Hierauf kann jedoch an dieser Stelle verzichtet werden, da der direkte Einfluss der PSM auf die Arbeitszufriedenheit in dieser Modellschätzung als nicht signifikant ausgegeben wurde. Von einer Eliminierung des Pfades im Zuge der sukzessiven Verbesserung des Modells in Abschnitt 5.5.3.2 wurde Abstand genommen, da der nicht signifikante direkte Einfluss der PSM auf die Arbeitszufriedenheit Teil der abgeleiteten Hypothesen ist. PSM hat folglich nahezu keinen direkten Einfluss, sondern wirkt über die Zwischenvariable POF positiv auf die Arbeitszufriedenheit der Beschäftigten. Diese Ergebnisse stützen die jüngeren Forschungsergebnisse rund um die Ausführungen zum „PSM-Fit".[750]

- NPM über situative Belastung auf AZ
Der zweite indirekte Effekt lässt sich in der Wirkbeziehung von der Belastung durch Instrumente des NPM und der situativen Arbeitsbelastung auf die Arbeitszufriedenheit der Beschäftigten identifizieren. Der nicht signifikante Pfad zwischen NPM und Arbeitszufriedenheit wurde bereits im Rahmen der Modelloptimierung eliminiert. Eine hohe wahrgenommene Belastung durch NPM-spezifische Instrumente führt demnach nicht direkt zu einer niedrigen Arbeitszufriedenheit, sondern wirkt erst über die Zwischenvariable der allgemeiner definierten situativen Arbeitsbelastung. Der indirekte Effekt erreicht eine Stärke von 0,61 x -0,57 = -0,35. Eine hohe Belastung, welche aus den hier abgefragten Instrumenten des NPM (Zielvorgaben, Controlling und Statistik) resultiert, führt demnach indirekt zu einer sinkenden Arbeitszufriedenheit.

---

[749] Eigene Darstellung.
[750] Vgl. B. Steijn, 2008.

Abbildung 22: Effekt NPM – situative Arbeitsbelastung – AZ[751]

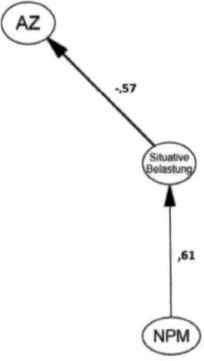

- NPM über situative Belastung auf POF
  Der dritte indirekte Effekt tritt in der Wirkbeziehung zwischen der Belastung durch Instrumente des NPM und dem POF auf. Es existiert keine direkte Beziehung, sondern ein negativer Wirkzusammenhang über die Zwischenvariable der situativen Belastung. Der indirekte Effekt weist eine Stärke von 0,61 x -0,48 = 0,29 auf. Durch die Berücksichtigung des indirekten Effektes kann Hypothese 7 („Je höher die wahrgenommene Belastung (situativ und durch NPM), desto geringer ist die Passung zwischen Mitarbeiter und Organisation") auch im Zuge der Strukturgleichungsmodellierung als bestätigt gelten. Hohe wahrgenommene Belastung durch Instrumente des NPM führt indirekt zu einem niedrigen POF.

Abbildung 23: Effekt NPM – situative Belastung – POF[752]

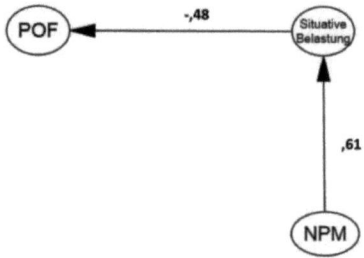

---

[751] Eigene Darstellung.
[752] Eigene Darstellung.

5.5.5 Zusammenfassung

Primäres Ziel dieses Kapitels war die Überprüfung der generierten Hypothesen. Hierzu wurde eine Online-Befragung von 4.514 Mitarbeitern der SGB II Jobcenter unter Verwendung der in Abschnitt 4.3 präsentierten Operationalisierungen durchgeführt. Bevor die Ergebnisse im Hinblick auf die Hypothesen ausgewertet werden konnten, bedurfte es zunächst einer Beurteilung der vorliegenden Datenqualität. Quantitativen Untersuchungen im Allgemeinen und Online-Befragungen im Speziellen haftet aus diversen Gründen das Risiko von Verzerrungseffekten an. Die spezielle methodische Herausforderung einer Online-Befragung ist insbesondere die Selbstselektion der Teilnehmer. Die durchgeführte Überprüfung der Datenqualität (Abschnitt 5.1) liefert zwar keine Indizien für Verzerrungen, kann diese aber auch nicht endgültig ausschließen. Insbesondere die absoluten Ergebnisse sollten daher mit Vorsicht interpretiert werden. Für das vorliegende Forschungsinteresse stehen allerdings korrelative Fragestellungen im Vordergrund, die Datenqualität scheint für dieses Vorhaben gut geeignet.

Das analysierte Teilnehmerverhalten (Abschnitt 5.2) offenbart keine wesentlichen Unterschiede zwischen verschiedenen demographischen Gruppen in Bezug auf den Zeitpunkt der Teilnahme und spricht insgesamt für eine gute geographische Abdeckung der Bundesrepublik Deutschland. Die Daten spiegeln zudem die verschiedenen Tätigkeitsfelder innerhalb der Jobcenter gut wider und decken sich im Hinblick auf demographische Strukturen mit bereits durchgeführten Studien bzw. veröffentlichten Statistiken.

Neben einer Darstellung der deskriptiven Ergebnisse wurden in Abschnitt 5.3 zu jeder verwendeten Skala Itemanalysen durchgeführt, um für die folgende Hypothesenprüfung Optimierungsmöglichkeiten der verwendeten Skalen zu identifizieren und zu nutzen. Besondere Beachtung verdienen hier die Ergebnisse zur PSM, welche auch über diese Arbeit hinaus wichtige Erkenntnisse zur Verortung des Konstrukts in Deutschland liefern. Der Vergleich der Ergebnisse mit zwei bereits existierenden deutschsprachigen Studien erwies sich hierbei als gewinnbringend. Vor allem die bemerkenswerten Parallelen zu den Ergebnissen der Untersuchung von Hammerschmid et al. (2009) offenbaren zwei wesentliche Erkenntnisse:

- Die auf der ursprünglich durch Perry (1996) entwickelten PSM-Skala aufbauende deutschsprachige Modifikation von Hammerschmid et al. (2009) bietet weiterhin Verbesserungspotential.
- Im deutschsprachigen Kontext scheint sich die politische Motivation nicht mit den anderen drei Dimensionen des Konstrukts vereinbaren zu lassen.

Das Konstrukt der PSM wurde daher im weiteren Verlauf lediglich durch die drei verbliebenen Dimensionen repräsentiert. Die Itemanalysen sowie eine anschließende konfirmatorische Faktorenanalyse führen letztlich zu einer Reduzierung des Konstrukts auf drei Dimensionen mit sieben Variablen.

Die weiteren Itemanalysen dieses Abschnitts zeigen insgesamt zuverlässige und trennscharfe Skalen, die für die intendierte Verwendung geeignet sind.

Inhaltlich spiegeln die Ergebnisse die Tendenzen der bisher durchgeführten Mitarbeiterbefragungen bzw. der öffentlichen Berichterstattung (Abschnitte 4.2.5 und 4.2.6) wider: Die befragten Mitarbeiter weisen eine eher geringe Passung zur Organisation und eine hohe situative sowie NPM-basierte Belastung auf. Die Arbeitszufriedenheit ist im Vergleich zur repräsentativen Panelbefragung unter deutschen Beschäftigten als niedrig zu interpretieren.

Kern des Kapitels ist – wie eingangs erwähnt – die Überprüfung der im theoretischen Teil generierten sieben Hypothesen. Hierzu wurden zunächst sechs multivariate Regressionsanalysen (OLS-Schätzungen) und eine Korrelationsanalyse durchgeführt. Unter Berücksichtigung verschiedener – zuvor abgeleiteter – Kontrollvariablen konnten alle Hypothesen angenommen werden. Um dem komplexen Ursache-Wirkungsgefüge der Hypothesen gerecht zu werden, wurde darauf aufbauend ein Strukturgleichungsmodell (SGM) aufgestellt, welches das Hypothesensystem in seiner Gesamtheit abbildet. Anhand einer Mischung aus diversen Fit-Maßen wurde das Modell zunächst evaluiert und dann schrittweise – unter Berücksichtigung sachlogischer und inhaltlicher Erwägungen – modifiziert. Das letztlich entwickelte Modell spiegelt die theoretisch abgeleiteten Zusammenhänge wider und liefert insgesamt einen zufriedenstellenden Modell-Fit.

Die Ergebnisse untermauern insgesamt die These, dass eine ausgeprägte PSM nicht per se zu einer höheren Arbeitszufriedenheit führt, sondern sich nur indirekt auswirkt. Menschen mit hoher PSM weisen tendenziell eine höhere Passung zur öffentlichen Organisation „Jobcenter" auf und entwickeln daraus eine höhere Arbeitszufriedenheit als Menschen mit einer geringen Passung zur Organisation. Der Mediatoreffekt des POF konnte sowohl durch die Regressionsmodelle als auch durch das SGM bestätigt werden. Dieses Ergebnis steht im Einklang mit jüngeren Arbeiten, welche die Bedeutung eines PSM-Fit herausstellen. Generell kann konstatiert werden, dass dem POF eine enorme Bedeutung in der Wirkbeziehung zu den anderen Variablen zukommt. Die theoretisch abgeleitete These, dass Gründe, die in einer Organisation selbst liegen, Anreize zum Beitritt und zu Beiträgen darstellen können, wird durch die vorliegenden Ergebnisse unterstützt. Die Passung zur Organisation ist einerseits eine entscheidende Determinante der empfundenen Arbeitszufriedenheit der Beschäftigten; Menschen, die sich mit den Zielen und Werten der Organisation identifizieren, sind tendenziell zufriedener. Die Ergebnisse der vorliegenden empirischen Untersuchung zeigen jedoch andererseits, dass einige Instrumente des NPM insbesondere von Menschen mit einer hohen motivationalen Passung – hier operationalisiert durch die PSM – als belastend empfunden werden und letztlich zu Arbeitsunzufriedenheit führen.

Die aufgezeigte positive Korrelation zwischen der PSM und den Belastungen durch Kernelemente des NPM (Zielvorgaben, Controlling und Statistik) offenbart die Tendenz einer Fehlsteuerung der Anreizgestaltung und gibt Hinweise auf einen möglichen (individuellen und/oder organisationalen) Verdrängungseffekt. In Kenntnis der Existenz – und Vorteilhaftigkeit – von intrinsisch motivierten Beschäftigten sollten die arbeitgeberseitigen Anreize diese ethische Haltung fördern und nicht konterkarieren. Hinz (2012) zieht ähnliche – theoretisch hergeleitete – Folgerungen und empfiehlt ein kombiniertes Belohnungssystem, in dem in einem Cafeteria-System[753] verschiedene Anreize wählbar sind.[754] Dem theoretischen Rahmen und den empirischen Befunden dieser Arbeit folgend, geht diese Empfehlung in die richtige Richtung, da sie die individuellen Neigungen der Mitarbeiter berücksichtigt. NPM – und im Speziellen dessen Ausgestaltung innerhalb der SGB II Jobcenter – fokussiert auf quantitativ messbare Zielvorgaben, die durch das Controlling und die Statistik stets präsent sind. Auch wenn transparente Zielkategorien grundsätzlich zu empfehlen sind,[755] so werden die im Arbeitsumfeld aufgebauten (öffentlichen) Forderungen von den Mitarbeitern oftmals als Belastung wahrgenommen und verfehlen somit die – eigentlich intendierten – positiven motivationalen Effekte. Die systembedingten Belastungswerte führen bei den Mitarbeitern zu geringeren Übereinstimmungswerten mit der Organisation und zu einer niedrigen Arbeitszufriedenheit. Auf einem sich wandelnden Arbeitsmarkt, in dem öffentliche Institutionen zunehmend um das Humankapital junger und fähiger Menschen werben müssen, sind hohe Belastungen einerseits und die damit verbundene Arbeitsunzufriedenheit andererseits ein strategischer Nachteil.

---

[753] Das Cafeteria-System bietet den Beschäftigten ein Wahlrecht hinsichtlich der vom Arbeitgeber bereitgestellten Varianten der Anreizgestaltung (vgl. S. Föhr, 1994, S. 59).
[754] Vgl. E. Hinz, 2012, S. 203.
[755] Vgl. E. Hinz, 2012, S. 204.

6 Schlussbetrachtung

Ziel der vorliegenden Arbeit war es, personalwirtschaftliche Folgen der Reformmaßnahmen des New Public Management (NPM) aufzuzeigen und anhand einer empirischen Erhebung im Bereich der deutschen Arbeitsverwaltung zu untersuchen. Unter NPM wird ein ganzes Bündel an Reformmaßnahmen verstanden, welches den Staat und seine Verwaltung effektiver und effizienter gestalten soll. Die internationale Bewegung des NPM erreichte die Bundesrepublik Deutschland erst relativ spät und mündete in dem durch die KGSt (1993) vorgelegten Konzept des „Neuen Steuerungsmodells (NSM)". Trotz mittlerweile über 20 Jahren NPM/NSM-Erfahrungen fokussiert sich die wissenschaftliche Auseinandersetzung vorrangig auf die Ergebnisdimension und lässt die Wirkung auf die Mitarbeiter weitgehend außer Acht. An dieser Stelle setzte die vorliegende Arbeit an und konkretisierte zunächst die spezielle Rolle des Staates als Arbeitgeber und die speziellen Erwartungen an öffentlich Beschäftigte. Der aufgezeigte Kontrast zwischen dem klassischen Bild des Staatsdieners im Verständnis von Max Weber und den Intentionen der neuen Steuerungslogik lassen vermuten, dass die Reformmaßnahmen für die Beschäftigten weitreichende Änderungen bedeuten. Insbesondere die Auseinandersetzung mit betriebswirtschaftlich inspirierten Managementmethoden bedeutet für die Akteure weiterhin Neuland und verändert die Arbeitswirklichkeit der Beschäftigten. Aufgrund des heterogenen Anwendungsstands innerhalb des deutschen öffentlichen Dienstes entziehen sich die Wirkungen der Reformen allerdings einer ganzheitlichen Betrachtung. Die vorliegende Arbeit fokussierte daher die deutsche Arbeitsverwaltung – einen Teil des öffentlichen Dienstes, welcher strikt anhand der Grundsätze des NSM/NPM organisiert ist. Initiiert durch die Reformpakete „Moderne Dienstleistungen am Arbeitsmarkt" (vulgo: Hartz-Reformen) definiert sich die Bundesagentur für Arbeit (BA) strikt über messbare Wirkungen am Arbeitsmarkt. Die Mitarbeiter sehen sich seither mit allgegenwärtigen Forderungen des Controllings und der Statistik sowie externen Zielvorgaben konfrontiert. Darüber hinaus geht die Reform der Arbeitsverwaltung mit einem neuen Verständnis als Dienstleister einher, in dem der Arbeitslose zum „Kunden" und die Arbeitsämter zu „Jobcentern" werden. Für die Mitarbeiter der Arbeitsverwaltung stellt die neue Steuerungslogik in Verbindung mit der Dienstleistungsrhetorik einen Paradigmenwechsel dar.
Um die Wirkung der neuen Steuerung auf individueller Ebene zu erklären, wurde ein theoretischer Bezugsrahmen entworfen, in dem die individuellen Anreize zum Beitritt in und zu Beiträgen an eine Organisation im Fokus stehen. Mit Hilfe der Anreiz-Beitrags-Theorie nach Barnard (1938) und ihrer individualtheoretischen Weiterentwicklung nach March und Simon (1958) wurde abgeleitet, dass Individuen nur so lange Beiträge leisten, wie sie die angebotenen Anreize im Gleichgewicht

zu ihren Beiträgen werten. Empfinden Mitarbeiter eine negative Anreiz-Beitrags-Bilanz entwickelt sich Arbeitsunzufriedenheit.[756]
Die Ausführungen des theoretischen Teils dieser Arbeit zeigen, dass Anreize nicht nur materiell zu verstehen sind, sondern, dass auch von der Organisation selbst eine Anreizwirkung ausgehen kann. Beobachtungen weisen darauf hin, dass Individuen eine Übereinstimmung zwischen persönlichen und organisationalen Zielen/Werten anstreben und diese ihre Teilnahmeentscheidung an einer Organisation beeinflusst (Selbstselektion). Diese Passung zwischen Mitarbeiter und Organisation wird in der Literatur unter dem Konstrukt des Person-Organization Fit (POF) operationalisiert.
Die Idee der Selbstselektion wird für den Bereich des öffentlichen Dienstes anhand der Forschung zur Public Service Motivation (PSM) untersucht. PSM beschreibt eine spezielle Form der intrinsischen Motivation, welche insbesondere Mitarbeitern des öffentlichen Dienstes attestiert wird. In der ursprünglichen Konzeptualisierung von Perry (1996) beinhaltet PSM die Dimensionen politische Motivation, Gemeinwohlinteresse, soziales Mitgefühl und Altruismus. Die These, dass Menschen mit hoher PSM tendenziell eine Mitgliedschaft in einer öffentlichen Institution anstreben, wurde im internationalen Umfeld überwiegend bestätigt. Umso erstaunlicher ist es, dass die empirische Befundlage in Deutschland bislang relativ rar ist. Insbesondere vor dem Hintergrund der jüngsten NPM/NSM-basierten Reformbemühungen erscheint eine tiefere Auseinandersetzung mit den motivationalen Strukturen öffentlicher Mitarbeiter angeraten. Wie die Ausführungen des theoretischen Teils dieser Arbeit zeigten, ist die intrinsische Motivation von Beschäftigten ein wichtiges Gut, welches durch die Anreicherung mit extrinsischen Anreizen beeinflusst, im drastischsten Fall sogar konterkariert – oder verdrängt – werden kann. Eine simple Überstülpung betriebswirtschaftlich orientierter Steuerungs- und Anreizgrößen könnte zu nicht intendierten – negativen – Effekten führen, wenn die intrinsisch verankerte PSM sich nicht mit den extrinsischen Anreizsetzungen verträgt. Die intuitive Vermutung, dass eine hohe PSM in einer öffentlichen Institution per se mit einer hohen Arbeitszufriedenheit einhergeht ist demnach zu korrigieren. PSM entfaltet nur dann einen positiven Effekt, wenn die öffentliche Organisation deren Anwendung auch ermöglicht. Der Anreiz-Beitrags-Theorie folgend, stellt die Anwendungsmöglichkeit einer individuell vorhandenen PSM einen Anreiz dar, welcher die subjektive Anreiz-Beitrags-Bilanz zum Positiven beeinflusst.
Die deskriptiven und theoretischen Ausführungen manifestieren die Vermutung, dass die NPM/NSM-basierten Reformmaßnahmen eine Unverträglichkeit mit ausgeprägten PSM-Werten aufweisen können und zudem die Arbeitsbelastung der Beschäftigten erhöhen.

---

[756] Die in einem privatwirtschaftlichen Arbeitsverhältnis entstehenden Fluktuationsneigungen sind aufgrund der relativ stabilen Arbeitsbeziehung im öffentlichen Dienst nicht in diesem Maße zu erwarten (Vgl. P. Ellguth und S. Kohaut, 2011, S. 22 ff.).

Das generierte Hypothesensystem bildet die postulierten Zusammenhänge zwischen den Variablen PSM, POF, NPM-Belastung, situativer Belastung und Arbeitszufriedenheit ab und wurde durch eine empirische Befragung im Organisationsbereich der SGB II Jobcenter, welche sich als sehr gut geeignetes Untersuchungsfeld hervorbrachte, überprüft. Die Ergebnisse der durchgeführten empirischen Analyse lassen sich anhand folgender drei Kategorien zusammenfassen:

- Methodische Erkenntnisse
- Theoretisch Erkenntnisse
- Praktische Erkenntnisse

Als *methodische Erkenntnisse* stehen eindeutig die Ergebnisse zur PSM im Vordergrund. Aufgrund der raren empirischen Befundlage in Deutschland liefert diese Arbeit einen Beitrag zur Verortung des Konzepts in Deutschland. Der Vergleich mit zwei bereits existierenden Studien im deutschsprachigen Raum zeigte, dass insbesondere die in allen drei Erhebungen verwendete Messskala Optimierungspotential aufweist. Insbesondere der Vergleich mit der in Österreich durchgeführten Studie von Hammerschmid et al. (2009) offenbart bemerkenswerte Parallelen. Neben der absoluten Höhe der einzelnen Dimensionen sowie des PSM-Gesamtscores, weisen auch die Korrelationen zwischen den Dimensionen und die zugrundeliegenden Werte der internen Konsistenz in identische bzw. ähnliche Richtung.

Allen drei Studien ist gemein, dass die Dimension Gemeinwohlinteresse die am stärksten ausgeprägte ist und dass sich die politische Motivation nicht mit den anderen drei Dimensionen verbinden lässt. Die Nähe zum Politikgeschehen erwies sich als kein statistisch nachweisbarer Bestandteil der PSM. In der Befragung von Hammerschmid und Kollegen sowie in der vorliegenden Untersuchung stellten sich die absoluten Werte zur Dimension politische Motivation als wenig ausgeprägt dar. Politik scheint in beiden Samples eher negative Assoziationen hervorzurufen. Die Erklärungsversuche einer nur gering akzentuierten politischen Motivation reichen von kulturellen Einflüssen (Hammerschmid et al., 2009) bis zu einer unzureichenden Itemformulierung (Kim, 2009). Für den speziellen Fall der deutschen Arbeitsverwaltung erscheint eine weitere Ursache denkbar. Die Organisation der SGB II Jobcenter sieht sich kontinuierlich gesetzlicher sowie regulativer Eingriffe seitens des politischen Entscheidungsträgers ausgesetzt. Den Ergebnissen der vorliegenden Studie nach, werden die organisationalen Eingriffe oftmals als belastend wahrgenommen. Den eher verhaltenen Ergebnissen zur politischen Motivation könnte folglich eine negative Wahrnehmung der politisch Verantwortlichen zugrunde liegen. Diese Interpretation wäre nicht ohne Weiteres auf andere Organisationen des öffentlichen Dienstes übertragbar, sondern bezöge sich lediglich auf den speziellen Fall der deutschen Arbeitsverwaltung.

Generell lässt sich durch die Ergebnisse zur PSM festhalten, dass weitere Forschungsarbeiten im deutschsprachigen Raum, alleine aufgrund der aufgezeigten Zusammenhänge innerhalb des Hypothesensystems, lohnenswert wären. Für den staatlichen Arbeitgeber bildet dieses motivationale Konstrukt ein Fundament, um organisationale Eingriffe und Strukturen besser auf die aktuellen oder zukünftigen Mitarbeiter zuzuschneiden.

Der öffentliche Arbeitgeber sollte sich der motivationalen Struktur seiner Anwärter und Beschäftigten bewusst sein und über die Personalauswahl hinaus entsprechende Anreize setzen. Die Intentionen des NPM zielen vornehmlich auf Effektivitäts- und Effizienzsteigerung der Organisation und eine Motivationssteigerung der Mitarbeiter, scheinen jedoch dabei die vorliegende motivationale Struktur der Mitarbeiter des öffentlichen Dienstes nicht zu berücksichtigen.

Die *theoretischen Erkenntnisse* fußen größtenteils auf der Überprüfung der sieben abgeleiteten Hypothesen. Mittels multivariater Regressionsanalysen sowie Strukturgleichungsanalyse konnten alle Hypothesen angenommen werden. Der auf Basis der Anreiz-Beitrags-Theorie aufgebaute theoretische Rahmen kann folglich als geeignet gewertet werden. Die Ergebnisse untermauern die These, dass eine ausgeprägte PSM alleine kein ausreichend starker intrinsischer Anreiz ist, um im Kontext der SGB II Jobcenter einen direkten positiven Einfluss auf die Arbeitszufriedenheit auszuüben. Erst durch einen geeigneten Mediator – in diesem Fall der POF – wird ein positiver (indirekter) Effekt verzeichnet. Darüber hinaus ist die positive (ungerichtete) Beziehung zwischen der PSM und der empfundenen Belastung durch Instrumente des NPM bemerkenswert. Eine ausgeprägte PSM geht mit einer hohen NPM-Belastung einher – und vice versa. Die aufgezeigte Korrelation weist auf eine Fehlsteuerung der Anreizgestaltung hin und offenbart Tendenzen eines möglichen (individuellen und/oder organisationalen) Verdrängungseffekts. In Kenntnis der Existenz und Vorteilhaftigkeit von intrinsisch motivierten Beschäftigten sollte die arbeitgeberseitige Anreizgestaltung diese ethische Haltung fördern und ihr nicht entgegenwirken. Der expansive Einsatz von quantitativ messbaren Zielvorgaben, die durch das Controlling und die Statistik stets präsent sind, erhöht offensichtlich die Arbeitsbelastung. Diese wiederum weist negative Zusammenhänge zu der empfundenen ziel- und wertorientierten Passung zur Organisation sowie zur Arbeitszufriedenheit der Mitarbeiter auf.

Die Ableitung von *praktischen Erkenntnissen* – und bestenfalls einschlägigen Handlungsempfehlungen – ist ein fast schon automatisierter Abschluss empirischer Forschungsarbeiten im Bereich der Betriebs- bzw. Personalwirtschaft. Im vorliegenden Fall stellt sich ein derart simplifizierter Abschluss als schwierig dar. Die Geschäftsführung der einzelnen Jobcenter hat beispielsweise keinen Einfluss auf die Zielvorgaben oder die Forderungen des Controllings und der Statistik. Ebenso liegt die Art der Beschäftigung (kommunal oder BA) nicht in der Macht der Jobcenter. Dennoch äußern kommunale Mitarbeiter eine geringere Passung zur Organisation, welche wiederum die Arbeitszufriedenheit negativ beeinflusst. Dieser Umstand offenbart das Dilemma der Jobcenter als lokale Ebenen der deutschen Arbeitsverwaltung. Viele der als negativ wahrgenommenen Arbeitsbedingungen liegen nicht in der Wirkmacht der Jobcenter, sondern sind politisch – instrumentalisiert durch die BA – vorgegeben. Dennoch resultieren aus den extern vorgegebenen Bedingungen negative Effekte für die Jobcenter vor Ort. Für die SGB II Jobcenter bieten diese Erkenntnisse lediglich auf strategische Sicht eine Perspektive. Eine Evaluation der Zielkategorien könnte die Akzeptanz durch die Mitarbeiter sowie die daraus resultierende motivationale Wirkung steigern. Eine Modifikation des Ziel- und Kennzahlensystems müsste die politischen Darstellungswünsche und die Neigungen der Mitarbeiter vereinen.

Die BA, intuitiv als verantwortliche Steuerungsinstanz wahrgenommen, unterliegt ihrerseits der Rechtsaufsicht des Bundesministeriums für Arbeit und Soziales (BMAS). Die politischen Entscheidungen des BMAS wiederum liegen sicherlich nicht im Bewertungshorizont einer personalwirtschaftlichen Ausarbeitung. Gleichwohl sollte sich der öffentliche Arbeitgeber nicht nur aus Gründen der Fürsorgepflicht und seiner Vorbildfunktion stärker an den Bedürfnissen seiner Mitarbeiter orientieren. Im Werben um das Humankapital qualifizierter Menschen sind hohe Belastungen einerseits und eine damit einhergehende Arbeitsunzufriedenheit strategische Nachteile.

Letztlich entwickeln sich aus den Ergebnissen der vorliegenden Arbeit allerdings mehr Chancen als Risiken. Die Erkenntnisse zur motivationalen Ausrichtung von Menschen, die eine Tätigkeit im öffentlichen Dienst anstreben, könnten für öffentliche Institutionen zu einem gewinnbringenden Vorteil bei der Personalauswahl sowie der Personalentwicklung werden. Die vorliegende Arbeit zeigt, dass die Kombination aus einer ausgeprägten – am Gemeinwohl ausgerichteten – intrinsischen Motivation und einer hohen Ziel- und Wertekongruenz zu einer höheren Arbeitszufriedenheit führt. Diese Zusammenhänge sollte sich der öffentliche Arbeitgeber bewusst machen und seine Anreizgestaltung dementsprechend ausrichten. Vielleicht ist dies stellenweise mit einer Abkehr von quantifizierten Kennzahlen verbunden; die grundsätzliche Intention des NPM/NSM soll hier jedoch keineswegs hinterfragt werden. Die vermehrte Anwendung von Instrumenten wie Controlling und der Führung über Ziele sendet mit ihrem Anspruch auf Effizienzsteigerung, wirksame Kontrolle und Ressourcenschonung eine folgerichtige Botschaft an die Steuerzahler. Betriebswirtschaftliche Managementmethoden sollten allerdings nicht die intrinsischen Neigungen der Mitarbeiter konterkarieren, sondern sie im besten Fall fördern.

Der öffentliche Dienst ist kein Arbeitgeber wie jeder andere, sein ureigener Zweck unterscheidet sich unveränderbar von privatwirtschaftlichen Zielsetzungen. Die Worte von Elmer B. Staats (1988) führen diese Besonderheit äußerst prägnant aus und sollen – nachdem sie bereits in der Einleitung Verwendung fanden – diese Arbeit schließen: „‚Public Service' is a concept, an attitude, a sense of duty – yes, even a sense of public morality."[757]

---

[757] E. B. Staats, 1988, S. 601.

Literaturverzeichnis

Adams, J. S. (1965): Inequity in Social Exchange. In: Berkowitz, L., Advances in Experimental Social Psychology, 2: S. 267-299, New York: Academic Press Inc.

Akerlof, G. A. (1970): The Market for" Lemons": Quality Uncertainty and the Market Mechanism. In: The Quarterly Journal of Economics, 84 (3): S. 488-500.

Allen, N. J. und Meyer, J. P. (1996): Affective, Continuance, and Normative Commitment to the Organization: An Examination of Construct Validity. In: Journal of Vocational Behavior, 49 (3): S. 252-276.

Ames, A. (2008): Arbeitssituation und Rollenverständnis der persönlichen Ansprechpartner/- innen nach § 14 SGB II. Abschlussbericht. Eine Studie im Auftrag der Hans-Böckler-Stiftung. Düsseldorf.

Andersen, L. B., Jørgensen, T. B., Kjeldsen, A. M., Pedersen, L. H. und Vrangbæk, K. (2013): Public Values and Public Service Motivation: Conceptual and Empirical Relationships. In: The American Review of Public Administration, 43 (3): S. 292-311.

Andersen, L. B. und Kjeldsen, A. M. (2013): Public Service Motivation, User Orientation, and Job Satisfaction: A Question of Employment Sector? In: International Public Management Journal, 16 (2): S. 252-274.

Andersen, L. B., Pallesen, T. und Pedersen, L. H. (2011): Does Ownership Matter? Public Service Motivation Among Physiotherapists in the Private and Public Sectors in Denmark. In: Review of Public Personnel Administration, 31(1): S. 10-27.

Andersen, L. B. und Kjeldsen, A. M. (2010): How public service motivation affects job satisfaction: A question of employment sector or "public service jobs". Paper presented at the 32nd EGPA conference in Toulouse.

Andersen, L. B. und Pedersen, L. H. (2012): Public Service Motivation and Professionalism. In: International Journal of Public Administration, 35 (1): S. 46-57.

Armstrong, J. S. und Overton, T. S. (1977): Estimating Nonresponse Bias in Mail Surveys. In: Journal of Marketing Research, 14: S. 396-402.

Astheimer, S. und Budras, C. (2012): Mehr Sicherheit in Jobcentern gefordert. In: Frankfurter Allgemeine Zeitung vom 27.09.2012. Auch online: http://www.faz.net/aktuell/wirtschaft/nach-der-messerattacke-mehr-sicherheit-in-jobcentern-gefordert-11906460.html (abgerufen am: 10.06.2014).

Backhaus, K., Erichson, B., Plinke, W. und Weiber, R. (2011): Multivariate Analyseverfahren. Eine anwendungsorientierte Einführung. 13. Auflage, Berlin und Heidelberg: Springer.

Backhaus, K., Erichson, B. und Weiber, R. (2013): Fortgeschrittene Multivariate Analysemethoden. Eine anwendungsorientierte Einführung. 2. Auflage, Berlin und Heidelberg: Springer.

Baldwin, J. N. (1984): Are we really lazy? In: Review of Public Personnel Administration, 4 (2): S. 80-89.

Balfour, D. L. und Wechsler, B. (1990): Organizational Commitment: A Reconceptualization and Empirical Test of Public-Private Differences. In: Review of Public Personnel Administration, 10 (3): S. 23-40.

Baltes-Götz, B. (2013): Behandlung fehlender Werte in SPSS und Amos. Herausgeben von: Zentrum für Informations-, Medien- und Kommunikationstechnologie (ZIMK) an der Universität Trier.

Banner, G. (1991): Von der Behörde zum Dienstleistungsunternehmen. Die Kommunen brauchen ein neues Steuerungsmodell. In: VOP, 1: S. 6-11.

Barnard, C. I. (1938): The Functions of the Executive. 30th anniversary edition, Cambridge, Massachusetts and London, England: Harvard University Press.

Baron, R. M. und Kenny, D. A. (1986): The Moderator-Mediator Variable Distinction in Social Psychological Research: Conceptual, Strategic, and Statistical Considerations. In: Journal of Personality and Social Psychology, 51(6): S. 1173-1182.

Barrett, P. (2007): Structural equation modelling: Adjudging model fit. In: Personality and Individual Differences, 42, (5): S. 815-824.

Bartscher-Finzer, S. und Martin, A. (2003): Psychologischer Vertrag und Sozialisation. In: Martin, A. (Hrsg.), Organizational Behaviour – Verhalten in Organisationen, S. 53-76, Stuttgart: Kohlhammer.

Battis, U. (2009): Bundesbeamtengesetz:[Kommentar], 4. Auflage. München: Beck.

BearingPoint (2015): Personalbemessung Leistungsgewährung in den gemeinsamen Einrichtungen SGB II. Abschlussbericht. Version 2.0, o. O.

Benz, W. (1969): Beamtenverhältnis und Arbeitsverhältnis. Stuttgart: Fischer.

Berger, U. und Bernhard-Mehlich, I. (2006): Die verhaltenswissenschaftliche Entscheidungstheorie. In: Kieser, A. und Ebers. M. (Hrsg.), Organisationstheorien, S. 169-214, Stuttgart: Kohlhammer,.

Bernhard, S., Hohmeyer, K., Jozwiak, E., Koch, S., Kruppe, T., Stephan, G. und Wolff, J. (2009): Aktive Arbeitsmarktpolitik in Deutschland und ihre Wirkungen. In: Möller, J. und Walwei, U. (Hrsg.), Handbuch Arbeitsmarkt 2009, S. 149-202, Nürnberg und Bielefeld: IAB-Forschungsbericht.

Bertelsmann Stiftung (2007): Jahresbericht 2006 für das SGB II-Benchmarking der Optionskommunen. Gütersloh.

Bezirkspersonalrat der Regionaldirektion NRW (2013): Aus Fehlern lernen. BPR-News, 23. Juli 2013: http://www.nachdenkseiten.de/upload/pdf/130724_personalrat_nrw.pdf, abgerufen am 18.04.2015.

Biemann, T., Sliwka, D. und Weckmüller, H. (2011): Finanzielle Anreize und Produktivität. In: Personal Quarterly, Vol. 63, Oktober 2011: S. 46-49.

Blessin, B. und Wick, A. (2014): Führen und führen lassen. 7. Auflage, München und Konstanz: UKV Verlagsgesellschaft mbH.

Bogumil, J. (1999): Auf dem Weg zur Bürgerkommune? Der Bürger als Auftraggeber, Mitgestalter und Kunde. In: Kubicek, H. u. a. (Hrsg.), Multimedia @ Verwaltung. Jahrbuch Telekommunikation und Gesellschaft, S. 51-61, Heidelberg.

Bogumil, J. (2008): Evaluation kommunaler Verwaltungsmodernisierung. In: Fisch, R., Müller, A. und Beck, D. (Hrsg.), Veränderungen in Organisationen, S. 325-350, Wiesbaden: VS Verlag für Sozialwissenschaften.

Bogumil, J. und Jann, W. (2009): Verwaltung und Verwaltungswissenschaft in Deutschland. Einführung in die Verwaltungswissenschaft. 2. Auflage, Wiesbaden: VS.

Bogumil, J., Grohs, S. und Kuhlmann, S. (2006): Ergebnisse und Wirkungen kommunaler Verwaltungsmodernisierung in Deutschland – Eine Evaluation nach zehn Jahren Praxiserfahrung. In: Politik und Verwaltung. PVS Sonderheft, 37 (2006): S. 151-184.

Bogumil, J., Grohs, St., Kuhlmann, S. und Ohm, A. K. (2007): Zehn Jahre Neues Steuerungsmodell. Eine Bilanz kommunaler Verwaltungsmodernisierung. Sonderband 29, Berlin: edition sigma.

Böhle, F. (2010): Arbeit und Belastung. In: Böhle, F., Voß, G. G. und Wachtler, G. (Hrsg.), Handbuch Arbeitssoziologie, S. 451-481, Wiesbaden:VS.

Bortz, J. und Döring, N. (2006): Forschungsmethoden und Evaluation für Human- und Sozialwissenschaftler. Heidelberg: Springer.

Bortz, J. und Schuster, C. (2010): Statistik für Human-und Sozialwissenschaftler. Lehrbuch mit Online-Materialien. Berlin, Heidelberg, New York: Springer.

Brewer, G. A. und Selden, S. C. (2000): Why Elephants Gallop: Assessing and Predicting Organizational Performance in Federal Agencies. In: Journal of Public Administration Research and Theory, 10 (4): S. 685-712.

Brewer, G. A. und Selden, S. C. (1998): Whistle Blowers in the Federal Civil Service: New Evidence of the Public Service Ethic. In: Journal of Public Administration Research and Theory, 8 (3): S. 413-439.

Brewer, G. A., Selden, S. C. und Facer II, R. L. (2000): Individual Conceptions of Public Service Motivation. In: Public Administration Review, 60 (3): S. 254-264.

Bright, L. (2008): Does Public Service Motivation Really Make a Difference on the Job Satisfaction and Turnover Intentions of Public Employees? In: The American Review of Public Administration, 38 (2): S. 149-166.

Browne, M. W. und Cudeck, R. (1993): Alternative Ways of Assessing Model Fit. In: Bollen, K. A. und Long, J. S. (Hrsg.), Testing Structural Equation Models, S. 136-162, Newbury Park: Sage.

Bruckmeier, K. und Schnitzlein, D. (2007): Was wurde aus den Arbeitslosenhilfeempfängern? Eine empirische Analyse des Übergangs und Verbleibs von Arbeitslosenhilfeempfängern nach der Hartz-IV-Reform. In: IAB-Discussion Paper, No. 24/2007.

Bruggemann, A. (1976): Zur empirischen Untersuchung verschiedener Formen von Arbeitszufriedenheit. In: Zeitschrift für Arbeitswissenschaft, 30 (2): S. 71-74.

Buchanan, B. (1975): Red-Tape and the Service Ethic. Some Unexpected Differences between Public and Private Managers. In: Administration & Society, 6 (4): S. 423-444.

Bühl, A. (2014): SPSS 22. Einführung in die moderne Datenanalyse. 14., aktualisierte Auflage. Hallbergmoos: Pearson.

Bühl, W. L. (1990): Sozialer Wandel im Ungleichgewicht: Zyklen, Fluktuationen, Katastrophen. Stuttgart: Ferdinand Enke Verlag.

Bundesagentur für Arbeit (2014): Vermittlung: http://www.arbeitsagentur.de/web/content/DE/BuergerinnenUndBuerger/ArbeitundBeruf/Vermittlung/index.htm, abgerufen am 02.01.2015.

Bundesagentur für Arbeit (2013): Kurzinformationen - Grundsicherungsstatistik für Arbeitssuchende (SGB II): http://statistik.arbeitsagentur.de/Statischer-Content/Grundlagen/Kurzinformationen/Generische-Publikationen/Kurzinformation-Grundsicherungsstatistik-SGBII.pdf, abgerufen am 24.09.2013.

Bundesagentur für Arbeit (BA) (2009): SGB II. Sozialgesetzbuch zweites Buch. Grundsicherung für Arbeitssuchende. Zahlen. Daten. Fakten. Jahresbericht 2008.

Bundesagentur für Arbeit, Vorstand (2012): Geschäftspolitische Ziele 2013 im Bereich Arbeitslosenversicherung. Vorstandsbrief zur Planung SGB III 2013, Nürnberg.

Bundesgesetzblatt Jahrgang 2003 Teil I Nr. 65 (2003): Drittes Gesetz für moderne Dienstleistungen am Arbeitsmarkt: S. 2848-2918, Bonn.

Bundesgesetzblatt Jahrgang 2002 Teil I Nr. 87 (2002): Erstes Gesetz für moderne Dienstleistungen am Arbeitsmarkt: S. 4607-4620, Bonn.

Bundesgesetzblatt Jahrgang 2002 Teil I Nr. 87 (2002a): Zweites Gesetz für moderne Dienstleistungen am Arbeitsmarkt: S. 4621-4636, Bonn.

Bundesministerium der Verteidigung (2012): Masterplan Controlling für den Geschäftsbereich BMVg. Berlin.

Bundesministerium der Verteidigung (2008): Zentrale Dienstvorschrift: Innere Führung. Selbstverständnis und Führungskultur. A-2600/1.

Bundesministerium des Innern (2001): Moderner Staat – Moderne Verwaltung. Erstellung und Abschluss von Zielvereinbarungen. Praxisempfehlungen für die Erstellung und den Abschluss von Zielvereinbarungen im Bundesministerium des Innern und in den Behörden des Geschäftsbereichs des BMI. Berlin.

Bundesministerium für Arbeit und Soziales (2013): Viertes Gesetz für moderne Dienstleistungen am Arbeitsmarkt („Hartz IV"). http://www.bmas.de/DE/Service/Gesetze/viertes-gesetz-fuer-moderne-dienstleistungen-am-arbeitsmarkt.html, abgerufen am: 20.04.2015.

Bundesministerium für Arbeit und Soziales (2008): Abschlussbericht Mai 2008 an das Bundesministerium für Arbeit und Soziales. Evaluation der Experimentierklausel nach § 6c SGB II – Vergleichende Evaluation des arbeitsmarktpolitischen Erfolgs der Modelle der Aufgabenwahrnehmung „Zugelassener kommunaler Träger" und „Arbeitsgemeinschaft". Untersuchungsfeld 2: Implementations- und Governanceanalyse. Projekt-Nr. 43/05.

Bundesrechnungshof (2014): Bericht an den Haushaltsausschuss des Deutschen Bundestages nach § 88 Abs. 2 BHO über die Steuerung der Zielerreichung in den strategischen Geschäftsfeldern I und Va der Bundesagentur für Arbeit. Bonn.

Camilleri, E. (2007): Antecedents affecting public service motivation. In: Personnel Review, 36 (3): S. 356-377.

Camilleri, E. und Van Der Heijden, B. I. J. M. (2007): Organizational Commitment, Public Service Motivation, and Performance within the Public Sector. In: Public Performance & Management Review, 31 (2): S. 241-274.

Chatman, J. A. (1989): Improving Interactional Organizational Reesearch: A Model of Person-Organization Fit. In: Academy of Management Review, 14 (3): S. 333-349.

Chin, W. W. (1998): Issues and Opinion on Structural Equation Modeling. In: Management Information Systems Quarterly, 22, (1): S. 7-16.

Chin, W. W. (1998a): The Partial Least Squares Approach to Structural Equation Modeling. In: Marcoulides, G. A. (Hrsg.), Modern Methods for Business Research, S. 295-336, Lawrence Erlbaum Associates: New Jersey.

Chin, W. W., Peterson, R. A. und Brown, S. P. (2008): Structural Equation Modeling in Marketing: Some Practical Reminders. In: The Journal of Marketing Theory and Practice, 16 (4): S. 287-298.

Christe, G. und Wende, L. (2010): Entwicklung sozialer Dienstleistungen am Arbeitsmarkt – Organisationsgestaltung und sozialpädagogische Arbeit in der Jugendberufshilfe. In: Burghardt, H. und Enggruber, R. (Hrsg.), Soziale Dienstleistungen am Arbeitsmarkt in professioneller Reflexion Sozialer Arbeit, S. 123-148, Berlin: Frank & Timme.

Clerkin, R. M. und Coggburn, J. D. (2012): The Dimensions of Public Service Motivation and Sector Work Preferences. In: Review of Public Personnel Administration, 32 (3): S. 209-235.

Cohen, J. (1988): Statistical Power Analysis for the Behavioral Sciences. Hikksdale, New Jersey: Lawrence Erlbaum Associates, Publishers.

Coursey, D. H. und Pandey, S. K. (2007): Public Service Motivation Measurement. Testing an Abridged Version of Perry's Proposed Scale. In: Administration & Society, 39 (5): S. 547-568.

Crewson, P. E. (1997): Public-Service Motivation: Building Empirical Evidence of Incidence and Effect. In. Journal of Public Administration Research and Theory, 7 (4): S. 499-518.

Csikszentmihalyi, M. (1987): Das flow-Erlebnis. Jenseits von Angst und Langeweile: im Tun aufgehen. Stuttgart: Klett-Cotta.

Dabos, G. E. und Rousseau, D. M. (2004): Mutuality and Reciprocity in the Psychological Contracts of Employees and Employers. In: Journal of Applied Psychology, 89 (1): S. 52-72.

Dahlkamp, J., Dettmer, M. und Tietz, J. (2013): Mit allen Mitteln. In: Der Spiegel, 26/2013: S. 30-36.

Dan, S. und Pollitt, C. (2014): NPM Can Work. An Optimistic Review of the Impact of New Public Management Reforms in Central and Eastern Europe. In: Public Management Review, (Preprint): S. 1-24.

Deci, E. L. (1975): Intrinsic Motivation. New York: Plenum Press.

Deci, E. L. und Ryan, R. M. (2000): The" What" and" Why" of Goal Pursuits: Human Needs and the Self-Determination of Behavior. In: Psychological Inquiry, 11 (4): S. 227-268.

Deci, E. L. und Ryan, R. M. (1993): Die Selbstbestimmungstheorie der Motivation und ihre Bedeutung für die Pädagogik. In: Zeitschrift für Pädagogik, Vol. 39 (2): S. 223-238.

Deci, E. L. and Ryan, R. M. (1985): Intrinisc Motivation and Self-Determination in Human Behavior. New York: Plenum Press.

Deci, E. L., Ryan, R. M. und Koestner, R. (1999): A Meta-Analytic Review of Experiments Examining the Effects of Extrinsic Rewards on Intrinsic Motivation. In: Psychological Bulletin, 125 (6): S. 627-668.

Deutsche Sektion des Internationalen Instituts für Verwaltungswissenschaften (2012): Verwaltungswissenschaftliche Informationen, 40. Jahrgang, Heft 1/2-2 (2012).

Deutscher Bundestag (2013): Drucksache 17/13088, Antrag der Abgeordneten Peter Weiß, Karl Schiewerling, Paul Lehrieder, Gitta Connemann, Dr. Matthias Zimmer, Dr. Johann Wadephul, Dr. Carsten Linnemann, Heike Brehmer, Maria Michalk, Thomas Dörflinger, Michael Grosse-Brömer, Ulrich Lange, Stefan Müller (Erlangen), Max Straubinger, Frank Heinrich, Dr. Peter Tauber, Volker Kauder, Gerda Hasselfeldt und der Fraktion der CDU/CSU sowie der Abgeordneten Dr. Heinrich L. Kolb, Sebastian Blumenthal, Heinz Golombeck, Miriam Gruß, Pascal Kober, Johannes Vogel, Rainer Brüderle und der Fraktion der FDP. Für eine humane Arbeitswelt – Psychische Gesundheit auch am Arbeitsplatz stärken. Berlin: 16.04.2013.

Deutscher Bundestag (2013a): Drucksache 17/12000, Antwort der Bundesregierung auf die Kleine Anfrage der Abgeordneten Brigitte Pothmer, Markus Kurth, Katrin Göring-Eckardt, weiterer Abgeordneter und der Fraktion BÜNDNIS 90/ DIE GRÜNEN – Drucksache 17/11914 –. Befristete Stellen in den Jobcentern. Berlin: 02.01.2013.

Deutscher Bundestag (2010): Drucksache 17/1555: Gesetzentwurf der Fraktionen der CDU/CSU, SPD und FDP. Entwurf eines Gesetzes zur Weiterentwicklung der Organisation der Grundsicherung für Arbeitssuchende. Berlin: 04.05.2010.

Deutscher Bundestag (2008): Drucksache 16/11488: Unterrichtung durch die Bundesregierung. Bericht zur Evaluation der Experimentierklausel nach § 6c des Zweiten Buches Sozialgesetzbuch. Berlin: 18.12.2008.

Deutscher Bundestag (2006): Drucksache 16/1410: Gesetzentwurf der Fraktionen CDU/CSU und SPD. Entwurf eines Gesetzes zur Fortentwicklung der Grundsicherung für Arbeitssuchende. Berlin: 09.05.2006.

DGUV – Deutsche Gesetzliche Unfallversicherung (2011): Arbeitsbelastungen und Bedrohungen in Arbeitsgemeinschaften nach Hartz IV – Abschlussbericht. München.

DGUV – Deutsche Gesetzliche Unfallversicherung (2009): Arbeitsbelastungen und Bedrohungen in Arbeitsgemeinschaften nach Hartz IV – Zwischenbericht. München.

Die Landesregierung Nordrhein-Westfalen (2004): Verwaltungsmodernisierung in Nordrhein-Westfalen. Zielvereinbarungen. Düsseldorf.

Dillman, D. A. (1991): The Design and Administration of Mail Surveys. In: Annual Review of Sociology, 17: S. 225-249.

Dingeldey, I. (2007): Between workfare and enablement – The different paths to transformation of the welfare state: A comparative analysis of activating labour market policies. In: European Journal of Political Research, 46 (6): S. 823-851.

Domschke, W. und Scholl, A. (2005): Grundlagen der Betriebswirtschaftslehre. Eine Einführung aus entscheidungsorientierter Sicht. 3. Auflage, Berlin und Heidelberg: Springer.

Döring, W. und Kutzki, J. (2007): TVöD – Kommentar. Arbeitsrecht für den öffentlichen Dienst. Berlin und Heidelberg: Springer.

Downs, A. (1967): Inside Bureaucracy. Boston: Little, Brown and Company.

Drechsler, D. (2005): Unemployment in Germany and the Eurosclerosis Debate. Can the Hartz Reforms Induce Higher Employment? Diskussionsbeitrag 48, Potsdam.

Drechsler, W. (2008): Aufstieg und Untergang des New Public Management. In: Kurswechsel, 2 (2008): S. 17-26.

Drepper, D. und Schenck, N. (2012): Deutschlands dubiose Goldmedaillen-Zucht. In: Stern-Online vom 24.07.2012: http://www.stern.de/investigativ/projekte/manipulationimsport/olympische-spiele-deutschlands-dubiose-goldmedaillen-zucht-1863546.html, abgerufen am: 20.04.2015.

Dunn, M. H. (1998): Die Unternehmung als ein soziales System. Ein sozialwissenschaftlicher Beitrag zur Neuen Mikroökonomie. Berlin: Duncker und Humboldt.

Dur, R. und Zoutenbier, R. (2014): Intrinsic Motivations of Public Sector Employees: Evidence for Germany. In: IZA Discussion Papers, No. 8239.

Eckstein, P. P. (2012): Angewandte Statistik mit SPSS. Praktische Einführung für Wirtschaftswissenschaftler. 7., überarbeitete Auflage, Wiesbaden: Springer Gabler.

Egle, F. (2005): Arbeitsmarkt und Beschäftigung. In: Egle, F. und Nagy, M. (Hrsg.), Arbeitsmarktintegration. Profiling – Arbeitsvermittlung – Fallmanagement, S. 1-90, Wiesbaden: Gabler.

Ellguth, P. und Kohaut, S. (2011): Der Staat als Arbeitgeber: Wie unterscheiden sich die Arbeitsbedingungen zwischen öffentlichem Sektor und der Privatwirtschaft? In: Industrielle Beziehungen – Zeitschrift für Arbeit, Organisation und Management, 18 (1-2): S. 11-38.

Eyer E. und Haussmann T. (2006): Leistungsentgelt nach TVöD erfolgreich einführen. Zielvereinbarungen und systematische Leistungsbewertung. Ein Leitfaden für Management und Arbeitnehmervertreter. Wiesbaden: Gabler.

Falter, J. W. (1977): Zur Validierung theoretischer Konstrukte – Wissenschaftstheoretische Aspekte des Validierungskonzepts. In: Zeitschrift für Soziologie, 6 (4): S. 370-385.

Fietze, S. (2011): Arbeitszufriedenheit und Persönlichkeit: „Wer schaffen will, muss fröhlich sein!" In: Deutsches Institut für Wirtschaftsforschung (DIW), SOEPpapers on Multidisciplinary Panel Data Research, Nr. 388, Berlin.

Föhr, S. (1994): Zur Vorteilhaftigkeit von Cafeteria-Systemen. In: Zeitschrift für Personalforschung/German Journal of Research in Human Resource Management, 1/94: S. 58-86.

Forest, V. (2008): Performance-related pay and work motivation: theoretical and empirical perspectives for the French civil service. In: International Review of Administrative Sciences, 74 (2): S. 325-339.

Frank. R. H. (2010): What Price the Moral High Ground? How to Succeed Without Selling Your Soul. Princeton: Princeton University Press.

Freude, M., Horn, C., Matischik, J. P., Sinner, E. und Fietze, S. (2013): Person-Organization Fit und Commitment unter Einfluss der Persönlichkeitsdimensionen. In: Werkstatt für Organisations- und Personalforschung e.V., Bericht Nr. 26, Berlin.

Frey, B. S., Homberg, F. und Osterloh, M. (2013): Organizational Control Systems and Pay-for-Performance in the Public Service. In: Organization Studies, 0 (0): S. 1-24.

Frey, B. S. und Oberholzer-Gee, F. (1997): The Cost of Price Incentives: An Empirical Analysis of Motivation Crowding-Out. In: The American Economic Review, 87 (4): S. 746-755.

Frey, B. S. und Osterloh, M. (2002): Successful Management by Motivation: Balancing Intrinsic and Extrinsic Incentives. Berlin u. a.: Springer.

Frey, B. S. und Osterloh, M. (2002a): Managing Motivation. Wie Sie die neue Motivationsforschung für Ihr Unternehmen nutzen können. 2. Auflage, Wiesbaden: Gabler.

Frey, B. S. und Osterloh, M. (1997): Sanktionen oder Seelenmassage? Motivationale Grundlagen der Unternehmensführung. In: Die Betriebswirtschaft, Bd. 57: S. 307-321.

Friedrichs, J. (2013): Arbeitskrampf. In: Zeitmagazin Nr. 20, 8. Mai 2013.

Gächter, S., Fehr, E. und Zanella, B. (2001): Wie wirken Anreizverträge? In: Zeitschrift für Betriebswirtschaft, ZfB-Ergänzungsheft 4/2001: S. 145-173.

Gazioglu, S. und Tansel, A. (2006): Job satisfaction in Britain: individual and job related factors. In: Applied Economics, 38 (10): S. 1163-1171.

Genz, H. und Werner, W. (2005): Job Center und Fallmanagement. Herzstücke der Arbeitsmarktreformen. In: Egle, F. und Nagy, M. (Hrsg.), Arbeitsmarktintegration. Profiling – Arbeitsvermittlung – Fallmanagement, S. 168-244, Wiesbaden: Gabler.

Gneezy, U. und Rustichini, A. (2000): A Fine is a Price. In: Journal of Legal Studies, 29 (1): S. 1-17.

Göckler, R. (2010): Beratung als Sanktion. Ein theoretisches Modell und seine Überprüfung in der Praxis. In: Blätter der Wohlfahrtspflege. Deutsche Zeitschrift für Soziale Arbeit, 157 (3): S. 96-99.

Göckler, R. (2009): Beschäftigungsorientiertes Fallmanagement. Betreuung und Vermittlung der Grundsicherung für Arbeitssuchende (SGB II). Case Management in der Praxis. 3., neu bearbeitete Auflage, Regensburg: Walhalla.

Gottschall, K., Häberle, A., Heuer, J. O. und Hils, S. (2015): Weder Staatsdiener noch Dienstleister: Selbstverständnis öffentlich Beschäftigter in Deutschland. In: TranState Working Papers, No. 187.

Gourmelon, A., Mroß, M. und Seidel, S. (2011): Management im öffentlichen Sektor. Organisationen steuern – Strukturen schaffen – Prozesse gestalten. München: Rehm.

Greifenstein, R., Kißler, L. und Wiechmann, E. (2008): Arbeitsbedingungen und Mitbestimmung in den neuen Arbeitsverwaltungen. In: WSI Mitteilungen 9/2008.

Grimm, N. und Plambeck, J. (2013): Zwischen Vermessen und Ermessen. Mitarbeiterinnen und Mitarbeiter des Hamburger Jobcenters als wohlfahrtsstaatliche Akteure. Herausgegeben von Diakonisches Werk Hamburg und Hamburger Institut für Sozialforschung: Hamburg.

Grimmer, K. und Kneissler, T. (1996): Mehr Verwaltung – weniger Kompetenz? Verwaltungspolitische und organisationstheoretisch-empirische Analysen zu neuen Organisationsformen in der Kommunalverwaltung. In: Reichard, C. und Wollmann, H. (Hrsg.), Kommunalverwaltung im Modernisierungsschub, S. 78-97, Basel: VS.

Grözinger, G. und Matiaske, W. (2005): Ein Montags-Ranking. In: Forschung & Lehre, 2/2005: S. 82-83.

Grözinger, G. und Matiaske, W. (2004): Regional Unemployment and Individual Satisfaction. In: Grözinger, G., van Aaken, A. (Hrsg.): Inequality: New Analytical Approaches, S. 87-104, Marburg: Metropolis-Verlag.

Grözinger, G., Matiaske, W. und Tobsch, V. (2008): Arbeitszeitwünsche, Arbeitslosigkeit und Arbeitszeitpolitik. In: Deutsches Institut für Wirtschaftsforschung (DIW), SOEPpapers on Multidisciplinary Panel Data Research, Nr. 103, Berlin.

Grüning (Gruening), G. (2001): Origin and theoretical basis of New Public Management. In: International Public Management Journal, 4 (1): S. 1-25.

Grüning (Gruening), G. (2000): Grundlagen des New Public Management. Entwicklung, theoretischer Hintergrund und wissenschaftliche Bedeutung des New Public Management aus Sicht der politisch-administrativen Wissenschaften der USA. Münster: LIT Verlag.

Günther, H. O. und Tempelmeier, H. (2005): Produktion und Logistik, 6. Auflage, Berlin u. a.: Springer

Güth, W. und Kliemt, H. (1997): Intrinsische Motivation: Ausnahme oder Regel? In: Die Betriebswirtschaft-Stuttgart, 57: S. 585-586.

Güttler, P. O. (2000): Statistik. Basic Statistics für Sozialwissenschaftler. 3. Auflage. München und Wien: Oldenbourg-Verlag.

Hammerschmid, G., Meyer, R. E., Egger-Peitler, I. (2009): Das Konzept der Public Service Motivation- Status Quo der internationalen Diskussion und erste empirische Evidenzen für den deutschsprachigen Raum. In: dms – der moderne staat- Zeitschrift für Public Policy, Recht und Management Heft 1/2009: S. 73-92.

Hans-Böckler-Stiftung (2011): Arbeitsbedingungen. Besser arbeiten beim Staat. In: Böcklerimpuls 15/2011: http://www.boeckler.de/impuls_2011_15_2.pdf, abgerufen am: 20.04.2015

Heckhausen J. und Heckhausen H. (2006): Motivation und Handeln: Einführung und Überblick. In: Heckhausen, J. und Heckhausen, H. (Hrsg.), Motivation und Handeln, dritte Auflage, S. 1-9, Heidelberg: Springer.

Herzberg, F. (1974): Work and the Nature of Man. London: Staples.

Hielscher, V. und Ochs, P. (2012): Das prekäre Dienstleistungsversprechen der öffentlichen Arbeitsverwaltung. In: Bothfeld, S., Sesselmeier, W. und Bogedan, C. (Hrsg.), Arbeitsmarktpolitik in der sozialen Marktwirtschaft: vom Arbeitsförderungsgesetz zum Sozialgesetzbuch II und III, 2. Auflage, S. 248 – 259, Wiesbaden: Springer.

Hikspoors, F. (2011): Work values antecedents and consequences. PhD dissertation, Vrije Universiteit, Amsterdam, abgerufen am 18.04.2015: http://dare.ubvu.vu.nl/bitstream/handle/1871/48669/dissertation.pdf?sequence=7

Hils, S. und Streb, S. (2010): Vom Staatsdiener zum Dienstleister? Veränderungen öffentlicher Beschäftigungssysteme in Deutschland, Großbritannien, Frankreich und Schweden. In: TranState working papers, No. 111.

Hinz, E. (2012): Neue Verwaltungssteuerung und Mitarbeiterführung: Kontextsteuerung zur leitbildgerechten und leistungssteigernden Komplettierung des Managementwandels in NPM-Systemen. München und Mering: Hampp.

Hobbes, Thomas (1970) [1655]: Leviathan. Stuttgart: Reclam.

Hochschild, A. R. (2003) [1983]: The Managed Heart: Commercialization of Human Feeling. (Twentieth Anniversary Edition 2003), Berkeley: University of California Press.

Holtkamp, L. (2009): Verwaltung und Partizipation: Von der Hierarchie zur partizipativen Governance? In: Czerwick, E., Lorig, W.H. und Treutner, E. (Hrsg.), Die öffentliche Verwaltung in der Demokratie der Bundesrepublik Deutschland, S. 65-86, Wiesbaden: VS-Research.

Holtkamp, L. und Bogumil, J. (2007): Bürgerkommune und Local Governance. In: Schwalb, L., Walk, H. (Hrsg.): Local Governance – mehr Transparenz und Bürgernähe? S. 231-250, Wiesbaden: VS Verlag für Sozialwissenschaften.

Holtmann, D. (2008): Funktionen und Folgen von Leistungsbeurteilungen. Eine Studie zur Einführung eines personalwirtschaftlichen Standardinstrumentariums in öffentlichen Verwaltungen. München und Mering: Hampp.

Holtmann, D. und Salmon, D. (2011): Beurteilen und Belohnen. In: Personal, 3/2011: S. 18-19.

Homburg, C., Klarmann, M. und Pflesser, C. (2008): Konfirmatorische Faktorenanalyse. In: Herrmann, A., Homburg, C. und Klarmann, M. (Hrsg.): Handbuch Marktforschung, 3. Auflage, S. 271-304, Wiesbaden: Gabler.

Homburg, C., Pflesser, C. und Klarmann, M. (2008a): Strukturgleichungsmodelle mit latenten Variablen: Kausalanalyse. In: Herrmann, A., Homburg, C. und Klarmann, M. (Hrsg.): Handbuch Marktforschung, 3. Auflage, S. 547-577, Wiesbaden: Gabler.

Hood, C. (1991): A Public Management for All Seasons. In: Public Administration, 69 (1): S. 3-19.

Hooper, D., Coughlan, J. und Mullen, M. R. (2008): Structural Equation Modelling: Guidelines for Determining Model Fit. In: Electronic Journal of Business Research Methods, 6 (1): S. 53-60.

Houston, D. J. (2000): Public Service Motivation: A Multivariate Test. In: Journal of Public Administration, Research and Theory (J-PART), 10 (4): S. 713-727.

Hoyle, R. H. (1995): The Structural Equation Modeling Approach. Basic Concepts and Fundamental Issues. In: Hoyle, R. H. (Ed.), Structural Equation Modeling: Concepts, Issues, and Applications, S. 1-15, Thousand Oaks: Sage.

Hoyle, R. H. und Panter, A. T. (1995): Writing About Structural Equation Models. In: Hoyle, R. H. (Ed.), Structural Equation Modeling: Concepts, Issues, and Applications, S. 158-176, Thousand Oaks: Sage.

Hsieh, C. W., Yang, K. und Fu, K. J. (2012): Motivational Bases and Emotional Labor: Assessing the Impact of Public Service Motivation. In: Public Administration Review, 72 (2): S. 241-251.

Hu, L. T. und Bentler, P. M. (1999): Cutoff Criteria for Fit Indexes in Covariance Structure Analysis: Conventional Criteria Versus New Alternatives. In: Structural Equation Modeling: A Multidisciplinary Journal, 6 (1): S. 1-55.

Jacobsen, C. B., Hvitved, J. und Andersen, L. B. (2014): Command and Motivation: How the Perception of External Interventions Relates to Intrinsic Motivation and Public Service Motivation. In: Public Administration, 92 (4): S. 790-806.

Jaedicke, W., Thrun, T. und Wollmann, H. (2000): Modernisierung der Kommunalverwaltung. Evaluierungsstudie zur Verwaltungsmodernisierung im Bereich Planen, Bauen und Umwelt. Stuttgart: Wüstenrot Stiftung.

Jann, W. (2006): Wandlungen von Verwaltungsmanagement und Verwaltungspolitik in Deutschland. In: Jann, W., Röber, M. und Wollmann, H. (Hrsg.), Public Management – Grundlagen, Wirkungen, Kritik. Festschrift für Christoph Reichard zum 65. Geburtstag, S. 35-48, Berlin: Sigma.

Jann, W., Röber, M. und Wollmann, H. (2006): Beharrlichkeit und Innovation: Christoph Reichard und das öffentliche Management. In: Jann, W., Röber, M. und Wollmann, H. (Hrsg.), Public Management – Grundlagen, Wirkungen, Kritik. Festschrift für Christoph Reichard zum 65. Geburtstag, S. 9-23, Berlin: Sigma.

Janssen, J. und Laatz, W. (2013): Statistische Datenanalyse mit SPSS: Eine anwendungsorientierte Einführung in das Basissystem und das Modul Exakte Tests. 8. Auflage, Berlin und Heidelberg: Springer Gabler.

Jin, M. (2013): Public Service Motivation: A Cross-Country Study. In: International Journal of Public Administration, 36 (5): S. 331-343.

Jobcenter NRW - Arbeitsgruppe der LAG NRW (2012): Die Arbeitssituation in den Leistungsbereichen der Jobcenter NRW. o. O:
http://www.harald-thome.de/media/files/Endfassung-Positionspapier-Leistung-2012.03.09.pdf, abgerufen am 20.04.2015.

Jooß-Mayer, S. (2010): Die Beschäftigten der öffentlichen Verwaltung im Fokus des New Public Management: Eine Analyse individueller Lebensziele und organisationaler Strukturen. München und Mering: Hampp.

Jöreskog, K. G. und Sörbom, D. (1993): LISREL 8: Structural Equation Modeling with the SIMPLIS Command Language. Lincolnwood: Scientific Software International.

Jörges-Süß K. (2007): Leistungsbezogene Bezahlung in der Öffentlichen Verwaltung. Eine neoinstitutionalistisch – historische Analyse. München und Mering: Hampp.

Jost, P. J. (2008): Organisation und Motivation: Eine ökonomisch-psychologische Einführung. 2. Auflage, Wiesbaden: Gabler.

Jung, H. (2011): Controlling. 3. Auflage, München: Oldenbourg Verlag.

Junker, A. (2008): Grundkurs Arbeitsrecht. 7. Auflage, München: Beck.

Kaatz, C. (2012): Masterplan Controlling – ein neuer Ansatz zur Steuerung in der Bundeswehr oder alter Wein in neuen Schläuchen? In: BWV, Heft 6: S. 122-130.

Karasek, R. A. (1979): Job Demands, Job Decision Latitude, and Mental Strain: Implications for Job Redesign. In: Administrative Science Quarterly, 24 (2): S. 285-308.

Katz, D. (1964): The Motivational Basis of Organizational Behavior. In: Behavioral Science, 9 (2): S. 131-146.

Katz, D. und Kahn, R. L. (1978): The Social Psychology of Organizations. New York: John Wiley & Sons.

Kegelmann, J. (2007): New Public Management. Möglichkeiten und Grenzen des Neuen Steuerungsmodells. Wiesbaden: Springer VS.

Kelava, A. und Moosbrugger, H. (2007): Deskriptivstatistische Evaluation von Items (Itemanalyse) und Testwertverteilungen. In: Moosbrugger, H. und Kelava, A. (Hrsg.), Testtheorie und Fragebogenkonstruktion, S. 73-98, Heidelberg: Springer.

Keller, B. (2008): Einführung in die Arbeitspolitik. Arbeitsbeziehungen in sozialwissenschaftlicher Perspektive. 7. Auflage, München: Oldenbourg-Verlag.

KGSt – Kommunale Gemeinschaftsstelle für Verwaltungsmanagement (2006): Leistungsabhängige Bewegungen in den Entgeltstufen im TVöD: Erste Empfehlungen. Bericht Nr. 3/2006, Köln.

KGSt – Kommunale Gemeinschaftsstelle (1996): Personalentwicklung im neuen Steuerungsmodell: Anforderungen an vorrangige Zielgruppen. Bericht Nr. 6/1996, Köln.

KGSt – Kommunale Gemeinschaftsstelle für Verwaltungsvereinfachung (1993): Das neue Steuerungsmodell: Begründung – Konturen – Umsetzung. Bericht Nr. 5/1993, Köln.

KGSt – Kommunale Gemeinschaftsstelle für Verwaltungsvereinfachung (1991): Dezentrale Ressourcenverantwortung: Überlegungen zu einem neuen Steuerungsmodell. Bericht Nr. 12/1991, Köln.

Kieser, A. (2006): Max Webers Analyse der Bürokratie. In: Kieser, A. und Ebers, M. (Hrsg.), Organisationstheorien, 6. Auflage, S. 63–92, Stuttgart: Kohlhammer.

Kieser, A. (2012): Organisationen regeln – wer aber steuert Organisationen? In: Duschek, S., Gaitanides, M., Matiaske, W. und Ortmann, G. (Hrsg.), Organisationen regeln. Die Wirkmacht korporativer Akteure, S. 227-252, Heidelberg: Springer VS.

Kim, S. (2009): Revising Perry's Measurement Scale of Public Service Motivation. In: The American Review of Public Administration, 39 (2): S. 149-163.

Kim, S., Vandenabeele, W., Wright, B. E., Andersen, L. B., Cerase, F. P., Christensen, R. K., Desmarais, C., Koumenta, M., Leisink, P., Liu, B., Palidauskaite, J., Pedersen, L. H., Perry, J. L., Ritz, A., Taylor, J. und De Vivo, P. (2013): Investigating the Structure and Meaning of Public Service Motivation Across Populations: Developing an International Instrument and Addressing Issues of Measurement Invariance. In: Journal of Public Administration Research and Theory, 23 (1): S. 79-102.

Kißler, L., Greifenstein, R. und Wiechmann, E. (2008): Großbaustelle Arbeitsverwaltung. Arbeitsbedingungen und –beziehungen im Schatten der Arbeitsmarktreform. Berlin: Edition Sigma.

Klenk, T. (2012): Vom Arbeitsförderungsgesetz zum Sozialgesetzbuch II und III: Wandel der korporatistischen Arbeitsverwaltung?. In: Bothfeld, S., Sesselmeier, W. und Bogedan, C. (Hrsg.), Arbeitsmarktpolitik in der sozialen Marktwirtschaft, 2. Auflage: S. 276-290, Wiesbaden: Springer.

Knoke, D. und Wright-Isak, C. (1982): Individual Motives and Organizational Incentive Systems. In: Research in the Sociology of Organizations, 1 (2): S. 209-254.

Knuth, M. (2012): Grundsicherung „für Arbeitsuchende ": ein hybrides Regime sozialer Sicherung auf der Suche nach stabiler Governance. In: Bothfeld, S., Sesselmeier, W. und Bogedan, C. (Hrsg.), Arbeitsmarktpolitik in der sozialen Marktwirtschaft, 2. Auflage: S. 70-88, Wiesbaden: Springer.

Köhling, K. (2012): Vertrauen und Wissen in Governance-Prozessen. Wiesbaden: VS Verlag für Sozialwissenschaften.

Kolbe, C. und Reis, C. (2008): Die praktische Umsetzung des Fallmanagements nach dem SGB II. Eine empirische Studie. Fachhochschulverlag Frankfurt am Main.

Kommission „Moderne Dienstleistungen am Arbeitsmarkt" (2002): Vorschläge der Kommission zum Abbau der Arbeitslosigkeit und zur Umstrukturierung der Bundesanstalt für Arbeit. Berlin.

Korunka, C., Scharitzer, D., Carayon, P. und Sainfort, F. (2003): Employee strain and job satisfaction related to an implementation of quality in a public service organization: a longitudinal study. In: Work & Stress, Vol. 17 (1): S. 52-72.

Kristof-Brown, A. L., Zimmermann, R. D. und Johnson, E. C. (2005): Consequences of Individual's Fit at Work. A Meta-Analysis of Person-Job, Person-Organization, Person-Group, and Person-Supervisor Fit. In: Personnel Psychology, 58 (2): S. 281-342.

Kroll, L. E., Müters, S. und Dragano, N. (2011): Arbeitsbelastungen und Gesundheit. In: Robert Koch-Institut Berlin (Hrsg.), GBE kompakt 2 (5). Online: www.rki.de/gbe-kompakt, abgerufen am: 19.05.2014.

Kuhlmann, S. (2009): Politik-und Verwaltungsreform in Kontinentaleuropa. Subnationaler Institutionenwandel im deutsch-französischen Vergleich (Vol. 14). Baden Baden: Nomos.

Kuhlmann, S., Bogumil, J. und Grohs, S. (2008): Evaluating Administrative Modernization in German Local Governments: Success or Failure of the "New Steering Model"? In: Public Administration Review, 68 (5): S. 851-863.

Kunz, G. (2003): Führen durch Zielvereinbarungen. Im Change-Management Mitarbeiter erfolgreich motivieren. München: Beck.

Le Grand, J. (2010): Knights and Knaves Return: Public Service Motivation and the Delivery of Public Service. In: International Public Management Journal (13) 1: S. 56-71.

Le Grand, J. (2006): Motivation, Agency, and Public Service. Of Knights & Knaves, Pawns & Queens. New York: Oxford University Press.

Leisink, P. und Steijn, B. (2009): Public service motivation and job performance of public sector employees in the Netherlands. In: International Review of Administrative Sciences, 75 (1): S. 35-52.

Litschen, K. (2007): Leistungsorientierte Vergütung: Ein Katalysator des Kulturwandels im öffentlichen Dienst. In: Matiaske, W. und Holtmann, D. (Hrsg.), Leistungsvergütung im Öffentlichen Dienst, S. 87-92, München und Mehring: Hampp.

Litschen, K., Kratz, F., Weiß, J. und Zempel, C. (2006): Leistungsorientierte Bezahlung im öffentlichen Dienst. Die Herausforderung meistern. Stadtbergen: rehm.

Locke, E. A. und Latham, G. P. (2006): New Directions in Goal-Setting Theory. In: Current Directions in Psychological Science, 15 (5): S. 265-268.

Locke, E. A. und Latham, G. P. (2002): Building a Practically Useful Theory of Goal Setting and Task Motivation. A 35-Year Odyssey. In: American Psychologist, 57 (9): S. 705-717.

Locke, E. A. und Latham, G. P. (1990): A Theory of Goal Setting & Task Performance. Englewood Cliffs: Prentice-Hall, Inc.

Löcherbach, P., Klug, W., Remmler-Faßbender, R. und Wendt, W. R. (2009): Case Management. Fall- und Systemsteuerung in der sozialen Arbeit, 3. Auflage, München: reinhardt.

Lohbeck, A. K. (2009): Dominierende Rolle des Aussendienstes in Mehrkanalsystemen. Eine empirische Untersuchung. Dissertation an der Hochschule St. Gallen, Dissertation Nr. 3638, Göttingen: Cuviellier Verlag.

Lohmann, A. (2010): Kernpunkte der Jobcenterreform. In: Wissenschaftliche Dienste des Deutschen Bundestages: http://www.bundestag.de/blob/191548/2e182107498ccf81dd3d3ba2e39a28e4/jobcenterreform-data.pdf, abgerufen am 20.04.2015.

Lorig, W. H. (2009): Die kundenorientierte Verwaltung – zu den Facetten eines Leitbildes der Verwaltungsmodernisierung. In: Czerwick, E.; Lorig, W. H. und Treutner, E. (Hrsg.): Die öffentliche Verwaltung in der Demokratie der Bundesrepublik Deutschland, S. 225-246, Wiesbaden: VS Research.

March, J. und Simon, H. (1958): Organizations. Second Edition published 1993, Cambridge: Blackwell Publishers.

Marrs, K. (2010): Herrschaft und Kontrolle in der Arbeit. In: Böhle, F., Voß, G. G. und Wachtler, G. (Hrsg.), Handbuch Arbeitssoziologie, S. 331-356, Wiesbaden: VS Verlag.

Martin, A. (2007): Leistungsbilder. In: Matiaske, W. und Holtmann, D. (Hrsg.), Leistungsvergütung im Öffentlichen Dienst, S. 11-23, München und Mering: Hampp.

Martin, A. (2004): Die Leistungsfähigkeit der Anreiz-Beitrags-Theorie. In: Festing, M., Martin, A., Mayrhofer, W. und Nienhüser, W. (Hrsg.), Personaltheorie als Beitrag zur Theorie der Unternehmung. Festschrift für Prof. Dr. Wolfgang Weber zum 65. Geburtstag, München und Mering: Hampp.

Martin, A. (2003): Arbeitszufriedenheit. In: Martin, A. (Hrsg.), Organizational Behaviour – Verhalten in Organisationen, 11-34, Stuttgart: Kohlhammer.

Mathieu, J. E. und Zajac, D. M. (1990): A Review and Meta-Analysis of the Antecedents, Correlates, and Consequences of Organizational Commitment. In: Psychological Bulletin, 108 (2): S. 171-194.

Maslow, A. H. (1954): Motivation and Personality. New York: Harper & Brothers.

Matiaske, W. (2012): Nutzen und Grenzen einer ergebnisorientierten Steuerung mit Zielen und Anreizen. In: Richter, G. (Hrsg.), Neuausrichtung der Bundeswehr. Beiträge zur professionellen Führung und Steuerung, S. 261-276, Wiesbaden: Springer.

Matiaske, W. (1999): Soziales Kapital in Organisationen. Eine tauschtheoretische Studie. München und Mering: Hampp.

Matiaske, W. (1996): Statistische Datenanalyse mit Mikrocomputern. Einführung in P-STAT und SPSS/PC. 2. Auflage, München und Wien: Oldenbourg-Verlag.

Matiaske, W. und Holtmann, D. (2007): Einleitung: Leistungsorientierung und –vergütung in öffentlichen Organisationen. In: Matiaske, W. und Holtmann, D. (Hrsg.), Leistungsvergütung im Öffentlichen Dienst, S. 3-10, München und Mehring: Hampp.

Matiaske, W. und Mellewigt, T. (2001): Arbeitszufriedenheit: Quo vadis? In: Die Betriebswirtschaft, 61 (1): S. 7-24.

Matiaske, W., Olejniczak, M., Salmon, D. und Schult, M. (2015): Arbeitsbedingungen in Jobcentern nach dem SGB II (gemeinsame Einrichtungen) – Mitarbeiterbefragung zu Arbeitsumfeld und psychischer Belastung. In: Industrielle Beziehungen, 22 (2): S. 142-166.

Matiaske, W. und Weller, I. (2008): Leistungsorientierte Vergütung im öffentlichen Sektor. Ein Test der Motivationsverdrängungsthese. In: Zeitschrift für Betriebswirtschaft, 78 (1): S. 35-60.

Matiaske, W. und Weller, I. (2007): Kann weniger mehr sein? Theoretische Überlegungen und empirische Befunde zur These der Verdrängung intrinsischer Motivation durch externe Anreize. In: M. Moldaschl (Hrsg.), Verwertung immaterieller Ressourcen. Nachhaltigkeit von Unternehmensführung und Arbeit III, S. 237-265, München und Mering: Hampp.

Matiaske, W. und Weller, I. (2003): Extra-Rollenverhalten. In: Martin, A. (Hrsg.), Organizational Behaviour – Verhalten in Organisationen, S. 95-114, Stuttgart: Kohlhammer.

Meyer, J. P. und Allen, N. J. (1991): A Three-Component Conceptualization of Organizational Commitment. In: Human Resource Management Review, 1 (1): S. 61-89.

Meyer, J. P., Stanley, D. J., Herscovitch, L. und Topolnytsky, L. (2002): Affective, Continuance, and Normative Commitment to the Organization: A Meta-Analysis of Antecedents, Correlates, and Consequences. Journal of Vocational Behavior, 61(1): S. 20-52.

Meyer, R. E., Egger-Peitler, I., Höllerer, M. A. und Hammerschmid, G. (2013): Of Bureaucrats and Passionate Public Managers: Institutional Logics, Executive Identities, and Public Service Motivation. In: Public Administration, 92 (4): S. 861-885.

Mikkelsen, A., Ogaard, T. und Lovrich, N. (2000): Modeling the Effects of Organizational Setting and Individual Coping Style on Employees Subjective Health, Job Satisfaction and Commitment. In: Public Administration Quarterly, 24 (3): S. 371-397.

Mohr, K. (2012): Von „Welfare to Workfare"? Der radikale Wandel der deutschen Arbeitsmarktpolitik. In: Bothfeld, S., Sesselmeier, W. und Bogedan, C. (Hrsg.), Arbeitsmarktpolitik in der sozialen Marktwirtschaft: vom Arbeitsförderungsgesetz zum Sozialgesetzbuch II und III, 2. Auflage, S. 57-69, Wiesbaden: Springer.

Möltgen, K. und Pippke, W. (2009): New Public Management und die Demokratisierung der öffentlichen Verwaltung. In: Czerwick, E., Lorig, W. H. und Treutner, E. (Hrsg.): Die öffentliche Verwaltung in der Demokratie der Bundesrepublik Deutschland, S. 199-224, Wiesbaden: VS Research.

Moynihan, D. P. und Pandey, S. K. (2008): The Ties that Bind: Social Networks, Person-Organization Value Fit, and Turnover Intention. In: Journal of Public Administration Research and Theory, 18 (2): S. 205-227.

Moynihan, D. P. und Pandey, S. K. (2007): The Role of Organizations in Fostering Public Service Motivation. In: Public Administration Review, 67 (1): S. 40-53.

Muchinsky, P. M. und Monahan, C. J. (1987): What is Person-Environment Congruence? Supplementary versus Complementary Models of Fit. In: Journal of Vocational Behavior Vol. 31 (3): S. 268-277.

Müller, F. H. und Kals, E. (2004): Die Q-Methode. Ein innovatives Verfahren zur Erhebung subjektiver Einstellungen und Meinungen. In: Forum: Qualitative Sozialforschung, 5 (2), Art. 34: o. S.

Müller, W. (2005): Multivariate Analysemethoden im Quantitativen Marketing – Statistische Konzeption und empirische Erfahrungsberichte. Institut für Angewandtes Markt-Management, Reihe Forschungspapier, Band 16, Dortmund.

Müller, W. (2004): Multivariate Statistik im Quantitativen Marketing – Konzeption und Anwendungsbereiche der Faktorenanalyse. Institut für Angewandtes Markt-Management, Reihe Forschungspapier, Band 8, Dortmund.

Müller, G. F. und Bierhoff, H. W. (1994): Arbeitsengagement aus freien Stücken – psychologische Aspekte eines sensiblen Phänomens. In: Zeitschrift für Personalforschung/German Journal of Research in Human Resource Management, 8 (4): S. 367-379.

Müller-Jentsch, W. (1997): Soziologie der Industriellen Beziehungen. Eine Einführung, 2., erweiterte Auflage. Frankfurt/Main: Campus-Verlag.

Naff, K. C. und Crum, J. (1999): Working for America. Does Public Service Motivation Make a Difference? In: Review of Public Personnel Administration, 19 (4): S. 5-16.

Naschold, F. und Bogumil, J. (2000): Modernisierung des öffentlichen Dienstes im internationalen Vergleich. In: Naschold, F. und Bogumil, J., Modernisierung des Staates. New Public Management in deutscher und internationaler Perspektive, 2. Auflage, S.27-78, Opladen: Leske und Budrich.

Noblet, A. J. und Rodwell, J. J. (2009): Integrating Job Stress and Social Exchange Theories to Predict Employee Strain in Reformed Public Sector Contexts. In: Journal of Public Administration Research and Theory, 19 (3): S. 555-578.

Öchsner, T. (2012): Bundesagentur macht Arbeit. In: Süddeutsche Zeitung vom 14.12.2012 (online): http://sz.de/1.1550000, abgerufen am: 06.09.2013.

OECD (2010): Public Administration after "New Public Management". In: Value for Money in Government, Paris.

OECD (2009): Government at a Glance 2009. Paris.

OECD (2005): Modernising Government. The Way Forward. Paris.

OECD (1996): Ethics in the Public Service. Current Issues and Practice. In: Public Management Occasional Papers, No. 14.

Olejniczak, M. und Salmon, D. (2014): Workers in German UBII Jobcenters - Stress by New Public Management? In: Journal for Workplace Rights 17 (3): S. 255-282.

Olejniczak, M., Salmon, D., Matiaske, W. und Fietze, S. (2014): Arbeitsbedingungen in Jobcentern – Gemeinsame Einrichtungen nach § 44b SGB II. Mitarbeiterbefragung zum Arbeitsumfeld, psychischer Belastung und Arbeitszufriedenheit. In: Werkstatt für Organisations- und Personalforschung e.V., Bericht Nr. 28, Berlin.

Olejniczak, M. (2011): Arbeit im Kontext des SGB II. Personalwirtschaftliche Aspekte des Neuen Steuerungsmodells. In: Werkstatt für Organisations- und Personalforschung e.V., Bericht Nr. 22, Berlin.

Olejniczak, M. (2010): Aktive Leistungen nach dem SGB II als Dienstleistungsprozess. Eine qualitative Analyse der Hartz-IV-Reform auf Basis von Interviews mit Betroffenen. München und Mering: Hampp.

O'Reilly III, C. A. und Chatman, J. (1986): Organizational Commitment and Psychological Attachment: The Effects of Compliance, Identification, and Internalization on Prosocial Behavior. In: Journal of Applied Psychology, 71 (3): S. 492-499.

O'Reilly III, C. A., Chatman, J. und Caldwell, D. F. (1991): People and Organizational Culture: A Profile Comparison Approach to Assessing Person-Organization Fit. In: The Academy of Management Journal, 34 (3): S. 487-516.

Organ, D. W. (1988): Organizational Citizenship Behavior: The Good Soldier Syndrome. Lexington: Lexington Books.

Papenfuß, U. (2013): Verantwortungsvolle Steuerung und Leitung öffentlicher Unternehmen: Empirische Analyse und Handlungsempfehlungen zur Public Corporate Governance. Wiesbaden: Springer Gabler.

Papenfuß, U. und Schaefer, C. (2012): Verwaltungsmodernisierung und New Public Management – Perspektiven für Ausbildung und Forschung. In: Richter, G. (Hrsg.), Neuausrichtung der Bundeswehr. Beiträge zur professionellen Führung und Steuerung, S. 27 - 45, Wiesbaden: Springer.

Park, Y. K., Kabst, R., Steinmetz, H. und Turner, M. (2009): Organizational Commitment und Job Involvement in Deutschland und Südkorea: Eine bedürfnisorientierte empirische Analyse. In: Schreyögg, G. und Sydow, J. (Hrsg.), Verhalten in Organisationen. Managementforschung 19, S. 1-30, Wiesbaden: Gabler.

Pedersen, M. J. (2013): Public Service Motivation and Attraction to Public Versus Private Sector Employment: Academic Field of Study as Moderator? In: International Public Management Journal, 16 (3): S. 357-385.

Perry, J. L. (1996): Measuring Public Service Motivation: An Assessment of Construct Reliability and Validity. In: Journal of Public Administration, Research and Theory (J-PART), 6 (1): S. 5-22.

Perry, J. L. und Hondeghem, A. (2008): Building Theory and Empirical Evidence about Public Service Motivation. In: International Public Management Journal, 11 (1): S. 3-12.

Perry, J. L., Hondeghem, A. und Wise, L. R. (2010): Revisiting the Motivational Bases of Public Service: Twenty Years of Research and an Agenda for the Future. In: Public Administration Review, 70 (5): S. 681-690.

Perry, J. L. und Wise, L. R. (1990): The Motivational Bases of Public Service. In: Public Administration Review, 50 (3): S. 367-373.

Picot, A. und Wolff, B. (1994): Zur ökonomischen Organisation öffentlicher Leistungen: „Lean Management" im öffentlichen Sektor. In: Naschold, F. und Pröhl, M. (Hrsg.), Produktivität öffentlicher Dienstleistungen, S. 51-120, Gütersloh: Bertelsmann Stiftung.

Pollitt, C., van Thiel, S. und Homburg, V. (2007): New Public Management in Europe. In: Management Online Review: S. 1-7: http://hdl.handle.net/1765/11553, abgerufen am: 20.04.2015.

Pook, M. (2007): Zielvereinbarungen und deren Bedeutung für die Steuerung im SGB II. Impulsvortrag, Manfred Pook, KGSt bei: Bundeskongress SGB II, Berlin:
http://www.bundeskongress-sgb2.de/foren-doku-content/forum_d4/downloads/D4_6_Pook%20%28Text%29.pdf, abgerufen am: 20.04.2015.

Porst, R. (2009): Fragebogen. Ein Arbeitsbuch. 2. Auflage, VS Verlag: Wiesbaden.

Porst, R. (1998): Im Vorfeld der Befragung: Planung, Fragebogenentwicklung, Pretesting. ZUMA-Arbeitsbericht 98/02, Mannheim.

Porst, R. (1996): Fragebogenerstellung. In: Goebl, H., Nelde, P. H., Stary, Z. und Wölck, W. (Hrsg.): Kontaktlinguistik. Contact Linguistics. Linguistique de contact. Ein internationales Handbuch zeitgenössischer Forschung, 1: S. 737-744, Berlin und New York: Walter de Gruyter.

Pugliesi, K. (1999): The Consequences of Emotional Labor: Effects on Work Stress, Job Satisfaction, and Well-Being. In: Motivation and Emotion, 23 (2): S. 125-154.

Raeder, S. und Grote, G. (2000): Flexibilisierung von Arbeitsverhältnissen und psychologischer Kontrakt – neue Formen persönlicher Identität und betrieblicher Identifikation. Eidgenössische Technische Hochschule (ETH) Zürich, Institut für Arbeitspsychologie.

Rainey, H. G. (1983): Public Agencies and Private Firms. Incentive Structures, Goals, and Individual Roles. In: Administration & Society, 15(2): S. 207-242.

Rainey, H. G. (1982): Reward Preferences among Public and Private Managers: In Search of the Service Ethic. In: The American Review of Public Administration, 16 (4): S. 288-302.

Rayner, J., Lawton, A. und Wiliams, H. M. (2012): Organizational Citizenship Behavior and the Public Service Ethos: Whither the Organization? In: Journal of Business Ethics, 106 (2): S. 117-130.

Rainey, H. G. und Steinbauer, P. (1999): Galloping Elephants: Developing Elements of a Theory of Effective Government Organizations. In: Journal of Public Administration Research and Theory (J-PART), 9 (1): S. 1-32.

Rawls, J. R., Ullrich, R. A. und Nelson, O. T. (1975): A Comparison of Managers Entering or Reentering the Profit and Nonprofit Sectors. In: Academy of Management Journal, 18 (3): S. 616-623.

Reichard, C. (2010): Die Umsetzung von Managementreformen in der deutschen Kommunalverwaltung. In: Dahme, H. J. und Wohlfahrt, N. (Hrsg): Systemanalyse als politische Reformstrategie, S. 163-177, Wiesbaden: VS Verlag für Sozialwissenschaften.

Reichard, C. (2003): Local Public Management Reforms in Germany. In: Public Administration, 81 (2): S. 345-363.

Reichard, C. (1996): Die "New Public Management"-Debatte im internationalen Kontext. In: Reichard C. und Wollmann, H. (Hrsg.), Kommunalverwaltung im Modernisierungsschub? S. 241-274, Basel: Birkhäuser.

Reichers, A. E. (1985): A Review and Reconceptualization of Organizational Commitment. Academy of Management Review, 10 (3): S. 465-476.

Reif, F. (2015): Alltag in einem Jobcenter. „Ich habe Kollegen, da möchte ich nicht Kundin sein". In: Spiegel-Online vom 02.01.2015: http://www.spiegel.de/karriere/berufsleben/hartz-iv-jobcenter-mitarbeiterin-erzaehlt-vom-alltag-im-arbeitsamt-a-1006626.html, abgerufen am: 20.04.2015.

Reinecke, J. (2005): Strukturgleichungsmodelle in den Sozialwissenschaften, München: Oldenbourg Verlag.

Ritz, A. und Waldner, C. (2011): Competing for Future Leaders: A Study of Attractiveness of Public Sector Organizations to Potential Job Applicants. In: Review of Public Personnel Administration, 31 (3): S. 291-316.

Robertson, P. J. und Seneviratne, S. J. (1995): Outcomes of Planned Organizational Change in the Public Sector: A Meta-Analytic Comparison to the Private Sector. Public Administration Review, 55 (6): S. 547-558.

Rost, N. (2008): Der Homo Oeconomicus. Eine Fiktion der Standardökonomie. In: Zeitschrift für Sozialökonomie, 45, Folge 158-159: S. 49-58.

Rousseau, D. (1995): Psychological Contracts in Organizations: Understanding Written and Unwritten Agreements. Thousand Oaks: Sage.

Rousseau, D. M. und McLean Parks, J. (1993): The Contracts of Individuals and Organizations. In: Research in Organizational Behavior, Vol. 15: S. 1-43.

Rudolph, C. und Niekant, R. (2007): Hartz IV – Zwischenbilanz und Perspektive. Münster: Westfälisches Dampfboot.

Russell-Walling, E. (2011): 50 Schlüsselideen Management, Heidelberg: Spektrum Akademischer Verlag.

Ryan, R. M. und Deci, E. L. (2000): Self-Determination Theory and the Facilitation of Intrinsic Motivation, Social Development, and Well-Being. In: American Psychologist, 55 (1): S. 68-78.

Schedler, K. (2006): Wie entwickelte sich die internationale Debatte um das New Public Management. Versuch einer Übersicht. In: Jann, W., Röber, M. und Wollmann, H. (Hrsg.), Public Management – Grundlagen, Wirkungen, Kritik. Festschrift für Christoph Reichard zum 65. Geburtstag, S. 95-108, Berlin: Sigma.

Scheffer, D. und Kuhl, J. (2006): Erfolgreich motivieren. Mitarbeiterpersönlichkeit und Motivationstechniken. Göttingen: Hogrefe.

Schein, E. H. (1980): Organisationspsychologie. Wiesbaden: Gabler.

Schein, E. H. (1978): Career Dynamics: Matching Individual and Organizational Needs. Massachusetts: Addison-Wesley.

Schiefer, H. (2008): Endlich Leistungsentgelt für gute Leistung?! Umsetzung der leistungsorientierten Bezahlung in den Kommunen. Freiburg: Haufe-Studienreihe.

Schneeweiß, C. (2001): Einführung in die Produktionswirtschaft. 8. Auflage, Berlin u. a.: Springer.

Schneider, B. (1987): The People Make the Place. In: Personnel Psychology, 40 (3): S. 437-453.

Schneider, R. (2006): Paradigmenwechsel im Öffentlichen Dienst. Ab dem 1.1.2007 gibt es leistungsorientierte Vergütung in der Öffentlichen Hand. In: Der Personalleiter, Juni 2006: S. 189-192.

Scholl, R. W. (1981): Differentiating Organizational Commitment from Expectancy as a Motivating Force. In: Academy of Management Review, 6 (4): S. 589-599.

Schreyögg, G. (2003): Organisation. Grundlagen moderner Organisationsgestaltung, vierte Auflage, Wiesbaden: Gabler.

Schrüfer, K. (1988): Ökonomische Analyse individueller Arbeitsverhältnisse, Frankfurt, New York: Campus.

Schult, J., Münzer-Schrobildgen, M. und Sparfeldt, J. R. (2014): Belastet, aber hochzufrieden? In: Zeitschrift für Gesundheitspsychologie, 22 (2): S. 61-67.

Schütz, H. (2012): Neue und alte Regelsteuerung in der deutschen Arbeitsverwaltung. In: Bothfeld, S., Sesselmeier, W. und Bogedan, C. (Hrsg), Arbeitsmarktpolitik in der sozialen Marktwirtschaft, zweite Auflage, S. 233-247, Wiesbaden: Springer.

Sell, S. (1998): Entwicklung und Reform des Arbeitsförderungsgesetzes als Anpassung des Sozialrechts an flexible Erwerbsformen? Zur Zumutbarkeit von Arbeit und Eigenverantwortung von Arbeitnehmern. In: Mitteilungen aus der Arbeitsmarkt-und Berufsforschung, 31(3): S. 532-549.

Sewell, G. und Barker, J. R. (2006): Coercion Versus Care: Using Irony to Make Sense of Organizational Surveillance. In: Academy of Management Review, 31 (4): S. 934-961.

Siegrist, J., Starke, D., Chandola, T., Godin, I., Marmot, M., Niedhammer, I. und Peter, R. (2004): The Measurement of Effort-Reward Imbalance at Work: European Comparisons. In: Social Science & Medicine, 58 (8): S. 1483-1499.

Simon, H. A. (1979): Rational Decision Making in Business Organizations. In: The American Economic Review, 69 (4): S. 493-513.

Sonnberger, H. (2013): Schul-Klischees im Faktencheck: Lehrer werden lohnt sich – oder? In: Spiegel-Online:
http://www.spiegel.de/schulspiegel/wissen/beamtenstatus-und-gehalt-ob-es-sich-lohnt-lehrer-zu-werden-a-877467.html, abgerufen am: 20.04.2015

Staats, E. B. (1988): Public Service and the Public Interest. In: Public Administration Review, 48 (2): S. 601-606.

Statistik der Bundesagentur für Arbeit (2014):
http://statistik.arbeitsagentur.de/nn_32082/SiteGlobals/Forms/ImageMapSchnell uebersichten/ZeitauswahlSchnelluebersicht-Form.html?view=processForm&resourceId=210328&input_=&pageLocale=de&regionInd=b&year_month=201403&year_month.GROUP=1&search=Suchen, abgerufen am: 04.04.2014.

Statistik der Bundesagentur für Arbeit (2013):
http://statistik.arbeitsagentur.de/Navigation/Statistik/Statistik-nach-Themen/Zeitreihen/zu-den-Produkten-Nav.html, abgerufen am 24.09.2013.

Statistik der Bundesagentur für Arbeit (2013a):

http://statistik.arbeitsagentur.de/Navigation/Statistik/Grundlagen/Regionale-Gliederungen/Gebietsstruktur-Traeger-Grundsicherung-Nav.html, abgerufen am 09.01.2014.

Statistik der Bundesagentur für Arbeit (2013b):
https://statistik.arbeitsagentur.de/nn_31994/SiteGlobals/Forms/Rubrikensuche/Rubrikensuche_Form.html?view=processForm&resourceId=210368&input_=&pageLocale=de&topicId=17582&year_month=aktuell&year_month.GROUP=1&search=Suchen
(Anmerkung: Die zitierte Datei wurde mittlerweile von der Internetseite der BA entfernt. Der oben aufgeführte Link verweist auf eine aktualisierte Datei, die bis auf die verwendeten Begriffsdefinitionen identische Daten enthält.), abgerufen am 24.03.2015.

Statistisches Bundesamt (2014): Finanzen und Steuern. Personal des öffentlichen Dienstes. Fachserie 14, Reihe 6: Wiesbaden.

Steijn, B. (2008): Person-Environment Fit and Public Service Motivation. In: International Public Management Journal, 11 (1): S. 13-27.

Stein, F. A. (2003): Arbeitgeber des öffentlichen Dienstes. In: Eichhorn, P. (Hrsg.):Verwaltungslexikon, 3. Auflage, S.41, Baden- Baden: Nomos.

Steinmetz, H. (2014): Lineare Strukturgleichungsmodelle. Eine Einführung mit R. München und Mering: Hampp.

Stone, D. N., Deci, E. L. und Ryan, R. M. (2009): Beyond Talk: Creating Autonomous Motivation through Self-Determination Theory. In: Journal of General Management, 34 (3): S. 75-91.

Studienkommission für die Reform des öffentlichen Dienstrechts (1973): Bericht der Kommission. Baden-Baden: Nomos.

Tauberger, A. (2008): Controlling für die öffentliche Verwaltung. München: Oldenbourg Verlag.

Taylor, J. (2014): Public Service Motivation, Relational Job Design, and Job Satisfaction in Local Government. In: Public Administration, 92 (4): S. 902-918.

Taylor, J. (2008): Organizational Influences, Public Service Motivation and Work Outcomes: An Australian Study. In: International Public Management Journal, 11 (1): S. 67-88.

Taylor, J. (2007). The Impact of Public Service Motives on Work Outcomes in Australia: A Comparative Multi-Dimensional Analysis. In: Public Administration, 85 (4): S. 931-959.

Thom, N. und Ritz, A. (2008): Public Management. Innovative Konzepte zur Führung im öffentlichen Sektor. 4. Auflage, Wiesbaden: Gabler.

Tondorf, K. (2007): Tarifliche Leistungsentgelte- Chance oder Bürde? Berlin: edition sigma.

Tondorf, K. (1997): Leistungszulagen als Reforminstrument? Neue Lohnpolitik zwischen Sparzwang und Modernisierung. 2. Auflage, Berlin: Edition Sigma.

Urban, D. und Mayerl, J. (2007): Mediator-Effekte in der Regressionsanalyse (direkte, indirekte und totale Effekte): http://www.uni-stuttgart.de/soz/soziologie/regression/Mediator-Effekte_v1-3.pdf, abgerufen am: 20.04.2015.

Vandenabeele, W. (2014): Explaining Public Service Motivation: The Role of Leadership and Basic Needs Satisfaction. In: Review of Public Personnel Administration, 34 (2): S. 153-173.

Vandenabeele, W. (2009): The mediating effect of job satisfaction and organizational commitment on self-reported performance: more robust evidence of the PSM-performance relationship. In: International Review of Administrative Sciences, 75 (1): S. 11-34.

Vandenabeele, W. (2008): Development of a Public Service Motivation Measurement Scale: Corroborating and Extending Perry's Measurement Instrument. In: International Public Management Journal, 11 (1): S. 143-167.

Vandenabeele, W. (2007): Toward a Public Administration Theory of Public Service Motivation: An institutional approach. In: Public Management Review, 9 (4): S. 545-556.

Van den Broeck, A., Vansteenkiste, M., De Witte, H. und Lens, W. (2008): Explaining the relationships between job characteristics, burnout, and engagement: The role of basic psychological need satisfaction. In: Work & Stress, 22 (3): S. 277-294.

Vansteenkiste, M., Ryan, R. M. und Deci, E. L. (2008): Self-Determination Theory and the Explanatory Role of Psychological Needs in Human Well-Being. In: Bruni, L., Comim, F. und Pugno, M. (Hrsg.), Capabilities and Happiness, S. 187-223, Oxford: Oxford University Press.

Varian, H. R. (2004): Grundzüge der Mikroökonomik. 6. Auflage, München und Wien: Oldenburg.

Ver.di (2013): Die Rechnung geht nicht auf. Rechnerisch kümmern sich die Jobcenter-Beschäftigten um weniger Fälle als in der Realität. In: ver.di Publik (7), S. 10-11: http://publik.verdi.de/2013/ausgabe-07/gesellschaft/politik/seiten-10-11/A5, abgerufen am 20.04.2015.

Ver.di (2009): Arbeitszufriedenheit bei den Beschäftigten der ArGe Köln. Ergebnisse einer Befragung des ver.di Bezirks Köln Fachbereich Gemeinden. Vorgestellt am 02. März 2009 bei der Sitzung der ArGe-Vertrauensleute in Köln. Referentin: Suna Sayin.

Ver.di (2009a): ARGE Köln auf Erfolgskurs – auf dem Rücken der Beschäftigten! Presseinformation ver.di Bezirk Köln vom 07.09.2009.

Verquer, M. L., Beehr, T. A. und Wagner, S. H. (2003): A Meta-Analysis of Relations between Person-Organization Fit and Work Attitudes. In: Journal of Vocational Behavior, 63 (3): S. 473-489.

Vogel, D. (2011): Dem Gemeinwohl verpflichtet? – Was motiviert die Beschäftigten des öffentlichen Dienstes? Schriftenreihe für Public und Nonprofit Management, 4. Universitätsverlag Potsdam.

Walter, A. (2011): Das Unbehagen in der Verwaltung: Warum der öffentliche Dienst denkende Mitarbeiter braucht. Berlin: edition sigma.

Wanous, J. P., Reichers, A. E. und Hudy, M. J. (1997): Overall Job Satisfaction: How Good Are Single-Item Measures? In: Journal of Applied Psychology, 82 (2): S. 247-252.

Weber, J. (2013): „Öffentliches Controlling" – und die Verwaltung bewegt sich doch. In: Controller Magazin, Vol. 38: S. 22-23.

Weber, M. (2010): Wirtschaft und Gesellschaft. Grundriss der verstehenden Soziologie. Zwei Teile in einem Band. Frankfurt am Main: Zweitausendundeins.

Weiber, R. und Mühlhaus, D. (2010): Strukturgleichungsmodellierung. Eine anwendungsorientierte Einführung in die Kausalanalyse mit Hilfe von AMOS, SmartPLS und SPSS, Berlin: Springer.

Weimar, A. M. (2004): Die Arbeit und die Entscheidungsprozesse der Hartz- Kommission. Wiesbaden: VS Verlag für Sozialwissenschaften.

Weller, I. (2007): Fluktuationsmodelle. Ereignisanalysen mit dem Soziooekonomischen Panel. München und Mering: Hampp.

Weller, I. (2003): Commitment. In: A. Martin (Hrsg.), Organizational Behaviour – Verhalten in Organisationen, S. 53-76, Kohlhammer: Stuttgart.

Weller, I. und Steffen, E. (2000): Ergebnisse einer Mitarbeiterbefragung bei der Lynx Consulting Group/Bielefeld . Werkstatt für Organisations- und Personalforschung e.V., Bericht Nr. 1, Berlin.

Wrase, I. (2010): Mitarbeitermotivation im Outsourcing unter besonderer Berücksichtigung des Facility Managements. Wiesbaden: Gabler/Springer.

Wright, B. E. (2008): Methodological Challenges Associated with Public Service Motivation Research. In: Perry, J. L. und Hondeghem, A., Motivation in Public Management: The Call of Public Service, S. 80-98, Oxford: Oxford University Press.

Wright, B. E. (2007): Public Service and Motivation: Does Mission Matter? In: Public Administration Review, 67 (1): S. 54-64.

Wright, B. E. (2004): The Role of Work Context in Work Motivation: A Public Sector Application of Goal and Social Cognitive Theories. In: Journal of Public Administration Research and Theory, 14 (1): S. 59-78.

Wright, B. E. und Pandey, S. K. (2011): Public Organizations and Mission Valence. When Does Mission Matter? In: Administration & Society, 43 (1): S. 22-44.

Young, B. S., Worchel, S. und Woehr, D. J. (1998): Organizational commitment among public service employees. In: Public Personnel Management, 27 (3): S. 339-348.

Anlage 1

Mitarbeiterbefragung

Mitarbeiterfragebogen zum Arbeitsumfeld und zur Arbeitszufriedenheit Version 1/b

Sehr geehrte Damen und Herren,
liebe Kolleginnen und Kollegen,

im Rahmen eines Forschungsprojektes beschäftigen wir uns mit der **Arbeitssituation in SGB-II-Jobcentern**. Der nachfolgende Fragebogen beinhaltet Fragen und Aussagen zu Ihrem Arbeitsumfeld und Zufriedenheit und wir würden uns freuen, wenn Sie an der Befragung teilnehmen. Wir sind uns bewusst, dass das Ausfüllen des beiliegenden Fragebogens eine gewisse Mühe für Sie bedeutet. Aber nur mit Ihrer Beteiligung ist es möglich, zu realistischen Daten aus der Praxis zu gelangen. Die Beantwortung wird ca. 15 Minuten dauern.

Bei der statistischen Auswertung und der späteren Veröffentlichung der Ergebnisse ist gewährleistet, dass keinerlei Bezug zu bestimmten Personen oder Organisationen erkennbar wird. **Alle Angaben im Fragebogen bleiben anonym!**

Angaben zu Ihrer Person

Beantworten Sie bitte zunächst einige Fragen zu Ihrer Person und der beruflichen Funktion.

1. Geschlecht [SD01]

○ weiblich
○ männlich

2. Wie alt sind Sie? [SD02]

○ bis 20 Jahre
○ 21 – 30 Jahre
○ 31 – 40 Jahre
○ 41 – 50 Jahre
○ 51 Jahre und älter

3. In welchem Bundesland befindet sich Ihr Job-Center bzw. sind Sie tätig? [SD09]

[Bitte auswählen]

4. Arbeitsplatz [SD03]

○ Empfang
○ Leistungssachbearbeitung
○ Vermittlung
○ Fallmanagement
○ Teamassistenz/Backoffice
○ Verwaltung/Sachbearbeitung
○ Führungskraft
○ Sonstiges

5. In welcher Form sind Sie beschäftigt? [SD10]

○ Beschäftigte/r vom kommunalen Träger
○ Beschäftigte/r von der Bundesagentur
○ Beschäftigte/r von einer herangezogenen Gemeinde
○ Amtshilfen (z.B. Post, Bahn, Vivento)

6. Arbeiten Sie in Teilzeit? [SD04]

○ Ja
○ Nein

7. Wie ist Ihr Beschäftigungsstatus? [SD05]

○ beamtet
○ angestellt

8. Sind Sie befristet beschäftigt? [SD06]

○ Ja
○ Nein

9. Dauer der jetzigen Tätigkeit: [SD07]

In meiner jetzigen Tätigkeit bin ich ☐ Jahre beschäftigt.

10. Was war Ihre vorhergehende Beschäftigung? [SD08]

○ Öffentliche Verwaltung/Behörde
○ Soziale Arbeit
○ Kaufmännischer Beruf
○ Ausbildung/Studium
○ Sonstige ☐
○ Keine vorhergehende Beschäftigung

Ihre Arbeit

11. Bitte beantworten Sie die folgenden Fragen in Hinblick darauf, wie Sie Ihre Arbeit für sich selbst bewerten. [AB01]

Bitte geben Sie für jede Aussage/Frage auf der Skala einen Wert an:

Wenn diese für Sie **nie** zutrifft, den Wert „1",

wenn diese für Sie **immer** zutrifft, den Wert „7".

Wenn diese für Sie **teilweise** zutrifft, einen Wert dazwischen.

	nie 1 2 3 4 5 6 7 immer
Fühlen Sie sich insgesamt an Ihrem Arbeitsplatz unsicher bzw. durch Kunden bedroht?	○ ○ ○ ○ ○ ○ ○
Werden bei Ihrer Arbeit widersprüchliche Anforderungen gestellt?	○ ○ ○ ○ ○ ○ ○
Bringt Ihre Arbeit sie in emotional belastende Situationen?	○ ○ ○ ○ ○ ○ ○
Haben Sie großen Einfluss auf die Gestaltung Ihres Arbeitstages?	○ ○ ○ ○ ○ ○ ○
Werden Sie den an Sie gerichteten Leistungserwartungen gerecht?	○ ○ ○ ○ ○ ○ ○
Gibt es klare Zielvorgaben für ihre Arbeit?	○ ○ ○ ○ ○ ○ ○
Verlangt Ihre Arbeit von Ihnen, sich mit Ihrer Meinung zurückzuhalten?	○ ○ ○ ○ ○ ○ ○

Ihre Arbeit

12. Bitte beantworten Sie die folgenden Fragen in Hinblick darauf, wie Sie Ihre Arbeit für sich selbst bewerten. [AB02]

Bitte geben Sie für jede Aussage/Frage auf der Skala einen Wert an:

Wenn diese für Sie **in sehr geringem Maß** zutirfft, den Wert „1",

wenn diese für Sie **in sehr hohem Maß** zutrifft, den Wert „7".

Wenn diese für Sie **teilweise** zutrifft, einen Wert dazwischen.

	in sehr geringem Maß 1	2	3	4	5	6	in sehr hohem Maß 7
Ist Ihre Arbeit sinnvoll?	○	○	○	○	○	○	○
Haben Sie das Gefühl, dass Ihre Arbeit wichtig ist?	○	○	○	○	○	○	○
Sind Sie stolz, dieser Einrichtung anzugehören?	○	○	○	○	○	○	○
Erleben Sie Probleme ihrer Arbeitsstelle als Ihre Eigenen?	○	○	○	○	○	○	○
Hat Ihre Arbeitsstelle hohe persönliche Bedeutung für Sie?	○	○	○	○	○	○	○
Belasten Sie die vielen gesetzlichen und organisatorischen Änderungen in Ihrem Arbeitsbereich?	○	○	○	○	○	○	○
Bei der Zuweisung von Kunden zu Maßnahmen orientiere ich mich daran, welche Maßnahmen unterbesetzt sind.	○	○	○	○	○	○	○

13. Bitte beantworten Sie die folgenden Fragen in Hinblick darauf, wie Sie Ihre Arbeit für sich selbst bewerten. [AB03]

Bitte geben Sie für jede Aussage/Frage auf der Skala einen Wert
an: Wenn diese für Sie **überhaupt nicht zutrifft**, den Wert „**1**",
wenn diese für Sie **voll zutrifft**, den Wert „**7**".
Wenn diese für Sie **teilweise** zutrifft, einen Wert dazwischen.

	trifft überhaupt nicht zu 1 2 3 4 5 6 7 trifft voll zu
Die Vielfalt der zur Verfügung stehenden Integrationsinstrumente ist ausreichend, um dem individuellen Bedarf der Arbeitsuchenden gerecht zu werden.	○ ○ ○ ○ ○ ○ ○
Bei Einsatz von Integrationsinstrumenten und Zuweisung des Kunden zu Maßnahmen ist die individuelle Problemlage des Kunden für mich das wichtigste Entscheidungskriterium.	○ ○ ○ ○ ○ ○ ○
Ich setze Integrationsinstrumente bei Kunden ein, wo ich vom Integrationserfolg bzw. vom Erfolg der Maßnahme ausgehe.	○ ○ ○ ○ ○ ○ ○
Die für mein Jobcenter vereinbarten Ziele haben einen großen Einfluss auf die Auswahl der Kunden und Integrationsinstrumente, auf die ich meine Bemühungen konzentriere.	○ ○ ○ ○ ○ ○ ○
Für meine Arbeit ist der Austausch mit Kollegen sehr wichtig.	○ ○ ○ ○ ○ ○ ○
Würden Sie Ihren Freunden empfehlen, Ihren Beruf auch zu ergreifen?	○ ○ ○ ○ ○ ○ ○

Werte und Einstellungen

14. Bitte geben Sie an, in welchem Maße Sie folgenden Aussagen zustimmen. [WE01]

Bitte geben Sie für jede Aussage auf der Skala einen Wert an:
Wenn Sie dieser **überhaupt nicht zu**, den Wert „**1**",
wenn Sie dieser **voll zustimmen**, den Wert „**7**".
Wenn diese für Sie **teilweise** zutrifft, einen Wert dazwischen.

	stimme überhaupt nicht zu 1	2	3	4	5	6	stimme voll zu 7
Das Wort "Politik" hat einen bitteren Beigeschmack.	○	○	○	○	○	○	○
PolitikerInnen sind mir ziemlich gleichgültig.	○	○	○	○	○	○	○
Das Eingehen von Kompromissen und Gegengeschäften in der politischen Entscheidungsfindung sagt mir nicht zu.	○	○	○	○	○	○	○
Ich engagiere mich in hohem Maße gemeinnützig.	○	○	○	○	○	○	○
Öffentlich Bedienstete sollten primär gegenüber der Öffentlichkeit und nicht gegenüber ihren Vorgesetzten verantwortlich sein.	○	○	○	○	○	○	○
Mir ist es wichtig, dass der öffentliche Dienst sinnvolle Aufgaben erbringt.	○	○	○	○	○	○	○
Ich würde es vorziehen, dass öffentlich Bedienstete das tun, was für die Gemeinschaft das Beste ist, selbst wenn das meinen persönlichen Interessen zuwider läuft.	○	○	○	○	○	○	○
Die Lebensumstände benachteiligter Gruppen bewegen mich sehr.	○	○	○	○	○	○	○
Für mich gehört es zur Pflicht eines jeden Staatsbürgers/einer jeden Staatsbürgerin, sich auch um das Wohlergehen der anderen zu kümmern.	○	○	○	○	○	○	○
Ich habe wenig Mitleid mit jenen Bedürftigen, die nicht bereit sind, den ersten Schritt zu tun, um sich selbst zu helfen.	○	○	○	○	○	○	○
Ich mache mir um das Wohlergehen mir nicht persönlich bekannter Personen wenig Gedanken.	○	○	○	○	○	○	○
Es gibt nur wenige Sozialprogramme, die ich voll und ganz unterstütze.	○	○	○	○	○	○	○
Die Mitwirkung an gesellschaftlichen Veränderungen ist mir wichtiger als persönliche Errungenschaften.	○	○	○	○	○	○	○
Die Menschen sollten der Gesellschaft mehr zurückgeben als sie von ihr bekommen.	○	○	○	○	○	○	○
Ich bin einer der wenigen Menschen, die einen persönlichen Nachteil in Kauf nehmen würden, nur um anderen zu helfen.	○	○	○	○	○	○	○
Meine persönlichen Werte und Ziele decken sich mit denen des Jobcenters.	○	○	○	○	○	○	○

Ich fühle mich mit der Unternehmenskultur des Jobcenters nicht sehr wohl.	○ ○ ○ ○ ○ ○
Ich fühle mich mit dem Jobcenter sehr verbunden.	○ ○ ○ ○ ○ ○
Für mich ist wichtig, wofür das Jobcenter steht.	○ ○ ○ ○ ○ ○

Ihre Arbeitssituation

15. Bitte geben Sie an, in welchem Maße Sie den folgenden Aussagen zustimmen. [ER01]

	stimme gar nicht zu	stimme eher nicht zu	stimme eher zu	stimme voll zu
Beim Arbeiten komme ich leicht in Zeitdruck.	○	○	○	○
Es passiert mir oft, dass ich schon beim Aufwachen an Arbeitsprobleme denke.	○	○	○	○
Wenn ich nach Hause komme, fällt mir das Abschalten von der Arbeit leicht.	○	○	○	○
Diejenigen, die mir am nächsten stehen sagen, dass ich mich für meinen Beruf zu sehr aufopfere.	○	○	○	○
Die Arbeit lässt mich selten los, das geht mir abends im Kopf rum.	○	○	○	○
Wenn ich etwas verschiebe, was ich eigentlich heute tun müsste, kann ich nachts nicht schlafen.	○	○	○	○

16. Aufgrund des hohen Arbeitsaufkommens besteht häufig großer Zeitdruck. [ER02]
Bitte geben Sie an, ob diese Aussage bei Ihnen zutrifft.

○ Ja
○ Nein

17. Aufgrund des hohen Arbeitsaufkommens besteht häufig großer Zeitdruck. [ER03]
Bitte geben Sie jetzt an, wie stark Sie dieser Punkt belastet.

○	○	○	○
gar nicht	mäßig	stark	sehr stark

18. Bei meiner Arbeit werde ich häufig unterbrochen und gestört. [ER06]
Bitte geben Sie an, ob diese Aussage bei Ihnen zutrifft.

◉ Ja
○ Nein

19. Bei meiner Arbeit werde ich häufig unterbrochen und gestört. [ER07]
Bitte geben Sie jetzt an, wie stark Sie dieser Punkt belastet.

○	○	○	○
gar nicht	mäßig	stark	sehr stark

20. Im Laufe der letzten beiden Jahre ist meine Arbeit immer mehr geworden. [ER08]
Bitte geben Sie an, ob diese Aussage bei Ihnen zutrifft.

◉ Ja
○ Nein

21. Im Laufe der letzten beiden Jahre ist meine Arbeit immer mehr geworden. [ER09]
Bitte geben Sie jetzt an, wie stark Sie dieser Punkt belastet.

○	○	○	○
gar nicht	mäßig	stark	sehr stark

22. Die Aufstiegschancen in meinem Betrieb sind schlecht. [ER10]
Bitte geben Sie an, ob diese Aussage bei Ihnen zutrifft.

○ Ja
○ Nein

23. Die Aufstiegschancen in meinem Betrieb sind schlecht. [ER11]
Bitte geben Sie jetzt an, wie stark Sie dieser Punkt belastet.

○	○	○	○
gar nicht	mäßig	stark	sehr stark

24. Ich erfahre – oder erwarte – eine Verschlechterung meiner Arbeitssituation. [ER12]
Bitte geben Sie an, ob diese Aussage bei Ihnen zutrifft.

○ Ja
○ Nein

25. Ich erfahre – oder erwarte – eine Verschlechterung meiner Arbeitssituation. [ER13]
Bitte geben Sie jetzt an, wie stark Sie dieser Punkt belastet.

○	○	○	○
gar nicht	mäßig	stark	sehr stark

26. Mein eigener Arbeitsplatz ist gefährdet. [ER14]
Bitte geben Sie an, ob diese Aussage bei Ihnen zutrifft.

◉ Ja
○ Nein

27. Mein eigener Arbeitsplatz ist gefährdet. [ER15]
Bitte geben Sie jetzt an, wie stark Sie dieser Punkt belastet.

○	○	○	○
gar nicht	mäßig	stark	sehr stark

28. Ich erhalte von meinen Vorgesetzten die Anerkennung, die ich verdiene. [ER04]
Bitte geben Sie an, ob diese Aussage bei Ihnen zutrifft.

○ Ja
○ Nein

29. Ich erhalte von meinen Vorgesetzten die Anerkennung, die ich verdiene. [ER05]
Bitte geben Sie jetzt an, wie stark Sie dieser Punkt belastet.

gar nicht	mäßig	stark	sehr stark
○	○	○	○

30. Wenn ich an all die erbrachten Leistungen und Anstrengungen denke, halte ich die erfahrene Anerkennung für angemessen. [ER16]
Bitte geben Sie an, ob diese Aussage bei Ihnen zutrifft.

○ Ja
○ Nein

31. Wenn ich an all die erbrachten Leistungen und Anstrengungen denke, halte ich die erfahrene Anerkennung für angemessen. [ER17]
Bitte geben Sie jetzt an, wie stark Sie dieser Punkt belastet.

gar nicht	mäßig	stark	sehr stark
○	○	○	○

33. Wenn ich an all die erbrachten Leistungen denke, halte ich mein Einkommen für angemessen. [ER19]
Bitte geben Sie jetzt an, wie stark Sie dieser Punkt belastet.

gar nicht	mäßig	stark	sehr stark
○	○	○	○

34. Mein Arbeitsumfeld ist stark durch externe Zielvorgaben geprägt. [ER22]
Bitte geben Sie an, ob diese Aussage bei Ihnen zutrifft.

○ Ja
○ Nein

35. Mein Arbeitsumfeld ist stark durch externe Zielvorgaben geprägt. [ER23]
Bitte geben Sie jetzt an, wie stark Sie dieser Punkt belastet.

○	○	○	○
gar nicht	mäßig	stark	sehr stark

36. Meine Tätigkeit wird stark durch die Forderungen des Controllings und der Statistik beeinflusst. [ER24]
Bitte geben Sie an, ob diese Aussage bei Ihnen zutrifft.

● Ja
○ Nein

37. Meine Tätigkeit wird stark durch die Forderungen des Controllings und der Statistik beeinflusst. [ER25]
Bitte geben Sie jetzt an, wie stark Sie dieser Punkt belastet.

○	○	○	○
gar nicht	mäßig	stark	sehr stark

Zufriedenheiten

38. Verschiedene Hintergründe und Ursachen können zu unterschiedlichen Ausprägungen von Zufriedenheit und Unzufriedenheit mit der Arbeitssituation führen. [ZF01]

Bitte wählen Sie unter den folgenden sechs Aussagen diejenige aus, welche Ihrer Meinung nach am besten zu ihnen passt.

- ○ Ich bin (eher) zufrieden... Die Stelle hat meine Bedürfnisse und Wünsche bisher erfüllt und ich kann mich in Zukunft noch verbessern.
- ○ Ich bin (eher) zufrieden... Die Stelle hier entspricht meinen Bedürfnissen und Wünschen, und ich möchte, dass alles so bleibt wie bisher.
- ○ Ich bin (eher) zufrieden... Die Stelle hier entspricht nicht gerade meinen Bedürfnissen und Wünschen, aber es könnte viel schlimmer sein.
- ○ Ich bin (eher) unzufrieden... Es gibt auch keine Möglichkeiten für mich, etwas zu unternehmen um meine Lage zu verbessern.
- ○ Ich bin (eher) unzufrieden... Ich versuche, durch eigene Anstrengungen und mit Hilfe Anderer da etwas zu ändern.
- ○ Ich bin (eher) unzufrieden... Wenn sich da nicht bald etwas ändert, suche ich mir eine andere Stelle.

39. Sie haben angegeben, dass Sie (eher) zufrieden sind und dass die Stelle ihre Bedürfnisse und Wünsche bisher erfüllt hat und Sie sich in Zukunft noch verbessern können. [ZF02]

Stimmen Sie folgender Aussage zu?

Ich kann zufrieden sein, aber ich möchte es noch weiter bringen.

- ○ Ja
- ○ Nein

2. Sie haben angegeben, dass Sie (eher) zufrieden sind und dass die Stelle hier ihren Bedürfnissen und Wünschen entspricht, und Sie möchten, dass alles so bleibt wie bisher. [ZF03]

Stimmen Sie folgender Aussage zu?

Ich bin mit meiner Stelle restlos zufrieden und hoffe, dass alles so bleibt, wie es jetzt ist.

○ Ja

○ Nein

2. Sie haben angegeben, dass Sie (eher) zufrieden sind und dass die Stelle hier nicht gerade Ihren Bedürfnissen und Wünschen entspricht, es aber viel schlimmer sein könnte. [ZF04]

Stimmen Sie folgender Aussage zu?

Früher wäre ich mit so einer Stelle nicht zufrieden gewesen, aber man wird bescheidener.

○ Ja

○ Nein

Zufriedenheit mit verschiedenen Lebensbereichen

40. Wie zufrieden sind Sie gegenwärtig mit den folgenden Bereichen Ihres Lebens? [ZF05]

Bitte geben Sie für jede Aussage/Frage auf der Skala einen Wert an:

Wenn Sie **ganz und gar unzufrieden** sind, den Wert „0",

wenn **ganz und gar zufrieden** sind, den Wert „10".

Wenn Sie **teils zufrieden/teils unzufrieden** sind, einen Wert dazwischen.

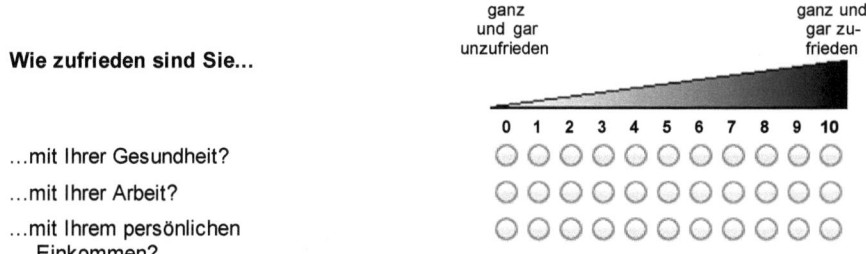

Wie zufrieden sind Sie...

...mit Ihrer Gesundheit?

...mit Ihrer Arbeit?

...mit Ihrem persönlichen Einkommen?

(Weiter)

MIX
Papier aus verantwortungsvollen Quellen
Paper from responsible sources
FSC® C105338

If you have any concerns about our products,
you can contact us on
ProductSafety@springernature.com

In case Publisher is established outside the EU,
the EU authorized representative is:
**Springer Nature Customer Service Center GmbH
Europaplatz 3, 69115 Heidelberg, Germany**

Printed by Libri Plureos GmbH
in Hamburg, Germany